Mein Deutsch-Abi 2021

Kursheft 12/1 Lehrerausgabe

Literatur und Sprache um 1800

Iphigenie auf Tauris | Italienische Reise | Römische Elegien | Die Horen | Das Weimarer Kunstprogramm | Leitideen und Wandel des Menschenbildes | Über die ästhetische Erziehung des Menschen in einer Reihe von Briefen | Der Züricher Literaturstreit | Der Sandmann | Romantik als Ausdruck einer Krisenerfahrung | Probleme der Periodisierung

Drama und Kommunikation

Figuren- und Konfliktgestaltung | Das Humanitätsideal als Problem | Kommunikation in Dramenszenen | Aspekte der Dramentheorie und Theaterkonzeption

Erarbeitet von:
Stefan Schäfer

Ernst Klett Verlag
Stuttgart · Leipzig

Das vorliegende Heft ist abgestimmt auf die folgende Textausgabe:

Johann Wolfgang Goethe:
Iphigenie auf Tauris.
Text mit Materialien, ausgewählt von Bernhard Nagl.
Klett Editionen für den Literaturunterricht. Ernst Klett Verlag, Stuttgart 2004.
ISBN 978-3-12-352810-1

1. Auflage 1 5 4 3 2 1 | 23 22 21 20 19

Alle Drucke dieser Auflage sind unverändert und können im Unterricht nebeneinander verwendet werden.
Die letzte Zahl bezeichnet das Jahr des Druckes.

Autor: Stefan Schäfer, Lörrach

Redaktion: Dominik Loogen
Redaktionsassistenz: Heike Etzold
Herstellung: Carolin Orlamünder, Carina Riehl

Umschlag und Layoutkonzeption: normaldesign GbR Jens-Peter Becker, Schwäbisch Gmünd
Satz: Schaltwarte | Medienbüro, Leipzig; PER Medien + Marketing GmbH, Braunschweig
Reproduktion: Meyle + Müller GmbH + Co. KG, Pforzheim
Druck: AZ Druck und Datentechnik GmbH, Kempten/Allgäu

Printed in Germany
ISBN 978-3-12-316291-6

9 783123 162916

Vorwort

Liebe Lehrerinnen und Lehrer,

vor Ihnen liegt ein Exemplar aus der Reihe **Mein Deutsch-Abitur**. Sie besteht aus einem Kursheft für Ihre Schülerinnen und Schüler und einem darauf abgestimmten Heft für Sie zur kompletten Unterrichtsvorbereitung. Die übersichtlich strukturierten Hefte bilden jeweils einen möglichen Unterrichtsverlauf eines Halbjahres der Qualifikationsphase ab. Gleichzeitig werden die Richtlinien des niedersächsischen Kerncurriculums sowie die wechselnden Vorgaben zur schriftlichen Abiturprüfung so miteinander verknüpft, dass die Hefte immer genau den Unterrichtserfordernissen für einen Abiturjahrgang entsprechen.

Im **Kursheft für Schülerinnen und Schüler** erfolgt die Arbeit an und mit Texten kompetenzorientiert anhand von **Lernwegen**, die zu Beginn jedes Kapitels veranschaulicht werden. Auf einen Interesse weckenden Auftakt folgt in jedem Kapitel die schrittweise Erarbeitung der im Kerncurriculum und in den jeweiligen Hinweisen zur schriftlichen Abiturprüfung vorgegebenen verbindlichen Lektüren und Unterrichtsaspekte. Kompakt zusammengefasste **Wissenseinheiten**, **Tipps** zu Arbeitstechniken und Methoden, **Sprachtipps** mit Formulierungshilfen und zusätzliche **PLUS-Aufgaben** markieren Orientierungspunkte, strukturieren die Lerneinheiten und geben Anstöße für die Weiterarbeit. Am Ende eines jeden Kapitels können Ihre Schülerinnen und Schüler mit der Seite **Mein Wissen sichern und anwenden** ihre mit dem Lernweg erworbenen Kompetenzen überprüfen.
Jedes Heft enthält zudem **Schreibtrainings**, in denen sich Ihre Schülerinnen und Schüler anhand von Beispielaufgaben und mithilfe der **Sechs-Schritt-Schreibmethode** gezielt auf Klausuren und die Aufgabenarten des Abiturs vorbereiten können.
Die Seiten im Heft für Schülerinnen und Schüler sind **gelocht** und **heraustrennbar**, damit sie mit eigenen Materialien und Ausarbeitungen ergänzt und als **personalisiertes Kursheft** geführt werden können.

Das **Heft für Lehrerinnen und Lehrer** unterstützt Sie sowohl bei der Vorbereitung als auch bei der konkreten Gestaltung Ihres Unterrichts. Es enthält die praxisgerechte **Lehrerversion des Schülerarbeitsheftes** mit den **Lösungen zu den Aufgaben** sowie Hinweisen zu alternativen Materialien. Hinzu kommen zahlreiche Übersichten für die schnelle Orientierung: Die **Übersicht über das Kurshalbjahr** am Beginn des Lehrerhefts bildet tabellarisch den möglichen Unterrichtsverlauf für das Halbjahr ab. Auf einen Blick zeigt sich der Zusammenhang zwischen Abiturvorgaben, angezielten Kompetenzen und der Materialgrundlage. Die den einzelnen Kapiteln vorangestellten **Übersichten über die Unterrichtseinheiten** wiederholen und entfalten den Halbjahresplan und liefern zusätzliche Erläuterungen zum Lernweg. Die daran anknüpfenden **Übersichten über den Stundenverlauf** enthalten detaillierte Informationen zur Planung der einzelnen Stunden einer Unterrichtseinheit – mit didaktischen Hinweisen und Angaben zur Methodik und Sozialform.
Im zweiten Teil des Heftes finden Sie **Sachinformationen** zu den prüfungsrelevanten Lektüren. Außerdem sind hier weitere Lösungen zum Schülerarbeitsheft sowie didaktische Hinweise und Informationen zu den einzelnen Aufgaben aufgeführt. Die zusätzlichen **Kopiervorlagen** ermöglichen eine flexible Gestaltung des Unterrichts. Auch die **Musterlösungen zu den Schreibtrainings** können Sie Ihren Schülerinnen und Schülern aushändigen. **Klausurvorschläge mit Erwartungshorizonten und Materialien für weitere Unterrichtsideen** komplettieren das Angebot. Alle zusätzlichen Materialien finden Sie als editierbare Worddateien im Online-Bereich. Geben Sie dazu den Code **377v8v** in das Suchfeld auf www.klett.de ein.
Auch die Seiten im Heft für Lehrerinnen und Lehrer sind **gelocht** und **heraustrennbar**.
Die einzelnen Bestandteile lassen sich so nach individuellen Vorlieben und Bedürfnissen neu zu einer **personalisierten Mappe für Ihre Unterrichtsvorbereitung** zusammenstellen.

Wir wünschen Ihnen viel Erfolg bei der Unterrichtsplanung und
viel Freude im Unterricht!

Übersicht über das Kurshalbjahr 12/1
mit Mein Deutsch-Abitur 7a

1 Wandel des Menschenbildes 7

Übersicht Unterrichtseinheit 7e
Übersicht Stundenverlauf 7f

A „Doch nun kam die Vernunft …“ 8
Maximen der Aufklärung erfassen

G. E. Lessing: Nathan der Weise
I. Kant: Grundlegung zur Metaphysik der Sitten

B „Mir ekelt vor diesem tintenklecksenden Säkulum …“ 10
Das Menschenbild im Sturm und Drang untersuchen

F. Schiller: Die Räuber
J. W. Goethe: Zum Schäkespears Tag

C „Ach, eure Welt ist schwierig!“ 12
Handlungsalternativen vergleichend analysieren

B. Brecht: Der gute Mensch von Sezuan

D „Aber so ist das amerikanische System.“ 14
Moralische Fragen kritisch reflektieren

A. Endres: Wie viel ist ein Menschenleben wert?

Mein Wissen sichern und anwenden 16

J. W. Goethe: Das Göttliche

2 Iphigenie auf Tauris 17

Übersicht Unterrichtseinheit 17a
Übersicht Stundenverlauf 17b

A „Du sprichst ein großes Wort gelassen aus.“ 18
Bedingungen der Kommunikation reflektieren

J. W. Goethe: Iphigenie auf Tauris

B „Bringst du die Schwester zu Apollen hin …“ 20
Dramenkonzeptionen erfassen

G. Freytag: Die Technik des Dramas
Aristoteles: Poetik
G. E. Lessing: Hamburgische Dramaturgie. 75. Stück

C „Mit ihrer Feuerzunge …“ 23
Sprachverwendung im Drama beschreiben

J. W. Goethe: Iphigenie auf Tauris

D „Fast überredst du mich zu deiner Meinung.“ 26
Kommunikation untersuchen

J. W. Goethe: Iphigenie auf Tauris

E „Nicht so, mein König!“ 29
Konflikt- und Figurengestaltung untersuchen

J. W. Goethe: Iphigenie auf Tauris
K. O. Conrady: In Italien vollendet. Iphigenie auf Tauris

Mein Wissen sichern und anwenden 32

J. W. Goethe: Iphigenie auf Tauris

3 Das Kunstprogramm der Weimarer Klassik 33

J. J. Winckelmann: Über die Laokoon-Gruppe

Übersicht Unterrichtseinheit 33 a
Übersicht Stundenverlauf 33 b

A Zähmung der Natur durch die Kunst 34
Das Verhältnis von Natur und Kunst erschließen

J. W. Goethe: Maifest; Mächtiges Überraschen; Natur und Kunst

eA B Sehnsuchtsorte 37
Die Antike als Vorbild der Weimarer Klassik verstehen

J. W. Goethe: Italienische Reise; Römische Elegien (I., V., VII.)
K. O. Conrady: Die Krise von 1786

C Vom „Ideale veredelter Menschheit“ 43
Schillers ästhetisches Programm untersuchen

F. Schiller: Ankündigung: Die Horen

eA D Die ästhetische Erziehung 46
Schillers Humanitätsideal analysieren

F. Schiller: Brief an Friedrich Christian von Augustenburg; Über die Ästhetische Erziehung in einer Reihe von Briefen (VI. u. IX. Brief)

Mein Wissen sichern und anwenden 54

Friedrich Schiller: Nänie

Schreibtraining 55

Interpretation eines literarischen Textes (Drama)

J. W. Goethe: Iphigenie auf Tauris

4 Das Humanitätsideal als Problem 63

I. Kant: Der kategorische Imperativ

Übersicht Unterrichtseinheit 63 a
Übersicht Stundenverlauf 63 b

A Rezeption der „Iphigenie“ 64
Reaktionen auf Dramenaussagen vergleichen

Chr. Wahl: Heraus in eure Schatten, rege Wiptel
G. W. F. Hegel: Vorlesungen über Ästhetik
L. Tieck: Goethe und seine Zeit

B Der Züricher Literaturstreit 68
Sich zu einem literaturtheoretischen Problem positionieren

I. Kertész: Der Spurensucher
A. E. Hohler: Goethes Weimar hat Buchenwald nicht verhindert
R. Bucheli: Kehren wir zu Mozart zurück

C „Es ist ein gutes Wort“ 72
Gesellschaftliche Wirkungen der Literatur reflektieren

G. Büchner: Woyzeck
B. Brecht: [Der Schriftsteller]

Mein Wissen sichern und anwenden 74

B. Brecht: Denn wovon lebt der Mensch

5 Der Sandmann – ein neuer Blick auf die Welt 75

Übersicht Unterrichtseinheit 75 a
Übersicht Stundenverlauf 75 b

A „Die Welt muss romantisiert werden“ 76
Merkmale der Romantik erschließen

Novalis: Fragmente
J. Eichendorff: Wünschelrute
Fr. Schlegel: Athenäum-Fragment 116

B „Alles um mich her wurde schwarz und finster“ 79
Den Einbruch des Schauerhaften untersuchen

E. T. A. Hoffmann: Der Sandmann

C „In eines matt geschliffnen Spiegels dunklem Widerschein“ 82
Erzählerische Spiegelungen analysieren

E. T. A. Hoffmann: Der Sandmann

D „Der Schein trügt“ 85
Das Motiv der Augen untersuchen

Christophe Koné: Der Sandmann: Das Augenmotiv als Trompe l'œil

Mein Wissen sichern und anwenden 88

Th. Koebner: Die Idylle trügt

6 Romantik als Gegenbewegung zur Aufklärung? 89

Übersicht Unterrichtseinheit 89 a
Übersicht Stundenverlauf 89 b

A Welt voller Geheimnisse 90
Merkmale von Aufklärung und Romantik vergleichend gegenüberstellen

H. v. Kleist: das Bettelweib von Locarno
R. Safranski: Das Licht der Aufklärung verliert an Glanz

B Das geheimnisvolle Innere 93
Die Romantik als Gegenbewegung zur Aufklärung untersuchen

E. T. A. Hoffmann: Der Sandmann
G. Neumann: Verwindung von Bewusstsein und Unbewusstem

eA C Notwendigkeit gesellschaftlicher Umbrüche? 96
Die Romantik als Ausdruck einer Krisenerfahrung verstehen

C. Brentano: Der Philister vor, in und nach der Geschichte
N. Boyle: Die Geburt des Nationalismus

eA D Epochen als Konstrukte 99
Literaturgeschichtliche Kategorien kritisch hinterfragen

G. Kaiser: Einheit der Epoche?
D. Fulda et al.: Epochenschnittstellen
R. Selbmann: Deutsche Klassik

Mein Wissen sichern und anwenden 102

Novalis: Wenn nicht mehr Zahlen und Figuren

Schreibtraining 103

Materialgestütztes Schreiben eines informierenden Textes

W. Krejci: Romantik 2.0
W. Freund et al.: Die Rückkehr der Romantik

Unterrichtshinweise und Zusatzmaterialien 112

Übersicht zu den Unterrichtshinweisen und Zusatzmaterialien 112
Sachinformationen zu „Iphigenie auf Tauris“ und „Der Sandmann“ 114
Lösungen und Kommentare Kursheft 123
Lösungen und Kommentare Kopiervorlagen 138
Kopiervorlagen 141
Klausurvorschläge mit Erwartungshorizonten 150
Musterlösungen zu den Schreibtrainings 157

Zusatzangebot im Internet:
Im Downloadbereich finden Sie als editierbare Word-Dateien

- die abgedruckten Kopiervorlagen und weitere Unterrichtsideen
- die abgedruckten und weitere Klausurvorschläge inklusive der zugehörigen Erwartungshorizonte
- die abgedruckten Musterlösungen zu den beiden Schreibtrainings
- Geben Sie den Code einfach in das Suchfeld auf www.klett.de ein.

Kopiervorlagen, Unterrichtsideen, Klausurvorschläge mit Erwartungshorizonten und Musterlösungen zu den Schreibtrainings

377v8v

Übersicht über das Kurshalbjahr 12/1 mit Mein Deutsch-Abitur

Kapitel 1: Wandel des Menschenbildes

UE 1 6–10 U-Std.

Teilkapitel	Materialien	angezielte Kompetenzen
A **„Doch nun kam die Vernunft ...“** Maximen der Aufklärung erfassen	G. E. Lessing: *Nathan der Weise* I. Kant: *Grundlegung zur Metaphysik der Sitten*	literarische und pragmatische Texte analysieren und interpretieren
B **„Mir ekelt vor diesem tintenklecksenden Säkulum ...“** Das Menschenbild im Sturm und Drang untersuchen	F. Schiller: *Die Räuber* J. W. Goethe: *Zum Schäkespears Tag*	eine Figurenkonzeption erfassen, poetologische Texte analysieren
C **„Ach, eure Welt ist schwierig!“** Handlungsalternativen vergleichend analysieren	B. Brecht: *Der gute Mensch von Sezuan*	Menschenbilder erfassen und vergleichen
D **„Aber so ist das amerikanische System“** Moralische Fragen kritisch reflektieren	A. Endres: *Wie viel ist ein Menschenleben wert?*	Sachfragen diskutieren und erörtern

RT = Rahmenthema **PM** = Pflichtmodul **WPM** = Wahlpflichtmodul **UA** = Unterrichtsaspekt **UE** = Unterrichtseinheit

eA grün markiert = erhöhtes Anforderungsniveau (eA)

blau markiert = fakultative Teilkapitel und Materialien

KERNCURRICULUM

- **RT 1:** Literatur und Sprache um 1800
- **Verbindliche UA (gA):** Leitideen und Wandel des Menschenbildes, zeit- bzw. epochentypische Sprachverwendung
- **RT 2:** Drama und Kommunikation
- **Verbindliche UA (gA):** Kommunikation in Dramenszenen

ABITURVORGABEN 2021

- **Verbindliche UA (gA):** Figuren- und Konfliktgestaltung

Kapitel 2: „Iphigenie auf Tauris“

UE 1 **10–13 U-Std.**

Teilkapitel	Materialien	angezielte Kompetenzen
A **„Du sprichst ein großes Wort gelassen aus.“** Bedingungen der Kommunikation reflektieren	J. W. Goethe: *Iphigenie auf Tauris*, V. 328–349	Bedingungen der Kommunikation reflektieren
eA B **„Bringst du die Schwester zu Apollen hin ...“** Dramenkonzeptionen erfassen	G. Freytag: *Die Technik des Dramas* Aristoteles: *Poetik* G. E. Lessing: *Hamburgische Dramaturgie. 75. Stück*	Dramenkonzeptionen erfassen; literarische und poetologische Texte analysieren und interpretieren
C **„Mit ihrer Feuerzunge ...“** Sprachverwendung im Drama beschreiben	J. W. Goethe: *Iphigenie auf Tauris*, V. 1039–1050; V. 1159–1201	Sprachverwendung im Drama beschreiben und als Gestaltungsmittel analysieren
D **„Fast überredst du mich zu deiner Meinung.“** Kommunikation untersuchen	J. W. Goethe: *Iphigenie auf Tauris*, V. 1441–1475, V. 1629–1688	Kommunikation in einem dramatischen Text untersuchen und für die Interpretation nutzen
E **„Nicht so, mein König!“** Konflikt- und Figurengestaltung untersuchen	J. W. Goethe: *Iphigenie auf Tauris* K. O. Conrady: *In Italien vollendet. Iphigenie auf Tauris*	Konflikt- und Figurengestaltung in einem dramatischen Text untersuchen

RT = Rahmenthema **PM** = Pflichtmodul **WPM** = Wahlpflichtmodul **UA** = Unterrichtsaspekt **UE** = Unterrichtseinheit

eA grün markiert = erhöhtes Anforderungsniveau (eA)

blau markiert = fakultative Teilkapitel und Materialien

KERNCURRICULUM

- **RT 1:** Literatur und Sprache um 1800
- **RT 2:** Drama und Kommunikation, **PM:** Gestaltungsmittel des Dramas, **Verbindlicher UA (gA):** Kommunikation in Dramenszenen, **Verbindlicher UA (eA):** vertiefende Aspekte der Dramentheorie
- **RT 2, WPM 1:** Staatsräson und Menschlichkeit im Drama der Weimarer Klassik

ABITURVORGABEN 2021

- **Verbindliche Lektüre:** J. W. Goethe: Iphigenie auf Tauris; K. O. Conrady: In Italien vollendet. Iphigenie auf Tauris
- **Verbindliche UA (gA):** Figuren- und Konfliktgestaltung; zeit- und epochentypische Sprachverwendung

Kapitel 3: Das Kunstprogramm der Weimarer Klassik

UE 3 8–10 U-Std.

Teilkapitel	Materialien	angezielte Kompetenzen
A Zähmung der Natur durch die Kunst Das Verhältnis von Natur und Kunst erschließen	J. W. Goethe: *Maifest; Mächtiges Überraschen; Natur und Kunst*	Lyrik analysieren, interpretieren und vergleichen
eA **B (eA) Die Antike als Leitbild** Die Antike als Vorbild der Weimarer Klassik verstehen	J. W. Goethe: *Italienische Reise; Römische Elegien* (I., V., VII.) K. O. Conrady: *Die Krise von 1786*	poetologische und pragmatische Texte erschließen
C Vom „Ideale veredelter Menschheit" Schillers ästhetisches Programm untersuchen	F. Schiller: *Ankündigung: Die Horen*	ein poetologisches Konzept reflektieren
eA **D (eA) Die ästhetische Erziehung** Schillers Humanitätsideal analysieren	F. Schiller an Friedrich Christian von Augustenburg; *Über die Ästhetische Erziehung in einer Reihe von Briefen*. 6. u. 9. Brief	ästhetische Positionen analysieren

RT = Rahmenthema **PM** = Pflichtmodul **WPM** = Wahlpflichtmodul **UA** = Unterrichtsaspekt **UE** = Unterrichtseinheit

eA grün markiert = erhöhtes Anforderungsniveau (eA)

blau markiert = fakultative Teilkapitel und Materialien

KERNCURRICULUM

- **RT 1:** Literatur und Sprache um 1800, **WPM 3:** Klassik: Das Weimarer Kunstprogramm

ABITURVORGABEN 2021

- **Verbindliche Lektüre (gA):** F. Schiller: Ankündigung: Die Horen
- **Verbindliche Lektüre (eA):** F. Schiller: Brief an den Prinzen Friedrich Christian II.; Über die ästhetische Erziehung …; J. W. Goethe: Römische Elegien; Italienische Reise
- **Verbindliche UA (eA):** Das ästhetische Programm der Weimarer Klassik; Antike als Leitidee der Weimarer Klassik

Kapitel 4: Das Humanitätsideal als Problem

UE 4 8 U-Std.

Teilkapitel	Materialien	angezielte Kompetenzen
A Die Rezeption der „Iphigenie" Reaktionen auf Dramenaussagen vergleichen	C. Wahl: *Heraus in eure Schatten, rege Wipfel* G. W. F. Hegel: *Vorlesungen über Ästhetik* L. Tieck: *Goethe und seine Zeit*	literarische Texte interpretieren pragmatische und poetologische Texte analysieren
B Der Züricher Literaturstreit Sich zu einem literaturtheoretischen Problem positionieren	I. Kertész: *Der Spurensucher* A. E. Hohler: *Goethes Weimar hat Buchenwald nicht verhindert* R. Bucheli: *Kehren wir zu Mozart zurück*	literarische Texte interpretieren pragmatische Texte analysieren
C „Es ist ein gutes Wort" Gesellschaftliche Wirkungen der Literatur reflektieren	G. Büchner: *Woyzeck* B. Brecht: *Der Schriftsteller*	Sachfragen diskutieren und erörtern

RT = Rahmenthema **PM** = Pflichtmodul **WPM** = Wahlpflichtmodul **UA** = Unterrichtsaspekt **UE** = Unterrichtseinheit

eA grün markiert = erhöhtes Anforderungsniveau (eA)

blau markiert = fakultative Teilkapitel und Materialien

KERNCURRICULUM

- **RT 1:** Literatur und Sprache um 1800, **PM:** Leitideen und Wandel des Menschenbildes, **WPM 3:** Rezeption des Weimarer Kunstprogramms

ABITURVORGABEN 2021

- **Verbindliche UA (gA):** Das Humanitätsideal als Problem
- **Verbindliche Lektüre (gA):** A. E. Hohler: Goethes Weimar hat Buchenwald nicht verhindert

Kapitel 5: „Der Sandmann“ – Ein neuer Blick auf die Welt

UE 5 7–9 U-Std.

Teilkapitel	Materialien	angezielte Kompetenzen
A **„Die Welt muss romantisiert werden“** Merkmale Romantik erschließen	J. Eichendorff: *Wünschelrute* Novalis: *Fragmente* F. Schlegel: *Athenäum-Fragment 116*	Epochenmerkmale kennenlernen poetologische Texte erschließen
B **„Alles um mich her wurde schwarz und finster“** Den Einbruch des Schauerhaften untersuchen	E. T. A. Hoffmann: *Der Sandmann*	literarische Texte analysieren
C **„In eines matt geschliffnen Spiegels dunklem Widerschein“** Erzählerische Spiegelungen analysieren	E. T. A. Hoffmann: *Der Sandmann*	multiperspektivisches Erzählen erfassen
D **„Der Schein trügt“** Das Motiv der Augen untersuchen	Chr. Koné: *Der Sandmann: Das Augenmotiv als Trompe l'œil*	Motivstrukturen erfassen und bewerten

RT = Rahmenthema **PM** = Pflichtmodul **WPM** = Wahlpflichtmodul **UA** = Unterrichtsaspekt **UE** = Unterrichtseinheit

eA grün markiert = erhöhtes Anforderungsniveau (eA)

blau markiert = fakultative Teilkapitel und Materialien

KERNCURRICULUM

- RT 1: Literatur und Sprache um 1800, **PM:** Romantik als Gegenbewegung zur Aufklärung?
- **Verbindliche UA (gA):** Zeit- bzw. epochenspezifische Sprachverwendung

Kapitel 6: Romantik als Gegenbewegung zur Aufklärung?

UE 6 10 U-Std.

Teilkapitel	Materialien	angezielte Kompetenzen
A **Welt voller Geheimnisse** Merkmale von Aufklärung und Romantik vergleichend gegenüberstellen	H. v. Kleist: *Das Bettelweib von Locarno* R. Safranski: *Das Licht der Aufklärung verliert an Glanz*	literarische Texte interpretieren Erzählstrategien analysieren pragmatische Texte analysieren
B **Das geheimnisvolle Innere** Die Romantik als Gegenbewegung zur Aufklärung untersuchen	E. T. A. Hoffmann: *Der Sandmann* G. Neumann: *Verwindung von Bewusstsein und Unbewusstem*	literarische Texte interpretieren Epochenumbrüche untersuchen
eA C **(eA) Notwendigkeit gesellschaftlicher Umbrüche?** Die Romantik als Ausdruck einer Krisenerfahrung verstehen	C. Brentano: *Der Philister vor, in und nach der Geschichte* N. Boyle: *Die Geburt des Nationalismus*	pragmatische Texte analysieren
eA D **(eA): Epochen als Konstrukte** Literaturgeschichtliche Kategorien kritisch hinterfragen	G. Kaiser: *Einheit der Epoche?* D. Fulda et al.: *Epochenschnittstellen* R. Selbmann: *Deutsche Klassik*	Sachfragen diskutieren über Epochen reflektieren

RT = Rahmenthema **PM** = Pflichtmodul **WPM** = Wahlpflichtmodul **UA** = Unterrichtsaspekt **UE** = Unterrichtseinheit

eA grün markiert = erhöhtes Anforderungsniveau (eA)

blau markiert = fakultative Teilkapitel und Materialien

KERNCURRICULUM

- **RT 1:** Literatur und Sprache um 1800, **PM:** Romantik als Gegenbewegung zur Aufklärung?
- **Verbindliche UA (gA):** Zeit- bzw. epochenspezifische Sprachverwendung
- **Verbindliche UA (eA):** Probleme der Periodisierung: Epochen als Konstrukte; Romantik als Ausdruck einer Krisenerfahrung

Übersicht über die Unterrichtseinheit
Kapitel 1: Wandel des Menschenbildes

DIDAKTISCHE HINWEISE

- Die Unterrichtseinheit behandelt den innerhalb des Pflichtmoduls „Romantik als Gegenbewegung zur Aufklärung?" verpflichtenden Unterrichtsaspekt „Leitideen und Wandel des Menschenbildes".
- Sie verfolgt mit Blick auf die Pflichtlektüre „Iphigenie auf Tauris" ein doppeltes Ziel: Zum einen soll eine wesentliche Fragestellung des Stückes fokussiert und die Lektüre dadurch entlastet werden, zum anderen führen die beiden ersten Teilkapitel in die Epoche der Aufklärung (inklusive des Sturm und Drang) ein, in der dann auch die „Iphigenie" innerhalb der Weimarer Klassik später (vgl. Kapitel 2) verortet wird.
- Die Teilkapitel C und D führen die Fragestellung an die Gegenwart heran und verdeutlichen dadurch indirekt auch die Aktualität der „Iphigenie".
- Die Erarbeitung von Teilkapitel D ist fakultativ und bietet sich insbesondere dann an, wenn die Analyse und Erörterung pragmatischer Texte behandelt bzw. vertieft werden soll.
- Insbesondere im Unterricht auf erhöhtem Anforderungsniveau könnte mit KV 1, einem Auszug aus Johann Gottfried Herders „Briefe zur Beförderung der Humanität", die Perspektive auf den thematischen Aspekt noch erweitert werden – z. B. als zusätzlicher Textimpuls zur Auftaktseite oder auch als Ergänzung zu Teilkapitel D.

KERNCURRICULUM

- **RT 1:** Literatur und Sprache um 1800
- **Verbindliche UA (gA):** Leitideen und Wandel des Menschenbildes, zeit- bzw. epochentypische Sprachverwendung
- **RT 2:** Drama und Kommunikation
- **Verbindliche UA (gA):** Kommunikation in Dramenszenen

ABITURVORGABEN 2021

- **Verbindliche UA (gA):** Figuren- und Konfliktgestaltung

UE 1 **6–10 U-Std.**

Teilkapitel	Materialien	angezielte Kompetenzen
A **„Doch nun kam die Vernunft ..."** Maximen der Aufklärung erfassen	G. E. Lessing: *Nathan der Weise* I. Kant: *Grundlegung zur Metaphysik der Sitten*	literarische und pragmatische Texte analysieren und interpretieren
B **„Mir ekelt vor diesem tintenklecksenden Säkulum ..."** Das Menschenbild im Sturm und Drang untersuchen	F. Schiller: *Die Räuber* J. W. Goethe: *Zum Schäkespears Tag*	eine Figurenkonzeption erfassen, poetologische Texte analysieren
C **„Ach, eure Welt ist schwierig!"** Handlungsalternativen vergleichend analysieren	B. Brecht: *Der gute Mensch von Sezuan*	Menschenbilder erfassen und vergleichen
D **„Aber so ist das amerikanische System"** Moralische Fragen kritisch reflektieren	A. Endres: *Wie viel ist ein Menschenleben wert?*	Sachfragen diskutieren und erörtern

RT = Rahmenthema PM = Pflichtmodul WPM = Wahlpflichtmodul UA = Unterrichtsaspekt UE = Unterrichtseinheit
eA grün markiert = erhöhtes Anforderungsniveau (eA)
blau markiert = fakultative Teilkapitel und Materialien

Übersicht über den Stundenverlauf

Stunden	Ziele	Material	Erläuterungen, methodische Hinweise	Sozialformen
1 Std. Kapitelauftakt	Der Kapitelauftakt will auf die vielfältigen Möglichkeiten, sich als Mensch zu sehen bzw. zu bestimmen, hinführen.	Bilder: Proportionsstudie nach Vitruv von L. da Vinci; J. H. Lips: *Der Tod mit weiblicher Maske* KV 1	Über die Bilder können weitere Gespräche angeregt werden: Welchem der beiden Menschenbilder neigen Sie eher zu? Welches ist moderner oder zeitgemäßer?	EA: Selbstbild; PA: Bestimungsaspekte des Selbstbildes; Plenum: Diskussion
1–2 Std. Teilkapitel A	Thematisch steht das Menschenbild der Aufklärung im Zentrum, die Schüler sollen sich zugleich die literarische Epoche vergegenwärtigen.	G. E. Lessing: *Nathan der Weise* I. Kant: *Grundlegung zur Metaphysik der Sitten*	Hinführung zum „Nathan" auch durch ein (Kurz-)Referat möglich; ggf. Vertiefung durch Hinzuziehung der „Ringparabel"; Aufgabe 5 versteht sich auch als Wiederholung zentraler Epochenmerkmale	Plenum: Auftakt, Diskussion EA, GA: Textanalyse und Zusammenfassung, Menschenbild
1–2 Std. Teilkapitel B	Thematisch steht das Menschenbild des Sturm und Drang im Zentrum, die Schüler sollen sich zugleich die literarische Strömung vergegenwärtigen.	F. Schiller: *Die Räuber* J. W. Goethe: *Zum Schäkespears Tag*	Hinführung zu den „Räubern" auch durch ein (Kurz-)Referat möglich; Aufgaben 3–6 verstehen sich auch als Wiederholung zentraler Epochenmerkmale; über Aufgabe 5 besteht eine Anknüpfungsmöglichkeit zum UA „Dramentheorie" (vgl. Kap. 2 B)	Plenum: Auftakt; EA, GA: Textanalyse und Zusammenfassung, Menschenbild
1–2 Std. Teilkapitel C	Das Kapitel will an die Literatur der Gegenwart heranführen; zugleich könnte man auf das Stück „Der gute Mensch von Sezuan" nach der „Iphigenie"-Lektüre als moderner Vergleichsfolie zurückkommen. Mit Blick auf die Erarbeitung der „Iphigenie" kann in jedem Fall der Begriff „Humanitätsdrama" eingeführt werden.	B. Brecht: *Der gute Mensch von Sezuan*	Hinführung zum Stück „Der gute Mensch von Sezuan" auch durch ein (Kurz-)Referat möglich; ist nach der „Iphigenie"-Lektüre eine (erneute) Beschäftigung mit dem Stück geplant, könnte es auch dann über ein Referat ausführlicher vorgestellt werden. Aufgabe 4 kann bereits zu Teilkapitel D überleiten.	EA, GA: Textanalyse, Menschenbild; Plenum: Bewertung von Shens Ratschlag (Aufgabe 3)
1–2 Std. Teilkapitel D	Thematisch steht das Menschenbild der Gegenwart im Zentrum, inhaltlich wird am Beispiel eines pragmatischen Textes in die Begriffsanalyse eingeführt.	A. Endres: *Wie viel ist ein Menschenleben wert?* Wissen: Begriffsanalyse KV 1	Teilkapitel D kann weitgehend (Aufgaben 2–4) in EA (auch als HA) erarbeitet werden. Aufgabe 4 kann in eine schriftliche Erörterung münden.	Plenum: Auftakt; EA: Text- und Begriffsanalyse, (schriftl.) Diskussion des Menschenbildes
1 Std. Mein Wissen sichern und anwenden	einen literarischen Text inhaltlich mit dem ihm zugrunde liegenden Menschenbild erfassen Textaussagen literarhistorisch verorten	J. W. Goethe: *Das Göttliche*	Das Gedicht verweist bereits auf die Weimarer Klassik; nach dem geschichtlichen Einblick soll abschließend noch einmal deutlich werden, dass die Weimarer Klassik innerhalb der übergeordneten Epoche der Aufklärung verortet ist.	EA mit anschließendem UG

EA = Einzelarbeit **GA** = Gruppenarbeit **HA** = Hausaufgabe **PA** = Partnerarbeit **UG** = Unterrichtsgespräch

1 Wandel des Menschenbildes

Mein Lernweg

A **„Doch nun kam die Vernunft …"**
Maximen der Aufklärung erfassen

B **„Mir ekelt vor diesem tintenklecksenden Säkulum …"**
Das Menschenbild im Sturm und Drang untersuchen

C **„Ach, eure Welt ist schwierig!"**
Handlungsalternativen vergleichend analysieren

D **„Aber so ist das amerikanische System."**
Moralische Fragen kritisch reflektieren

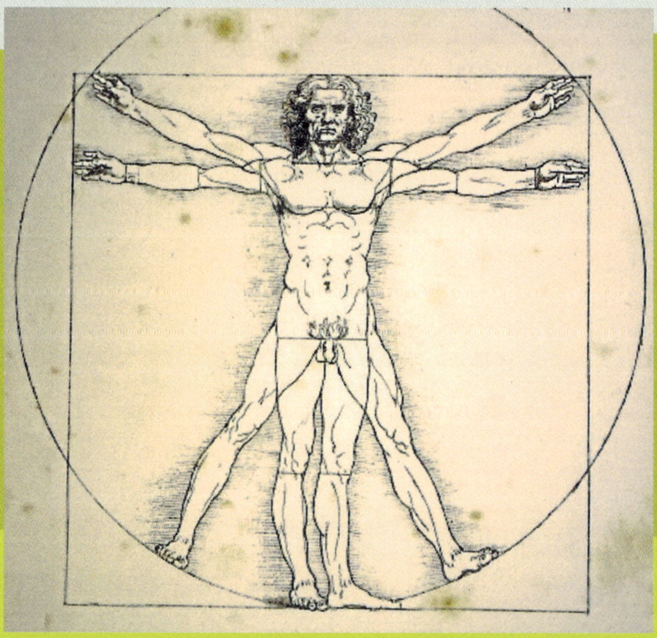

Ausschnitt der Proportionsstudie nach Vitruv von Leonardo da Vinci (1492)

akg-images, Berlin

Johann Heinrich Lips (1758–1817): *Der Tod mit weiblicher Maske* (Kupferstich, 1776)

123rf Germany, c/o Inmagine GmbH (aimy27feb), Nidderau

123 **1** **Notieren Sie Stichpunkte zur Frage: „Wer bin ich?"**

123 **2** **Vergleichen Sie, aus welchen Bereichen die Stichworte zu Ihren Antworten zu Aufgabe 1 kommen.**

123 KV 1 **3** **Diskutieren Sie: Was macht einen Menschen aus? Welche bestimmenden Eigenschaften prägen Ihr Verständnis des Menschen?**

123 **4** **Diskutieren Sie, welche Menschenbilder sich aus den beiden künstlerischen Darstellungen ableiten lassen.**

A „Doch nun kam die Vernunft ...“

Maximen der Aufklärung erfassen

123 **1** Nicht immer handelt man so, wie es vernünftig wäre. Sammeln Sie gemeinsam Gründe, die Sie auch schon zum Handeln bzw. Nichthandeln bewegt haben.

Gotthold Ephraim Lessing: Nathan der Weise (1779), 4. Aufzug, 7. Auftritt

Nathan hat ein christliches Mädchen, Recha, an Kindes statt aufgezogen, was er aus Sicht des Bischofs von Jerusalem als Jude nicht hätte tun dürfen. Im Gespräch mit dem Klosterbruder, von dem Nathan einst Recha bekommen hatte, offenbart er die Gründe.

NATHAN. Ihr, guter Bruder, müsst mein Fürsprach sein,
Wenn Hass und Gleisnerei[1] sich gegen mich
Erheben sollten, – wegen einer Tat –
Ah, wegen einer Tat! – Nur Ihr, Ihr sollt
Sie wissen! – Nehmt sie aber mit ins Grab!
Noch hat mich nie die Eitelkeit versucht[2],
Sie jemand andern zu erzählen. Euch
Allein erzähl' ich sie. Der frommen Einfalt[3]
Allein erzähl' ich sie. Weil die allein
Versteht, was sich der gottergebne Mensch
Für Taten abgewinnen kann.
KLOSTERBRUDER. Ihr seid
Gerührt, und Euer Auge steht voll Wasser?
NATHAN. Ihr traft mich mit dem Kinde zu Darun.
Ihr wisst wohl aber nicht, dass wenig Tage
Zuvor, in Gath[4] die Christen alle Juden
Mit Weib und Kind ermordet hatten; wisst
Wohl nicht, dass unter diesen meine Frau
Mit sieben hoffnungsvollen Söhnen sich
Befunden, die in meines Bruders Hause,
Zu dem ich sie geflüchtet, insgesamt
Verbrennen müssen.
KLOSTERBRUDER. Allgerechter!
NATHAN. Als
Ihr kamt, hatt' ich drei Tag' und Nächt' in Asch'
Und Staub vor Gott gelegen, und geweint. –
Geweint? Beiher[5] mit Gott auch wohl gerechtet,
Gezürnt, getobt, mich und die Welt verwünscht;
Der Christenheit den unversöhnlichsten
Hass zugeschworen –
KLOSTERBRUDER. Ach! Ich glaub's Euch wohl!
NATHAN. Doch nun kam die Vernunft allmählich wieder.
Sie sprach mit sanfter Stimm': „und doch ist Gott!
Doch war auch Gottes Ratschluss das! Wohlan!
Komm! übe, was du längst begriffen hast,
Was sicherlich zu üben schwerer nicht,
Als zu begreifen ist, wenn du nur willst.
Steh auf!“ – Ich stand! und rief zu Gott: ich will!
Willst du nur, dass ich will! – Indem stiegt Ihr
Vom Pferd, und überreichtet mir das Kind,
In Euern Mantel eingehüllt. – Was Ihr
Mir damals sagtet; was ich Euch: hab' ich
Vergessen. Soviel weiß ich nur; ich nahm
Das Kind, trug's auf mein Lager, küsst' es, warf
Mich auf die Knie und schluchzte: Gott! auf Sieben
Doch nun schon Eines wieder!
KLOSTERBRUDER. Nathan! Nathan!
Ihr seid ein Christ! – Bei Gott, Ihr seid ein Christ!
Ein bessrer Christ war nie!
NATHAN. Wohl uns! Denn was
Mich Euch zum Christen macht, das macht
Euch mir
Zum Juden! – Aber lasst uns länger nicht
Einander nur erweichen. Hier braucht's Tat!
[...]

Gotthold Ephraim Lessing: Nathan der Weise. Text mit Materialien, ausgewählt von Joachim Bark. Klett Editionen für den Literaturunterricht. Ernst Klett Verlag, Stuttgart 2004, S. 119 f.

123 ! **2** Stellen Sie dar, weshalb Nathan „das Christentöchterchen“ Recha bei sich aufgenommen hat und so innig liebt.

Nathan hadert zunächst mit seinem Schicksal (Verlust der Frau und der sieben Söhne), erkennt dann aber in der einen die sieben wieder (vgl. „Gott! auf Sieben / Doch nun schon Eines wieder!“). – Wichtig ist (zumal natürlich, wenn man den „Nathan“ im Kontext des Fragmentenstreits betrachtet), dass Nathan durch die Vernunft „Gottes Ratschluss“ erkennt.

---

1 Gleisnerei, die: Scheinheiligkeit, geheuchelte Frömmigkeit. **2** versuchen: hier im Sinne von: in Versuchung führen. **3** Einfalt, die: Unbedarftheit, hier auch im Sinne von: Ehrlichkeit, Aufrichtigkeit. **4** Gath: Stadt nordwestlich von Jerusalem. **5** beiher: nebenher, außerdem.

123 **3** Diskutieren Sie,
- inwieweit Nathans Verhalten realistisch ist,
- ob die Bewertung des Klosterbruders dem heutigen allgemeinen Verständnis von „christlich" entspricht.
- ob das Menschenbild der Aufklärung heute noch aktuell ist.

Immanuel Kant: Grundlegung zur Metaphysik der Sitten (1785)

Unser eigener Wille, sofern er nur unter der Bedingung einer durch seine Maximen möglichen allgemeinen Gesetzgebung handeln würde, dieser uns mögliche Wille in der Idee ist der eigentliche Gegenstand der Achtung, und die Würde der Menschheit besteht eben in dieser Fähigkeit, allgemein gesetzgebend, obgleich mit dem Beding[1], eben dieser Gesetzgebung zugleich selbst unterworfen zu sein.

Autonomie des Willens ist die Beschaffenheit des Willens, dadurch derselbe ihm selbst (unabhängig von aller Beschaffenheit der Gegenstände des Wollens) ein Gesetz ist. Das Prinzip der Autonomie ist also: nicht anders zu wählen als so, dass die Maximen seiner Wahl in demselben Wollen zugleich als allgemeines Gesetz mit Begriffen seien.

Immanuel Kant: Grundlegung zur Metaphysik der Sitten. In: Kants gesammelte Schriften. Bd. IV: Kritik der reinen Vernunft. Hrsg. v. Königlich Preußische Akademie der Wissenschaften. de Gruyter Berlin 1911, S. 440 Orthografie angep.)

4 Fassen Sie in eigenen Worten Kants Aussagen zusammen. Diskutieren Sie anschließend, ob Nathan autonom handelt.

Kant sagt hier, dass die Würde des Menschen in der Fähigkeit besteht, seinen Willen zur allgemeinen Gesetzgebung zu erheben. Dieser Wille muss „autonom", das heißt nicht fremdbestimmt sein (z. B. durch eine religiöse Moral). Dass sich aus diesem Willen allgemeines Handeln ableiten lässt, erlaubt im praktischen Sinne den Schluss auf die Vernünftigkeit des Willens (der eigene Wille unterwirft sich deshalb auch der allgemeinen Gesetzgebung, die aus diesem Willen resultiert). ***Nathan handelt autonom****, indem er sich nicht fremdbestimmt an den Maximen der Kirche orientiert, sondern sich durch die Vernunft leiten lässt (vgl. „Doch nun kam die Vernunft allmählich wieder. […] übe, was du längst begriffen hast, / Was sicherlich zu üben schwerer nicht, / Als zu begreifen ist, wenn du nur willst."). Insgesamt handelt Nathan außerdem so, dass die Maximen dieses Handelns zur allgemeinen Gesetzgebung taugen. Andererseits unterwirft er sich allerdings dem Ratschluss Gottes, was zunächst nicht für die Autonomie seines Willens spricht.*

5 Skizzieren Sie schriftlich das Menschenbild der Aufklärung.

Der Mensch der Aufklärung ist vernünftig (d. h. er handelt vernunftgeleitet und autonom), tolerant (hier gegenüber der anderen Religion) und zielt auf gegenseitiges Verständnis, zeigt menschliche Größe und Mitgefühl. Er kann religiös sein, wobei auch das religiöse Handeln der Vernunft unterworfen ist.

124 **6** Diskutieren Sie, ob bzw. inwieweit das Menschenbild der Aufklärung utopisch ist.

1 Beding, der: Bedingung, Voraussetzung.

B „Mir ekelt vor diesem tintenklecksenden Säkulum ...“

Das Menschenbild im Sturm und Drang untersuchen

124 **1** „Mir ekelt vor diesem tintenklecksenden Säkulum ...“ – Worauf könnte sich die Kritik des Sprechers in dieser Äußerung beziehen?

Friedrich Schiller: Die Räuber (1781), Erster Akt, Zweite Szene

Nachdem er von seinem Vater, dem Grafen Moor, wegen von seinem jüngeren Bruder Franz gefälschter Briefe enterbt wurde, gründet Karl aus Wut und Verzweiflung eine Räuberbande.

Schenke an den Grenzen von Sachsen.
Karl von Moor in ein Buch vertieft.
Spiegelberg trinkend am Tisch.

KARL VON MOOR *(legt das Buch weg).* Mir ekelt vor diesem tintenklecksenden Säkulum[1], wenn ich in meinem Plutarch[2] lese von großen Menschen.

SPIEGELBERG *(stellt ihm ein Glas hin und trinkt).* Den Josephus[3] musst du lesen.

MOOR. Der lohe Lichtfunke Prometheus'[4] ist ausgebrannt, dafür nimmt man jetzt die Flamme von Bärlappenmehl[5] – Theaterfeuer, das keine Pfeife Tabak anzündet. Da krabbeln sie nun, wie die Ratten auf der Keule des Hercules[6], und studieren sich das Mark aus dem Schädel, was das für ein Ding sei, das er in seinen Hoden geführt hat. Ein französischer Abbé[7] doziert, Alexander[8] sei ein Hasenfuß gewesen; ein schwindsüchtiger Professor hält sich bei jedem Wort ein Fläschchen Salmiakgeist[9] vor die Nase und liest ein Kollegium über die *Kraft*. Kerls, die in Ohnmacht fallen, wenn sie einen Buben gemacht haben, kritteln über die Taktik des Hannibals[10] – feuchtohrige Buben fischen Phrases aus der Schlacht bei Cannä[11] und greinen[12] über die Siege des Scipio[13], weil sie sie exponieren[14] müssen.

SPIEGELBERG. Das ist ja recht alexandrinisch[15] geflennt.

MOOR. Schöner Preis für euren Schweiß in der Feldschlacht, dass ihr jetzt in Gymnasien lebet und eure Unsterblichkeit in einem Bücherriemen mühsam fortgeschleppt wird. Kostbarer Ersatz eures verprassten Blutes, von einem Nürnberger Krämer um Lebkuchen gewickelt – oder, wenn' s glücklich geht, von einem französischen Tragödienschreiber auf Stelzen geschraubt und mit Drahtfäden gezogen zu werden! Hahaha!

SPIEGELBERG *(trinkt).* Lies den Josephus, ich bitte dich drum.

MOOR. Pfui! Pfui über das schlappe Kastraten-Jahrhundert, zu nichts nütze, als die Taten der Vorzeit wiederzukäuen und die Helden des Altertums mit Kommentationen zu schinden und zu verhunzen mit Trauerspielen. Die Kraft seiner Lenden ist versiegen gegangen, und nun muss Bierhefe den Menschen fortpflanzen helfen.

SPIEGELBERG. Tee, Bruder, Tee!

MOOR. Da verrammeln sie sich die gesunde Natur mit abgeschmackten Konventionen, haben das Herz nicht, ein Glas zu leeren, weil sie Gesundheit dazu trinken müssen – belecken den Schuhputzer, dass er sie vertrete bei Ihro Gnaden, und hudeln[16] den armen Schelm, den sie nicht fürchten. Vergöttern sich um ein Mittagessen, und möchten einander vergiften um ein Unterbett, das ihnen beim Aufstreich[17] überboten wird. – Verdammen den Sadduzäer[18], der nicht fleißig genug in die Kirche kommt, und berechnen ihren Judenzins am Altare – fallen auf die Knie, damit sie ja ihren Schlamp[19] ausbreiten können, – wenden kein Aug' von dem Pfarrer, damit sie sehen, wie seine Perücke frisiert ist. – Fallen in Ohnmacht, wenn sie eine Gans bluten sehen,

---

1 Säkulum, das: Zeitalter, Jahrhundert. **2** Plutarch (um 50–125 n. Chr.): griech. Historiker, verfasste Charakterschilderungen bedeutender Feldherren und Staatsmänner. **3** Flavius Josephus (1. Jh. n. Chr.): jüdischer Geschichtsschreiber. **4** Prometheus: berühmte Gestalt der griech. Mythologie; er stahl den Göttern das Feuer und brachte es zu den Menschen. Nach einer anderen Überlieferung formte er den Menschen aus Ton. Beide Geschichten stellen ihn als Rebell gegen die göttliche Autorität zugunsten des Menschenwohls dar. **5** Bärlapp, der: auch *Schlangenmoos* oder *Wolfsfuß* genannte Sporenpflanze. Ihr Same wurde zur Herstellung von Theaterblitzen verwendet. **6** Hercules (griech. Herakles): berühmter Held der griech. Mythologie, Sinnbild für Kraft und Stärke. Die Keule ist seine charakteristische Waffe. **7** Abbé, der: Titel eines Weltgeistlichen in Frankreich. **8** Alexander der Große (356–323 v. Chr.): mächtiger Feldherr des Altertums. **9** Salmiakgeist, der: wässrige Lösung von Ammoniak, die zur Belebung bei Ohnmachtsanfällen eingesetzt wurde. **10** Hannibal (um 246–183 v. Chr.): karthagischer Feldherr, der mit Elefanten die Alpen überquerte und die Römer bei Cannae besiegte. **11** *fischen Phrases* ...: brüten über der Bedeutung von Satzteilen aus lateinischen Schlachtberichten über Cannae (vgl. Anmerkung 10). **12** greinen: klagen, jammern, lamentieren. **13** Publius Cornelius Scipio (235–183 v. Chr.): römischer Feldherr, der Hannibal besiegte. **14** exponieren: darstellen, erläutern, auslegen. **15** alexandrinisch: Der *Alexandriner*, ein sechshebiger Jambus, ist das Versmaß des klassischen franz. und barocken dt. Dramas. Zu Schillers Zeit galt dieses Versmaß als steif und überholt. **16** hudeln: flüchtig, ohne Sorgfalt arbeiten, hier im Sinne von: schmeicheln, ohne Überzeugung Komplimente machen. **17** Aufstreich, der: Versteigerung. **18** Sadduzäer: altjüdische Partei, die von den (für ihre Selbstgerechtigkeit sprichwörtlich gewordenen) Pharisäern als Freidenker und Ketzer betrachtet wurde. **19** Schlamp, der: weite Schleppe eines Frauenkleids.

und klatschen in die Hände, wenn ihr Nebenbuhler bankerott von der Börse geht – – So warm ich ihnen[1] die Hand drückte: – Nur noch einen Tag! – Umsonst! – Ins Loch mit dem Hund! – Bitten! Schwüre! Tränen! *(Auf den Boden stampfend.)* Hölle und Teufel!

SPIEGELBERG. Und um so ein paar tausend lausige Dukaten –

MOOR. Nein, ich mag nicht daran denken! Ich soll meinen Leib pressen in eine Schnürbrust[2] und meinen Willen schnüren in Gesetze. Das Gesetz hat zum Schneckengang verdorben, was Adlerflug geworden wäre. Das Gesetz hat noch keinen großen Mann gebildet, aber die Freiheit brütet Kolosse und Extremitäten aus. Sie verpallisadieren[3] sich ins Bauchfell eines Tyrannen, hofieren der Laune seines Magens und lassen sich klemmen von seinen Winden. – Ah! dass der Geist Hermanns[4] noch in der Asche glimmte! – Stelle mich vor ein Heer Kerls wie ich, und aus Deutschland soll eine Republik werden, gegen die Rom und Sparta Nonnenklöster sein sollen. *(Er wirft den Degen auf den Tisch und steht auf.)*

Friedrich Schiller: Die Räuber. Text mit Materialien, ausgew. v. Ralf Sudau. Klett Editionen für den Literaturunterricht. Ernst Klett Verlag Stuttgart 2005, S. 16f.

2 Fassen Sie zusammen, was Karl an seiner Zeit kritisiert und woran er sich stattdessen orientiert.

124

3 Skizzieren Sie, wie die Figur des Karl Moor gestaltet ist.

124

Johann Wolfgang Goethe: Zum Schäkespears Tag (1771)

Wir ehren heute das Andenken des größten Wandrers und tun uns dadurch selbst eine Ehre an. Von Verdiensten, die wir zu schätzen wissen, haben wir den Keim in uns. [...]

Die erste Seite, die ich in ihm las, machte mich auf zeitlebens ihm eigen, und wie ich mit dem ersten Stücke fertig war, stund ich wie ein Blindgeborner, dem eine Wunderhand das Gesicht[5] in einem Augenblicke schenkt. Ich erkannte, ich fühlte aufs lebhafteste meine Existenz um eine Unendlichkeit erweitert, alles war mir neu, unbekannt, und das ungewohnte Licht machte mir Augenschmerzen. Nach und nach lernt' ich sehen, und, Dank sei meinem erkenntlichen Genius, ich fühle noch immer lebhaft, was ich gewonnen habe.

Ich zweifelte keinen Augenblick, dem regelmäßigen Theater zu entsagen. Es schien mir die Einheit des Orts so kerkermäßig ängstlich, die Einheiten der Handlung und der Zeit lästige Fesseln unsrer Einbildungskraft. Ich sprang in die freie Luft und fühlte erst, dass ich Hände und Füße hatte. [...]

Er wetteiferte mit dem Prometheus[6], bildete ihm Zug vor Zug seine Menschen nach, nur in *kolossalischer Größe*; darin liegt's, dass wir unsre Brüder verkennen; und dann belebte er sie alle mit dem Hauch *seines* Geistes, er redet aus allen, und man erkennt ihre Verwandtschaft.

Und was will sich unser Jahrhundert unterstehen, von Natur zu urteilen. Wo sollten wir sie her kennen, die wir von Jugend auf alles geschnürt und geziert an uns fühlen und an andern sehen. Ich schäme mich oft vor Schäkespearen, denn es kommt manchmal vor, dass ich beim ersten Blick denke, das hätt ich anders gemacht! Hintendrein erkenn ich, dass ich ein armer Sünder bin, dass aus Schäkespearen die Natur weissagt und dass meine Menschen Seifenblasen sind, von Romanengrillen[7] aufgetrieben.

Johann Wolfgang von Goethe: Zum Schäkespears Tag. (1771) In: Allgemeine Monatsschrift für Wissenschaft und Literatur, hrsg. v. Otto Jahn. Böhlau Weimar 1854.

4 Fassen Sie zusammen, wie Goethe Shakespeare sieht.

124

124 **5** Klären Sie ggf. mithilfe einer Recherche, was mit dem „regelmäßigen Theater“ gemeint ist.

6 Skizzieren Sie schriftlich das Menschenbild des Sturm und Drang.

124

1 *So warm ich ihnen ...*: Am Ende seiner Wutrede gibt Karl ein Wortgefecht mit seinen Gläubigern wieder, die ihn ins Schuldengefängnis werfen lassen wollen. **2** Schnürbrust, die: Korsett. **3** verpallisadieren: sich mit Pallisaden schützen, verschanzen, verstecken.
4 Hermann (Arminius) der Cherusker (um 16 v. Chr.–21 n. Chr.): In der Schlacht im Teutoburger Wald verhinderte er im Jahr 9 n. Chr. die Romanisierung Germaniens. **5** Gesicht, das: hier im Sinne von Sehkraft, bildlich auch für: Einsicht, Erkenntnis.
6 Prometheus: berühmte Gestalt der griech. Mythologie; er stahl den Göttern das Feuer und brachte es zu den Menschen. Nach einer anderen Überlieferung formte er den Menschen aus Ton. Vgl. auch Goethes Hymne an Prometheus (1772–1774)
7 Grille, die: hier übertragen für sonderbarer Einfall, Laune, (unnütze) Spielerei.

C

„Ach, eure Welt ist schwierig!"

Handlungsalternativen vergleichend analysieren

Bertolt Brecht: Der gute Mensch von Sezuan* (1943)

Shen Te, die den Göttern als der „gute Mensch von Sezuan" gilt, wird von allen ausgenutzt und muss sich deshalb immer häufiger in den hartherzigen Vetter Shui Ta verwandeln, um nicht der Welt ohnmächtig ausgeliefert zu sein. Als Shen Te längere Zeit nicht mehr auftaucht, wird Shui Ta vor Gericht gestellt. Weil die Götter dort die Richter sind, muss sich Shen Te alias Shui Ta offenbaren.

DER ZWEITE GOTT Was hast du mit unserem guten Menschen von Sezuan gemacht?
SHUI TA Dann laßt mich euch die furchtbare Wahrheit gestehen: ich bin euer guter Mensch!
Er nimmt sich die Maske ab und reißt sich die Kleider weg, Shen Te steht da.
DER ZWEITE GOTT Shen Te!
SHEN TE Ja, ich bin es. Shui Ta und Shen Te, ich bin beides.
Euer einstiger Befehl
Gut zu sein und doch zu leben
Zerriß mich wie ein Blitz in zwei Hälften. Ich
Weiß nicht, wie es kam: gut sein zu andern
Und zu mir konnte ich nicht zugleich.
Andern und mit zu helfen, war mir zu schwer.
Ach, eure Welt ist schwierig! Zu viel Not, zu viel Verzweiflung!
Die Hand, die dem Elenden gereicht wird
Reißt er einem gleich aus! Wer dem Verlorenen hilft
Ist selbst verloren! Denn wer könnte
Lang sich weigern, böse zu sein, wenn da stirbt, wer kein Fleisch ißt?
Aus was sollte ich nehmen, was alles gebraucht wurde? Nur
Aus mir! Aber dann kam ich um! Die Last der guten Vorsätze
Drückte mich in die Erde. Doch wenn ich Unrecht tat
Ging ich mächtig herum und aß vom guten Fleisch!
Etwas muß falsch sein an eurer Welt. Warum
Ist auf die Bosheit ein Preis gesetzt und warum erwarten den Guten
So harte Strafen? Ach, in mir war
Solch eine Gier, mich zu verwöhnen! Und da war auch
In mir ein himmlisches Wissen, denn meine Ziehmutter
Wusch mich mit Gossenwasser! Davon kriegte ich
Ein scharfes Aug. Jedoch Mitleid
Schmerzte mich so, daß ich gleich in wölfischen Zorn verfiel
Angesichts des Elends. Dann
fühlte ich, wie ich mich verwandelte und
Mir die Lippe zur Lefze wurd. Wie Asche im Mund
Schmeckte das gütige Wort. Und doch
Wollte ich gern ein Engel sein in den Vorstädten. Zu schenken
War mir eine Wollust. Ein glückliches Gesicht
Und ich ging wie auf Wolken.
Verdammt mich: alles, was ich verbrach
Tat ich, meinem Nachbarn zu helfen
Meinen geliebten zu lieben und
Meinen kleinen Sohn vor dem Mangel zu retten.
Für euren großen Pläne, ihr Götter
War ich armer Mensch zu klein.
[...]
DER ERSTE GOTT *heftig*: Verwirrtes, sehr Verwirrtes! Unglaubliches, sehr Unglaubliches! Sollen wir eingestehen, daß unsere Gebote tödlich sind? Sollen wir verzichten auf unsere Gebote? *Verbissen*: Niemals! Soll die Welt geändert werden? Wie? Von wem? Nein, es ist alles in Ordnung! [...]

* Text in alter Rechtschreibung

Auf ein Zeichen von ihm öffnet sich die Decke. Eine rosa Wolke läßt sich hernieder. Auf ihr fahren die Götter sehr langsam nach oben.

SHEN TE Oh, nicht doch, Erleuchtete! Fahrt nicht weg! Verlaßt mich nicht! Wie soll ich den beiden guten Alten in die Augen schauen, die ihren Laden verloren haben, und dem Wasserverkäufer mit der steifen Hand? Und wie soll ich mich des Barbiers erwehren, den ich nicht liebe, und wie Suns, den ich liebe? Und mein Leib ist gesegnet, bald ist mein kleiner Sohn da und will essen? Ich kann nicht hier bleiben!

Sie blickt gehetzt nach der Tür, durch die ihre Peiniger eintreten werden.

DER ERSTE GOTT Du kannst es. Sei nur gut und alles wird gut werden!

Bertolt Brecht: Gesammelte Werke. Bd. 4: Stücke. Suhrkamp Frankfurt/M. 1982. S. 1603–1605.

Der gute Mensch von Sezuan im Berliner Gorki Studio 2007, Regie: Ute Koschel

akg-images (Thomas Bartilla), Berlin

1 Stellen Sie das Problem dar, das Shen Te schildert.

Shen Te hat einerseits den Wunsch (bzw. fühlt die innere Verpflichtung), gut zu sein, andererseits hat sie die Erfahrung gemacht, böse sein zu müssen, um (gut) leben zu können. Ihre Verwandlung in den bösen Menschen erfolgt dabei unwillentlich (vgl. „Dann / fühlte ich, wie ich mich verwandelte und / Mir die Lippe zur Lefze wurd.“) und ist doch die Voraussetzung für sie, gut zu sich sein zu können. Gut zu anderen zu sein, wird dagegen von ihr als Glück erlebt.

2 Erläutern Sie, welche Schlussfolgerung Shen Te aus ihrem Dilemma zieht.
Wie reagiert der Erste Gott darauf?

Schlussfolgerung Shen Tes: Sie vermutet gleichsam einen Konstruktionsfehler als Grund für ihr Dilemma: „Etwas muß falsch sein an eurer Welt.“

Der Erste Gott reagiert „heftig“ und will nicht eingestehen, dass Shen Tes Schlussfolgerung naheliegt; am Ende bleibt Trotz: „Nein, es ist alles in Ordnung!“

3 Am Ende gibt der Erste Gott Shen Te den Ratschlag: „Sei nur gut und alles wird gut werden!“ – Bewerten Sie den Ratschlag

- im Kontext der Handlung des Stücks

Im Kontext der Handlung liegt es nahe, den Ratschlag als Ausflucht und Beschwichtigung zu verstehen; der Gott glaubt wohl selber nicht, was er hier sagt (er spricht also floskelhaft).

- als Verhaltensmaxime für Ihr persönliches Leben

Wer es schafft, immer gut zu sein, muss sich, was immer geschehen mag, wenigstens keine Vorwürfe machen. Unklar ist dagegen, ob schon dadurch, dass man selbst gut ist, zugleich „alles“ gut werden wird; außerdem ist „gut“ eine recht vage Kategorie.

124

4 Skizzieren Sie das für die Mitte des 20. Jahrhunderts charakteristische Menschenbild. Beachten Sie die Diskrepanz, die sich zwischen idealen Handlungsmaximen und deren Umsetzung unter realistischen Umständen ergibt.

D „Aber so ist das amerikanische System."
Moralische Fragen kritisch reflektieren

Sina: Wenn zum Beispiel nach Unglücksfällen dem Unfallopfer oder seinen Hinterbliebenen Schmerzensgeld gezahlt wird, drückt man den Wert eines Menschen auch in einem Geldbetrag aus. Dann ist ein Mensch vielleicht 50 000 oder 100 000 Euro wert. Der genaue Betrag müsste sich dann am Verdienst des Geschädigten oder seiner Hinterbliebenen orientieren.

Lewin: Der Wert eines Menschen hängt natürlich auch von seiner Bedeutung für andere Menschen ab. So gesehen war Einstein auch wertvoller als ein normaler Ingenieur oder Mathematiklehrer. Und ein Altenpfleger wäre dann auch wertvoller als zum Beispiel ein Maler.

Tim: Die Menschenrechte gelten ausnahmslos für alle Menschen, und vor dem Gesetz sollten auch alle Menschen gleich sein. Deshalb kann auch nur gelten: Alle Menschen sind für mich gleich viel wert.

Ines: Für mich ist zum Beispiel ein Vater von drei Kindern wertvoller als ein kinderloser Mann oder eine Frau, die sich ehrenamtlich und gemeinnützig engagiert, mehr wert als eine, die sich egoistisch nur für sich selbst und ihren persönlichen Vorteil interessiert. Das müsste sich auch in einer Entschädigungszahlung einer Versicherung widerspiegeln.

125 ! **1** Nehmen Sie zu den Äußerungen Stellung und tauschen Sie sich untereinander aus: Lässt sich der Wert eines Menschenlebens in einem Geldbetrag ausdrücken? Welche Aspekte könnten dabei Berücksichtigung finden?

Alexandra Endres: Wie viel ist ein Menschenleben wert? (2018)

Der Dokumentarfilm „Playing God" porträtiert den Anwalt Kenneth Feinberg. Sein Job ist es, nach Unglücken und Katastrophen zu berechnen, wie viel Geld die Opfer bekommen.

Welchen Wert hat ein Menschenleben? Wenn ein Bankmanager stirbt: Zählt er mehr als ein Feuerwehrmann oder ein illegal ins Land gekommener Migrant ohne Arbeitserlaubnis, der seine Familie mit Aushilfsjobs über Wasser hielt? Wie entschädigt man Menschen nach einer Umweltkatastrophe, die ihre wirtschaftliche Existenz zerstört hat? Lässt sich die Beeinträchtigung, die eine durch Gift ausgelöste schwere Krankheit bedeutet, überhaupt durch Geld aufwiegen? Wenn ja, durch welche Summen?

Es gibt keine richtige Antwort auf solche Fragen – und doch muss Kenneth Feinberg sie beantworten. Der 72-jährige Anwalt ist der Star unter den Entschädigungsspezialisten der USA. Ihn ruft man, wenn es um besonders schwierige und schwerwiegende Fälle geht: Agent Orange, Deepwater Horizon, der 11. September 2001, Sandy Hook. [...]

In ihrem Film *Playing God* porträtiert die deutsche Regisseurin Karin Jurschick Feinberg und seine Arbeit. In ruhigen, zurückgenommenen Bildern zeigt sie ihn als einen erfolgreichen, aber nicht unsympathischen Ostküstenanwalt, einen scharfsinnigen, kühl argumentierenden Mann; als jemanden, der Opern liebt, freimütig zugibt, sein Schauspieltalent im Umgang mit den Opfern einzusetzen – und der um die ethischen Probleme seiner Arbeit weiß. „Was glauben Sie, warum ich bis drei Uhr nachts wach bin?", fragt er die Regisseurin einmal. „Ich frage mich, was das Richtige ist, was ich tun soll. Wie tut man das Richtige?"

Playing God: Der Titel des Films spielt an auf ein Schild, das Hinterbliebene von Opfern des 11. September auf einer Demonstration gegen Feinberg in die Kamera hielten. *„Stop Playing God!"* stand darauf: „Hör auf, Gott zu spielen!"

Feinberg selbst sieht seine Arbeit naturgemäß anders. „Ich berechne den Wert eines Lebens genau so, wie Richter und Geschworene es in jedem Gericht und jeder Stadt tun", sagt er. „Es ist eine kalte mathematische Formel: Was würde eine Person in ihrem Arbeitsleben verdienen, hätte es die Tragödie nicht gegeben?" Der Anwalt gibt die Antwort selbst: Börsenmakler, Banker und Anwälte mehr als Hilfskellner, Polizisten und Feuerwehrleute. Hinzu komme ein Aufschlag „für Schmerz und Leid", dessen Wert er basierend auf einer amtlichen Statistik kalkuliert.

Gerecht sei daran nichts, sagt Feinberg. „Es ist kaum Faires daran, Menschen Geld zu geben, die ihre Liebsten verloren haben. Aber so ist das amerikanische System." Jurschik lässt ihre Zuschauer nicht erkennen, was sie von Feinberg hält. Man muss sich selbst ein Urteil bilden, während man den Anwalt mit der Regisseurin in seiner Kanzlei und zu Hause besucht, ihn selbst, seine Frau, berufliche Weggefährten, Hinterbliebene und Kritiker über seine Arbeit sprechen hört und Archivmaterial von früheren Fällen sieht. [...]

Alexandra Endres für ZEIT ONLINE (www.zeit.de) vom: 08.02.2018. Unter: https://www.zeit.de/kultur/film/2018-02/playing-god-film-kenneth-feinberg-anwalt-usa-11-september (Zugriff 08.03.2019, gek.)

2 Erläutern Sie, welches Menschenbild das „amerikanische System“ (vgl. S. 14, Z. 51) laut Kenneth Feinberg befördert.

Der Wert eines Menschen ist in diesem System berechenbar. Er ist das wert, was er im Laufe seines Lebens erarbeiten könnte. Für die Hinterbliebenen gibt es dabei einen „Aufschlag ‚für Schmerz und Leid'", der aber ebenfalls statistisch kalkuliert wird. Es ist dies ein extrem materialistisches Menschenbild.

125 **3** Unterziehen Sie den Begriff „Wert“ einer genaueren Analyse. Halten Sie interessante Aspekte stichpunktartig fest.

WISSEN

Begriffsanalyse

Bei einer Begriffsanalyse geht es – insbesondere im Rahmen einer Erörterung – weniger um die Beantwortung konkreter Fragen, die man grundsätzlich an einen bestimmten Begriff stellen kann. Es kommt vielmehr darauf an, auf mögliche eigene Argumente (und ggf. zugleich auch auf Argumentationslücken in einem Text) aufmerksam zu werden. Begriffe können unter folgenden Aspekten untersucht werden:

- **Bedeutungsumfang:** Was bedeutet der Begriff genau? Hat der Begriff einen Bedeutungswandel durchlaufen (Was meinte man früher damit, was heute)? Wird der Begriff von allen gleich verstanden oder unterschiedlich gebraucht? Wie ist der Begriff konnotiert (Ist er positiv oder negativ besetzt)? Warum? Welche Assoziationen ruft der Begriff hervor?
- **Voraussetzungen:** Auf welchen Voraussetzungen beruht ein Begriff, d. h. was muss gegeben sein, dass man den Begriff zu Recht auf eine Sache oder ein Ereignis bezieht? Sind diese Voraussetzungen allgemein anerkannt oder strittig? Wer definiert die Gültigkeit dieser Voraussetzungen?
- **Folgen:** Hat die Bezeichnung einer Sache oder eines Ereignisses mit dem Begriff Folgen? Was wird damit impliziert? Mit welcher Absicht wird genau dieser Begriff (und kein anderer denkbarer) verwendet?

KV 1 **4** Beziehen Sie Stellung zu der Frage, ob dieses Menschenbild den aktuellen gesellschaftlichen Verhältnissen entspricht.

Man muss kein ausgesprochener Kapitalismuskritiker sein, wenn man feststellt, dass der Mensch in unserer Gesellschaft nicht zuletzt als Produktionsfaktor („Human Resource Management") betrachtet wird, wobei gerade im rohstoffarmen Deutschland dem „Humankapital" besondere Bedeutung zukommt (in der Schule etwa sind deshalb die MINT-Fächer besonders wichtig und Digitalisierung ist neuerdings ein Wert an sich). Selbst in genuin humanen Disziplinen (Medizin, Pflege, Erziehung) spielen wirtschaftliche Belange („Kostenfaktor Mensch") eine zunehmende Rolle, sodass die im Text beschriebene „kalte mathematische Formel" zur Berechnung des Wertes eines Menschenlebens durchaus weite Teile der gegenwärtigen gesellschaftlich-politischen Diskussion widerspiegelt.

Mein Wissen sichern und anwenden

Johann Wolfgang Goethe: Das Göttliche (1783)

Edel sei der Mensch,
Hülfreich und gut!
Denn das allein
Unterscheidet ihn
Von allen Wesen
Die wir kennen.

Heil den unbekannten
Höhern Wesen
Die wir ahnden!
Sein Beispiel lehr uns
Jene glauben.

Denn unfühlend
Ist die Natur;
Es leuchtet die Sonne
Über Bös' und Gute,
Und dem Verbrecher
Glänzen wie dem Besten
Der Mond und die Sterne.

Wind und Ströme,
Donner und Hagel
Rauschen ihren Weg,
Und ergreifen
Vorüber eilend
Einen um den andern.

Auch so das Glück
Tappt unter die Menge,
Fasst bald des Knaben
Lockige Unschuld,
Bald auch den kahlen
Schuldigen Scheitel.

Nach ewigen ehrnen
Großen Gesetzen
Müssen wir alle
Unseres Daseins
Kreise vollenden.

Nur allein der Mensch
Vermag das Unmögliche,
Er unterscheidet
Wählet und richtet,
Er kann dem Augenblick
Dauer verleihen.

Er allein darf
Den Guten lohnen,
Den Bösen strafen;
Heilen und retten
Alles Irrende, Schweifende
Nützlich verbinden.

Und wir verehren
Die Unsterblichen,
Als wären sie Menschen,
Täten im Großen
Was der Beste im Kleinen
Tut oder möchte.

Der edle Mensch
Sei hülfreich und gut!
Unermüdet schaff er
Das Nützliche, Rechte
Sei uns ein Vorbild
Jener geahndeten Wesen.

Johann Wolfgang Goethe: Sämtliche Werke nach Epochen seines Schaffens. Münchner Ausgabe, Bd. 2.1: Erstes Weimarer Jahrzehnt 1775–1786. Hrsg. v. Hartmut Reinhardt. Hanser München 1987, S. 90f.

1 Lesen Sie das Gedicht „Das Göttliche" von Johann Wolfgang Goethe und fassen Sie seine zentralen Aussagen zusammen.

Der Mensch ist das einzige Wesen, das zwischen Gut und Böse unterscheiden und mithilfe seines freien Willens zwischen unterschiedlichen Handlungsmöglichkeiten wählen kann. Das Gedicht fordert dazu auf, das Gute und Rechte zu erkennen und zu tun. Dadurch nähere sich der Mensch dem Göttlichen an und könne glauben, dass es etwas Göttliches gibt, das sich über die reine Materie erhebt („Ihnen [den „Höhern Wesen"] gleiche der Mensch; / Sein Beispiel lehr uns / Jene glauben").

2 Nehmen Sie zur Frage Stellung, ob das im Gedicht aufscheinende Menschenbild dem der Epoche der Aufklärung entspricht.

Das Gedicht zeigt zunächst den Menschen in seiner Autonomie, d. h. mit seinem freien Willen, zwischen verschiedenen Möglichkeiten zu wählen. Insofern könnte es in der Aufklärung verortet werden. Allerdings müsse der Mensch, um sich zu entwickeln und zu veredeln, nach Humanität, dem Wahren und Guten, streben. Untypisch für die Aufklärung ist überdies der imperativische Duktus: „Edel sei der Mensch" (zu dieser Einsicht müsste der Mensch der Aufklärung durch die Vernunft kommen). – Tatsächlich ist Gedicht typisch für die Epoche der Klassik.

Übersicht über die Unterrichtseinheit
Kapitel 2: „Iphigenie auf Tauris"

DIDAKTISCHE HINWEISE

- Die Unterrichtseinheit erarbeitet die verpflichtende Lektüre „Iphigenie auf Tauris" entsprechend der Abfolge der Auftritte. Wurde das Stück als Ganzes vorab gelesen, können die Teilkapitel selbstverständlich auch in veränderter Reihenfolge (d.h. dann durch den thematischen Schwerpunkt bestimmt) bearbeitet werden.
- Der Einstieg in das Stück erfolgt direkt über den Stoff (vgl. die Kapitelauftaktseite), da die thematische Hinführung anhand der Beschäftigung mit den Leitideen und dem Wandel des Menschenbildes (Kapitel 1) vorgesehen ist.
- Alle Teilkapitel fokussieren dabei einen besonderen dramenbezogenen Analyseschwerpunkt, der zugleich auf die schriftliche Interpretation von Dramen vorbereitet (vgl. dazu das Schreibtraining auf den Seiten 55 bis 62).
- In Teilkapitel A können die Aufgaben 6 bis 9 zu den Bedingungen der Kommunikation weitgehend selbstständig durch die Lerngruppe erarbeitet werden, wenn die Kommunikationsmaximen von Watzlawick bereits zu einem früheren Zeitpunkt schon einmal thematisiert worden sind.
- Die Beschäftigung mit Aristoteles und Lessing (75. Stück der Hamburgischen Dramaturgie) in Teilkapitel B ist für den Unterricht auf grundlegendem Anforderungsniveau fakultativ.
- Der Abschluss der Lektüre könnte zum Anlass genommen werden, über die Kontrastfigur Penthesilea (vgl. den Auszug aus dem Kleist-Stück auf KV 2) die Gestaltung der Figur Iphigenie noch einmal zu verdeutlichen. Außerdem bietet es sich an, über den Gegenwartsbezug der „Iphigenie" zu diskutieren (vgl. KV 3).

KERNCURRICULUM

- **RT 1:** Literatur und Sprache um 1800
- **RT 2:** Drama und Kommunikation, **PM:** Gestaltungsmittel des Dramas, **Verbindlicher UA (gA):** Kommunikation in Dramenszenen, **Verbindliche UA (eA):** vertiefende Aspekte der Dramentheorie
- **RT 2, WPM 1:** Staatsräson und Menschlichkeit im Drama der Weimarer Klassik

ABITURVORGABEN 2021

- **Verbindliche Lektüre:** J. W. Goethe: Iphigenie auf Tauris; K. O. Conrady: In Italien vollendet. Iphigenie auf Tauris
- **Verbindliche UA (gA):** Figuren- und Konfliktgestaltung; zeit- und epochentypische Sprachverwendung

UE 1 10–13 U-Std.

Teilkapitel	Materialien	angezielte Kompetenzen
A **„Du sprichst ein großes Wort gelassen aus."** Bedingungen der Kommunikation reflektieren	J. W. Goethe: *Iphigenie auf Tauris*, V. 328–349	Bedingungen der Kommunikation reflektieren
eA B **„Bringst du die Schwester zu Apollen hin . . ."** Dramenkonzeptionen erfassen	G. Freytag: *Die Technik des Dramas* Aristoteles: *Poetik* G. E. Lessing: *Hamburgische Dramaturgie. 75. Stück*	Dramenkonzeptionen erfassen; literarische und poetologische Texte analysieren und interpretieren
C **„Mit ihrer Feuerzunge . . ."** Sprachverwendung im Drama beschreiben	J. W. Goethe: *Iphigenie auf Tauris*, V. 1039–1050; V. 1159–1201	Sprachverwendung im Drama beschreiben und als Gestaltungsmittel analysieren
D **„Fast überredst du mich zu deiner Meinung."** Kommunikation untersuchen	J. W. Goethe: *Iphigenie auf Tauris*, V. 1441–1475, V. 1629–1688	Kommunikation in einem dramatischen Text untersuchen und für die Interpretation nutzen
E **„Nicht so, mein König!"** Konflikt- und Figurengestaltung untersuchen	J. W. Goethe: *Iphigenie auf Tauris* K. O. Conrady: *In Italien vollendet. Iphigenie auf Tauris*	Konflikt- und Figurengestaltung in einem dramatischen Text untersuchen

RT = Rahmenthema **PM** = Pflichtmodul **WPM** = Wahlpflichtmodul **UA** = Unterrichtsaspekt **UE** = Unterrichtseinheit

eA grün markiert = erhöhtes Anforderungsniveau (eA)

blau markiert = fakultative Teilkapitel und Materialien

Übersicht über den Stundenverlauf

Stunden	Ziele	Material	Erläuterungen, methodische Hinweise	Sozialformen
1 Std. Kapitelauftakt	sich mit dem der „Iphigenie" zugrunde liegenden Stoff vertraut machen	Bilder: Guérin: *Klytaimnestra zögert, ihren schlafenden Gatten Agamemnon zu ermorden;* Bouguereau: *Orest wird von Furien gehetzt*	Die Bildimpulse sind mit Blick auf mit dem Tantalidengeschlecht verbundenen Gräuel gewählt; auf diese Bilder kann nach der Lektüre zurückgekommen werden, um deutlich zu machen, was Iphigenie hinter sich gelassen hat.	Plenum; Recherche des Stoffs in EA oder GA
1–2 Std. Teilkapitel A	Sicherung des Inhalts des I. Aufzugs erste Annäherung an die Sprache des Schauspiels Bedingungen der Kommunikation reflektieren	J. W. Goethe: *Iphigenie auf Tauris*, V. 328–349 Wissen: Paul Watzlawicks Axiome zur menschlichen Kommunikation	Mit Blick auf das Stück zentral ist das Verständnis von Iphigenies Grundkonflikt (Aufgabe 5).	Plenum: Auftakt, Diskussion u. Bewertung d. Kommunikation EA, GA: Textanalyse und Zusammenfassung
2 Std. Teilkapitel B	Sicherung des Inhalts des II. Aufzugs Grundlagen der Dramenkonzeption (V-Akt-Schema, geschlossene Form nach Aristoteles) Wirkung des Dramas nach Aristoteles und Lessing	G. Freytag: *Die Technik des Dramas* Aristoteles: *Poetik* G. E. Lessing: *Hamburgische Dramaturgie. 75. Stück*	Der Auszug aus dem 75. Stück von Lessings Hamburgischer Dramaturgie versteht sich als Angebot zur Vertiefung (v.a. auf eA); ob und inwieweit man dabei auf die mit den Begrifflichkeiten („Jammer und Schaudern" ⟷ „Mitleid und Furcht") verbundenen Unterschiede eingeht, wird man von Kurs zu Kurs entscheiden.	EA: Textsicherung (Aufgaben 1 und 3) EA oder GA mit Nachbesprechung im Plenum: Aufgaben zur Analyse der poetologisch-pragmatischen Texte; Abschlussdiskussion im Plenum: Bewertung der Wirkung von Iphigenie (Aufgabe 8)
1–2 Std. Teilkapitel C	Sicherung des Inhalts des III. Aufzugs Sprache eines literarischen Textes beschreiben	J. W. Goethe: *Iphigenie auf Tauris*, V. 1039–1050; V. 1159–1201 Wissen: Blankvers, Antilabe, Stichomythie	Die Aufgaben 7 und 8 dienen vor allem der Verständnissicherung und bieten sich zur häuslichen Bearbeitung an.	EA, GA: Textsicherung GA mit Nachbesprechung im Plenum: Sprachbeschreibung (Aufgaben 3–6)
2 Std. Teilkapitel D	Sicherung des Inhalts des IV. Aufzugs Kommunikation untersuchen	J. W. Goethe: *Iphigenie auf Tauris*, V. 1441–1475, V. 1629–1688 Wissen: Kommunikationssituationen	Es empfiehlt sich in jedem Fall, einen Szenenausschnitt einmal szenischen lesen zu lassen. Aufgabe 4 versteht sich darüber hinaus als kreativer Bearbeitungsimpuls, bei dem den Schülern freie Hand gelassen werden kann.	EA, GA mit Nachbesprechung im Plenum: Kommunikation untersuchen und beschreiben Aufgabe 4 als GA (auch außerhalb der eigentlichen Unterrichtszeit)
2–3 Std. Teilkapitel E	Sicherung des Inhalts des V. Aufzugs Figurengestaltung untersuchen	J. W. Goethe: *Iphigenie auf Tauris* K. O. Conrady: *In Italien vollendet. Iphigenie auf Tauris* Wissen: Figurengestaltung und -konstellation KV 2, KV 3	Die verpflichtende Lektüre von Conrady mit der Bewertung der „Iphigenie" erscheint als so zentral, dass eigens eine thematisch vergleichbare Klausur angeboten wird (Klausurvorschlag 1).	EA, GA: Textsicherung, Figurencharakteristik EA mit Nachbesprechung im Plenum: Bewertung der Handlungskonstruktion
1 Std. Mein Wissen sichern und anwenden	Handlungszusammenhang kennen; zentralen Konflikt sowie Thema erläutern; Blankvers erkennen	J. W. Goethe: *Iphigenie auf Tauris*	Über die Thematik der „Iphigenie" wird bereits die Beschäftigung mit dem Kunstprogramm der Weimarer Klassik vorbereitet.	EA mit anschließendem Unterrichtsgespräch

EA = Einzelarbeit **GA** = Gruppenarbeit **HA** = Hausaufgabe **PA** = Partnerarbeit **UG** = Unterrichtsgespräch

2 „Iphigenie auf Tauris"

Mein Lernweg

A „Du sprichst ein großes Wort gelassen aus."
Bedingungen der Kommunikation reflektieren

eA **B „Bringst du die Schwester zu Apollen hin …"**
Dramenkonzeptionen erfassen

C „Mit ihrer Feuerzunge …"
Sprachverwendung im Drama beschreiben

D „Fast überredst du mich zu deiner Meinung."
Kommunikation untersuchen

E „Nicht so, mein König!"
Konflikt- und Figurengestaltung untersuchen

Pierre-Narcisse Guérin (1774–1833): *Klytaimnestra zögert, ihren schlafenden Gatten Agamemnon zu ermorden* (Öl auf Leinwand, 1817)

akg-images (Erich Lessing), Berlin

William Adolphe Bouguereau (1825–1905): *Orest wird von Furien gehetzt* (Öl auf Leinwand, 1862)

Alamy stock photo (The Picture Art Collection), Abingdon, Oxon

125 **1 Beschreiben Sie die Wirkung der Bilder auf Sie.**

125 **2 Recherchieren Sie den Zusammenhang der Bildinhalte und geben Sie an, was man unter dem „Tantalidenfluch" versteht.**

A „Du sprichst ein großes Wort gelassen aus."

Bedingungen der Kommunikation reflektieren

125 **1** „Du sprichst ein großes Wort gelassen aus." – Besprechen Sie unter Zuhilfenahme von konkreten Beispielen

- was jemand veranlassen könnte, „ein großes Wort" gelassen auszusprechen. Welche Gründe oder Ziele könnte er haben?
- aus welchem Grund jemand den Satz „Du sprichst ein großes Wort gelassen aus" an sein Gegenüber richten könnte?

Johann Wolfgang Goethe: Iphigenie auf Tauris (1787), Vers 328–349

IPHIGENIE. Zwar die gewalt´ge Brust und der Titanen[1]
Kraftvolles Mark war seiner Söhn und Enkel
Gewisses Erbteil; doch es schmiedete
Der Gott um ihre Stirn ein ehern Band.
Rat, Mäßigung und Weisheit und Geduld
Verbarg er ihrem scheuen düstern Blick;
Zur Wut ward ihnen jegliche Begier,
Und grenzenlos drang ihre Wut umher.
Schon Pelops, der Gewaltig-wollende,
Des Tantalus geliebter Sohn, erwarb
Sich durch Verrat und Mord das schönste Weib,
Des Önomaus Tochter, Hippodamien.
Sie bringt den Wünschen des Gemahls zwei Söhne,
Thyest und Atreus. Neidisch sehen sie
Des Vaters Liebe zu dem ersten Sohn
Aus einem andern Bette wachsend an.
Der Hass verbindet sie, und heimlich wagt
Das Paar im Brudermord die erste Tat.
Der Vater wähnet Hippodamien
Die Mörderin, und grimmig fordert er
Von ihr den Sohn zurück, und sie entleibt[2]
Sich selbst –

Johann Wolfgang Goethe: Iphigenie auf Tauris. Text mit Materialien, ausgew. v. Bernhard Nagl. Klett Editionen für den Literaturunterricht. Ernst Klett Verlag Stuttgart 2004, S. 13f.

2 Lesen Sie den 1. Aufzug von Goethes Schauspiel „Iphigenie auf Tauris" und ordnen Sie den Textauszug oben in den Gesamtzusammenhang ein.

Im Zuge seiner Werbung um Iphigenie wirft Thoas ihr vor, ihm das Geheimnis ihrer Herkunft nicht zu verraten. Wohl auch in der Hoffnung, Thoas durch ihre Geschichte abzuschrecken, offenbart Iphigenie ihre Herkunft als Nachfahrin des Tantalos. Der vorliegende Auszug (V. 328–349) ist Teil dieser Schilderung und erläutert zugleich, weshalb Iphigenies Vorfahren solche Gräueltaten begangen haben: Die Götter hätte den Nachkommen Tantalus' „Rat, Mäßigung und Weisheit und Geduld" verborgen, sodass ihnen „jegliche Begier" zur „Wut ward".

125 **3** Markieren Sie im Textauszug oben alle Wörter, die positive und negative Affekte benennen bzw. auf sie verweisen, und erläutern Sie, in welchem Zusammenhang diese Affektgruppen hier stehen.

4 Stellen Sie dar, wie Thoas auf die Ablehnung seines Werbens durch Iphigenie reagiert. Welchen Zusammenhang sehen Sie zur Erzählung Iphigenies über den Tantalidenfluch?

Thoas ist zunächst enttäuscht und reagiert dann mit einer Erpressung, indem er androht, die einst von Iphigenie abgeschafften Menschenopfer am Altar Dianas wieder einführen zu wollen. Bemerkenswert ist, dass Thoas zwar ob der „Gräuel" der Tantaliden erschaudert, aber selbst seine Humanität im Affekt einbüßt, indem er aus Wut über Iphigenies Ablehnung die Wiedereinführung der Menschenopfer befiehlt. Iphigenie erkennt denn auch klar: „Der missversteht die Himmlischen, der sie / Blutgierig wähnt: er dichtet ihnen nur die eignen grausamen Begierden an." (V. 523ff.)

---

1 Titanen: In der griechischen Mythologie sind die Titanen die Töchter und Söhne von Gaia, der Mutter Erde, und Uranos, dem Himmel. 2 sich entleiben: sich selbst töten.

5 Fassen Sie kurz zusammen, wie sich der dramatische Konflikt am Ende des 1. Aufzugs für Iphigenie darstellt.

Iphigenie muss Thoas heiraten, um ihr humanitäres Wirken (keine Menschenopfer mehr) auf Tauris fortsetzen zu können; damit wäre aber eine Rückkehr nach Griechenland nicht mehr möglich (vgl. V. 173 f.: ARKAS Willst du sein Werben eine Drohung nennen? / IPHIGENIE Es ist die schreckliste von allen mir.)

6 Thoas sagt (V. 450 f.): „Man spricht vergebens viel, um zu versagen;/Der andre hört vor allem nur das Nein." – Deuten Sie diese Aussage vor dem Hintergrund des 2. Axioms von Paul Watzlawick.

Thoas sagt hier, dass er kaum auf die vorgebrachten Argumente Iphigenies gehört hat bzw. sich nicht dafür interessiert (die Inhaltsebene ist ihm in diesem Fall also weniger wichtig).

WISSEN

Paul Watzlawicks Axiome zur menschlichen Kommunikation
Der österreichische Kommunikationswissenschaftler Paul Watzlawick (1921–2007) entwickelte in den 60er-Jahren des 20. Jahrhunderts ein Modell, das menschliche Kommunikation als zwischenmenschliches Verhalten auffasst und auf den folgenden fünf vorausgesetzten Grundannahmen (Axiomen) basiert:
Axiom 1: Man kann nicht nicht kommunizieren. – Auch wenn man also schweigt, in die Luft starrt oder sich die Decke über den Kopf zieht, teilt man anderen etwas mit.
Axiom 2: Jede Kommunikation hat einen Inhalts- und einen Beziehungsaspekt. – Der Inhaltsaspekt wird durch die eigentliche Information dargestellt, während der Beziehungsaspekt etwas über die Beziehung zwischen Sender und Empfänger vermittelt.
Axiom 3: Kommunikation ist durch eine subjektive Sichtweise von Ursache und Wirkung strukturiert, wobei das kommunikative Verhalten des Gegenübers jeweils als Ursache für die eigene Reaktion gedeutet wird. – Bekanntes Beispiel: Der Mann schweigt, weil die Frau nörgelt; und die Frau nörgelt, weil der Mann schweigt. Beide sehen dabei die Schuld beim jeweils Anderen (sog. „Interpunktion").
Axiom 4: Kommunikation erfolgt sowohl digital als auch analog. – Die digitale Kommunikation wird durch Inhalte geprägt (Sachbezug der Kommunikation) und durch Wörter übertragen. Die analoge Kommunikation überträgt den Sprachstil für den Personenbezug und erfolgt nonverbal (also durch Gestik und Mimik, aber auch durch die Sprechweise).
Axiom 5: Kommunikation beruht entweder auf Gleichheit oder auf Unterschiedlichkeit (Über- oder Unterordnungsverhältnis) der Kommunikationspartner.

125 **7** Lesen Sie noch einmal das Gespräch zwischen Thoas und Iphigenie (S. 18). Diskutieren Sie, inwieweit das Gespräch „durch eine subjektive Sichtweise von Ursache und Wirkung strukturiert" ist.

8 Lesen Sie noch einmal den Auftritt I, 4 und fassen Sie ihn knapp zusammen. Wie ist Iphigenies Hoffnung auf Hilfe dabei begründet?

Iphigenie bittet Diana darum, die Menschenopfer nicht vollziehen zu müssen (vgl. „O, enthalte vom Blut meine Hände!", V. 549), weil sie den Menschenopfern, wie die Wortwahl („Ermordete", „Mörder") zeigt, keine religiöse Bedeutung beimisst. Auf Hilfe kann sie auch deshalb hoffen, weil sie schon einmal von Diana aus misslicher Lage (damals hätte sie selbst Opfer sein sollen!) errettet wurde; zum anderen hat Iphigenie ein insgesamt positives Götterbild, hält Diana für weise (vgl. V. 544) und setzt auf die göttliche Fürsorge (vgl. „Denn die Unsterblichen lieben der Menschen / Weit verbreitete gute Geschlechter", V. 554 f.).

126 **9** Diskutieren Sie: Handelt es sich bei Iphigenies Rede in Auftritt I, 4 um Kommunikation?

eA **B**

„Bringst du die Schwester zu Apollen hin …“

Dramenkonzeptionen erfassen

1 Lesen Sie Auftritt II, 1 der „Iphigenie auf Tauris“ und beschreiben Sie stichwortartig, in welcher inneren Verfassung sich Orest und Pylades befinden. Ergänzen Sie dazu die Tabelle. Erläutern Sie anschließend, wie sich der Grundkonflikt Iphigenies durch Orests Ankunft verändert hat.

Orest	Pylades
verzweifelt, ohne Hoffnung	*optimistisch, einen Ausweg aus der schwierigen Situation zu finden*
ergibt sich willenlos in sein Schicksal, handlungsunfähig	*voller Tatendrang, handlungsbereit*
Todessehnsucht	*will nicht auf Tauris sterben*
fühlt sich von den Rachegöttinnen verfolgt, glaubt an strafende Götter	*glaubt an die Hilfe durch die Götter*
glaubt, dass die Götter ihn dazu bestimmt haben, den Fluch fortzusetzen	*setzt auf seine Klugheit und List*

Grundkonflikt: *Durch die Ankunft Orests verschärft sich Iphigenies Grundkonflikt (auch wenn sie dies zu diesem Zeitpunkt noch nicht weiß), wie er sich am Ende des I. Aufzugs dargestellt hatte, da Orest ihr Bruder ist und sie durch seine Opferung zugleich einen Brudermord (wenn auch natürlich nicht im juristischen Sinne) begehen würde.*

Gustav Freytag: Die Technik des Dramas (1863)

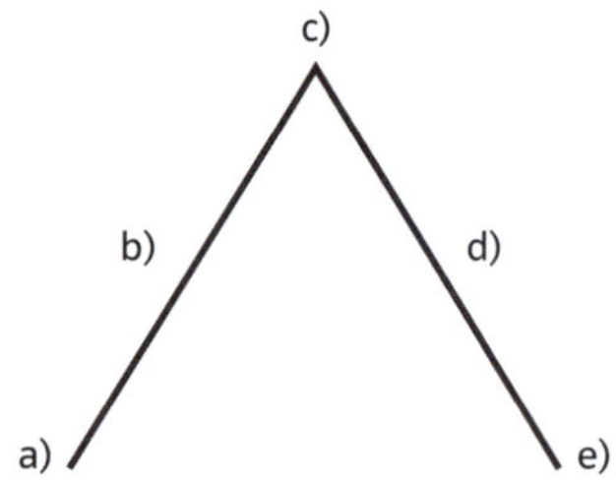

Durch die beiden Hälften der Handlung, welche in einem Punkt zusammenschließen, erhält das Drama – wenn man die Anordnung durch Linien verbildlicht – einen pyramidalen Bau. Es steigt von der Einleitung mit dem Zutritt des erregenden Moments bis zu dem Höhenpunkt, und fällt von da bis zur Katastrophe. Zwischen diesen drei Teilen liegen die Teile der Steigerung und des Falles. Jeder dieser fünf Teile kann aus einer Szene oder aus einer gegliederten Folge von Szenen bestehen, nur der Höhenpunkt ist gewöhnlich in einer Hauptszene zusammengefasst.
Diese Teile des Dramas, a) Einleitung, b) Steigerung, c) Höhenpunkt, d) Fall oder Umkehr, e) Katastrophe, haben jeder Besonderes in Zweck und Baueinrichtung. Zwischen ihnen stehen drei wichtige szenische Wirkungen, durch welche die fünf Teile sowohl geschieden als verbunden werden. Von diesen drei dramatischen Momenten steht eines, welches den Beginn der bewegten Handlung bezeichnet, zwischen Einleitung und Steigerung, das zweite, Beginn der Gegenwirkung, zwischen Höhenpunkt und Umkehr, das dritte, welches vor Eintritt der Katastrophe noch einmal zu steigern hat, zwischen Umkehr und Katastrophe. Sie heißen hier: das erregende Moment, das tragische Moment, das Moment der letzten Spannung. Die erste Wirkung ist jedem Drama nötig, die zweite und dritte sind gute, aber nicht unentbehrliche Hilfsmittel.

Gustav Freytag: Die Technik des Dramas. Bearbeitete Neuausgabe v. Manfred Plinke. Autorenhaus Berlin 2003, S. 94 f.

2 Stellen Sie dar, was Freytag als „szenische Wirkungen“ bezeichnet.

126

126 **3** Lesen Sie Auftritt II, 2 der „Iphigenie auf Tauris“ und erläutern Sie die dramaturgische Funktion des gesamten II. Aufzuges. Berücksichtigen Sie hierbei auch Ihre Arbeitsergebnisse aus Aufgabe 1.

Aristoteles: Poetik (um 335 v. Chr.), Auszug aus dem 6. Kapitel

Von derjenigen Kunst, die in Hexametern nachahmt, und von der Komödie wollen wir später reden; jetzt reden wir von der Tragödie, wobei wir die Bestimmung ihres Wesens aufnehmen, wie sie sich aus dem bisher Gesagten ergibt. Die Tragödie ist Nachahmung einer guten und in sich geschlossenen Handlung von bestimmter Größe, in anziehend geformter Sprache, wobei diese formenden Mittel in den einzelnen Abschnitten je verschieden angewandt werden – Nachahmung von Handelnden und nicht durch Bericht, die Jammer und Schaudern hervorruft und hierdurch eine Reinigung von derartigen Erregungszuständen bewirkt. Ich bezeichne die Sprache als anziehend geformt, die Rhythmus und Melodie besitzt; ich meine mit der je verschiedenen Anwendung der formenden Mittel die Tatsache, dass einiges nur mit Hilfe von Versen und anderes wiederum mit Hilfe von Melodien ausgeführt wird. Da handelnde Personen die Nachahmung vollführen, ist notwendigerweise die Inszenierung der erste Teil der Tragödie; dann folgen die Melodik und die Sprache, weil dies die Mittel sind, mit denen die Nachahmung vollführt wird. Ich verstehe unter Sprache die im Vers zusammengefügten Wörter und unter Melodik das, was seine Wirkung ganz und gar im Sinnlichen entfaltet.

Nun geht es um Nachahmung von Handlung, und es wird von Handelnden gehandelt, die notwendigerweise wegen ihres Charakters und ihrer Erkenntnisfähigkeit eine bestimmte Beschaffenheit haben. (Es sind ja diese Gegebenheiten, auf Grund derer wir auch den Handlungen eine bestimmte Beschaffenheit zuschreiben, und infolge der Handlungen haben alle Menschen Glück oder Unglück.) Die Nachahmung von Handlung ist der Mythos. Ich verstehe hier unter Mythos die Zusammensetzung der Geschehnisse, unter Charakteren das, im Hinblick worauf wir den Handelnden eine bestimmte Beschaffenheit zuschreiben, unter Erkenntnisfähigkeit das, womit sie in ihren Reden etwas darlegen oder auch ein Urteil abgeben.

Demzufolge enthält jeder Tragödie notwendigerweise sechs Teile, die sie so oder so beschaffen sein lassen. Diese Teile sind: Mythos, Charaktere, Sprache, Erkenntnisfähigkeit, Inszenierung und Melodik. Die Mittel, mit denen nachgeahmt wird, sind zwei; die Art, wie nachgeahmt wird, ist eine; die Gegenstände, die nachgeahmt werden, sind drei; und darüber hinaus gibt es nichts. Nicht wenige bedienen sich dieser Teile, um gewissermaßen selbstständige Arten daraus zu machen; immerhin besteht jedes Stück in gleicher Weise aus Inszenierung, Charakteren, Mythos, Sprache, Melodik und Erkenntnisfähigkeit.

Der wichtigste Teil ist die Zusammenfügung der Geschehnisse. Denn die Tragödie ist nicht Nachahmung von Menschen, sondern von Handlung und von Lebenswirklichkeit. (Auch Glück und Unglück beruhen auf Handlung, und das Lebensziel ist eine Art Handlung, keine bestimmte Beschaffenheit, und infolge ihrer Handlungen sind sie glücklich oder nicht.) Folglich handeln die Personen nicht, um Charaktere nachzuahmen, sondern um der Handlungen willen beziehen sie Charaktere ein. Daher sind die Geschehnisse und der Mythos das Ziel der Tragödie; das Ziel aber ist das Wichtigste von allem. […]

Aristoteles: Poetik. Griechisch/Deutsch. Übers. u. hrsg. v. Manfred Fuhrmann. Reclam Stuttgart 1993. S. 19, 21.

4 Markieren Sie im Text die Stellen, an denen Aristoteles die Bedeutung von „Mythos“ (= Handlung) bestimmt.

5 Erläutern Sie zusammenfassend, wie Aristoteles „Mythos“ definiert und in welchem Zusammenhang dabei Mythos auf der einen Seite und Charakter und Erkenntnisfähigkeit auf der anderen Seite stehen.

Nach Aristoteles muss die Handlung (= „Zusammenfügung der Geschehnisse“) folgende Kriterien erfüllen: gut und in sich geschlossen sein; nicht berichten, Jammer und Schaudern hervorrufen und dadurch eine Reinigung von solchen Erregungszuständen bewirken. Die Handlungen der Figuren müssen dabei der Beschaffenheit ihres Charakters und ihrer Erkenntnisfähigkeit (= das, womit Handelnde in ihren Reden etwas darlegen oder ein Urteil abgeben, d. h. Verstand, Denkvermögen, Geisteskraft) entsprechen. Umgekehrt wird die Handlung selbst charakterisiert durch die Eigenschaften der Handelnden.

126 **6** Diskutieren Sie, ob bzw. inwieweit Goethes Schauspiel, soweit Sie es bis hierhin kennen, den von Aristoteles gestellten Anforderungen entspricht.

Gotthold Ephraim Lessing: Hamburgische Dramaturgie, Fünfundsiebzigstes Stück (1768)

Denn er, Aristoteles, ist es gewiss nicht, der die mit Recht getadelte Einteilung der tragischen Leidenschaften in Mitleid und Schrecken gemacht hat. Man hat ihn falsch verstanden, falsch übersetzt. Er spricht von Mitleid und Furcht, nicht von Mitleid und Schrecken; und seine Furcht ist durchaus nicht die Furcht, welche uns das bevorstehende Übel eines andern, für diesen andern, erweckt, sondern es ist die Furcht, welche aus unserer Ähnlichkeit mit der leidenden Person für uns selbst entspringt; es ist die Furcht, dass die Unglücksfälle, die wir über diese verhängt sehen, uns selbst treffen können; es ist die Furcht, dass wir der bemitleidete Gegenstand selbst werden können. Mit einem Worte: diese Furcht ist das auf uns selbst bezogene Mitleid. [...]

Es beruhet aber alles auf dem Begriffe, den sich Aristoteles von dem Mitleiden gemacht hat. Er glaubte nämlich, dass das Übel, welches der Gegenstand unsers Mitleidens werden solle, notwendig von der Beschaffenheit sein müsse, dass wir es auch für uns selbst, oder für eines von den Unsrigen, zu befürchten hätten. Wo diese Furcht nicht sei, könne auch kein Mitleiden stattfinden. Denn weder der, den das Unglück so tief herabgedrückt habe, dass er weiter nichts für sich zu fürchten sähe, noch der, welcher sich so vollkommen glücklich glaube, dass er gar nicht begreife, woher ihm ein Unglück zustoßen könne, weder der Verzweifelnde noch der Übermütige, pflege mit andern Mitleid zu haben. Er erkläret daher auch das Fürchterliche und das Mitleidswürdige, eines durch das andere. Alles das, sagt er, ist uns fürchterlich, was, wenn es einem andern begegnet wäre, oder begegnen sollte, unser Mitleid erwecken würde: und alles das finden wir mitleidswürdig, was wir fürchten würden, wenn es uns selbst bevorstünde. Nicht genug also, dass der Unglückliche, mit dem wir Mitleiden haben sollen, sein Unglück nicht verdiene, ob er es sich schon durch irgendeine Schwachheit zugezogen: seine gequälte Unschuld, oder vielmehr seine zu hart heimgesuchte Schuld, sei für uns verloren, sei nicht vermögend, unser Mitleid zu erregen, wenn wir keine Möglichkeit sähen, dass uns sein Leiden auch treffen könne. Diese Möglichkeit aber finde sich alsdenn und könne zu einer großen Wahrscheinlichkeit erwachsen, wenn ihn der Dichter nicht schlimmer mache, als wir gemeiniglich zu sein pflegen, wenn er ihn vollkommen so denken und handeln lasse, als wir in seinen Umständen würden gedacht und gehandelt haben, oder wenigstens glauben, dass wir hätten denken und handeln müssen: kurz, wenn er ihn mit uns von gleichem Schrot und Korne schildere. Aus dieser Gleichheit entstehe die Furcht, dass unser Schicksal gar leicht dem seinigen ebenso ähnlich werden könne, als wir ihm zu sein uns selbst fühlen: und diese Furcht sei es, welche das Mitleid gleichsam zur Reife bringe.

So dachte Aristoteles von dem Mitleiden, und nur hieraus wird die wahre Ursache begreiflich, warum er in der Erklärung der Tragödie, nächst dem Mitleiden, nur die einzige Furcht nannte. Nicht als ob diese Furcht hier eine besondere, von dem Mitleiden unabhängige Leidenschaft sei, welche bald mit, bald ohne dem Mitleid, sowie das Mitleid bald mit, bald ohne ihr, erreget werden könne; [...] sondern weil, nach seiner Erklärung des Mitleids, dieses die Furcht notwendig einschließt; weil nichts unser Mitleid erregt, als was zugleich unsere Furcht erwecken kann.

Gotthold Ephraim Lessing: Hamburgische Dramaturgie. Kritisch durchgesehene Gesamtausgabe m. Einleitung u. Kommentar von Otto Mann. Kröner Verlag Stuttgart 1978, S. 295 f.

7 Fassen Sie die zentralen Aussagen des Textes von Gotthold Ephraim Lessing zusammen.

Aristoteles spreche von Mitleid und Furcht, wobei die Furcht das auf uns selbst bezogene Mitleid sei (d. h. die Furcht, dass uns vergleichbare Unglücksfälle treffen könnten): „weil nichts unser Mitleid erregt, als was zugleich unsere Furcht erwecken kann." Mitleid entstehe erst dann, wenn wir fürchten müssten, ein ähnliches Schicksal zu erleiden. Damit wir Mitleid empfinden, dürfe das Unglück, das jemanden trifft, dieser nicht verdient haben (obschon er es sich durch „irgendeine Schwachheit" zugezogen habe). Es folgt hieraus, dass der Dichter die Person, die das Unglück trifft, so gestalten muss, dass sie uns ähnlich in Denken und Handeln ist, aus „gleichem Schrot und Korne" sei. Aus dieser Gleichheit entstehe die Furcht, wir könnten ein vergleichbares Schicksal erleiden müssen, und damit das Mitleid.

126 **8** Diskutieren Sie, ob und ggf. welche Affekte Goethes „Iphigenie" bewirkt. Stellen Sie sich dazu vor, Sie befänden sich in einem ähnlichen Grundkonflikt wie Iphigenie.

C „Mit ihrer Feuerzunge …“

Sprachverwendung im Drama beschreiben

Johann Wolfgang Goethe: Iphigenie auf Tauris (1787), Vers 1039 – 1050

126 ! *Die erste Fassung der „Iphigenie“ entstand zwischen dem 14. Februar und dem 28. März 1779. In den Folgejahren überarbeitete Goethe den Text mehrfach, seine Aufmerksamkeit galt dabei besonders der sprachlichen Form.*

Fassung von 1779

IPHIGENIE Unsterbliche auf euren reinen Wolken, habt ihr nur darum diese Jahre her von Menschen mich gesondert und die kindliche Beschäftigung, auf dem Altar das reine Feuer zu erhalten, mir aufgetragen und meine Seele diesem Feuer gleich in ew'ger Klarheit zu euch aufgezogen, dass ich so spät die schwere Taten erfahren soll. O sag mir vom Unglücklichen, sag von Oresten!

Johann Wolfgang Goethe: Sämtliche Werke nach Epochen seines Schaffens. Münchner Ausgabe, Bd. 2.1: Erstes Weimarer Jahrzehnt 1775-1786. Hrsg. v. Hartmut Reinhardt. Hanser München 1987, S. 269.

Sprachform

Prosa

Fassung von 1780

IPHIGENIE Unsterbliche! auf Euren
Wolken
Habt ihr nur darum diese Jahre her
von Menschen mich gesondert!
und die kindliche Beschäftigung
Auf dem Altar das reine Feuer zu
erhalten
Mir aufgetragen,
und meine Seele diesem Feuer gleich
In ew'ger Klarheit zu Euch aufgezogen,
Dass ich so spät die schweren Taten
Erfahren soll.
O sag mir vom unglücklichen!
Sag von Oresten!

Johann Wolfgang Goethe: Iphigenie auf Tauris. In: Goethes Iphigenie auf Tauris: In Vierfacher Gestalt. Hrsg. v. Jakob Baechtold, J.C.B. Mohr Freiburg 1883, S. 67.

Sprachform

freie Jamben

Fassung von 1781

IPHIGENIE Unsterbliche, auf euren reinen Wolken! habt ihr nur darum diese Jahre her von Menschen mich gesondert, die kindliche Beschäftigung, auf dem Altar das reine Feuer zu erhalten, mir aufgetragen und meine Seele diesem Feuer gleich in ew'ger Klarheit zu euch aufgezogen, dass ich so spät die schwere Taten erfahren soll. O sag mir vom Unglücklichen, sag von Oresten!

Johann Wolfgang Goethe: Iphigenie auf Tauris. In: Goethes Theater. Bd. 7: Iphigenie auf Tauris. Torquato Tasso. Elpenor. Die natürliche Tochter. Cotta Stuttgart 1869, S. 96

Sprachform

rhythmische Prosa

126 **1** Ordnen Sie die Verse 1039 bis 1050 in den Kontext der Handlung von Auftritt III, 1 ein.

126 **2** Erläutern Sie, warum Orest sich Iphigenie zu erkennen gibt (vgl. V. 1082).

3 Vergleichen Sie die Textfassungen oben (V. 1039 – 1050). Beschreiben Sie jeweils die Sprachform stichwortartig in der Randspalte.

4 Markieren Sie die im Blankvers betonten Silben.

Unsterbliche, die ihr den reinen Tag
Auf immer neuen Wolken selig lebet,
Habt ihr nur darum mich so manches Jahr
Von Menschen abgesondert, mich so nah
Bei euch gehalten, mir die kindliche
Beschäftigung, des heil'gen Feuers Glut / …

Gründe für Goethes Entscheidung für den Blankvers:
Der Blankvers ist zum einen durch seinen schwungvoll fließenden Rhythmus eingängig zu lesen. Zum anderen war der Blankvers damals recht modern (der Vers im Drama seit Lessings „Nathan“) und grenzte sich dadurch zugleich gegen die Sturm-und-Drang-Prosa ab.

5 Stellen Sie eine begründete Vermutung darüber an, weshalb sich Goethe letztlich für den Blankvers als Sprachform entschieden hat. Berücksichtigen Sie die Wirkung, die der Vers auf Sie selbst als Leserin oder Leser hat.

WISSEN

Blankvers, Antilabe, Stichomythie

Unter einem **Blankvers** versteht man einen fünfhebigen Jambus in reimlosen Versen aus zehn (bei männlichem, d. h. betontem Verschluss) oder elf (bei weiblichem, d. h. unbetontem Verschluss) Silben. Der Vers kann dabei auch auf mehrere Sprecher aufgeteilt werden, man spricht in diesem Fall von einer **Antilabe**, z. B.:

Iphigenie *Ich lebe!*
Orest *Du!*
Iphigenie *Mein Bruder!*
Orest *Lass! Hinweg!*

Antilaben sind eine Sonderform der **Stichomythie** (= Zeilenrede, d. h. ein dialogischer Rednerwechsel von Vers zu Vers), die schon in der antiken Tragödie als Stilmittel eingesetzt wurde, um eine angespannte Redesituation zu kennzeichnen.

Johann Wolfgang Goethe: Iphigenie auf Tauris (1787), Vers 1159–1201

IPHIGENIE. [...] — *Reihung von Fragen bis V. 1171*
Orest, mein Teurer, kannst du nicht vernehmen?
Hat das Geleit der Schreckensgötter so
Das Blut in deinen Adern aufgetrocknet?
Schleicht, wie vom Haupt der grässlichen Gorgone[1], — *Alliteration, Vergleich*
Versteinernd dir ein Zauber durch die Glieder?
O wenn vergossnen Mutterblutes Stimme — *Ausrufe, gehobener Wortschatz*
Zur Höll hinab mit dumpfen Tönen ruft:
Soll nicht der reinen Schwester Segenswort
Hilfreiche Götter vom Olympus rufen?
OREST. Es ruft! es ruft! So willst du mein Verderben? — *Ausrufe, zugleich Wiederholungen*
Verbirgt in dir sich eine Rachegöttin?
Wer bist du, deren Stimme mir entsetzlich
Das Innerste in seinen Tiefen wendet?
IPHIGENIE. Es zeigt sich dir im tiefsten Herzen an: — *Gegenüberstellungen*
Orest, ich bin's! sieh Iphigenien!
Ich lebe!
OREST. Du! — *antilabische Stichomythien*
IPHIGENIE. Mein Bruder! — *Ausrufe*
OREST. Lass! Hinweg!
Ich rate dir, berühre nicht die Locken!
Wie von Kreusas[2] Brautkleid zündet sich — *Vergleiche*
Ein unauslöschlich Feuer von mir fort.
Lass mich! Wie Herkules will ich Unwürd'ger — *Alliteration; „Wie Herkules will ich Unwürd'ger"*
Den Tod voll Schmach, in mich verschlossen, sterben. — *Ausrufe*
IPHIGENIE. Du wirst nicht untergehn! O dass ich nur
Ein ruhig Wort von dir vernehmen könnte!
O löse meine Zweifel, lass des Glückes,
Des lang erflehten, mich auch sicher werden. — *Gegenüberstellungen: Glück / Schauer, Freud und*
Es wälzet sich ein Rad von Freud und Schmerz — *Schmerz, Freud und Schmerz / Bruder*
Durch meine Seele. Von dem fremden Manne

1 Gorgonen: drei furchterregende geflügelte Frauengestalten mit Schlangenhaaren, einer roten Zunge zwischen mächtigen Zähnen und ehernen Händen. Ihr Blick lässt jeden, der sie anschaut, versteinern. Die bekannteste der drei Gorgonen ist Medusa. **2** Kreusa ist die Tochter des Königs Kreon von Korinth. Als sie Iason heiraten will, schickt dessen erste Frau Medeia ihr ein kostbares Gewand, aus dem Flammen emporschlagen, sodass sie und ihr Vater Kreon verbrennen.

Entfernet mich ein Schauer; doch es reißt
Mein Innerstes gewaltig mich zum Bruder
OREST. Ist hier Lyäens[1] Tempel? und ergreift
Unbändig-heil'ge Wut die Priesterin? — *rhetorische Fragen*
IPHIGENIE. O höre mich! O sieh mich an, wie mir
Nach einer langen Zeit das Herz sich öffnet, — *Ausrufe, Wiederholungen*
Der Seligkeit, dem Liebsten, was die Welt — *Metapher*
Noch für mich tragen kann, das Haupt zu küssen, — *Klimax*
Mit meinen Armen, die den leeren Winden
Nur ausgebreitet waren, dich zu fassen.
O lass mich! Lass mich! Denn es quillet heller
Nicht vom Parnass[2] die ew'ge Quelle sprudelnd — *Ausrufe, Wiederholungen*
Von Fels zu Fels ins goldne Tal hinab, — *poetisch-märchenartig*
Wie Freude mir vom Herzen wallend fließt, — *Alliteration*
Und wie ein selig Meer mich rings umfängt. — *Lautmalerei („wallend fließt“)*
Orest! Orest! Mein Bruder! — *Wiederholung und zugleich Steigerung*

Johann Wolfgang Goethe: Iphigenie auf Tauris. Text mit Materialien, ausgewählt von Bernhard Nagl. Klett Editionen für den Literaturunterricht. Ernst Klett Verlag, Stuttgart 2004, S. 38 ff.

126 **6** Lesen Sie den Dialogausschnitt zunächst szenisch. Untersuchen und beschreiben Sie anschließend die Sprachverwendung der „Iphigenie“ exemplarisch anhand der Verse 1159 bis 1201. Nutzen Sie die Möglichkeit, im und neben dem Text Markierungen vorzunehmen bzw. sich Notizen zu machen.

TIPP

Die Sprache eines Textes beschreiben
Grundsätzlich kann die in einem (literarischen) Text verwendete Sprache auf allen Ebenen auffällig sein:
Wortwahl: Finden sich Wortfamilien oder Wortfelder? Gibt es auffällige andere Wortbeziehungen, z. B. Wörter mit gegenteiliger Bedeutung, Ober- oder Unterbegriffe, Synonyme? Werden häufig Fremdwörter oder umgangssprachliche, dialektale, bildungssprachliche, … Wörter verwendet? Gibt es Wortneubildungen? …
Wortformen und **Wortbildung:** Gibt es auffällige Konjunktiv- oder Passivformen? Werden in einem Erzähltext neben dem Präteritum auch andere Tempora verwendet? Finden sich viele Komposita oder bestimmte Wortbildungsmuster? Gibt es Sprachspiele? …
Satzbau: Ist der Satzbau überwiegend parataktisch oder hypotaktisch? Werden häufig Attribute verwendet? Wiederholen sich bestimmte Satzbaumuster (z. B. Hauptsatz + Nebensatz mit „dass“)? …
Stil: Wie lässt sich der Stil insgesamt beschreiben (z. B. sachlich, umgangssprachlich, altertümlich, …) und an welche Schreibweise oder Textsorte (z. B. biblische Sprache, Märchen bzw. Sagen, …) erinnert er? Gibt es auffällige rhetorische Figuren? …
Beachten Sie, dass **Figurenreden** die Figuren in der Regel auch (individuell) charakterisieren. Unterscheiden Sie in Erzähltexten darüber hinaus zwischen der Sprache des **Erzählberichts** und der Sprache in den Figurenreden.

7 Fassen Sie den Inhalt von Auftritt III, 2 schriftlich zusammen.

127

127 **8** Lesen Sie Auftritt III, 3 und erläutern Sie, wie die Heilung von Orest zu erklären bzw. worauf sie zurückzuführen ist.

---

1 Lyaios: anderer Name für Dionysos, den Gott des Weines, der die Menschen von ihren Sorgen befreit und Fesseln sprengt.
2 Parnass: griech. Mittelgebirge in unmittelbarer Nähe der Stadt Delphi, Ursprung der Quelle Kastalia. Am Parnass leben unter der Führung Apollons die Musen, die Göttinnen der Künste und der Wissenschaften.

D „Fast überredst du mich zu deiner Meinung.“

Kommunikation untersuchen

1 Bestimmen Sie in Form einer Definition, was Sie unter einem „Streit“ verstehen.

Eine mögliche Definition könnte lauten: Als „Streit“ bezeichnet man das offene Austragen einer Meinungsverschiedenheit zwischen mindestens zwei Parteien; oft begleitet von starken Emotionen.

Johann Wolfgang Goethe: Iphigenie auf Tauris (1787), Vers 1441 – 1475

ARKAS. Ich melde dieses neue Hindernis
Dem Könige geschwind; beginne du
Das heil'ge Werk nicht eh' bis er's erlaubt.
IPHIGENIE. Dies ist allein der Priestrin überlassen.
ARKAS. Solch seltnen Fall soll auch der König wissen.
IPHIGENIE. Sein Rat wie sein Befehl verändert nichts.
ARKAS. Oft wird der Mächtige zum Schein gefragt.
IPHIGENIE. Erdringe nicht, was ich versagen sollte.
ARKAS. Versage nicht, was gut und nützlich ist.
IPHIGENIE. Ich gebe nach, wenn du nicht säumen willst.
ARKAS. Schnell bin ich mit der Nachricht in dem Lager,
Und schnell mit seinen Worten hier zurück.
O könnt ich ihm noch eine Botschaft bringen,
Die alles löste, was uns jetzt verwirrt:
Denn du hast nicht des Treuen Rat geachtet.
IPHIGENIE. Was ich vermochte, hab ich gern getan.
ARKAS. Noch änderst du den Sinn zur rechten Zeit.
IPHIGENIE. Das steht nun einmal nicht in unsrer Macht.
ARKAS. Du hältst unmöglich, was dir Mühe kostet.
IPHIGENIE. Dir scheint es möglich, weil der Wunsch dich trügt.
ARKAS. Willst du denn alles so gelassen wagen?
IPHIGENIE. Ich hab es in der Götter Hand gelegt.
ARKAS. Sie pflegen Menschen menschlich zu erretten.
IPHIGENIE. Auf ihren Fingerzeig kommt alles an.
ARKAS. Ich sage dir, es liegt in deiner Hand.
Des Königs aufgebrachter Sinn allein
Bereitet diesen Fremden bittern Tod.
Das Heer entwöhnte längst vom harten Opfer
Und von dem blut'gen Dienste sein Gemüt.
Ja, mancher, den ein widriges Geschick
An fremdes Ufer trug, empfand es selbst,
Wie göttergleich dem armen Irrenden,
Umhergetrieben an der fremden Gränze,
Ein freundlich Menschenangesicht begegnet.
O wende nicht von uns was du vermagst!

Johann Wolfgang Goethe: Iphigenie auf Tauris. Text mit Materialien, ausgewählt von Bernhard Nagl. Klett Editionen für den Literaturunterricht. Ernst Klett Verlag, Stuttgart 2004, S. 48 f.

Notizen zur Sprechweise

Lösung zu Aufgabe 2
Der Ausschnitt steht zwischen der Lüge Iphigenies, die behauptet hat, das Bild der Göttin müsse zunächst im Meer gereinigt werden, weil es durch die Gegenwart des von den Furien verfolgten Orest entheiligt worden sei, und der Zurückweisung von Arkas' Appell („O wende nicht von uns, was du vermagst!“), weil „der Edle, was sich nicht geziemt, / Statt meines Dankes mich erwerben will“ (V. 1495 f.).

Lösung zu Aufgabe 4 PLUS (von Seite 27)
Das Gespräch wird insgesamt sehr engagiert und mit großer innerer Beteiligung geführt; äußeres Zeichen hierfür sind die schnellen Wechselreden (Stichomythien), z. B. V. 1456 – 1464

2 Ordnen Sie den Ausschnitt aus der „Iphigenie“ in den Gesamtzusammenhang des Auftritts IV, 2 ein.

127 **3** Charakterisieren Sie das Gespräch im vorliegenden Ausschnitt. Beachten Sie hierbei, wie das Gespräch geführt wird und warum.

4 PLUS Bereiten Sie in Partnerarbeit den Auszug zum Vortragen vor. Nutzen Sie den Platz neben dem Text, um Hinweise zur Sprechweise zu notieren. Sie können den Auszug alternativ auch szenisch umsetzen, mit dem Smartphone aufnehmen und dann Ihre Umsetzung bewerten.

Johann Wolfgang Goethe: Iphigenie auf Tauris (1787), Vers 1629–1688

PYLADES. Leb wohl! Die Freunde will ich nun geschwind
Beruhigen, die sehnlich wartend harren.
Dann komm ich schnell zurück und lausche hier
Im Felsenbusch versteckt auf deinen Wink –
Was sinnest du? Auf einmal überschwebt
Ein stiller Trauerzug die freie Stirne.
IPHIGENIE. Verzeih! Wie leichte Wolken vor der Sonne,
So zieht mir vor der Seele leichte Sorge
Und Bangigkeit vorüber.
PYLADES. Fürchte nicht
Betrüglich schloss die Furcht mit der Gefahr
Ein enges Bündnis; beide sind Gesellen.
IPHIGENIE. Die Sorge nenn ich edel, die mich warnt,
Den König, der mein zweiter Vater ward,
Nicht tückisch zu betrügen, zu berauben.
PYLADES. Der deinen Bruder schlachtet, dem entfliehst du.
IPHIGENIE. Es ist derselbe, der mir Gutes tat.
PYLADES. Das ist nicht Undank, was die Not gebeut[1].
IPHIGENIE. Es bleibt wohl Undank; nur die Not entschuldigt.
PYLADES. Vor Göttern und vor Menschen dich gewiss.
IPHIGENIE. Allein mein eigen Herz ist nicht befriedigt.
PYLADES. Zu strenge Fordrung ist verborgner Stolz.
IPHIGENIE. Ich untersuche nicht, ich fühle nur.
PYLADES. Fühlst du dich recht, so musst du dich verehren.
IPHIGENIE. Ganz unbefleckt genießt sich nur das Herz.
PYLADES. So hast du dich im Tempel wohl bewahrt;
Das Leben lehrt uns, weniger mit uns
Und andern strenge sein: du lernst es auch.
So wunderbar ist dies Geschlecht gebildet;
So vielfach ist's verschlungen und verknüpft,
Dass keiner in sich selbst, noch mit den andern
Sich rein und unverworren halten kann.
Auch sind wir nicht bestellt uns selbst zu richten;
Zu wandeln[2] und auf seinen Weg zu sehen
Ist eines Menschen erste, nächste Pflicht:
Denn selten schätzt er recht, was er getan,
Und was er tut, weiß er fast nie zu schätzen.
IPHIGENIE. Fast überredst du mich zu deiner Meinung.
PYLADES. Braucht's Überredung wo die Wahl versagt ist?
Den Bruder, dich, und einen Freund zu retten,
Ist nur *ein* Weg; fragt sich's ob wir ihn gehn?
IPHIGENIE. O lass mich zaudern! denn du tätest selbst
Ein solches Unrecht keinem Mann gelassen,
Dem du für Wohltat dich verpflichtet hieltest.
PYLADES. Wenn wir zu Grunde gehen, wartet dein
Ein härtrer Vorwurf, der Verzweiflung trägt.
Man sieht, du bist nicht an Verlust gewohnt,
Da du dem großen Übel zu entgehen,
Ein falsches Wort nicht einmal opfern willst.
IPHIGENIE. O trüg ich doch ein männlich Herz in mir,
Das, wenn es einen kühnen Vorsatz hegt,
Vor jeder andern Stimme sich verschließt!
PYLADES. Du weigerst dich umsonst; die eh'rne Hand
Der Not gebietet, und ihr ernster Wink
Ist oberstes Gesetz, dem Götter selbst
Sich unterwerfen müssen. Schweigend herrscht
Des ew'gen Schicksals unberatne Schwester.
Was sie dir auferlegt, das trage; tu
Was sie gebeut. Das andre weißt du. Bald
Komm ich zurück, aus deiner heil'gen Hand
Der Rettung schönes Siegel[3] zu empfangen.

Johann Wolfgang Goethe: Iphigenie auf Tauris. Text mit Materialien, ausgewählt von Bernhard Nagl. Klett Editionen für den Literaturunterricht. Ernst Klett Verlag, Stuttgart 2004, S. 53 ff.

5 Ordnen Sie den Ausschnitt aus der „Iphigenie" in den Gesamtzusammenhang des Auftritts IV, 4 ein.

Wie schon zu Beginn des Auftritts erkennt Pylades ein Zögern bei Iphigenie, die ihre Zweifel offenbart: Sie möchte König Thoas, ihren „zweiten Vater", nicht betrügen und berauben. Pylades hält ihr entgegen, es gebe nur einen Weg der Rettung, den die „ehrne Hand / Der Not" gebiete: es müsse ein „falsches Wort" geopfert werden.

1 gebeuten: veraltet für: gebieten. **2** wandeln: gehen. **3** Siegel: gemeint ist das Bild der Göttin Diane aus dem Tempel.

WISSEN

Kommunikationssituationen
Folgende Aspekte können bei der Analyse von Gesprächen wichtig sein:
Gesprächstyp: Zahl der am Gespräch beteiligten Personen und deren Rollenkonstellation (gleichberechtigte Partner oder hierarchisierte Gesprächsstruktur, z. B. Vater-Mutter oder Mutter-Kind); Grad der Vertrautheit bzw. Öffentlichkeit; konventionelle Gesprächssituationen (z. B. Small-Talk, Beratungsgespräch); Gesprächsfunktion (Überzeugungs-/Überredungsgespräch, Konfliktgespräch, ...)
Gesprächssituation: Kontext der Situation (vorausgehende Ereignisse, Gesprächsanlass, Beziehung der Gesprächspartner); Einschätzung der Situation durch die Gesprächspartner; Einschätzung der Rollenkonstellation; Erwartungen, Gesprächsziele und Motive der Gesprächspartner
Gesprächsstruktur: Gesprächsstrategien, (unbewusste) Gesprächsmechanismen (z. B. Interpunktion, ...); Gesprächsverlauf (thematische Entfaltung, argumentative Linie, Kreisbewegung, Umkippen, ...); Redeanteile der Gesprächspartner; Sprecherwechsel: nach Pause, Unterbrechung, Satzvollender ...
Gesprächsverhalten: Sprachhandlungen/Sprechakte (fragen, antworten, bitten, befehlen, sich entschuldigen, ...); Gesprächshaltung (rational, emotional, distanziert, ...); aktives Zuhören (Feedback, positive Verstärkung, Nachfragen, ...); non- und paraverbales Verhalten (Gestik, Mimik, Körperhaltung, Bewegungen, Blickrichtung ...); Mittel, mit denen ein Sprecher seine Äußerung gestaltet: Pausen, Lautstärke, Geschwindigkeit, Tonhöhe, Stimmfärbung, ...

6 Stellen Sie Positionen und Motive von Iphigenie und Pylades, wie sie sich im vorliegenden Ausschnitt (Seite 27) zeigen, tabellarisch gegenüber.

Positionen und Motive von Iphigenie	Positionen und Motive von Pylades
– *fühlt „Sorge / Und Bangigkeit" (V. 1636 f.)* – *will den „König, der mein zweiter Vater ward, / Nicht tückisch [...] betrügen [und] berauben" (V. 1642 f.)* – *sieht durch die Flucht ihr „Herz [...] nicht befriedigt" (V. 1648)* – *will „unbefleckt" (also reinen Herzens) bleiben (vgl. V. 1652)* – *nimmt an, Pylades selbst beginge „Ein solches Unrecht keinem Mann gelassen" (V. 1670)* – *verweist auf ihr Herz als Frau (bzw. wünscht sich ein männliches, vgl. V. 1677)*	– *verweist auf den Grund der Flucht (vgl. „Der deinen Bruder schlachtet, dem entfliehst du.", V. 1643)* – *verweist darauf, „Dass keiner in sich selbst, noch mit den andern / Sich rein und unverworren halten kann." (V. 1658 f.), d. h. das sittlich richtiges Handeln in allen Situationen unmöglich ist* – *verweist auf den „härtere[n] Vorwurf, der Verzweiflung trägt" (V. 1673), wenn nämlich Iphigenie den Tod Orests verschuldet* – *beruft sich auf das Gesetz der Not, „dem Götter selbst / Sich unterwerfen müssen" (V. 1682 f.)*

7 Erörtern Sie die Position von Pylades: Heiligt der Zweck die Mittel? Beziehen Sie in Ihre Argumentation auch Beispiele aus Ihrer Lebenswelt bzw. persönliche Erfahrungen mit ein.

Wie die Schülerinnen und Schüler hierzu stehen, muss natürlich ihnen selbst überlassen bleiben. Mit Blick auf das Stück aber ist wichtig zu sehen, dass Pylades nicht an sich unmoralisch argumentiert, vielmehr steht für ihn die Errettung einfach moralisch höher als ein Wert wie Wahrhaftigkeit.

E „Nicht so, mein König!“

Konflikt und Figurengestaltung untersuchen

127

Ausschnitt A, V. 549 ff.

IPHIGENIE. [...]
O, enthalte vom Blut meine Hände!
Nimmer bringt es Segen und Ruhe;
Und die Gestalt des zufällig Ermordeten
Wird auf des traurig-unwilligen Mörders
Böse Stunden lauern und schrecken.

Ausschnitt B, V. 1184 ff.

IPHIGENIE. [...]
Es wälzet sich ein Rad von Freud und Schmerz
Durch meine Seele. Von dem fremden Manne
Entfernet mich ein Schauer; doch es reißt
Mein Innerstes gewaltig mich zum Bruder.

Ausschnitt C, V. 1405 ff.

IPHIGENIE. [...]
O weh der Lüge! Sie befreiet nicht,
Wie jedes andre wahr gesprochne Wort,
Die Brust;

Ausschnitt D, V. 1475 f.

ARKAS. [...]
O wende nicht von uns was du vermagst!
Du endest leicht was du begonnen hast [...]

Ausschnitt E, V. 1640 ff.

IPHIGENIE. Die Sorge nenn ich edel, die mich warnt,
Den König, der mein zweiter Vater ward,
Nicht tückisch zu betrügen, zu berauben.

Ausschnitt F, V. 1716 f.

IPHIGENIE. [...]
Rettet mich
Und rettet euer Bild in meiner Seele!

Johann Wolfgang Goethe: Iphigenie auf Tauris. Text mit Materialien, ausgewählt von Bernhard Nagl. Klett Editionen für den Literaturunterricht. Ernst Klett Verlag, Stuttgart 2004, A: S. 20; B: S. 39; C: S. 47; D: S. 49; E: S. 54; F: S. 56.

127

1 Zeichnen Sie die Entwicklung des Konflikts von Iphigenie mit seinen unterschiedlichen Ausprägungen mit Hilfe der obigen Textstellen nach: In welcher Situation befindet sich Iphigenie am Ende des IV. Aufzugs?

2 Entwerfen Sie ein Schaubild, das die Beziehungen der Figuren untereinander verdeutlicht. Arbeiten Sie in Gruppen und vergleichen und diskutieren Sie anschließend Ihre Ergebnisse.

Beispiel für eine vereinfachte Darstellung der schematisch-symmetrischen Beziehung:

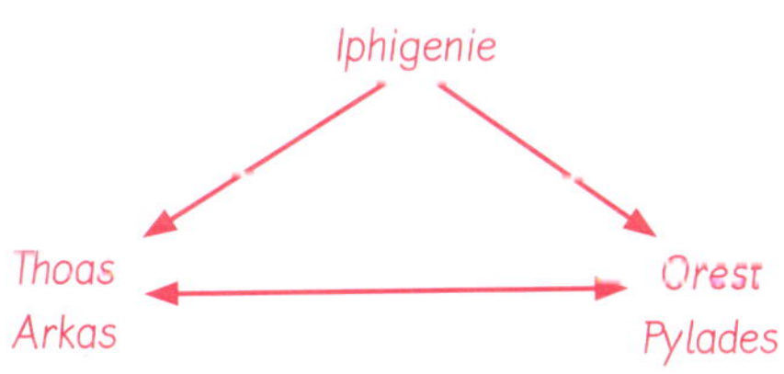

In dem streng symmetrisch angelegten Drama sind der Zentralfigur Iphigenie zwei Figurenpaare zugeordnet, Thoas mit Arkas auf der einen und Orest mit Pylades auf der anderen Seite. Zu beachten ist, dass die Figuren Arkas und Pylades nicht gleichrangig sind, wie eine rein schematische Figurenkonstellation vielleicht nahelegt (im Gegensatz zu Pylades hat Arkas als Figur kaum Eigengewicht), auch kommt der Beziehung zwischen Thoas und Orest nicht dieselbe Qualität zu wie der zwischen Iphigenie und Thoas einerseits und der zwischen Iphigenie und Orest andererseits.

127

3 Eine entscheidende innere Entwicklung, die letztlich auch zur Lösung des Konfliktes führt, vollzieht Iphigenie in ihrem Gespräch mit Thoas in Auftritt V, 3. Lesen Sie diesen Auftritt und arbeiten Sie heraus, warum Iphigenie hier ein Geständnis ablegt und in welcher Hoffnung.

WISSEN

Figurengestaltung und -konstellation
Je nach Bedeutung für die Handlung unterscheidet man in dramatischen Texten zwischen Haupt- und Nebenfiguren. **Hauptfiguren** stehen nicht nur im Zentrum der Handlung, sondern sind auch als komplexe **Charaktere** mit individuellen Eigenschaften gestaltet; oft durchlaufen Hauptfiguren bestimmte Entwicklungsprozesse. **Nebenfiguren** sind meist auf einen oder nur wenige Charakterzüge beschränkt; manchmal sind Nebenfiguren auch als **Kontrastfiguren** angelegt, um etwa eine wichtige Eigenschaft einer Hauptfigur schärfer hervortreten zu lassen.
Die Gesamtheit aller Figuren und ihrer Beziehungen untereinander nennt man **Figurenkonstellation**. Häufige Figurenkonstellationen sind:
- Eine Hauptfigur, der **Held**, steht im Mittelpunkt der dramatischen Handlung.
- Zwei Hauptfiguren stehen sich als **Protagonist und Antagonist** (= Spieler und Gegenspieler) gegenüber.
- Drei Hauptfiguren bilden eine **Dreieckskonstellation**.

128 **4** Charakterisieren Sie nun stichwortartig Thoas.

5 Lesen Sie das Ende des Schauspiels und fassen Sie Auftritt V, 6 knapp zusammen.
128

Karl Otto Conrady: In Italien vollendet. Iphigenie auf Tauris (1982)

Goethe (r.) im Kreise seiner Freunde in Rom (nach einem Bild von Angelika Kauffmann, 1787)
Süddeutsche Zeitung Photo, München

[...] Ohne ein künstlerisches Arrangement kommt Goethe beim brüchigen Motivationsgeflecht seines Schauspiels allerdings nicht aus. Als Thoas, der auf die Wahrung der Würde seines Landes gegenüber den Griechen bedacht sein muss (V. 2098 ff.), der kampflosen Preisgabe des „heiligen Bildes der Göttin" nicht zustimmen kann, weiß Orest flugs die neue, die richtige Auslegung des Apoll`schen Spruches: Nicht das Kultbild der Diana, der Schwester Apolls also, sei gemeint, sondern seine eigene, Orests Schwester, Iphigenie. Damit erst ist die Voraussetzung der glücklichen Lösung geschaffen; denn Iphigenie kann den Taurerkönig nun an das einst gegebene Versprechen mahnen, sie ziehen zu lassen, wenn sie „nach Hause Rückkehr hoffen" kann (V. 293). Es ist also nicht ein allgemeiner Appell an die Menschlichkeit, dem Thoas gehorcht, sondern er hält ein gegebenes Versprechen.
Die Besonderheit dieser Handlungskonstruktion verändert indes nicht das Gewicht jener „unerhörten Tat", die erst die guten Folgen ermöglichte. Wenn Menschen sich so verhalten, und nur dann, erweist sich, dass ‚Götter' nicht das Böse wünschen. Der geheilte Orest und die Iphigenie der autonomen Entscheidung für Wahrhaftigkeit sind es, denen im Spiel des Dramas der wahre, zum versöhnlichen Ende führende Sinn des Orakels geöffnet wird. Thoas beweist durch sein Handeln: durch die Einlösung seines Versprechens, durch den Verzicht auf Rache, Strafe und herrscherliche Machtausübung, dass er fähig ist, die „Stimme / Der Wahrheit und der Menschlichkeit" (V. 1937 f.) zu vernehmen und auf sie zu antworten.
Dieser König von Barbaren (eine der im 18. Jahrhundert beliebten Gestalten des ‚edlen Wilden', die die Zivilisierten durch ihr menschliches Verhalten beschämen, bleibt am Ende allein, vereinsamt zurück. Er ist es, der in dem Musterspiel um Humanität, das in der *Iphigenie* inszeniert ist, die Zeche zahlt; er ist es, der – wie Selim Bassa in Mozarts *Entführung aus dem Serail* – tätigen Verzicht leistet und in der Schlussszene fast gänzlich verstummt. Ob verstört oder verbittert, ob betroffen oder nachsinnend: wer könnte das entscheiden? „So geht" und „Lebt wohl!" sind die einzigen Worte, die er in den vielen Versen, die Orest und Iphigenie gehören, noch zu sagen hat, und es steht dahin, ob er den scheidenden „zum Pfand der alten Freundschaft", wie Iphigenie es wünscht (V. 2173), wirklich die Hand zu reichen vermag. Die Humanität geht auf seine Kosten. Was wird aus ihm, von dem es hieß, „er fürchtet / Ein einsam hülflos Alter, ja vielleicht / Verwegnen Aufstand und frühzeitigen Tod" (V. 161 ff.)? Das Volk der Taurer, für das Iphigeniens Anwesenheit humanisierende Wirkung bedeutete, gerät ganz aus dem Blick, obwohl Arkas gemahnt hatte: „Denn nirgends baut die

Milde die herab / In menschlicher Gestalt vom Himmel kommt, / Ein Reich sich schneller, als wo trüb und wild / Ein neues Volk, voll Leben, Mut und Kraft, / Sich selbst und banger Ahndung überlassen, / Des Menschenlebens schwere Bürden trägt" (V. 1477 ff.). Wenn in einer Versuchsanordnung in Sachen Humanität ein Teil die Aufwendungen zu erbringen hat und der andere Teil die Ergebnisse genießen kann, die auch zu Lasten derer gehen, die auf Hilfe angewiesen wären, bleiben offene Fragen.

Ohnehin ist in der Modellkonstruktion der Goethe'schen *Iphigenie aus Tauris* nicht alles so licht und klar, wie es manche landläufige Meinung von der humanitären Botschaft der Iphigenienwelt gern wahrhaben möchte. Tantalus bleibt unerlöst, der sich, Goethes Mitleid besitzend, bei den Olympiern „nicht untergeordnet genug betragen" (*Dichtung und Wahrheit*; 10, 49). Auch das „Lied der Parzen" ist kein Abgesang; es hält vielmehr die Erinnerung an immer noch mögliche Willkür der Götter und Aufbegehren dagegen wach. Schatten von Unterdrückung und Aufstand bleiben im Hintergrund sichtbar.

Weit ist das Exempelspiel der Wirklichkeit entrückt. Die Ferne des Mythos und die kunstvolle Sprache im Blankvers lassen alles in einer Distanz, die bewusst machen kann, dass hier nicht vorgeführt wird, was ist, sondern was sein könnte und müsste. Insofern betonen Stoff und Form die Appellfunktion des Stücks auf eindringliche Weise. Sie mag sich auswirken oder nur in schönen, aber fernen Modellen bestaunt werden. Schon nach der Premiere der Prosafassung notierte ihr Dichter: „Iph. gespielt, gar gute Würckung davon besonders auf reine Menschen" (Tagebuch, 6.4.1779). Zwei Tage später eine Eintragung mit bemerkenswerter Einschränkung: „Man thut Unrecht an dem Empfindens und Erkennens Vermögen der Menschen zu zweifeln, da kann man ihnen viel zu trauen, nur auf ihre Handlungen muss man nicht hoffen."

Goethe hat sein Drama recht kritisch beurteilt. Als er 1802 „hie und da hineingesehen" hatte, kam es ihm „ganz verteufelt human" vor (an Schiller, 19.1.1802). Beim flüchtigen ‚Hineinsehen' wurde ihm wohl bewusst, dass die Grundführung der Orest- und Iphigeniehandlung allzu glatt Konflikte löst und das Individuum, sofern es nur das Humane will, zu sicher vor dem Scheitern gefeit erscheint.

Karl Otto Conrady: Goethe. Leben und Werk. Erster Band: Hälfte des Lebens. Athenäum Königstein/Ts. 1982, S. 470–472.

6 Stellen Sie dar, worin die „Besonderheit dieser Handlungskonstruktion" (Z. 13) besteht.

Die Besonderheit besteht darin, dass erst die Neuinterpretation des Orakelspruchs (mit der Schwester ist Orests eigene, also Iphigenie, gemeint) eine glückliche Lösung erlaubt, sodass Thoas die Griechen zunächst nicht vorrangig aus Humanität ziehen lässt, sondern um sein Versprechen zu halten.

7 Erläutern Sie, weshalb das Drama laut Conrady gleichwohl Beleg für die Macht der Humanität ist.

Laut Conrady erweist sich erst durch die gute Tat, dass „Götter nicht das Böse wünschen", d. h. dass man den wahren Willen der Götter erst erkennt, wenn man Gutes tut bzw. will.

KV 2
KV 3

8 Fassen Sie die Kritikpunkte Conradys an Goethes „Modellkonstruktion" (Z. 38) zusammen, die ja auch Goethe selbst rückblickend als „verteufelt human" empfunden hatte.

Erträge und Lasten der Humanität sind ungleich verteilt.
– Tantalus bleibt unerlöst, wie überhaupt ein „Schatten von Unterdrückung und Aufstand" sichtbar bleibe.
– Das „Exempelspiel" ist der Wirklichkeit „entrückt", d. h. hypothetischer Art (gezeigt wird, „was sein könnte und müsste").
– Die Orest- und Iphigenienhandlung löst „allzu glatt Konflikte".
– Die Figurenkonstellation ist unrealistisch (das Individuum erscheint, „sofern es nur das Humane will, zu sicher vor dem Scheitern gefeit").

Mein Wissen sichern und anwenden

IPHIGENIE. […] Ich horchte nur auf seines Freundes Rat
Nur sie zu retten, drang die Seele vorwärts.
Und wie den Klippen einer wüsten Insel
Der Schiffer gern den Rücken wendet: so
Lag Tauris hinter mir. Nun hat die Stimme
Des treuen Manns mich wieder aufgeweckt,
Dass ich auch Menschen hier verlasse mich
Erinnert. Doppelt wird mir der Betrug
Verhasst. O bleibe ruhig, meine Seele!

Johann Wolfgang Goethe: Iphigenie auf Tauris. Text mit Materialien, ausgewählt von Bernhard Nagl. Klett Editionen für den Literaturunterricht. Ernst Klett Verlag, Stuttgart 2004, S. 50

1 Ordnen Sie die Textstelle aus Auftritt III, 3 in den Handlungszusammenhang ein.

Am Ende des III. Aufzugs fasst Iphigenie ihre Situation zusammen: War sie zunächst durch die Freude, mit Orest vereint zu sein, nur auf Rettung aus (vgl. V. 1518 f.), wird sie von Arkas durch seine Worte an ihr humanitäres Werk (vgl.: „dass ich auch Menschen hier verlasse“, V. 1524) erinnert.

2 Erklären Sie Iphigenies Aussage „Doppelt wird mir der Betrug / Verhasst“ im Zusammenhang der Konfliktentwicklung.

*Wenn Iphigenie fliehen will, wäre dies nur durch Betrug bzw. Lüge (vgl. „O weh der Lüge!“, V. 1405) möglich, außerdem wäre nach wie vor ihr Humanisierungswerk auf Tauris zerstört (vgl. „O wende nicht von uns, was du vermagst!“, V. 1475), sodass sie hier sagt: „**Doppelt** wird mir der Betrug / Verhasst!“*

3 Markieren Sie im folgenden Verspaar die betonten Silben.

Ich **hor**chte **nur** auf **sei**nes **Freun**des **Rat**;
Nur **sie** zu **ret**ten **drang** die **See**le **vor**wärts.

4 Beschreiben Sie, welches sprachliche Bild in dem Verspaar vorkommt, und erläutern Sie seine Bedeutung vor dem Hintergrund der Thematik der „Iphigenie“.

Die „Seele [drang] vorwärts“ ist eine Personifikation oder kann doch so aufgefasst werden. Interessant ist in jedem Fall, dass die Seele als Agens erscheint und, wenn man die Thematik als Ganzes in den Blick nimmt, nach Autonomie strebt. Die Reinheit der Seele wäre also so gesehen für Iphigenie die Triebfeder, sich in ihrem Handeln dem Humanitätsideal zu unterwerfen und sich für die Wahrheit (d. h. gegen Lüge, Raub und Undankbarkeit) zu entscheiden.

128

5 Ordnen Sie den folgenden Auszug aus dem Auftritt V, 3 in den Gesamtzusammenhang des Auftritts ein und bestimmen Sie seine Bedeutung.

IPHIGENIE. […]
Verdirb uns – wenn du darfst.
THOAS. Du glaubst, es höre
Der rohe Skythe, der Barbar, die Stimme
Der Wahrheit und der Menschlichkeit, die Atreus,
Der Grieche, nicht vernahm?
IPHIGENIE. Es hört sie jeder,
Geboren unter jedem Himmel, dem
Des Lebens Quelle durch den Busen rein
Und ungehindert fließt. – […]

Johann Wolfgang Goethe: Iphigenie auf Tauris. Text mit Materialien, ausgewählt von Bernhard Nagl. Klett Editionen für den Literaturunterricht. Ernst Klett Verlag, Stuttgart 2004, S. 64

Übersicht über die Unterrichtseinheit
Kapitel 3: Das Kunstprogramm der Weimarer Klassik

DIDAKTISCHE HINWEISE

- Die Unterrichtseinheit erlaubt je nach Anforderungsniveau eine mehr oder weniger intensive Beschäftigung mit dem Kunstprogramm der Weimarer Klassik. Im Unterricht auf grundlegendem Anforderungsniveau kann man sich auf die Teilkapitel A und C beschränken.
- Die Auftaktseite ließe sich insbesondere im Unterricht für das erhöhte Anforderungsniveau durch die Bearbeitung von KV 4 (mit einem weiteren Textauszug aus Johann Joachim Winckelmanns „Gedanken über die Nachahmung der griechischen Werke und Bildhauerkunst") vertiefen.
- Teilkapitel A fokussiert innerhalb des Themas „Zähmung der Natur durch die Kunst" die Gattung der Lyrik; dies geschieht mit Blick auf eine mögliche Gedichtanalyse als (Abitur-)Klausur (vgl. hierzu auch den Klausurvorschlag 2 im Anhang).
- Teilkapitel D ist durch die zugrunde liegende verbindliche Lektüre (insbesondere Schillers Briefe „Über die ästhetische Erziehung") recht anspruchsvoll und verlangt eine intensive gemeinsame Erarbeitung. Deshalb sollte entsprechend Zeit eingeplant werden.

KERNCURRICULUM

- **RT 1:** Literatur und Sprache um 1800, **WPM 3:** Klassik: Das Weimarer Kunstprogramm

ABITURVORGABEN 2021

- **Verbindliche Lektüre (gA):** F. Schiller: Ankündigung: Die Horen
- **Verbindliche Lektüre (eA):** F. Schiller: Brief an den Prinzen Friedrich Christian II.; Über die ästhetische Erziehung …; J. W. Goethe: Römische Elegien; Italienische Reise
- **Verbindliche UA (eA):** Das ästhetische Programm der Weimarer Klassik; Antike als Leitidee der Weimarer Klassik

UE 3 8–10 U-Std.

Teilkapitel	Materialien	angezielte Kompetenzen
A Zähmung der Natur durch die Kunst Das Verhältnis von Natur und Kunst erschließen	J. W. Goethe: *Maifest; Mächtiges Überraschen; Natur und Kunst*	Lyrik analysieren, interpretieren und vergleichen
eA **B (eA) Die Antike als Leitbild** Die Antike als Vorbild der Weimarer Klassik verstehen	J. W. Goethe: *Italienische Reise; Römische Elegien* (I., V., VII.) K. O. Conrady: *Die Krise von 1786*	poetologische und pragmatische Texte erschließen
C Vom „Ideale veredelter Menschheit" Schillers ästhetisches Programm untersuchen	F. Schiller: *Ankündigung: Die Horen*	ein poetologisches Konzept reflektieren
eA **D (eA) Die ästhetische Erziehung** Schillers Humanitätsideal analysieren	F. Schiller an Friedrich Christian von Augustenburg; *Über die Ästhetische Erziehung in einer Reihe von Briefen*, 6. u. 9. Brief	ästhetische Positionen analysieren

RT = Rahmenthema **PM** = Pflichtmodul **WPM** = Wahlpflichtmodul **UA** = Unterrichtsaspekt **UE** = Unterrichtseinheit

eA grün markiert = erhöhtes Anforderungsniveau (eA)

blau markiert = fakultative Teilkapitel und Materialien

Übersicht über den Stundenverlauf

Stunden	Ziele	Material	Erläuterungen, methodische Hinweise	Sozialformen
1 Std. Kapitelauftakt	mit Winckelmann einen wichtigen Impulsgeber der Weimarer Klassik vorstellen zum Nachdenken über die Funktion der Kunst und das Wesen der Schönheit anregen	Bilder der Laokoongruppe Zitat J. J. Winckelmann KV 4	Die Bildimpulse dienen als Anregung zu einem differanzierten Nachdenken über den Begriff der Schönheit: Kann auch das Schreckliche als „schön" empfunden werden?	Plenum; Recherche in EA oder GA
1–2 Std. Teilkapitel A	Wiederholung bzw. Vertiefung der Lyrikanalyse Naturbegriff der Weimarer Klassik in Abgrenzung zum Sturm und Drang erarbeiten	J. W. Goethe: *Maifest; Mächtiges Überraschen; Natur und Kunst* Wissen: Gedichte analysieren und interpretieren	Das Kapitel versteht sich als erste Annäherung an das Weimarer Kunstprogramm nicht zuletzt für den Unterricht auf grundlegendem Anforderungsniveau.	EA, GA: Textbeschreibung und -analyse; Recherche in EA oder GA Abschlussaufgaben 6 und 7 in EA mit Nachbesprechung im UG
2 Std. Teilkapitel B (eA)	Lebenskrise Goethes thematisieren Antike als Leitidee der Weimarer Klassik verstehen Vertiefung Gedichtanalyse	J. H. W. Tischbein: *Goethe in der Campagna* J. W. Goethe: *Italienische Reise; Römische Elegien* (I., V., VII.) K. O. Conrady: *Die Krise von 1786* Wissen: Palindrom	Die Texte dieses Teilkapitels sind überwiegend leicht fasslich, sodass die Textbeschreibung und -analyse weitgehend selbstständig durch die Schüler (auch in häuslicher Vorarbeit) geleistet werden kann.	Plenum: Auftakt; EA, GA: Textbeschreibung und -analyse mit Nachbesprechung im Plenum
1 Std. Teilkapitel C	Analyse eines pragmatischen Textes Kunstauffassung der Weimarer Klassik erarbeiten	Bild: G. F. Kersting: *Apoll mit den Horen* F. Schiller: *Ankündigung: Die Horen* Wissen: Analyse pragmatischer Texte	In leistungsschwächeren Gruppen bietet sich bei der Textbeschreibung und -analyse PA an, wobei die Teams gezielt gemischt werden sollten (leistungsschwächere und -stärkere Schüler).	Plenum: Auftakt, Diskussion; EA, PA: Textbeschreibung und -analyse mit Nachbesprechung im Plenum
2–3 Std. Teilkapitel D (eA)	Analyse von pragmatischen Texten ästhetisches Programm der Weimarer Klassik analysieren	Bilder: Michelangelo: *David*; Albrecht Dürer: *Selbstbildnis* F. Schiller an Friedrich Christian von Augustenburg; *Über die Ästhetische Erziehung in einer Reihe von Briefen*. 6. u. 9. Brief	Wieder könnte in leistungsschwächeren Gruppen bei der Textbeschreibung und -analyse in PA gearbeitet werden, wobei die Teams gezielt gemischt werden sollten (leistungsschwächere und -stärkere Schüler).	Plenum: Auftakt; EA, PA: Textbeschreibung und -analyse mit Nachbesprechung als UG; GA: Lernplakat
1 Std. Mein Wissen sichern und anwenden	Lyrikanalyse mit Nachweis der epochenspezifischen Merkmale	F. Schiller: *Nänie*	Mit der Auswahl dieses exemplarischen Gedichts und seiner Erarbeitung mit Aufgaben zu Inhalt und Form eignet sich die Abschlussseite besonders zur Wissenssicherung auf grundlegendem Anforderungsniveau.	EA mit anschließendem UG

EA = Einzelarbeit **GA** = Gruppenarbeit **HA** = Hausaufgabe **PA** = Partnerarbeit **UG** = Unterrichtsgespräch

3 Das Kunstprogramm der Weimarer Klassik

Mein Lernweg

A Zähmung der Natur durch die Kunst
Das Verhältnis von Natur und Kunst erschließen

eA **B Sehnsuchtsorte**
Die Antike als Vorbild der Weimarer Klassik verstehen

C Vom „Ideale veredelter Menschheit“
Schillers ästhetisches Programm untersuchen

eA **D Die ästhetische Erziehung**
Schillers Humanitätsideal analysieren

128 !

Büste des Laokoon, Kopie nach der Skulptur im Vatikan (Bronze mit dunkelgrüner Patina, zwischen 1650 und 1720)

akg-images, Berlin

Hagesandros, Athanadoros und Polydoros (2.–1. Jh. v. Chr.): Laokoon-Gruppe, Gipsabguss des Originals

akg-images, Berlin

KV 4

Johann Joachim Winckelmann: Über die Laokoon-Gruppe (1755)

Laokoon ist eine Natur im höchsten Schmerze, nach dem Bilde eines Mannes gemacht, der die bewusste Stärke des Geistes gegen denselben zu sammeln sucht; und indem sein Leiden die Muskeln aufschwellt und die Nerven anzieht, tritt der mit Stärke bewaffnete Geist in der aufgetriebenen Stirn hervor, und die Brust erhebt sich durch den beklemmten Atem und durch Zurückhaltung des Ausbruchs der Empfindung, um den Schmerz in sich zu fassen und zu verschließen. […] Die Natur, die der Künstler nicht verschönern konnte, hat er entwickelter, angestrengter und mächtiger zu zeigen gesucht: da, wohin der größte Schmerz verlegt ist, zeigt sich auch die größte Schönheit.

Johann Joachim Winckelmann's Geschichte der Kunst des Alterthums. Nebst einer Auswahl seiner kleineren Schriften. Mit einer Biographie Winckelmann's und einer Einleitung versehen. Hrsg. v. Julius Lessing. L. Heimann Berlin 1870, S. 227 f.

129 **1** **Recherchieren Sie, wer Laokoon war und was die berühmte Skulptur zeigt.**

129 **2** **Erläutern und diskutieren Sie, wie Winckelmann das Zustandekommen der „größte[n] Schönheit“ erklärt.**

129 **3** **Tauschen Sie sich aus: Empfinden Sie die Skulptur „Laokoon-Gruppe“ als schön? Wie kommt es, dass man einen (erfolglosen) Todeskampf als schön empfinden kann?**

A Zähmung der Natur durch die Kunst

Das Verhältnis von Natur und Kunst erschließen

Johann Wolfgang Goethe: Maifest (1771)

129 !

Wie herrlich leuchtet
Mir die Natur!
Wie glänzt die Sonne!
Wie lacht die Flur[1]!

Es dringen Blüten
Aus jedem Zweig,
Und tausend Stimmen
Aus dem Gesträuch,

Und Freud und Wonne
Aus jeder Brust.
O Erd o Sonne
O Glück o Lust!

O Lieb o Liebe,
So golden schön,
Wie Morgenwolken
Auf jenen Höhn;

Du segnest herrlich
Das frische Feld,
Im Blütendampfe
Die volle Welt.

O Mädchen Mädchen,
Wie lieb' ich dich!
Wie blickt dein Auge,
Wie liebst du mich!

So liebt die Lerche
Gesang und Luft,
Und Morgenblumen
Den Himmelsduft,

Wie ich dich liebe
Mit warmem Blut,
Die du mir Jugend
Und Freud und Mut

Zu neuen Liedern
Und Tänzen gibst!
Sei ewig glücklich,
Wie du mich liebst!

Johann Wolfgang Goethe: Sämtliche Werke nach Epochen seines Schaffens. Münchner Ausgabe, Bd. 1.1: Der junge Goethe 1757-1775. Hrsg. von Gerhard Sauder. Hanser München 1987, S.162 f.

129

1 Untersuchen und beschreiben Sie das Gedicht „Maifest" von Johann Wolfgang Goethe zunächst unter textimmanenten Gesichtspunkten. Nutzen Sie dazu das Wissen zur Gedichtanalyse.

WISSEN

Gedichtanalyse und -interpretation
Um ein Gedicht zu verstehen und zu interpretieren, kann es zunächst unter folgenden **textimmanenten Gesichtspunkten** untersucht werden:
- Inhalt, Thema: lyrische Situation, inhaltliche Entwicklung (Vergleich von Anfang und Gedichtende), zentrale Motive, …
- Sprechsituation: Sprecher im Gedicht, Adressat(en), Sprecherwechsel, …
- Bildlichkeit: Metaphern, Vergleiche, …
- Form, Struktur: Gedichtform (Lied, Sonett, …), Aufbau, …
- Klang: Metrum, Versmaß, Reim, Rhythmus, klangstarke Wörter, …
- Sprache: Stilfiguren, Besonderheiten der Wortwahl und des Satzbaus, Stilebene, …

In einem zweiten Durchgang können dann folgende **textüberschreitende Aspekte** mit in die Betrachtung einbezogen werden:
- Informationen über den Autor (Biografie, Absichten, andere Werke)
- Wissen über die Textsorte (Merkmale), die Entstehungszeit (Epoche)
- vergleichbare Texte (aus anderen Epochen, von anderen Autoren)
- Rezeption des Werkes (z. B. durch Kritiker oder andere Autoren/Künstler)
- thematische Assoziationen (auch zu nichtliterarischen Wissensgebieten)

Aus den Ergebnissen der Untersuchung kann eine Deutung des Gedichts abgeleitet werden, die dann aber noch einmal an den Einzelergebnissen der Analyse überprüft und gegebenenfalls präzisiert werden muss.

1 Flur, die: Feld, weites, offenes Kulturland.

129 **2** Recherchieren Sie in einem zweiten Schritt den biografischen und literarischen Kontext des Gedichts „Maifest". Skizzieren Sie diesen Kontext mithilfe zentraler Begriffe in einer Mindmap.

Lebenssituation Goethes:

Epoche:

Maifest

3 Stellen Sie dar, welchen Stellenwert und welche Funktion die Natur im Gedicht „Maifest" besitzt.

Natur ist hier vor allem Erlebnis- und Stimmungsraum (im Unterschied zu dem in der Aufklärung sonst häufig anzutreffenden rational-wissenschaftliche Naturbegriff); der Mensch ist dabei (wie in der Liebe) frei und ohne Zwänge, gleichsam in einem paradiesischen, ursprünglichen Zustand.

Johann Wolfgang Goethe: Mächtiges Überraschen (1807/1808)

Ein Strom entrauscht umwölktem Felsensaale,
Dem Ozean sich eilig zu verbinden;
Was auch sich spiegeln mag von Grund zu Gründen,
Es wandelt unaufhaltsam fort zu Tale.

Dämonisch aber stürzt mit einem Male –
Ihr folgen Berg und Wald in Wirbelwinden –
Sich Oreas[1], Behagen dort zu finden.
Und hemmt den Lauf, begrenzt die weite Schale.

Die Welle sprüht und staut zurück und weichet,
Und schwillt bergan, sich immer selbst zu trinken;
Gehemmt ist nun zum Vater hin das Streben.

Sie schwankt und ruht, zum See zurückgedeichet;
Gestirne, spiegelnd sich, beschaun das Blinken
Des Wellenschlags am Fels, ein neues Leben.

J. W. Goethe: Gedichte. Hrsg. v. Erich Trunz. München: C. H. Beck 2007.

Strophe 1
beschreibt das Entspringen eines Stromes und benennt dessen Ziel, „[d]em Ozean sich eilig zu verbinden". Das Wasser ist hier wild und stürmisch (vgl. „entrauscht", „eilig", „unaufhaltsam")

Strophe 2
Verstärkung des Naturhaften, Dämonischen, weitere Naturelemente („Berg und Wald in Wirbelwinden") kommen hinzu. Die Strophe benennt aber auch die Begrenzung, die der Tallauf faktisch bedeutet.

Strophe 3
erstes Terzett als Gegenbewegung zu den Quartetten beschreibt ebenso wie die 4. Strophe die Zähmung und Beruhigung des Stroms (vgl. „und staut zurück und weichet", „Gehemmt")

Strophe 4
Am Ende schließlich führt der Strom, „zum See zurückgedeichet", „ein neues Leben".

4 Fassen Sie den Inhalt von Goethes Gedicht „Mächtiges Überraschen" strophenweise zusammen. Nutzen Sie dazu die Randspalte.

5 Übertragen Sie das Bild des Stromes auf den Menschen.

Wie hier in der Natur ein Ereignis schließlich zum Ausgleich und zur inneren Ruhe kommt, lässt sich dies auch auf das menschliche Leben übertragen (etwa: von der wilden Jugend zur gesetzten Altersreife). Wichtig ist, dass hier wie dort erst die Begrenzung (vgl. „hemmt", „zurückgedeichet", „Gehemmt") und die damit einhergehende Ruhe bzw. Reflexion („und ruht", „beschaun") zum „neue[n] Leben" führen.

1 Oreas: Quellnymphe (als Verkörperung der Kraft der Natur).

Pierre Puvis de Chavannes (1824–1898): *Between Art and Nature* (Öl auf Leinwand, 1890)
Bridgemanimages.com (Musee des Beaux-Arts, Rouen, France), Berlin

Johann Wolfgang Goethe: Natur und Kunst (1800)

Natur und Kunst, sie scheinen sich zu fliehen,
Und haben sich, eh' man es denkt, gefunden;
Der Widerwille ist auch mir verschwunden,
Und beide scheinen gleich mich anzuziehen.

Es gilt wohl nur ein redliches Bemühen!
Und wenn wir erst in abgemessnen Stunden
Mit Geist und Fleiß uns an die Kunst gebunden,
Mag frei Natur im Herzen wieder glühen.

So ist's mit aller Bildung auch beschaffen:
Vergebens werden ungebundne Geister
Nach der Vollendung reiner Höhe streben.

Wer Großes will, muss sich zusammenraffen;
In der Beschränkung zeigt sich erst der Meister,
Und das Gesetz nur kann uns Freiheit geben.

J. W. Goethe: Gedichte. Hrs. v. Erich Trunz. München: C. H. Beck 2007.

*Im **ersten Quartett** wird ausgedrückt, dass Natur und Kunst nur scheinbar eine Antithese bilden, wobei tatsächlich – **Strophe 2** – die Kunst die Natur bedingt. Dies wird im klar geregelten Wechsel von Arbeit und Muße deutlich: Wenn die Arbeit „redlich" und in „abgemessenen Stunden" mit „Geist und Fleiß" erfolgt, kann sich die Natur wieder „frei" entfalten. Die **beiden Terzette** übertragen die Verbindung von Natur und Kunst auf „alle Bildung", den Künstler wie dessen Produkte.*

6 Fassen Sie den Inhalt des Gedichts „Mächtiges Überraschen" von Johann Wolfgang Goethe strophenweise zusammen. Nutzen Sie die Randspalte.

7 Erläutern Sie, welcher Natur- und Kunstbegriff im Gedicht „Natur und Kunst" deutlich wird.

Kunst ist hier in einem umfassenderen Sinne zu verstehen, als wir das heute gewöhnlich tun. Kunst umschließt im Gedicht (und in der Weimarer Klassik) alles Nichtnatürliche, d. h. Zivilisatorische (in diesem Sinne sind also auch Handwerker oder Bauern Künstler; tatsächlich spricht man ja manchmal auch von den Handwerkskünsten). Natur umgekehrt kann dagegen auch das Natürliche im Menschen umfassen („Natur" ist also nicht notwendig etwas außerhalb des Menschen; ein Ausflug in die Natur muss also nicht unbedingt ins Freie führen).

eA **B**

Sehnsuchtsorte

Die Antike als Vorbild der Weimarer Klassik verstehen

Tischbein hielt sich zeitgleich mit Goethe in Italien auf, die beiden freundeten sich 1786 an und Tischbein reiste 1787 mit Goethe nach Neapel. Das Gemälde entstand 1786/87 in der Campagna, also in der Umgebung Roms. Das Relief oberhalb von Goethes linkem (und sehr langem) Bein zeigt Iphigenie und Orest.

Johann Heinrich Wilhelm Tischbein (1751–1829): *Goethe in der Campagna* (Öl auf Leinwand, 1786/87)

akg-images, Berlin

1 Beschreiben Sie, wie Goethe auf den Betrachter wirkt. Stellen Sie eine Vermutung zur Funktion der Umgebung an.

Goethe wirkt hier sehr ernst und gefasst, was auf seine Krise (vgl. Aufgabe 3) hinweisen könnte. Der Hintergrund deutet die Schönheit der südlichen Landschaft ebenso an wie den Reichtum an antiken Schätzen (Kunst, aber auch literarische Stoffe).

2 Halten Sie fest, welche Funktion Reisetagebücher gewöhnlich haben. Welche Sonderfunktion kommt einem Reisetagebuch eines bedeutenden Schriftstellers zu?

Zunächst kann das Schreiben von Tagebüchern dabei helfen, seine Gedanken zu ordnen und sich Dinge besser zu merken. Reisetagebücher dienen sodann der Erinnerung (wenn man selbst der künftige Leser ist), sie können aber auch für andere verfasst sein, die das Tagebuch dann als Reisebericht lesen. Bei bedeutenden Schriftstellern darf angenommen werden, dass eine spätere Veröffentlichung wenn nicht vorausgesetzt, so doch zumindest als möglich mitgedacht wird, das heißt, dass dem Reisetagebuch auch weitere Funktionen zukommen können (von der Selbstdarstellung bis hin zu poetologischen oder philosophischen Reflexionen).

Johann Wolfgang Goethe: Italienische Reise (1816/1817)

Rom, den 1. November 1786.

Endlich kann ich den Mund auftun und meine Freunde mit Frohsinn begrüßen. Verziehen sei mir das Geheimnis und die gleichsam unterirdische Reise hierher. Kaum wagte ich mir selbst zu sagen, wohin ich ging, selbst unterwegs fürchtete ich noch und nur unter der Porta del Popolo war ich mir gewiss Rom zu haben. Und lasst mich nun auch sagen, dass ich tausendmal, ja beständig eurer gedenke in der Nähe *der* Gegenstände, die ich allein zu sehen niemals glaubte. Nur da ich jedermann mit Leib und Seele in Norden gefesselt, alle Anmutung nach diesen Gegenden verschwunden sah, konnte ich mich entschließen einen langen, einsamen Weg zu machen und den Mittelpunkt zu suchen, nach dem mich ein unwiderstehliches Bedürfnis hinzog. Ja, die letzten Jahre wurde es eine Art von Krankheit, von der mich nur der Anblick und die Gegenwart heilen konnte. Jetzt darf ich es gestehen: zuletzt durft' ich kein lateinisch Buch mehr ansehen, keine Zeichnung einer italienischen Gegend. Die Begierde, dieses Land zu sehen, war überreif; da sie befriedigt ist, werden mir Freunde und Vaterland erst wieder recht aus dem Grunde lieb, und die Rückkehr wünschenswert, ja um desto wünschenswerter, da ich mit Sicherheit empfinde, dass ich so viele Schätze nicht zu eignem Besitz und Privatgebrauch mitbringe, sondern dass sie mir und andern durchs ganze Leben zur Leitung und Fördernis dienen sollen.

Rom, den 1. November 1786.

Ja, ich bin endlich in dieser Hauptstadt der Welt angelangt! Wenn ich sie in guter Begleitung, angeführt von einem recht verständigen Manne, vor fünfzehn Jahren gesehn hätte, wollte ich mich glücklich preisen. Sollte ich sie aber allein, mit eignen Augen sehen und besuchen, so ist es gut, dass mir diese Freude so spät zuteil ward.

Über das Tiroler Gebirg bin ich gleichsam weggeflogen. Verona, Vicenz, Padua, Venedig habe ich gut, Ferrara, Cento, Bologna flüchtig und Florenz kaum gesehen. Die Begierde nach Rom zu kommen war so groß, wuchs so sehr mit jedem Augenblicke, dass kein Bleiben mehr war, und ich mich nur drei Stunden in Florenz aufhielt. Nun bin ich hier und ruhig und wie es scheint auf mein ganzes Leben beruhigt. Denn es geht, man darf wohl sagen, ein neues Leben an, wenn man das Ganze mit Augen sieht, das man teilweise in- und auswendig kennt. Alle Träume meiner Jugend seh' ich nun lebendig, die ersten Kupferbilder, deren ich mich erinnere (mein Vater hatte die Prospekte von Rom auf einem Vorsaale aufgehängt), seh' ich nun in Wahrheit, und alles, was ich in Gemälden und Zeichnungen, Kupfern und Holzschnitten, in Gips und Kork schon lange gekannt, steht nun beisammen vor mir; wohin ich gehe, finde ich eine Bekanntschaft in einer neuen Welt; es ist alles, wie ich mir's dachte und alles neu. Ebenso kann ich von meinen Beobachtungen, von meinen Ideen sagen. Ich habe keinen ganz neuen Gedanken gehabt, nichts ganz fremd gefunden, aber die alten sind so bestimmt, so lebendig, so zusammenhängend geworden, dass sie für neu gelten können.

Da Pygmalions[1] Elise, die er sich ganz nach seinen Wünschen geformt und ihr so viel Wahrheit und Dasein gegeben hatte, als der Künstler vermag, endlich auf ihn zukam und sagte: *„Ich bin's!"*, wie anders war die Lebendige als der gebildete Stein! [...]"

Johann Wolfgang Goethe: Sämtliche Werke, Briefe, Tagebücher und Gespräche. Abt. 1: Sämtliche Werke. Bd. 15: Autobiographische Schriften. 2. Italienische Reise, Teil 1. Hrsg. v. Christoph Michel u. Hans-Georg-Dewitz. Deutscher Klassiker-Verlag Frankfurt/M. 1993, S. 134 f.

3 Markieren Sie in den beiden Auszügen die Textstellen, in denen die persönliche Bedeutung der Ankunft in Rom für Goethe deutlich wird.

Karl Otto Conrady: Die Krise von 1786 (1982)

Goethe hat das italienische Ereignis mit großen Worten bedacht. Bezeichnungen wie „Wiedergeburt" und „neues Leben" schienen ihm angemessen zu sein. Lassen wir auf sich beruhen, dass er immer gern hoch gegriffen hat, wenn er deuten wollte, was für ihn wichtig war. Wer von Wiedergeburt sprach und damit ein pietistisches[2] Schlüsselwort aufgriff, das radikale Erneuerung, Umkehr, Durchbruch zum Wahren meinte und über dessen Inflation im 18. Jahrhundert schon gespottet wurde, konnte das nur, wenn ihm die vorangegangene Lebensphase tief fragwürdig erschien. Wiedergeburt setzt voraus, dass vorher Tod war, mindestens eine tödliche Krise. „Ich kämpfte mit Tod und Leben", gestand der Geflüchtete der verlassenen Charlotte (23.12.1786), nachdem er kurz vorher, am 20. Dezember, verkündet hatte: „Die Wiedergeburt die mich von innen heraus umarbeitet, würkt immer fort, ich dachte wohl, hier was zu lernen, dass ich aber so weit in die Schule zurückgehn, dass ich so viel *ver*lernen müsste dacht ich nicht." Wie bei einem pietistischen Erweckungs- und Bekehrungsereignis knüpfte der Reisende die Wiedergeburt an ein bestimmtes Datum: die endliche Ankunft in Rom, von der er nicht zu reden wagte, solange sie nicht gelungen war. „Denn es geht, man darf wohl sagen, ein neues Leben an, wenn man das Ganze mit Augen sieht, das man teilweise in- und auswendig kennt" (an den Freundeskreis in Weimar, Rom, 1. 11. 1786). „Ich zähle einen zweiten Geburtstag, eine wahre Wiedergeburt von dem Tage[,] da ich Rom betrat" (an Herder, 2.–9. 12.1786). [...]

Was zum Auf- und Ausbruch geführt hat, muss eine tiefe Verunsicherung der eigenen Existenz gewesen sein, für die man nicht einen bestimmten Umstand seiner äußeren Verhältnisse verantwortlich machen kann. Es war eine Identitätskrise, die von vielem geschürt wurde. Er wusste nicht mehr, was seine eigentliche Bestimmung war. Er lebte nicht mehr in Übereinstimmung mit sich; richtiger: er spürte die Nichtübereinstimmung mit sich selbst, ohne genau zu wissen, was er denn sein könne, wolle und müsse. [...]

Da hatte Goethe als ein Jahrzehnt lang die „Weltrolle" geprobt, war ins Stein- und Pflanzenreich eingedrungen, hatte Anatomie studiert, zu dichten versucht, war ein inniges, wenngleich schwieriges Verhältnis mit

1 Pygmalion: zyprischer König und Bildhauer der griechischen Mythologie, der sich in eine von ihm erschaffene weibliche Elfenbeinstatue – Elise – verliebt, die durch seine Liebe lebendig wird. Der mythologische Stoff ist Gegenstand zahlreicher literarischer Bearbeitungen, von Goethes Jugendgedicht *Pygmalion* (1767), über Joseph von Eichendorffs Erzählung *Das Marmorbild* (1818) bis hin zu Gottfried Kellers Novelle *Regine* (1881). Auch *Der Sandmann* (1818) kann als Weiterentwicklung des Pymalion-Stoffs gelesen werden.

2 Pietismus, der: religiöse Reformbewegung, die sich u. a. durch die Erfahrung der persönlichen Hinwendung zu Gott und einer geistlichen Erneuerung („Wiedergeburt") auszeichnet; heute oft abwertend i. S. v. „frömmelnder Protestantismus" gebraucht.

einer Frau eingegangen, hatte nach einigen Worten handelnd, lesend und schreibend das Leben zu bestehen gewagt, – und im Sommer 1786 bewies die aufgebrochene Krise, dass er ein Scheiternder war. Er fühlte keinen sicheren Boden mehr unter den Füßen.

Karl Otto Conrady: Goethe. Leben und Werk. Erster Band: Hälfte des Lebens. Athenäum Königstein/Ts. 1982, S. 413ff., S. 413 ff.

130 ! **4** Erklären Sie, welche persönliche Bedeutung die Reise nach Rom für Goethe hatte.

Johann Wolfgang Goethe: Italienische Reise (1816/1817)

Rom, den 7. November.

Nun bin ich sieben Tage hier, und nach und nach tritt in meiner Seele der allgemeine Begriff dieser Stadt hervor. Wir gehn fleißig hin und wider, ich mache mir die Plane des alten und neuen Roms bekannt, betrachte die Ruinen, die Gebäude, besuche ein und die andere Villa, die größten Merkwürdigkeiten werden ganz langsam behandelt, ich tue nur die Augen auf und seh' und geh' und komme wieder, denn man kann sich nur in Rom auf Rom vorbereiten. Gestehen wir jedoch, es ist ein saures und trauriges Geschäft, das alte Rom aus dem neuen herauszuklauben, aber man muss es denn doch tun und zuletzt eine unschätzbare Befriedigung hoffen. Man trifft Spuren einer Herrlichkeit und einer Zerstörung, die beide über unsere Begriffe gehen. Was die Barbaren stehen ließen, haben die Baumeister des neuen Roms verwüstet. Wenn man so eine Existenz ansieht, die zweitausend Jahre und darüber alt ist, durch den Wechsel der Zeiten so mannigfaltig und vom Grund aus verändert und doch noch derselbe Boden, derselbe Berg, ja oft dieselbe Säule und Mauer, und im Volke noch die Spuren des alten Charakters, so wird man ein Mitgenosse der großen Ratschlüsse des Schicksals, und so wird es dem Betrachter von Anfang schwer, zu entwickeln, wie Rom auf Rom folgt, und nicht allein das neue auf das alte, sondern die verschiedenen Epochen des alten und neuen selbst aufeinander. Ich suche nur erst selbst die halbverdeckten Punkte herauszufühlen, dann lassen sich erst die schönen Vorarbeiten recht vollständig nutzen; denn seit dem fünfzehnten Jahrhundert bis auf unsere Tage haben sich treffliche Künstler und Gelehrte mit diesen Gegenständen ihr ganzes Leben durch beschäftigt.

Und dieses Ungeheure wirkt ganz ruhig auf uns ein, wenn wir in Rom hin und her eilen, um zu den höchsten Gegenständen zu gelangen. Anderer Orten muss man das Bedeutende aufsuchen, hier werden wir davon überdrängt und überfüllt. Wie man geht und steht, zeigt sich ein landschaftliches Bild aller Art und Weise, Paläste und Ruinen, Gärten und Wildnis, Fernen und Engen, Häuschen, Ställe, Triumphbögen und Säulen, oft alles zusammen so nah, dass es auf ein Blatt gebracht werden könnte. Man müsste mit tausend Griffeln schreiben, was soll hier eine Feder, und dann ist man abends müde und erschöpft vom Schauen und Staunen.

In: Johann Wolfgang Goethe: Sämtliche Werke. a. a. O., Bd. 15/1, S. 139 f.

Goethe ist „fleißig", d. h. voller Elan dabei, die Stadt zu erkunden.

Das „saure Geschäft" des Erkundens wird von Hoffnung auf „unschätzbare Befriedigung" getragen.

ist ergriffen von den „Spuren des alten Charakters"

das „Ungeheure wirkt ganz ruhig auf uns ein"
überwältigt durch „das Bedeutende"

erschöpft vom Staunen

Johann Wolfgang Goethe: Italienische Reise (1816/1817)

Den 10. November 1786.

Ich lebe nun hier mit einer Klarheit und Ruhe, von der ich lange kein Gefühl hatte. Meine Übung, alle Dinge wie sie sind zu sehen und abzulesen, meine Treue, das Auge licht sein zu lassen, meine völlige Entäußerung von aller Prätention[1] kommen mir einmal wieder recht zustatten und machen mich im Stillen höchst glücklich. Alle Tage ein neuer merkwürdiger Gegenstand, täglich frische, große, seltsame Bilder und ein Ganzes, das man sich lange denkt und träumt, nie mit der Einbildungskraft erreicht.

lebt in „Klarheit und Ruhe"

ist „im Stillen höchst glücklich"

---

1 Prätention, die: Anspruch, Vermessenheit, Arroganz, hier auch im Sinne von: Vorurteil.

Heute war ich bei der Pyramide des Cestius und abends auf dem Palatin, oben auf den Ruinen der Kaiserpaläste, die wie Felsenwände dastehn. Hievon lässt sich nun freilich nichts überliefern! Wahrlich, es gibt hier nichts Kleines, wenn auch wohl hier und da etwas Scheltenswertes und Abgeschmacktes; doch auch ein solches hat teil an der allgemeinen Großheit genommen.

beeindruckt von der Größe der Erfahrung

Kehr' ich nun in mich selbst zurück, wie man doch so gern tut bei jeder Gelegenheit, so entdecke ich ein Gefühl, das mich unendlich freut, ja, das ich sogar auszusprechen wage. Wer sich mit Ernst hier umsieht und Augen hat zu sehen, muss solid werden, er muss einen Begriff von Solidität fassen, der ihm nie so lebendig ward.

fühlt sich angesichts der Erfahrungen „solid"

Der Geist wird zur Tüchtigkeit gestempelt, gelangt zu einem Ernst ohne Trockenheit, zu einem gesetzten Wesen mit Freude. Mir wenigstens ist es, als wenn ich die Dinge dieser Welt nie so richtig geschätzt hätte als hier. Ich freue mich der gesegneten Folgen auf mein ganzes Leben.

freut sich „der gesegneten Folgen auf mein ganzes Leben"

Und so lasst mich aufraffen, wie es kommen will, die Ordnung wird sich geben. Ich bin nicht hier, um nach meiner Art zu genießen, befleißigen will ich mich der großen Gegenstände, lernen und mich ausbilden, ehe ich vierzig Jahre alt werde.

ist ehrgeizig, will lernen und sich ausbilden

In: Johann Wolfgang Goethe: Sämtliche Werke. a. a. O., Bd. 15/1, S. 144 f.

Johann Wolfgang Goethe: Italienische Reise (1816/1817)

Den 20. Dezember.

Und doch ist das alles mehr Mühe und Sorge als Genuss. Die Wiedergeburt, die mich von innen heraus umarbeitet, wirkt immer fort. Ich dachte wohl, hier was Rechts zu lernen; dass ich aber so weit in die Schule zurückgehen, dass ich so viel verlernen, ja durchaus umlernen müsste, dachte ich nicht. Nun bin ich aber einmal überzeugt und habe mich ganz hingegeben, und je mehr ich mich selbst verleugnen muss, desto mehr freut es mich. Ich bin wie ein Baumeister, der einen Turm aufführen wollte und ein schlechtes Fundament gelegt hatte; er wird es noch beizeiten gewahr und bricht gern wieder ab, was er schon aus der Erde gebracht hat, seinen Grundriss sucht er zu erweitern, zu veredeln, sich seines Grundes mehr zu versichern, und freut sich schon im Voraus der gewissern Festigkeit des künftigen Baues. Gebe der Himmel, dass bei meiner Rückkehr auch die moralischen Folgen an mir zu fühlen sein möchten, die mir das Leben in einer weitern Welt gebracht hat. Ja, es ist zugleich mit dem Kunstsinn der sittliche, welcher große Erneuerung leidet. […]

fühlt „mehr Mühe und Sorge als Genuss", die „Wiedergeburt" ist anstrengend

hofft auf die „moralischen Folgen" seines Besuchs bei der Rückkehr

In: Johann Wolfgang Goethe: Sämtliche Werke. a. a. O., Bd. 15/1, S. 160 f.

5 Lesen Sie Goethes Tagebucheinträge und halten Sie jeweils in der Randspalte stichwortartig fest, was über seine Stimmung deutlich wird.

6 Vergleichen Sie Goethes innere Verfasstheit bei der Ankunft in Rom und während seines Aufenthaltes am 20. Dezember.

Die Sicherheit, mit der Goethe anfangs empfand, dass Roms Schätze ihm „durchs ganze Leben zur Leitung und Fördernis dienen sollen" (erster Eintrag zum 1. November), ist zur Hoffnung bzw. einem Wunsch geworden (vgl. „Gebe der Himmel, dass bei meiner Rückkehr auch die moralischen Folgen an mir zu fühlen sein möchten").

7 Fassen Sie auf der Grundlage der Briefe vom 7. und 10. November sowie vom 20. Dezember zusammen, wie Rom auf Goethe wirkt und worin die „Wiedergeburt" für ihn besteht.

130 !

Johann Wolfgang Goethe: Römische Elegien: I. Elegie (1788)

Saget Steine mir an, o! sprecht, ihr hohen Paläste.
Straßen redet ein Wort! Genius regst du dich nicht?
Ja es ist alles beseelt in deinen heiligen Mauern
Ewige Roma, nur mir schweiget noch alles so still.
O! wer flüstert mir zu, an welchem Fenster erblick ich
Einst das holde Geschöpf, das mich versengt und erquickt?
Ahnd' ich die Wege noch nicht, durch die ich immer und immer
Zu ihr und von ihr zu gehn, opfre die köstliche Zeit.
Noch betracht' ich Paläst und Kirchen, Ruinen und Säulen,
Wie ein bedächtiger Mann sich auf der Reise beträgt.
Doch bald ist es vorbei, dann wird ein einziger Tempel,
Amors Tempel nur sein, der den Geweihten empfängt.
Eine Welt zwar bist du, o Rom, doch ohne die Liebe
Wäre die Welt nicht die Welt, wäre denn Rom auch nicht Rom.

Johann Wolfgang Goethe: Sämtliche Werke nach Epochen seines Schaffens. Münchner Ausgabe, Bd. 3.2: Italien und Weimar 1786-1790. Hrsg. v. Hans J. Becker. Hanser München 1990, S. 39

Lew Felixowitsch Lagorio (1827–1905): *Bei Rom* (Öl auf Leinwand, 1860)

akg-images, Berlin

8 Erläutern Sie den Zusammenhang zwischen der Stadt Rom und der Liebe für den Sprecher.

Das Gedicht stellt einen Zusammenhang zwischen der Stadt Rom und der Liebe dar. Man beachte: Das Wort „Roma", vgl. V. 4, ist ein Palindrom zum Wort „Amor". Entsprechend ist der auch Schlussvers zu verstehen, wobei offenbar die körperliche Liebe erst den Genius der Stadt und der Kunst zu erwecken vermag (vgl. V. 2).

WISSEN

Palindrom
Ein Palindrom (von griech. *palindromos* „rückläufig") ist ein Wort bzw. eine Buchstabenkette, die vorwärts und rückwärts gelesen eine Bedeutung hat, z. B.: *Reliefpfeiler*, *Gras* oder *O Genie, der Herr ehre dein Ego!*

Johann Wolfgang Goethe: Römische Elegien: V. Elegie (1790)

Froh empfind' ich mich nun auf klassischem Boden begeistert,
Lauter und reizender spricht Vorwelt und Mitwelt zu mir.
Ich befolge den Rat[1], durchblättre die Werke der Alten
Mit geschäftiger Hand täglich mit neuem Genuss.
Aber die Nächte hindurch hält Amor mich anders beschäftigt;
Werd ich auch halb nur gelehrt, bin ich doch doppelt vergnügt.
Und belehr ich mich nicht? wenn ich des lieblichen Busens
Formen spähe, die Hand leite die Hüften hinab.
Dann versteh ich erst recht den Marmor, ich denk' und vergleiche,
Sehe mit fühlendem Aug', fühle mit sehender Hand.
Raubt die Liebste denn gleich mir einige Stunden des Tages;
Gibt sie Stunden der Nacht mir zur Entschädigung hin.
Wird doch nicht immer geküsst, es wird vernünftig gesprochen,
Überfällt sie der Schlaf, lieg ich und denke mir viel.
Oftmals hab' ich auch schon in ihren Armen gedichtet
Und des Hexameters Maß, leise, mit fingernder Hand,
Ihr auf den Rücken gezählt, sie atmet in lieblichem Schlummer
Und es durchglühet ihr Hauch mir bis ins tiefste die Brust.
Amor schüret indes die Lampe und denket der Zeiten,
Da er den nämlichen Dienst seinen Triumvirn[2] getan.

Johann Wolfgang Goethe: Sämtliche Werke nach Epochen seines Schaffens. Münchner Ausgabe, Bd. 3.2: Italien und Weimar 1786-1790. Hrsg. v. Hans J. Becker. Hanser München 1990, S. 47

1 *Ich befolge den Rat:* Anspielung auf den *Brief über die Dichtkunst* des berühmten römischen Dichters Horaz (65 v. Chr.–8 v. Chr.), in dem er schreibt: „Freunde, leset, leset / bei Tag und Nacht der Griechen Meisterstücke!"
2 Triumvirn: gemeint sind die römischen Dichter Properz (um 48 v. Chr.–15 v. Chr.), Catull (1. Jhdt. v. Chr.) und Tibull (um 55 v. Chr.–19/18 v. Chr.), die als Meister der Liebesdichtung (insbesondere von Elegien) gelten.

9 Fassen Sie zusammen, wie der Sprecher die Tage und wie die Nächte verbringt. Wo kommt es zu Überschneidungen der beiden Domänen?

Tagsüber studiert der Sprecher die „Werke der Alten", also der Antike. Die Nächte verbringt er dagegen mit seiner „Liebsten", wobei es hier auch zu Überschneidungen kommt: Wenn er den Körper der Geliebten liebkost, versteht er die Form der Skulpturen erst richtig, das Gespräch mit der Liebsten ist „vernünftig". Schläft die Geliebte, denkt und dichtet der Sprecher und zählt das Versmaß auf dem Rücken der Frau. Deutlich wird: Sinnlicher Genuss und Kultur sind keineswegs Gegensätze.

130 **10** Markieren Sie in den ersten Versen der V. Elegie (S. 41) „des Hexameters Maß", d. h. die betonten Silben. Recherchieren Sie anschließend, was man unter einer Elegie versteht.

Johann Wolfgang Goethe: Römische Elegien: VII. Elegie (1790)

O wie fühl' ich in Rom mich so froh! Gedenk ich der Zeiten,
Da mich ein graulicher Tag hinten im Norden umfing,
Trübe der Himmel und schwer auf meinen Scheitel sich neigte,
Farb' und gestaltlos die Welt um den Ermatteten lag,
Und ich über mein Ich, des unbefriedigten Geistes
Düstre Wege zu spähn, still in Betrachtung versank.
Nun umleuchtet der Glanz des hellen Äthers die Stirne;
Phöbus[1] rufet, der Gott, Formen und Farben hervor.
Sternenhelle glänzet die Nacht, sie klingt von Gesängen
Und mir leuchtet der Mond heller als ehmals der Tag.
Welche Seligkeit ward mir Sterblichem! Träum ich? Empfänget
Dein ambrosisches[2] Haus, Jupiter Vater, den Gast?
Ach! hier lieg' ich und strecke nach deinen Knieen die Hände
Flehend aus. O! vernimm Jupiter Xenius[3] mich!
Wie ich hereingekommen, ich kann's nicht sagen, es fasste
Hebe[4] den Wandrer und zog mich in die Hallen heran.
Hast du ihr einen Heroen herauf zu führen geboten?
Irrte die Schöne? Vergib! Lass mir des Irrtums Gewinn!
Deine Tochter Fortuna[5], sie auch! die herrlichsten Gaben
Teilet sie mädchenhaft aus, wie es die Laune gebeut[6].
Bist du der wirtliche Gott? O so verstoße den Gastfreund
Nicht von deinem Olymp wieder zur Erde hinab.
„Dichter! wo versteigest du dich hin?" – Vergib mir, der hohe
Capitolinische Berg ist dir ein zweiter Olymp.
Dulde mich Jupiter, hier und Hermes[7] führe mich später
Cestius Denkmal[8] vorbei, leise zum Orcus[9] hinab.

Johann Wolfgang Goethe: Sämtliche Werke nach Epochen seines Schaffens. Bd. 3.2: Italien und Weimar 1786-1790. Hrsg. v. Hans J. Becker. Hanser München 1990, S. 51 f.

1 Phöbus: Beiname Apolls als griech. Sonnengott. **2** ambrosisch: Ambrosia ist die Speise der Götter, die Unsterblichkeit verleiht. **3** Jupiter Xenius: Jupiter als Gott des Gastrechts (vgl. griech. xenios: gastfreundlich). **4** Hebe: Tochter des Zeus und der Hera, sie bewirtet die Halbgötter (Heroen) an der olympischen Tafel. **5** Fortuna: lat. Göttin des Schicksals und des Glücks. **6** gebeuten: veraltet für: gebieten. **7** Hermes: der Götterbote, hier in seiner Funktion als Begleiter der Seelen der Verstorbenen in die Unterwelt (Orcus). **8** Cestius Denkmal: gemeint ist die Cestius-Pyramide auf dem protestantischen Friedhof *Cimitero acattolico*. **9** Orcus: lat. Unterwelt, Totenreich.

11 Stellen Sie den Gegensatz zwischen Norden und dem Süden dar, wie er sich in der VII. Elegie zeigt.

12 Vergleichen Sie die Haltung des Sprechers in der VII. Elegie mit Goethes Erwartungen an seine Ankunft in Rom.

Der Sprecher wähnt sich als Gast Jupiters auf dem Kapitol als einem zweiten Olymp, also in den höchsten Sphären. Vergleichbare Erwartungen hatte auch Goethe an seine „Wiedergeburt" in Rom.

C Vom „Ideale veredelter Menschheit"

Schillers ästhetisches Programm untersuchen

130 ! *Die Horai (Horen) sind in der griechischen Mythologie Verkörperungen des Wachsens, Blühens und Reifens in der Natur. Sie regeln den Jahreslauf (die Jahreszeiten), öffnen und schließen die Wolkenpforten und lassen Korn und Wein reifen.*

Georg Friedrich Kersting (1785–1847): *Apoll mit den Horen* (Öl auf Leinwand, 1822)

akg-images, Berlin

1 Sammeln Sie Ideen und Assoziationen zu einer Zeitschrift, die den Titel „Die Horen" trägt.

Die Aufgabe soll die Schülerinnen und Schüler thematisch auf den Schiller-Text einstimmen: Die „Horen" sind positiv konnotiert, entsprechende Erwartungen wird man an eine Zeitschrift mit diesen Namen haben.

Friedrich Schiller: Ankündigung: Die Horen, eine Monatsschrift, von einer Gesellschaft verfasst und herausgegeben von Schiller (1794)

Zu einer Zeit, wo das nahe Geräusch des Kriegs das Vaterland ängstigt[1], wo der Kampf politischer Meinungen und Interessen diesen Krieg beinahe in jedem Zirkel erneuert und nur allzu oft Musen und Grazien daraus verscheucht, wo weder in den Gesprächen noch in den Schriften des Tages vor diesem allverfolgenden Dämon der Staatskritik Rettung ist, möchte es ebenso gewagt als verdienstlich sein, den so sehr zerstreuten Leser zu einer Unterhaltung von ganz entgegengesetzter Art einzuladen. In der Tat scheinen die Zeitumstände einer Schrift wenig Glück zu versprechen, die sich über das Lieblingsthema des Tages ein strenges Stillschweigen auferlegen und ihren Ruhm darin suchen wird, durch etwas anders zu gefallen, als wodurch jetzt alles gefällt. Aber je mehr das beschränkte Interesse der Gegenwart die Gemüter in Spannung setzt, einengt und unterjocht, desto dringender wird das Bedürfnis, durch ein allgemeines und höheres Interesse an dem, was *rein menschlich* und über allen Einfluss der Zeiten erhaben ist, sie wieder in Freiheit zu setzen und die politisch geteilte Welt unter der Fahne der Wahrheit und Schönheit wieder zu vereinigen.

Dies ist der Gesichtspunkt, aus welchem die Verfasser dieser Zeitschrift dieselbe betrachtet wissen möchten. Einer heitern und leidenschaftsfreien Unterhaltung soll sie gewidmet sein, und dem Geist und Herzen des Lesers, den der Anblick der Zeitbegebenheiten bald entrüstet, bald niederschlagt, eine fröhliche Zerstreuung gewähren. Mitten in diesem politischen Tumult soll sie für Musen und Charitinnen[2] einen engen vertraulichen Zirkel schließen, aus welchem alles verbannt sein wird, was mit einem unreinen Parteigeist gestempelt ist. Aber indem sie sich alle Beziehungen auf den *jetzigen* Weltlauf und auf die *nächsten* Erwartungen der Menschheit verbietet, wird sie über die vergangene Welt die Geschichte und über die kommende die Philosophie befragen, wird sie zu dem Ideale veredelter Menschheit, welches durch die Vernunft aufgegeben[3], in der Erfahrung aber so leicht aus den Augen gerückt wird, einzelne Züge sammeln und an dem stillen Bau bessrer Begriffe, reinerer Grundsätze und edlerer Sitten, von dem zuletzt alle wahre Verbesserung des gesellschaftlichen Zustandes abhängt, nach Vermögen geschäftig sein. Sowohl spielend als ernsthaft wird man im Fortgange dieser Schrift dieses einige Ziel verfolgen, und so verschieden auch die Wege sein mögen, die man dazu einschlagen wird, so werden doch alle, näher oder entfernter, dahin gerichtet sein,

1 Gemeint ist der erste Koalitionskrieg, in dem ein Zusammenschluss europäischer Mächte (darunter Preußen) versuchte, die Auswirkungen der Französischen Revolution einzudämmen. **2** Charitinnen: wie die Horen, Nymphen oder Agrauliden segenspendende göttliche Wesenheiten. **3** aufgegeben: hier im Sinne von: einen Auftrag geben, jemanden in die Pflicht nehmen.

wahre Humanität zu befördern. Man wird streben, die Schönheit zur Vermittlerin der Wahrheit zu machen und durch die Wahrheit der Schönheit ein daurendes Fundament und eine höhere Würde zu geben. Soweit es tunlich ist, wird man die Resultate der Wissenschaft von ihrer scholastischen Form zu befreien und in einer reizenden, wenigstens einfachen, Hülle dem Gemeinsinn verständlich zu machen suchen. Zugleich aber wird man auf dem Schauplatze der Erfahrung nach neuen Erwerbungen für die Wissenschaft ausgehen und da nach Gesetzen forschen, wo bloß der Zufall zu spielen und die Willkür zu herrschen scheint. Auf diese Art glaubt man zu Aufhebung der Scheidewand beizutragen, welche die schöne Welt von der *gelehrten* zum Nachteile beider trennt, gründliche Kenntnisse in das gesellschaftliche Leben und Geschmack in die Wissenschaft einzuführen.

Man wird sich, soweit kein edlerer Zweck darunter leidet, Mannigfaltigkeit und Neuheit zum Ziele setzen, aber dem frivolen Geschmacke, der das Neue bloß um der Neuheit willen sucht, keineswegs nachgeben. Übrigens wird man sich jede Freiheit erlauben, die mit guten und schönen Sitten verträglich ist.

Wohlanständigkeit und Ordnung, Gerechtigkeit und Friede werden also der Geist und die Regel dieser Zeitschrift sein; die drei schwesterlichen Horen *Eunomia*, *Dike* und *Irene* werden sie regieren. In diesen Göttergestalten verehrte der Grieche die welterhaltende Ordnung, aus der alles Gute fließt, und die in dem gleichförmigen Rhythmus des Sonnenlaufs ihr treffendstes Sinnbild findet. Die Fabel macht sie zu Töchtern der *Themis* und des *Zeus*, des Gesetzes und der Macht; des nämlichen Gesetzes, das in der Körperwelt über den Wechsel der Jahreszeiten waltet und die Harmonie in der Geisterwelt erhält.

Die Horen waren es, welche die neugeborene Venus bei ihrer ersten Erscheinung in Cypern empfingen, sie mit göttlichen Gewanden bekleideten und so, von ihren Händen geschmückt, in den Kreis der Unsterblichen führten: eine reizende Dichtung, durch welche angedeutet wird, dass das Schöne schon in seiner Geburt sich unter Regeln fügen muss und nur durch Gesetzmäßigkeit würdig werden kann, einen Platz im Olymp, Unsterblichkeit und einen moralischen Wert zu erhalten. In leichten Tänzen umkreisen diese Göttinnen die Welt, öffnen und schließen den Olymp und schirren die Sonnenpferde an, das belebende Licht durch die Schöpfung zu versenden. Man sieht sie im Gefolge der Huldgöttinnen und in dem Dienst der Königin des Himmels, weil Anmut und Ordnung, Wohlanständigkeit und Würde unzertrennlich sind.

Friedrich Schiller: Werke und Briefe in zwölf Bänden. Bd. 8: Theoretische Schriften. Hrsg. v. Rolf-Peter Janz unter Mitarbeit v. Hans Richard Brittnacher, Gerd Kleiner u. Fabian Störmer. Deutscher Klassiker-Verlag Frankfurt/M. 1992, S. 1001-1003. S. 1001–1003.

130 **2** Lesen Sie zunächst den ersten Textabsatz (S. 43, Z. 1–11) und erläutern Sie, wie Schiller erklärt, warum gerade jetzt, „wo das nahe Geräusch des Kriegs das Vaterland ängstigt", eine Zeitschrift wie die „Horen" ihre Berechtigung hat.

3 Lesen Sie nun noch einmal den ganzen Text und begründen Sie, welche Absichten Schiller mit seiner Ankündigung verfolgt. Notieren Sie dazu zentrale Absichten und passende Textbelege.

zentrale Absichten	Textbelege
ankündigen, mitteilen	*Überschrift „Ankündigung"; zentrale Informationen über die Zeitschrift werden gegeben*
werben, appellieren	*„den so sehr zerstreuten Leser zu einer Unterhaltung von ganz entgegengesetzter Art einzuladen", „fröhliche Zerstreuung gewähren", „Wohlanständigkeit und Ordnung, Gerechtigkeit und Friede werden also der Geist und die Regel dieser Zeitschrift sein"*
erklären bzw. argumentieren	*entgegen den Zeitumständen möchte er die Menschen „wieder in Freiheit [...] setzen und die politisch geteilte Welt unter der Fahne der Wahrheit und Schönheit wieder [...] vereinigen"*
Selbstdarstellung	*erfolgt implizit dadurch, dass die positiven und vor allem ambitionierten Anliegen der Zeitschrift auf den Herausgeber abfärben (vgl. „ebenso gewagt als verdienstlich")*

4 Benennen Sie, welche Ziele die „Horen“ laut Schiller verfolgen und welche Mittel dazu eingesetzt werden sollen.

Ziele	Mittel
• „politisch geteilte Welt unter der Fahne der Wahrheit und Schönheit wieder zu vereinigen“ • „dem Ideale veredelter Menschheit“ nachstreben • „wahre Humanität ... befördern“ • „die Schönheit zur Vermittlerin der Wahrheit ... machen“ • der „Schönheit ein dauerndes Fundament und eine höhere Würde ... geben“ • die „Scheidewand ..., welche die schöne Welt von der gelehrten ... trennt“ aufheben • Wissenschaft in das gesellschaftliche Leben und Geschmack in die Wissenschaft einführen	• im „Kampf politischer Meinungen und Interessen“ frei von Parteigeist sein • heitere und leidenschaftsfreie Unterhaltung („fröhliche Zerstreuung“) bieten • Geschichte und Philosophie befragen • den gesellschaftlichen Zustand zu verbessern suchen (durch bessere Begriffe, reinere Grundsätze und edlere Sitten) • Resultate der Wissenschaft von ihrer scholastischen (d. h. schulmäßigen und schwer zugänglichen) Form befreien • Erfahrungen vom Zufälligen bzw. Beliebigen befreien und verwissenschaftlichen

WISSEN

Analyse pragmatischer Texte
Sachtexte können unter folgenden **textimmanenten Aspekten** untersucht werden:
- Thema (Worum geht es?) und Inhalt (zentrale Aussage im Einzelnen)
- thematische Entfaltung: primär induktiv (aus konkreten Beispielen wird durch deren Analyse eine allgemeine These entwickelt oder dem Leser für eigene Schlussfolgerungen dargeboten), primär deduktiv (geht von einer allgemeinen These aus, Beispiele dienen der Bestätigung bzw. Veranschaulichung)
- Argumentationsstruktur: steigende (lineare) Argumentation, Pro-Kontra-Argumentation, dialektische Argumentation
- Argumentationsweise: sachlich, wertend, appellativ, mit Bezug auf Gegenpositionen, …
- Zielgruppe und Absicht (Information, Appell, Unterhaltung, Werbung, …)
- Leserlenkung (Wie wird die Aufmerksamkeit des Lesers gelenkt?): Überschrift, Teilüberschriften, Hervorhebungen durch Schriftart oder Fettdruck, …; Beispiele (z. B. alltagsnahe, vereinfachende oder übertreibende); Metaphern bzw. bildhafte Sprache überhaupt; rhetorische Figuren (Übertreibungen, rhetorische Fragen, Antithesen, …); rhetorische Taktiken (Provokation, Personalisierung, Aufstellen von Scheinalternativen, Verharmlosung, …)
- sprachliche Gestaltung: stilistische Besonderheiten (fachsprachlicher Stil, altertümlicher Stil, gehobener Stil, …), auffällige sprachliche Mittel (Wortwahl, Wortbildung, Satzbau), rhetorische Figuren (Antithesen, Ellipsen, …)

Je nach Aufgabenstellung und Leseinteresse können darüber hinaus **textüberschreitende Aspekte** für die Analyse von Bedeutung sein:
- Publikationsform (Zeitschriftenaufsatz, Buch, Internetblog, Flugblatt, …)
- Biografie und Werk des Autors
- historische Umstände: politische und soziale Situation
- Gegenwartsbezug, Verweise auf die Tagespolitik

130 ! **5** Diskutieren Sie: Erreicht Schiller seine Ziele? Fühlen Sie sich durch den Text angesprochen?

eA D

Die ästhetische Erziehung

Schillers Humanitätsideal analysieren

130 !

Michelangelo Buonarroti (1475–1564): *David* (Mamor, 1501–1504)

akg-images, Berlin

Albrecht Dürer (1471–1528): *Selbstbildnis als Akt* (Feder und Pinsel auf Papier, 1500–1505)

akg-images, Berlin

130 ! **1** Besprechen Sie, was Kunst für Sie leisten (bewirken) muss. In welchen Fällen kann oder sollte Kunst idealisieren?

Friedrich Schiller an Friedrich Christian von Augustenburg (1793)

Jena, den 13. Juli 1793, Sonnabend

Durchlauchtigster Prinz!

Wie sehr haben Sie mich durch die gnädige Aufnahme meiner Bitte geehrt, Ihnen die Resultate meiner Untersuchungen über das Schöne in einer Reihe von Briefen vorlegen zu dürfen. [...]

Aber sollte ich von der Freiheit, die mir von Ew. Durchlaucht verstattet[1] wird, nicht vielleicht einen bessern Gebrauch machen können, als Ihnen meine Ideen von Schönheit und schöner Kunst vorzulegen? Ist es nicht *außer der Zeit*, sich um die Bedürfnisse der *ästhetischen* Welt zu bekümmern, wo die Angelegenheiten der *politischen* ein so viel näheres Interesse darbieten?

Ich liebe die Kunst und was mit ihr zusammenhängt über alles und meine Neigung, ich bekenne es, gibt ihr vor jeder andern Beschäftigung des Geistes den Vorzug. Aber es kommt hier nicht darauf an, was die Kunst *mir* ist, sondern wie sie sich gegen den menschlichen Geist überhaupt, und insbesondere gegen die Zeit verhält, in der ich mich zu ihrem Sachwalter aufwerfe.

Ich möchte nicht gerne in einem andern Jahrhundert leben, und für ein anderes wirken. Man ist ebenso gut Zeitbürger, als man Weltbürger, Staatsbürger, Hausvater ist. Wenn es unschicklich und unerlaubt gefunden wird, sich von den Sitten und Gebräuchen des Volks, bei dem man sich aufhält, und des Zirkels, worin man lebt, loszusprechen; warum sollte es weniger Pflicht sein, sich in der Wahl seiner Tätigkeit nach dem Geschmack und dem Bedürfnis des Zeitalters zu richten?

Was an sich gut ist, möchte man vielleicht sagen, ist zu jeder Zeit gut, und das ist jede Untersuchung der Wahrheit. Aber es gibt viele Wahrheiten, die zu untersuchen sind, und bei der Wahl, die man darunter anstellt, gebührt, meiner Meinung nach, dem Zeitbedürfnis und dem Zeitgeschmack eine entscheidende Stimme.

Nun scheint aber diese Stimme keineswegs zum Vorteil der schönen Kunst auszufallen. Der Lauf der Begebenheiten im Politischen, und der Gang des menschlichen Geistes im Literarischen hat dem Genius der Zeit eine solche Richtung gegeben, die ihn je mehr und mehr von der idealisierenden Kunst entfernt. Diese muss die Wirklichkeit verlassen, und sich mit einer gewissen Kühnheit über das Bedürfnis der Gegenwart erheben, denn die Kunst ist eine Tochter der Freiheit. Jetzt aber herrscht das Bedürfnis, und der Drang der physischen Lage, die Abhängigkeit des Menschen von tausend Verhältnissen, die ihm Fesseln anlegen, und ihn je

1 verstatten: gewähren, erlauben, gestatten.

mehr und mehr mit der unidealischen Wirklichkeit verstricken, hemmt freien Aufflug in die Regionen des Idealischen. Selbst die spekulierende Vernunft entreißt der Einbildungskraft eine Provinz nach der andern, und die Grenzen der Kunst verengen sich, je mehr die *Wissenschaft* die ihrigen erweitert.

Dass ich [...] eine Materie in Vorschlag bringe, die von dem Lieblingsgespräch des Zeitalters so sehr entlegen ist, geschieht nicht aus überwiegender Neigung für diesen Gegenstand, obgleich ich mich einer solchen Neigung nie schämen werde; nicht meine Vorliebe für die Kunst, sondern ein Grundsatz bestimmte meine Wahl, und ich glaube, sie rechtfertigen zu können. Wenn ich also gleich in der *Behandlung* meines Gegenstandes höchstens auf Ihre Nachsicht Anspruch machen kann, so möchte ich über die *Wahl* desselben gern Ihren Beifall haben.

Wäre das Faktum wahr, – wäre der außerordentliche Fall wirklich eingetreten, dass die politische Gesetzgebung der Vernunft übertragen, der Mensch als Selbstzweck respektiert und behandelt, das Gesetz auf den Thron erhoben, und wahre Freiheit zur Grundlage des Staatsgebäudes gemacht worden, so wollte ich auf ewig von den Musen Abschied nehmen, und dem herrlichsten aller Kunstwerke, der Monarchie der Vernunft, alle meine Tätigkeit widmen. Aber dieses Faktum ist es eben, was ich zu bezweifeln wage. Ja, ich bin so weit entfernt, an den Anfang einer Regeneration im Politischen zu glauben, dass mir die Ereignisse der Zeit vielmehr alle Hoffnungen dazu auf Jahrhunderte benehmen[1].

Ehe diese Ereignisse eintraten, gnädigster Prinz, konnte man sich allenfalls mit dem lieblichen Wahne schmeicheln, dass der unmerkliche aber ununterbrochene Einfluss denkender Köpfe, die seit Jahrhunderten ausgestreuten Keime der Wahrheit, der aufgehäufte Schatz von Erfahrung die Gemüter allmählich zum Empfang des Bessern gestimmt und so eine Epoche vorbereitet haben müssten, wo die Philosophie den moralischen Weltbau übernehmen, und das Licht über die Finsternis siegen könnte. So weit war man in der theoretischen Kultur vorgedrungen, dass auch die ehrwürdigsten Säulen des Aberglaubens zu wanken anfingen, und der Thron tausendjähriger Vorurteile schon erschüttert ward. Nichts schien mehr zu fehlen, als das Signal zur großen Veränderung und eine Vereinigung der Gemüter. Beides ist nun gegeben – aber wie ist es ausgeschlagen?

Der Versuch des französischen Volks, sich in seine heiligen Menschenrechte einzusetzen und eine politische Freiheit zu erringen, hat bloß das Unvermögen und die Unwürdigkeit desselben an den Tag gebracht, und nicht nur dieses unglückliche Volk, sondern mit ihm auch einen beträchtlichen Teil Europas und ein ganzes Jahrhundert, in Barbarei und Knechtschaft zurückgeschleudert. Der Moment war der günstigste, aber er fand eine verderbte Generation, die ihn nicht wert war und weder zu würdigen noch zu benutzen wusste. Der Gebrauch, den sie von diesem großen Geschenk des Zufalls macht und gemacht hat, beweist unwidersprechlich, dass das Menschengeschlecht der vormundschaftlichen Gewalt noch nicht entwachsen ist, dass das liberale Regiment der Vernunft da noch zu frühe kommt, wo man kaum damit fertig wird, sich der brutalen Gewalt der Tierheit zu erwehren, und dass derjenige noch nicht reif ist zur *bürgerlichen* Freiheit, dem noch so vieles zur *menschlichen* fehlt. [...]

Die Aufklärung, deren sich die höheren Stände unsers Zeitalters nicht mit Unrecht rühmen, ist bloß theoretische Kultur, und zeigt, im Ganzen genommen, so wenig einen veredelnden Einfluss auf die Gesinnung, dass sie vielmehr bloß dazu hilft, die Verderbnis in ein System zu bringen, und unheilbarer zu machen. Ein raffinierter und konsequenter Epikureismus[2] hat angefangen, alle Energie des Charakters zu ersticken, und die immer fester sich zuschnürende Fessel der Bedürfnisse, die vermehrte Abhängigkeit der Menschheit vom physischen hat es allmählich dahin geleitet, dass die Maxime der Passivität und des leidenden Gehorsams als höchste Lebensregel gilt. Daher die Beschränktheit im Denken, die Kraftlosigkeit im Handeln, die klägliche Mittelmäßigkeit im Hervorbringen, die unser Zeitalter zu seiner Schande charakterisiert. Und so sehen wir den Geist der Zeit zwischen Barbarei und Schlaffheit, Freigeisterei und Aberglauben, Rohheit und Verzärtelung schwanken, und es ist bloß das *Gleichgewicht der Laster*, was das Ganze noch zusammenhält. Und ist dieses nun die Menschheit, möchte ich fragen, für deren Rechte der Philosoph sich verwendet, die der edle Weltbürger in Gedanken hat, und an welcher ein neuerer Solon[3] seine Ideen von einer Staatsverfassung realisieren möchte? Ich zweifle sehr. Nur seine Fähigkeit, als ein sittliches Wesen zu handeln, gibt dem Menschen Anspruch auf Freiheit; ein Gemüt aber, das nur sinnlicher Bestimmungen fähig ist, ist der Frei-

---

1 benehmen: hier im Sinne von: wegnehmen. **2** Epikureismus: auf den antiken griechischen Philosophen Epikur (um 341 v. Chr.–271 oder 270 v. Chr.) zurückgehende Weltanschauung, in der der Erwerb von Wissen über die Welt und sich selbst den Menschen von Vorurteilen befreien und sein Bedürfnis nach einem angenehmen, schmerzfreien Leben befriedigen soll. Schiller kritisiert hier eine einseitig hedonistische, rein auf die Erfüllung physischer Bedürfnisse ausgerichtete Interpretation der sogenannten „Ataraxia" (Unerschütterlichkeit), die im Epikureismus eine wichtige Rolle spielt. Einseitig ausgelegt als „Maxime der Passivität und des leidenden Gehorsams", dienen die „Ataraxia" und damit der „raffinierte Epikureismus" ausschließlich dem Fortbestand der herrschenden Verhältnisse. **3** Solon: gemeint ist der athenische Staatsmann und Lyriker Solon (um 640 v. Chr.–um 560 v. Chr.), der als mit seinen Ideen zur Organisation von Staat und Gesellschaft als Begründer der frühen attischen Demokratie gilt.

heit so wenig wert, als empfänglich. Alle Reform, die Bestand haben soll, muss von der Denkungsart ausgehen, und wo eine Verderbnis in den Prinzipien herrscht, da kann nichts Gesundes, nichts Gutartiges aufkeimen. Nur der Charakter der Bürger erschafft und erhält den Staat, und macht politische und bürgerliche Freiheit möglich. Denn wenn die Weisheit selbst in Person vom Olymp herabstiege, und die vollkommenste Verfassung einführte, so müsste sie ja doch Menschen die Ausführung übergeben. [...]

Werde ich mir nun nicht zu viel schmeicheln, Durchl. Prinz, wenn ich hoffe, Sie überzeugt zu haben, dass eine Philosophie des Schönen von dem Bedürfnis des Zeitalters nicht so entlegen sei, als es scheinen möchte, und dass dieser Gegenstand selbst die Aufmerksamkeit des politischen Philosophen verdiene, weil jede gründliche Staatsverbesserung mit Veredlung des Charakters beginnen, dieser aber an dem Schönen und Erhabenen sich aufrichten muss? Aber vielleicht hat meine Vorliebe für schöne Wissenschaft und Kunst mich hingerissen, ihnen Wirkungen zuzutrauen, deren sie nicht fähig sind. Vielleicht hätte ich vor allem andern den Einfluss ästhetischer Kultur auf die sittliche außer Zweifel setzen sollen. Erlauben Sie mir also, gnädigster Prinz, dass ich die Ausführung dieses Beweises dem folgenden Brief aufbehalte, da der gegenwärtige seine Grenzen schon so weit überschritten hat.

Möchte dieser erste Versuch, Materien von dieser ungeschmeidigen Natur in das leichte Gewand eines Briefs einzukleiden, Ew. Durchlaucht nicht abgeschreckt haben, sich diese Unterhaltung noch fernerhin von mir gefallen zu lassen! Mit rascheren Schritten kann ich den angefangenen Weg jetzt verfolgen, nachdem ich damit fertig geworden bin, die Karte des Landes aufzunehmen, durch welche Ihre ermunternde Aufmerksamkeit mich begleiten will; und so lange musste ich diesen ersten Brief zurückhalten. Jetzt bin ich vollkommen frei, und werde mich in vollem Maße der gnädigen Erlaubnis bedienen, womit Ew. Durchl. mich erfreuet haben. [...]

Eurer Hochfürstlichen Durchlaucht
untertänigsten und verbundensten
Friedrich Schiller.

Friedrich Schiller: Werke und Briefe in zwölf Bänden, a. a. O., Bd. 8, S. 495, 497 f., 500 f., 503, 508.

2 Lesen Sie den Text und verdeutlichen Sie sich, wie Schiller Kunst und das Ästhetische versteht. Markieren Sie dazu alle relevanten Textstellen. *Vgl. die Markierungen und die Lösungen zu A 3 und A 4*

Auch wenn es auf den ersten Blick nicht die Zeit zu sein scheint, sich mit dem Ästhetischen zu befassen, zeigt der gründlichere Blick, dass diese Beschäftigung eine eminent politische ist. Gegenwärtig sei es, so Schiller, „bloß das Gleichgewicht der Laster, was das Ganze noch zusammenhält".

3 Bewerten Sie die Schüleraussage zum Text und stellen Sie dar, wie Schiller die Wahl seines Gegenstandes in dem Brief an den Prinzen begründet: Was soll die Kunst leisten?

Die Schüleraussage bezieht sich auf die These Schillers, dass die bürgerliche oder politische Freiheit eine Folge der menschlichen Freiheit ist. Schiller sieht die Notwendigkeit, mithilfe der Kunst die Veredlung des Charakters und die menschliche Freiheit zu erreichen, weil diese ihrerseits die Voraussetzung für die bürgerliche bzw. politische Freiheit ist: Der Fall, „dass die politische Gesetzgebung der Vernunft übertragen, der Mensch als Selbstzweck respektiert und behandelt" wird, ist, so Schiller, gerade noch nicht eingetreten.

4 Fassen Sie zusammen, welche Anforderungen die Kunst für Schiller erfüllen muss.

Kunst muss „idealisierend" sein, d. h. sich über „das Bedürfnis der Gegenwart erheben".
Außerdem soll sie den Menschen charakterlich veredeln, d. h. „seine Fähigkeit, als ein sittliches Wesen zu handeln," stärken.

130 ! **5** Bewerten Sie die inhaltliche Argumentation Schillers vor dem Hintergrund der Textsorte und seine mit dem Brief verbundene Absicht. Nutzen Sie dazu das Wissen zur Analyse pragmatischer Texte (S. 45).

ÜBRIGENS

Der Brief an Herzog Friedrich Christian von Augustenburg vom 13. Juli 1793 bildet den Auftakt zu den sogenannten „Augustenburger Briefen", die Friedrich Schiller dem Herzog im selben Jahr schickte. Als diese Briefe jedoch wenig später bei einem Schlossbrand vernichtet wurden, entschloss sich Schiller, sie in überarbeiteter Form als „Über die Ästhetische Erziehung in einer Reihe von Briefen" in seiner Zeitschrift „Die Horen" zu veröffentlichen. Der Herzog hatte Schiller 1791 für drei Jahre eine jährliche Pension von 1000 Talern angeboten, um diesem während seiner Krankheit finanzielle Sorgen zu nehmen.

Friedrich Christian von Augustenburg (1765–1814)

BPK (Klassik Stiftung Weimar / Mokansky, Olaf), Berlin

Friedrich Schiller: Über die Ästhetische Erziehung in einer Reihe von Briefen. 6. Brief (1795)

[...] Damals, bei jenem schönen Erwachen der Geisteskräfte, hatten die Sinne und der Geist noch kein streng geschiedenes Eigentum; denn noch hatte kein Zwiespalt sie gereizt, miteinander feindselig abzuteilen und ihre Markung[1] zu bestimmen. Die Poesie hatte noch nicht mit dem Witz[2] gebuhlt und die Spekulation sich noch nicht durch Spitzfindigkeit geschändet. Beide konnten im Notfall ihre Verrichtungen tauschen, weil jedes, nur auf seine eigene Weise, die Wahrheit ehrte. So hoch die Vernunft auch stieg, so zog sie doch immer die Materie liebend nach, und so fein und scharf sie auch trennte, so verstümmelte sie doch nie. Sie zerlegte zwar die menschliche Natur und warf sie in ihrem herrlichen Götterkreis vergrößert auseinander, aber nicht dadurch, dass sie sie in Stücken riss, sondern dadurch, dass sie sie verschiedentlich mischte, denn die ganze Menschheit fehlte in keinem einzelnen Gott. Wie ganz anders bei uns Neuern! Auch bei uns ist das Bild der Gattung in den Individuen vergrößert auseinander geworfen – aber in Bruchstücken, nicht in veränderten Mischungen, dass man von Individuum zu Individuum herumfragen muss, um die Totalität der Gattung zusammen zu lesen. Bei uns, möchte man fast versucht werden zu behaupten, äußern sich die Gemütskräfte auch in der Erfahrung so getrennt, wie der Psychologe sie in der Vorstellung scheidet, und wir sehen nicht bloß einzelne Subjekte, sondern ganze Klassen von Menschen nur einen Teil ihrer Anlagen entfalten, während dass die übrigen, wie bei verkrüppelten Gewächsen, kaum mit matter Spur angedeutet sind.
Ich verkenne nicht die Vorzüge, welche das gegenwärtige Geschlecht, als Einheit betrachtet und auf der Waage des Verstandes, vor dem besten in der Vorwelt behaupten mag; aber in geschlossenen Gliedern muss es den Wettkampf beginnen und das Ganze mit dem Ganzen sich messen. Welcher einzelne Neuere tritt heraus, Mann gegen Mann mit dem einzelnen Athenienser um den Preis der Menschheit zu streiten? Woher wohl dieses nachteilige Verhältnis der Individuen bei allem Vorteil der Gattung? Warum qualifizierte sich der einzelne Grieche zum Repräsentanten seiner Zeit, und warum darf dies der einzelne Neuere nicht wagen? Weil jenem die alles vereinende Natur, diesem der alles trennende Verstand seine Formen erteilten. Die Kultur selbst war es, welche der neuern Menschheit diese Wunde schlug. Sobald auf der einen Seite die erweiterte Erfahrung und das bestimmtere Denken eine schärfere Scheidung der Wissenschaften, auf der andern das verwickeltere Uhrwerk der Staaten eine strengere Absonderung der Stände und Geschäfte notwendig machte, so zerriss auch der innere Bund der menschlichen Natur, und ein verderblicher Streit entzweite ihre harmonischen Kräfte. Der intuitive und der spekulative Verstand verteilten sich jetzt feindlich

---

1 Markung, die: Gebiet, Territorium. 2 Witz, der: hier im Sinne von: Geist, (philosophischer) Gedanke, Idee.

gesinnt auf ihren verschiedenen Feldern, deren Grenzen sie jetzt anfingen mit Misstrauen und Eifersucht zu bewachen, und mit der Sphäre, auf die man seine Wirksamkeit einschränkt, hat man sich auch in sich selbst einen Herrn gegeben, der nicht selten mit Unterdrückung der übrigen Anlagen zu endigen pflegt. Indem hier die luxurierende[1] Einbildungskraft die mühsamen Pflanzungen des Verstandes verwüstet, verzehrt dort der Abstraktionsgeist das Feuer, an dem das Herz sich hätte wärmen und die Phantasie sich entzünden sollen.

Diese Zerrüttung, welche Kunst und Gelehrsamkeit in dem innern Menschen anfingen, machte der neue Geist der Regierung vollkommen und allgemein. Es war freilich nicht zu erwarten, dass die einfache Organisation der ersten Republiken die Einfalt der ersten Sitten und Verhältnisse überlebte, aber anstatt zu einem höhern animalischen Leben zu steigen, sank sie zu einer gemeinen und groben Mechanik herab. Jene Polypennatur der griechischen Staaten, wo jedes Individuum eines unabhängigen Lebens genoss und, wenn es Not tat, zum Ganzen werden konnte, machte jetzt einem kunstreichen Uhrwerk Platz, wo aus der Zusammenstückelung unendlich vieler, aber lebloser Teile ein mechanisches Leben im Ganzen sich bildet. Auseinander gerissen wurden jetzt der Staat und die Kirche, die Gesetze und die Sitten; der Genuss wurde von der Arbeit, das Mittel vom Zweck, die Anstrengung von der Belohnung geschieden. Ewig nur an ein einzelnes kleines Bruchstück des Ganzen gefesselt, bildet sich der Mensch selbst nur als Bruchstück aus, ewig nur das eintönige Geräusch des Rades, das er umtreibt, im Ohr, entwickelt er nie die Harmonie seines Wesens, und anstatt die Menschheit in seiner Natur auszuprägen, wird er bloß zu einem Abdruck seines Geschäfts, seiner Wissenschaft. Aber selbst der karge, fragmentarische[2] Anteil, der die einzelnen Glieder noch an das Ganze knüpft, hängt nicht von Formen ab, die sie sich selbsttätig geben (denn wie dürfte man ihrer Freiheit ein so künstliches und lichtscheues Uhrwerk vertrauen?) sondern wird ihnen mit skrupulöser Strenge durch ein Formular vorgeschrieben in welchem man ihre freie Einsicht gebunden hält. Der tote Buchstabe vertritt den lebendigen Verstand, und ein geübtes Gedächtnis leitet sicherer als Genie und Empfindung.

Wenn das gemeine Wesen das Amt zum Maßstab des Mannes macht; wenn es an dem einen seiner Bürger nur die Memorie[3], an einem andern den tabellarischen Verstand, an einem dritten nur die mechanische Fertigkeit ehrt, wenn es hier, gleichgültig gegen den Charakter, nur auf Kenntnisse dringt, dort hingegen einem Geiste der Ordnung und einem gesetzlichen Verhalten die größte Verfinsterung des Verstandes zugutehält; wenn es zugleich diese einzelnen Fertigkeiten zu einer ebenso großen Intensität will getrieben wissen, als es dem Subjekt an Extensität erlässt – darf es uns da wundern, dass die übrigen Anlagen des Gemüts vernachlässigt werden, um der einzigen, welche ehrt und lohnt, alle Pflege zuzuwenden? [...]

Indem der spekulative Geist im Ideenreich nach unverlierbaren Besitzungen strebte, musste er ein Fremdling in der Sinnenwelt werden und über der Form die Materie verlieren. Der Geschäftsgeist, in einen einförmigen Kreis von Objekten eingeschlossen und in diesem noch mehr durch Formeln eingeengt, musste das freie Ganze sich aus den Augen gerückt sehen und zugleich mit seiner Sphäre verarmen. So wie ersterer versucht wird, das Wirkliche nach dem Denkbaren zu modeln und die subjektiven Bedingungen seiner Vorstellungskraft zu konstitutiven Gesetzen für das Dasein der Dinge zu erheben, so stürzte letzterer in das entgegenstehende Extrem, alle Erfahrung überhaupt nach einem besondern Fragment von Erfahrung zu schätzen und die Regeln *seines* Geschäfts jedem Geschäft ohne Unterschied anpassen zu wollen. Der eine musste einer leeren Subtilität[4], der andre einer pedantischen Beschränktheit zum Raub werden, weil jener für das Einzelne zu hoch, dieser zu tief für das Ganze stand. Aber das Nachteilige dieser Geistesrichtung schränkte sich nicht bloß auf das Wissen und Hervorbringen ein; es erstreckte sich nicht weniger auf das Empfinden und Handeln. Wir wissen, dass die Sensibilität des Gemüts ihrem Grad nach von der Lebhaftigkeit, ihrem Umfang nach von dem Reichtum der Einbildungskraft abhängt. Nun muss aber das Übergewicht des analytischen Vermögens die Fantasie notwendig ihrer Kraft und ihres Feuers berauben und eine eingeschränktere Sphäre von Objekten ihren Reichtum vermindern. Der abstrakte Denker hat daher gar oft ein *kaltes* Herz, weil er die Eindrücke zergliedert, die doch nur als ein Ganzes die Seele rühren; der Geschäftsmann hat gar oft ein *enges* Herz, weil seine Einbildungskraft, in den einförmigen Kreis seines Berufs eingeschlossen, sich zu fremder Vorstellungsart nicht erweitern kann.

Es lag auf meinem Wege, die nachteilige Richtung des Zeitcharakters und ihre Quellen aufzudecken, nicht die Vorteile zu zeigen, wodurch die Natur sie vergütet. Gerne will ich Ihnen eingestehen, dass, so wenig es auch den Individuen bei dieser Zerstückelung ihres Wesens wohl werden kann, doch die Gattung auf keine andere Art hätte Fortschritte machen können. Die Erscheinung der griechischen Menschheit war unstreitig

---

1 luxurieren: sich üppig entwickeln, wuchern. **2** fragmentarisch: vereinzelt, bruchstückhaft. **3** Memorie, die: Gedächtnis, Erinnerungskraft. **4** Subtilität, die: Genauigkeit, Spitzfindigkeit, Feinheit.

ein Maximum, das auf dieser Stufe weder verharren noch höher steigen konnte. Nicht verharren, weil der Verstand durch den Vorrat, den er schon hatte, unausbleiblich genötigt werden musste, sich von der Empfindung und Anschauung abzusondern und nach Deutlichkeit der Erkenntnis zu streben; auch nicht höher steigen, weil nur ein bestimmter Grad von Klarheit mit einer bestimmten Fülle und Wärme zusammen bestehen kann. Die Griechen hatten diesen Grad erreicht, und wenn sie zu einer höhern Ausbildung fortschreiten wollten, so mussten sie, wie wir, die Totalität ihres Wesens aufgeben und die Wahrheit auf getrennten Bahnen verfolgen. [...]

Einseitigkeit in Übung der Kräfte führt zwar das Individuum unausbleiblich zum Irrtum, aber die Gattung zur Wahrheit. Dadurch allein, dass wir die ganze Energie unseres Geistes in einem Brennpunkt versammeln und unser ganzes Wesen in eine einzige Kraft zusammenziehen, setzen wir dieser einzelnen Kraft gleichsam Flügel an und führen sie künstlicher Weise weit über die Schranken hinaus, welche die Natur ihr gesetzt zu haben scheint. So gewiss es ist, dass alle menschlichen Individuen zusammen genommen mit der Sehkraft, welche die Natur ihnen erteilt, nie dahin gekommen sein würden, einen Trabanten des Jupiter auszuspähen, den der Teleskop dem Astronomen entdeckt; ebenso ausgemacht ist es, dass die menschliche Denkkraft niemals eine Analysis des Unendlichen oder eine Kritik der reinen Vernunft[1] würde aufgestellt haben, wenn nicht in einzelnen dazu berufenen Subjekten die Vernunft sich vereinzelt, von allem Stoff gleichsam losgewunden und durch die angestrengteste Abstraktion ihren Blick ins Unbedingte bewaffnet hätte. Aber wird wohl ein solcher, in reinen Verstand und reine Anschauung gleichsam aufgelöster Geist dazu tüchtig sein, die strengen Fesseln der Logik mit dem freien Gang der Dichtungskraft zu vertauschen und die Individualität der Dinge mit treuem und keuschem Sinn zu ergreifen? Hier setzt die Natur auch dem Universalgenie eine Grenze, die es nicht überschreiten kann, und die Wahrheit wird so lange Märtyrer machen, als die Philosophie noch ihr vornehmstes Geschäft daraus machen muss, Anstalten gegen den Irrtum zu treffen.

Wie viel also auch für das Ganze der Welt durch diese getrennte Ausbildung der menschlichen Kräfte gewonnen werden mag, so ist nicht zu leugnen, dass die Individuen, welche sie trifft, unter dem Fluch dieses Weltzweckes leiden. Durch gymnastische Übungen bilden sich zwar athletische Körper aus, aber nur durch das freie und gleichförmige Spiel der Glieder die Schönheit. Ebenso kann die Anspannung einzelner Geisteskräfte zwar außerordentliche, aber nur die gleichförmige Temperatur derselben glückliche und vollkommene Menschen erzeugen. Und in welchem Verhältnis stünden wir also zu dem vergangenen und kommenden Weltalter, wenn die Ausbildung der menschlichen Natur ein solches Opfer notwendig machte? Wir wären die Knechte der Menschheit gewesen, wir hätten einige Jahrtausende lang die Sklavenarbeiten für sie getrieben und unserer verstümmelten Natur die beschämenden Spuren dieser Dienstbarkeit eingedrückt – damit das spätere Geschlecht, in einem seligen Müßiggang, seiner moralischen Gesundheit warten und den freien Wuchs seiner Menschheit entwickeln könnte!

Kann aber wohl der Mensch dazu bestimmt sein, über irgendeinem Zweck sich selbst zu versäumen? Sollte uns die Natur durch ihre Zwecke eine Vollkommenheit rauben können, welche uns die Vernunft durch die ihrigen vorschreibt? Es muss also falsch sein, dass die Ausbildung der einzelnen Kräfte das Opfer ihrer Totalität notwendig macht; oder wenn auch das Gesetz der Natur noch so sehr dahinstrebte, so muss es bei uns stehen, diese Totalität in unsrer Natur, welche die Kunst zerstört hat, durch eine höhere Kunst wiederherzustellen.

Friedrich Schiller: Werke und Briefe in zwölf Bänden, a. a. O., Bd. 8, S. 571–578.

6 Woran leidet der Mensch in der Gesellschaft laut Schiller? Markieren Sie im Text die zentralen Stellen und fassen Sie seine Zeitdiagnose prägnant zusammen.

Aufgrund der gesellschaftlichen Umstände wird der Mensch reduziert auf vereinzelte Tätigkeiten und Fähigkeiten und kann sich nicht mehr, modern gesprochen, „ganzheitlich" und in der Gesellschaft entfalten.

131 **7** Benennen Sie, auf welche Ursache dieser Zustand laut Schiller zurückzuführen ist.

131 **8** Setzen Sie den 6. Brief in einen logischen Zusammenhang zu Schillers Brief an den Prinzen.

1 *Kritik der reinen Vernunft:* Anspielung auf die gleichnamige erkenntnistheoretische Schrift (1781/1787) von Immanuel Kant (1724–1804).

Friedrich Schiller: Über die Ästhetische Erziehung in einer Reihe von Briefen. 9. Brief (1795)

Rebecca Campbell: *Patience is a Virtue* (2013)
Bridgemanimages.com, Berlin

Aber ist hier nicht vielleicht ein Zirkel? Die theoretische Kultur soll die praktische herbeiführen, und die praktische doch die Bedingung der theoretischen sein? Alle Verbesserung im Politischen soll von Veredlung des Charakters ausgehen – aber wie kann sich unter den Einflüssen einer barbarischen Staatsverfassung der Charakter veredeln? Man müsste also zu diesem Zwecke ein Werkzeug aufsuchen, welches der Staat nicht hergibt, und Quellen dazu eröffnen, die sich bei aller politischen Verderbnis rein und lauter erhalten.

Jetzt bin ich an dem Punkt angelangt, zu welchem alle meine bisherigen Betrachtungen hingestrebt haben. Dieses Werkzeug ist die schöne Kunst, diese Quellen öffnen sich in ihren unsterblichen Mustern.

Von allem, was positiv ist und was menschliche Konventionen einführten, ist die Kunst wie die Wissenschaft los gesprochen, und beide erfreuen sich einer absoluten *Immunität* von der Willkür der Menschen. Der politische Gesetzgeber kann ihr Gebiet sperren, aber darin herrschen kann er nicht. Er kann den Wahrheitsfreund ächten, aber die Wahrheit besteht; er kann den Künstler erniedrigen, aber die Kunst kann er nicht verfälschen. Zwar ist nichts gewöhnlicher, als dass beide, Wissenschaft und Kunst, dem Geist des Zeitalters huldigen, und der hervorbringende Geschmack von dem beurteilenden das Gesetz empfängt. Wo der Charakter straff wird und sich verhärtet, da sehen wir die Wissenschaft streng ihre Grenzen bewachen und die Kunst in den schweren Fesseln der Regel gehn; wo der Charakter erschlafft und sich auflöst, da wird die Wissenschaft zu gefallen und die Kunst zu vergnügen streben. Ganze Jahrhunderte lang zeigen sich die Philosophen wie die Künstler geschäftig, Wahrheit und Schönheit in die Tiefen gemeiner Menschheit hinabzutauchen; jene gehen darin unter, aber mit eigener unzerstörbarer Lebenskraft ringen sich diese siegend empor.

Der Künstler ist zwar der Sohn seiner Zeit, aber schlimm für ihn, wenn er zugleich ihr Zögling oder gar noch ihr Günstling ist. Eine wohltätige Gottheit reiße den Säugling bei Zeiten von seiner Mutter Brust, nähre ihn mit der Milch eines bessern Alters und lasse ihn unter fernem griechischen Himmel zur Mündigkeit reifen. Wenn er dann Mann geworden ist, so kehre er, eine fremde Gestalt, in sein Jahrhundert zurück; aber nicht, um es mit seiner Erscheinung zu erfreuen, sondern furchtbar wie Agamemnons Sohn, um es zu reinigen. Den Stoff zwar wird er von der Gegenwart nehmen, aber die Form von einer edleren Zeit, ja, jenseits aller Zeit, von der absoluten unwandelbaren Einheit seines Wesens entlehnen. Hier aus dem reinen Äther[1] seiner dämonischen Natur rinnt die Quelle der Schönheit herab, unangesteckt von der Verderbnis der Geschlechter und Zeiten, welche tief unter ihr in trüben Strudeln sich wälzen. Seinen Stoff kann die Laune entehren, wie sie ihn geadelt hat, aber die keusche Form ist ihrem Wechsel entzogen. Der Römer des ersten Jahrhunderts hatte längst schon die Knie vor seinen Kaisern gebeugt, als die Bildsäulen noch aufrecht standen; die Tempel blieben dem Auge heilig, als die Götter längst zum Gelächter dienten, und die Schandtaten eines *Nero* und *Commodus*[2] beschämte der edle Stil des Gebäudes, das seine Hülle dazu gab. Die Menschheit hat ihre Würde verloren, aber die Kunst hat sie gerettet und aufbewahrt in bedeutenden Steinen; die Wahrheit lebt in der Täuschung fort, und aus dem Nachbild wird das Urbild wieder hergestellt werden. So wie die edle Kunst die edle Natur *überlebte*, so schreitet sie derselben auch in der Begeisterung, bildend und erweckend, voran. Ehe noch die Wahrheit ihr siegendes Licht in die Tiefen der Herzen sendet, fängt die Dichtungskraft ihre Strahlen auf, und die Gipfel der Menschheit werden glänzen, wenn noch feuchte Nacht in den Tälern liegt.

1 Äther, der: hier: Urstoff. **2** Nero (37 n. Chr.–68 n. Chr.) und Commodus (161 n. Chr.–192 n. Chr.): römische Kaiser.

Wie verwahrt sich aber der Künstler vor den Verderbnissen seiner Zeit, die ihn von allen Seiten umfangen? Wenn er ihr Urteil verachtet. Er blicke aufwärts nach seiner Würde und dem Gesetz, nicht niederwärts nach dem Glück und nach dem Bedürfnis. Gleich frei von der eiteln Geschäftigkeit, die in den flüchtigen Augenblick gern ihre Spur drücken möchte, und von dem ungeduldigen Schwärmergeist, der auf die dürftige Geburt der Zeit den Maßstab des Unbedingten anwendet, überlasse er dem Verstand, der hier einheimisch ist, die Sphäre des Wirklichen; er aber strebe, auf dem Bund des Möglichen mit dem Notwendigen das Ideal zu erzeugen. Dieses präge er aus in Täuschung und Wahrheit, präge es in die Spiele seiner Einbildungskraft und in den Ernst seiner Taten, präge es aus in allen sinnlichen und geistigen Formen und werfe es schweigend in die unendliche Zeit.

Aber nicht jedem, dem dieses Ideal in der Seele glüht, wurde die schöpferische Ruhe und der große geduldige Sinn verliehen, es in den verschwiegenen Stein einzudrücken oder in das nüchterne Wort auszugießen und den treuen Händen der Zeit zu vertrauen. Viel zu ungestüm, um durch dieses ruhige Mittel zu wandern, stürzt sich der göttliche Bildungstrieb oft unmittelbar auf die Gegenwart und auf das handelnde Leben und unternimmt, den formlosen Stoff der moralischen Welt umzubilden. Dringend spricht das Unglück seiner Gattung zu dem fühlenden Menschen, dringender ihre Entwürdigung; der Enthusiasmus entflammt sich, und das glühende Verlangen strebt in kraftvollen Seelen ungeduldig zur Tat. Aber befragte er sich auch, ob diese Unordnungen in der moralischen Welt seine Vernunft beleidigen oder nicht vielmehr seine Selbstliebe schmerzen? Weiß er es noch nicht, so wird er es an dem Eifer erkennen, womit er auf bestimmte und beschleunigte Wirkungen dringt. Der reine moralische Trieb ist aufs Unbedingte gerichtet, für ihn gibt es keine Zeit, und die Zukunft wird ihm zur Gegenwart, sobald sie sich aus der Gegenwart notwendig entwickeln muss. Vor einer Vernunft ohne Schranken ist die Richtung zugleich die Vollendung, und der Weg ist zurückgelegt, sobald er eingeschlagen ist.

Gib also, werde ich dem jungen Freund der Wahrheit und Schönheit zur Antwort geben, der von mir wissen will, wie er dem edeln Trieb in seiner Brust, bei allem Widerstand des Jahrhunderts, Genüge zu tun habe, gib der Welt, auf die du wirkst, die *Richtung* zum Guten, so wird der ruhige Rhythmus der Zeit die Entwicklung bringen. Diese Richtung hast du ihr gegeben, wenn du, lehrend, ihre Gedanken zum Notwendigen und Ewigen erhebst, wenn du, handelnd oder bildend, das Notwendige und Ewige in einen Gegenstand ihrer Triebe verwandelst. Fallen wird das Gebäude des Wahns und der Willkürlichkeit, fallen muss es, es ist schon gefallen, sobald du gewiss bist, dass es sich neigt, aber in dem innern, nicht bloß in dem äußern Menschen muss es sich neigen. In der schamhaften Stille deines Gemüts erziehe die siegende Wahrheit, stelle sie aus dir heraus in der Schönheit, dass nicht bloß der Gedanke ihr huldige, sondern auch der Sinn ihre Erscheinung liebend ergreife. Und damit es dir nicht begegne, von der Wirklichkeit das Muster zu empfangen, das du ihr geben sollst, so wage dich nicht eher in ihre bedenkliche Gesellschaft, bis du eines idealistischen Gefolges in deinem Herzen versichert bist. Lebe mit deinem Jahrhundert, aber sei nicht sein Geschöpf; leiste deinen Zeitgenossen, aber, was sie bedürfen, nicht, was sie loben. Ohne ihre Schuld geteilt zu haben, teile mit edler Resignation ihre Strafen und beuge dich mit Freiheit unter das Joch, das sie gleich schlecht entbehren und tragen. Durch den standhaften Mut, mit dem du ihr Glück verschmähest, wirst du ihnen beweisen, dass nicht deine Feigheit sich ihren Leiden unterwirft. Denke sie dir, wie sie sein sollten, wenn du auf sie zu wirken hast, aber denke sie dir, wie sie sind, wenn du für sie zu handeln versucht wirst. Ihren Beifall suche durch ihre Würde, aber auf ihren Unwert berechne ihr Glück, so wird dein eigner Adel dort den ihrigen aufwecken und ihre Unwürdigkeit hier deinen Zweck nicht vernichten. Der Ernst deiner Grundsätze wird sie von dir scheuchen, aber im Spiel ertragen sie sie noch; ihr Geschmack ist keuscher als ihr Herz, und hier musst du den scheuen Flüchtling ergreifen. Ihre Maximen wirst du umsonst bestürmen, ihre Taten umsonst verdammen, aber an ihrem Müßiggang kannst du deine bildende Hand versuchen. Verjage die Willkür, die Frivolität, die Rohigkeit aus ihren Vergnügungen, so wirst du sie unvermerkt auch aus ihren Handlungen, endlich aus ihren Gesinnungen verbannen. Wo du sie findest, umgib sie mit edeln, mit großen, mit geistreichen Formen, schließe sie ringsum mit den Symbolen des Vortrefflichen ein, bis der Schein die Wirklichkeit und die Kunst die Natur überwindet.

Friedrich Schiller: Werke und Briefe in zwölf Bänden, a. a. O., Bd. 8, S. 582–587.

131 **9** Erläutern Sie stichwortartig die Beziehungen, die zwischen den folgenden Begriffen bestehen: Verbesserung im Politischen; Veredlung des Charakters; schöne Kunst/Wahrheit. Nutzen Sie die Unterstreichungen im Text als Hilfe.

131 **10** Benennen Sie, wie der Künstler im Einzelnen vorgehen soll.

Mein Wissen sichern und anwenden

Friedrich Schiller: Nänie[1] (1800)

Auch das Schöne muss sterben! Das Menschen und Götter bezwinget,
Nicht die eherne Brust rührt es des stygischen Zeus[2].
Einmal nur erweichte die Liebe den Schattenbeherrscher,
Und an der Schwelle noch, streng, rief er zurück sein Geschenk[3].
Nicht stillt Aphrodite dem schönen Knaben[4] die Wunde,
Die in den zierlichen Leib grausam der Eber geritzt.
Nicht errettet den göttlichen Held die unsterbliche Mutter[5],
Wann er, am skäischen Tor fallend, sein Schicksal erfüllt.
Aber sie steigt aus dem Meer mit allen Töchtern des Nereus[6],
Und die Klage hebt an um den verherrlichten Sohn.
Siehe! Da weinen die Götter, es weinen die Göttinnen alle,
Dass das Schöne vergeht, dass das Vollkommene stirbt.
Auch ein Klagelied zu sein im Mund der Geliebten, ist herrlich,
Denn das Gemeine geht klanglos zum Orkus[7] hinab.

Friedrich Schiller: Sämtliche Werke. Bd. 3. Zürich, Düsseldorf: Artemis und Winkler 1996, S. 362 f.

1 Fassen Inhalt und Aussageabsicht des Gedichtes zusammen.

Verse 1–8: Lob des vergangenen Schönen, das Menschen und Götter bezwingen konnte (V. 1): Selbst die Helden der Antike waren nicht vor der Vergänglichkeit geschützt.

Verse 9–12: „Aber": Die trauernde Klage erhebt sich im Gesang mit den Nereïden. Achilles wurde doch von den Göttern beweint und der Untergang des Schönen und Vollkommenen in ihm betrauert.

Verse 13 und 14: Trost und Erkenntnis, dass das Edle, das Schöne im Lied „herrlich" fortlebt, d. h. dass die Kunst den ursprünglichen Verlust kompensiert.

2 Beschreiben Sie den formalen Aufbau des Gedichts und benennen Sie die Gedichtform.

*Das Gedicht besteht aus 14 Versen in sieben reimlosen Doppelversen (die jeweils eine syntaktische Einheit bilden). Die Verse sind sechshebig (vgl. Unterstreichungen in den Versen 1 f.), die ungeraden Verse enden mit weiblicher (klingender), die geraden mit männlicher (stumpfer) Kadenz. Es handelt sich um eine **Elegie**.*

3 Weisen Sie an Schillers Gedicht typische Merkmale der Epoche der Weimarer Klassik nach.

Klassisch ist das Gedicht zunächst durch seine elegische Form (Hexameter) sowie die inhaltlich-stoffliche Orientierung an der Antike. Auch die Gesamtaussage, die Preisung der Macht der Kunst, entspricht dem Weimarer Kunstprogramm.

---

1 Nänie: in Rom ein Klagelied, das einen Leichenzug begleitet. **2** stygisch: Adjektiv zu Styx, dem Fluss der Unterwelt; gemeint ist Hades, Zeus' Bruder. **3** Die Verse 3 f. spielen auf Orpheus und Euridike an: Orpheus stieg in die Unterwelt, um durch seinen Gesang und das Spiel seiner Lyra Hades dazu zu bewegen, ihm seine Geliebte Euridike zurückzugeben. **4** Knabe: gemeint ist Adonis, der von dem in einen Eber verwandelten Ares, dem Geliebten Aphrodites, getötet wurde. **5** unsterbliche Mutter: Thetis hatte ihren Sohn Achill durch Eintauchen in den Styx nahezu unsterblich gemacht, dieser wird aber dann bei skäischen Tor in Troja getötet. **6** Nereus: Der Meergott Nereus hatte 50 Töchter, die Nereïden. **7** Orkus: Gott der Unterwelt.

Schreibtraining

Interpretation eines literarischen Textes (Drama)

Bei dieser Aufgabenart sollen Sie auf der Basis Ihrer Kenntnisse eines Dramas und der geeigneten Mittel für eine Kommunikationsanalyse einen **Dialog analysieren und interpretieren**. In der Dialoganalyse beantworten Sie die Frage nach der Bedeutung der Gesprächsteile für die Situation und die konkreten Handlungen der Figuren. Das **Gesprächsverhalten** und die jeweiligen **Absichten der Dialogpartner** sollten dabei im Mittelpunkt stehen. Die Analyse zu einem Dramendialog lässt sich in die folgenden sechs Arbeitsschritte unterteilen:

1. Schritt

Aufgabenstellung erfassen – erstes Textverständnis festhalten

- Aufgabenstellung erfassen: Operatoren, vorgegebene Teilaspekte, Gewichtung der Teilaufgaben
- erste Texteindrücke notieren
- Thema und Inhalt erfassen
- kurze Einordnung des Dramenausschnitts in den Gesamtzusammenhang und den Handlungsverlauf vornehmen

2. Schritt

Dramenauszug aspektorientiert analysieren

- Inhalt des Dramenauszugs zusammenfassen
- Dramenauszug unter vorgegebenen sowie selbst gewählten Aspekten untersuchen: Konflikte, Figurengestaltung und -beziehungen, formale Funktion, Schauplatz, …
- textüberschreitende Aspekte berücksichtigen: Epochenkontext und Kunstverständnis, politische und gesellschaftliche Rahmenbedingungen, Biografie des Autors
- Deutungshypothese formulieren

3. Schritt

Kommunikationssituation analysieren

- Gesprächsverhalten, -strategien und -ziele der Figuren, Gesprächsart und -struktur, Sprachhandlungen untersuchen
- sprachliche Besonderheiten, rhetorische Figuren und Stilmittel notieren

4. Schritt

Gliederung erstellen

- Untersuchungsergebnisse ordnen
- **Einleitung:**
  - interessanten Einstieg finden (mit Blick auf den Schluss)
  - Textsorte, Autor, Titel und Thema benennen; ggf. Deutungshypothese aufstellen
- **Hauptteil:**
  - Inhaltsangabe mit Einordnung in den Gesamtzusammenhang darstellen
  - Analyseergebnisse im Einzelnen darlegen
  - Deutungshypothese begründen
- **Schluss:**
  - Ergebnisse zusammenfassen, Fazit ziehen, persönliche Stellungnahme (begründetes Wert- oder Sachurteil), Aktualitätsbezug, …
  - Bezug zur Einleitung beachten

5. Schritt

Klausur schreiben

- Analyseergebnisse sachlich darlegen
- eigene Urteile überzeugend begründen
- auf den Text verweisen und korrekt zitieren
- roten Faden einhalten: auf gedankliche Zusammenhänge, sprachliche Verknüpfungen achten
- sachlich schreiben und Fachbegriffe korrekt verwenden

6. Schritt

Klausur überarbeiten

- in drei gesonderten Durchgängen prüfen:
  - sachliche Richtigkeit und inhaltliche Stimmigkeit
  - Einhaltung des roten Fadens (Folgerichtigkeit)
  - sprachliche Richtigkeit (Rechtschreibung, Grammatik, Stil) und formale Korrektheit (richtige Zitierweise, Quellenangaben)

AUFGABENSTELLUNG

1 Analysieren und interpretieren Sie unter Rückgriff auf Ihre Kenntnisse der Kommunikationsanalyse Auftritt IV, 2 aus dem Schauspiel *Iphigenie auf Tauris* von Johann Wolfgang Goethe.

2 Beurteilen Sie die Rolle der Figur *Arkas* für das Schauspiel.

Schritt 1

Aufgabenstellung erfassen – erstes Textverständnis festhalten

a) Paraphrasieren Sie die Aufgabenstellung unter dem inhaltlichen Aspekt: Was bzw. worüber sollen Sie schreiben?

Es geht um eine Deutung des Auftritts IV, 2, wobei der Untersuchungsschwerpunkt auf dem Gesprächsverhalten der Figuren liegen soll. Im Anschluss soll eine begründete These zur Bedeutung der Figur des Arkas im ganzen Stück formuliert werden, was nahelegt, dass der Auftritt IV, 2 eine zentrale Stelle zur Beurteilung von Arkas darstellt.

b) Benennen Sie die verschiedenen Operatoren der Aufgabenstellung und halten Sie die mit ihnen verbundenen Anforderungen fest.

Operator	Anforderungen
analysieren	*Untersuchen eines Textes unter wesentlichen inhaltlichen, strukturellen und sprachlichen Gesichtspunkten und deren möglichen Wechselwirkungen; Beleg durch Textzitate*
interpretieren	*Deuten eines literarischen Textes unter Berücksichtigung relevanter textimmanenter und ggf. textüberschreitender Gesichtspunkte; Beleg bzw. Begründung durch Textzitate bzw. -verweise*
beurteilen	*Formulieren einer fachlich begründeten und hinreichend detaillierten Einschätzung, die ein breites Verständnis des Deutungsbereiches erkennen lässt; Begründung durch Textverweise*

c) Lesen Sie nun den Auftritt IV, 2 und halten Sie Ihre ersten Eindrücke fest. Äußern Sie sich auch über ihren ersten Eindruck zu Arkas.

131 !

d) Fassen Sie kurz zusammen, worum es in Auftritt IV, 2 geht.

Iphigenie verhält sich in Auftritt IV, 2 gegenüber Arkas so, wie es der Plan des Pylades vorsieht, und gibt vor, das Bild der Göttin müsse, entheiligt durch die Gegenwart des von den Furien verfolgten Orest, zunächst im Meer gereinigt werden. Arkas möchte für dieses „heil`ge Werk" zuerst die Erlaubnis von Thoas einholen, worin Iphigenie nach einem kurzen Disput auch einwilligt. Außerdem drängt er Iphigenie erneut, auf die Werbung von Thoas einzugehen (vgl. „O wende nicht von uns, was du vermagst!", V. 1475).

e) Ordnen Sie den Auftritt IV, 2 in den Gesamtzusammenhang und den Handlungsverlauf, indem Sie die der Szene vorausgegangenen Ereignisse, die für das Verständnis der Szene wichtig sind, knapp zusammenfassen.

Der Auftritt IV, 2 knüpft inhaltlich an Auftritt I, 2 an, in dem Arkas schon einmal versucht hat, Iphigenie dazu zu bewegen, dem Werben von Thoas nachzugeben. Thoas hat, infolge der ersten Weigerung von Iphigenie, unterdessen die Wiederaufnahme der Menschenopfer befohlen. Die ersten Opfer sollen Orest, der Bruder von Iphigenie, und dessen Freund Pylades sein. Letzterer hat einen Fluchtplan ausgeheckt, den Iphigenie in IV, 2 nun auch umzusetzen beginnt, indem sie Arkas die Lüge von der Entweihung des Bildnisses der Diana erzählt.

Schritt 2

Dramenauszug aspektorientiert analysieren

a) Lesen Sie nun den Auftritt IV, 2 gründlich und teilen den Dialog anschließend in Gesprächsphasen ein. Fassen Sie den Inhalt dieser Gesprächsphasen jeweils knapp zusammen.

Gesprächsphasen	Inhaltszusammenfassung
Phase 1: V. 1421–1440	Arkas drängt auf die Durchführung der Menschenopfer. Iphigenie setzt Pylades' Plan um und erklärt Arkas, dass das Heiligtum wegen Orests Blutschuld verunreinigt sei und im Meer gereinigt werden müsse.
Phase 2: V. 1441–1452	Arkas misstraut der Erklärung Iphigenies und will zunächst Thoas' Erlaubnis für die Reinigung einholen, worüber es zu einem Streit kommt, weil Iphigenie sich hier nicht an Thoas' Weisung gebunden fühlt.
Phase 3: V. 1453–1464	Arkas bringt vor, dass Iphigenie doch nur Thoas heiraten müsse, um aller Schwierigkeiten auf Tauris ledig zu sein. Iphigenie erklärt die Heirat für unmöglich, was Arkas nicht gelten lassen will.
Phase 4: V. 1465–1502	Es folgt eine längere Rede von Arkas, in der er Iphigenie an die bereits erreichten Humanisierungserfolge erinnert und noch einmal eindringlich mahnt; „O wende nicht von uns, was du vermagst!" (V. 1475); Iphigenie erwidert, dass die Wohltaten vom Wohlwollen Thoas' abhingen, den sie aber darum dennoch nicht heiraten wolle.

b) Stellen Sie die Konfliktsituation, wie sie in dem Aufzug deutlich wird, stichwortartig dar. Unterscheiden Sie zwischen dem äußeren Konflikt Iphigenies, wie er im Dialog mit Arkas zur Sprache kommt, und ihrem inneren Konflikt, der den ganzen IV. Aufzug bestimmt.

äußerer Konflikt	innerer Konflikt
Der äußere Konflikt besteht im Wesentlichen seit Auftritt I, 2 und wird hier erneut thematisiert: Er resultiert einerseits aus der Möglichkeit Iphigenies, Thoas' zu heiraten und damit ihre Humanisierungserfolge zu sichern, oder andererseits nach Griechenland zurückzukehren, was aber ihre Humanisierungserfolge zunichtemachen würde.	Wie über den ganzen IV. Aufzug deutlich wird, ist Iphigenie der „Betrug / Verhasst" (1525f.; vgl. zudem auch: „O weh der Lüge!", V. 1405), was insbesondere der nachfolgende Monolog zeigt (vgl. dort: „Ich erschrecke!", V. 1505), und umso schwerer wiegt, als Iphigenie in der Schuld Thoas' steht („Wie edel er sich gegen dich betrug", V. 1501).

c) Charakterisieren Sie auf der Grundlage des Auftritts IV, 2 sowohl Arkas' Beziehung zu Thoas als auch seine Beziehung zu Iphigenie.

Arkas' Beziehung zu Thoas: Der Auftritt zeigt Arkas als treuen Gefolgsmann von Thoas, der sich dessen Ziele (Iphigenie soll Thoas' Frau werden und auf Tauris bleiben) zueigen macht und sich mehrfach insistierend an Iphigenie wendet. Dass Arkas Thoas ergeben ist, zeigt sich auch daran, dass er sich misstrauisch gegenüber Iphigenie verhält und für das Reinigungsritual die Erlaubnis des Königs einholen will.

Arkas' Beziehung zu Iphigenie: Auch wenn Arkas wegen der Reinigung des Götterbildes Iphigenie misstraut, so zeigt der Auftritt gleichwohl, dass er Iphigenie und ihr Wirken wertschätzt (vgl. „göttergleich", V. 1472; „freundlich Menschenangesicht", V. 1474; „O wende nicht von uns, was du vermagst!", V. 1475). Zugleich scheint Arkas Iphigenie zu durchschauen, was nicht nur durch sein Misstrauen deutlich wird, sondern vor allem daran, dass er an Iphigenies Gewissen appelliert (vgl. V. 1500 f.).

d) Benennen Sie die Funktion des Aktes innerhalb der Gesamtstruktur des Schauspiels.

Der Auftritt IV, 2 ist gemäß dem Fünf-Akt-Schema von Gustav Freytag der fallenden Handlung zuzurechnen und weist mit dem erneuten Verweis Arkas' auf die Möglichkeit der Heirat als Ausweg aus allen Problemen ein typisches retardierendes Moment (da ja diese Möglichkeit von Anfang an bekannt ist) auf. Zugleich verschärft der Auftritt aber Iphigenies inneren Konflikt (vgl. ihre Bewertung im nachfolgenden Monolog: „Von dieses Mannes Rede fühl ich mir / Zur ungelegnen Zeit das Herz im Busen / Auf einmal umgewendet. Ich erschrecke!", V. 1503 ff.) und bereitet damit die Kontroverse mit Pylades in Auftritt IV, 4 und in der Folge sogar das glückliche Ende vor. – Hinzu kommt die Funktion der Spiegelung (Analogie zum Auftritt I, 2) innerhalb des streng symmetrischen und geschlossenen Dramas; zum Aspekt der Symmetrie vgl. außerdem die Figurenbewertung.

WISSEN

Offenes und geschlossenes Drama

Dramen lassen sich in die Formtypen **offenes und geschlossenes Drama** unterscheiden. Traditionellerweise (bis ins 18. Jahrhundert hinein) sind Dramen geschlossen, d. h. sie folgen der aristotelischen Forderung nach einer **Einheit von Handlung, Ort und Zeit**. Daraus ergeben sich in der Regel ein linearer (und logischer) Aufbau mit klarem Anfang und eindeutiger Lösung, die Beschränkung auf wenige Figuren sowie eine ausgewogene Komposition (pyramidaler Aufbau nach dem Fünf-Akt-Schema Gustav Freytags: Exposition, steigende Handlung, Höhepunkt, fallende Handlung und Katastrophe).
Von einer offenen Dramenform spricht man, wenn ein Drama in der Mehrheit der genannten Aspekte **abweichend konzipiert** ist.

e) Bewerten Sie den Auftritt IV, 2 unter textüberschreitendenden Aspekten.

Hier bietet sich vor allem ein Bezug auf das Kunstverständnis der Weimarer Klassik an, demzufolge es Aufgabe der Kunst sei, die Menschen zur individuellen Freiheit und damit zur gesellschaftlichen zu führen, letztlich also zu „humanisieren". Im Kleinen leistet (bzw. gefährdet aktuell) Iphigenie also, was die Kunst als Ganzes zum Ziel hat. Auffällig ist in diesem Zusammenhang, dass Schlüsselwörter des Weimarer Kunstprogramms auch im Dialog erscheinen (insbesondere: „göttergleich", „schöne Seele", „edel").

f) Prüfen Sie, ob sich aus dem Auftritt IV, 2 Bezüge zu Ihrer Lebenswelt bzw. zu aktuellen gesellschaftlichen Debatten ergeben.

Der Hinweis von Arkas auf manchen, „den ein widriges Geschick / An fremdes Ufer trug" (V. 1470 f.) lässt sich auf die aktuellen Flüchtlingsbewegungen und den Umgang mit Flüchtlingen (insbesondere, aber keineswegs ausschließlich in Deutschland) beziehen. Man kann dann aus dem humanen Wirken Iphigenies auf Tauris einen Appell an unsere Gesellschaft heute ableiten, Fremden gegenüber selbst ein „freundlich Menschengesicht" (V. 1474) zu zeigen.

g) Formulieren Sie abschließend eine Deutungshypothese zum Auftritt IV, 2, in der Sie auch auf die Figur des Arkas eingehen.

Formal stellt der Auftritt IV, 2, in dem erneut der äußere Konflikt Iphigenies zwischen Heirat und Bewahrung der Humanisierungserfolge und der Flucht nach Griechenland thematisiert wird, eine Spiegelung zum Auftritt I, 2 dar. Darüber hinaus kommt den eindringlichen Appellen von Arkas im Auftritt die Funktion zu, Iphigenies inneren Konflikt mit ihrer Verachtung des Betrugs plausibler zu machen. Arkas erweist sich dabei als treuer Gefolgsmann von König Thoas und guter Menschenkenner, indem er Iphigenies Betrug durchschaut (oder doch ahnt) und weiß, dass er an ihr Gewissen appellieren kann (vgl. „O wiederholtest du in deiner Seele, / Wie edel er sich gegen dich betrug", V. 1500 f.).

Schritt 3

Kommunikationssituation analysieren

131 ! a) Charakterisieren Sie zunächst die Gesprächsart, zu der der Dialog in Auftritt IV, 2 gehört.

*Es handelt sich um ein **Streitgespräch**. Zwar gibt Iphigenie im Falle der Benachrichtigung des Königs nach (vgl. „Ich gebe nach, wenn du nicht säumen willst."), doch bleibt sie anderer Meinung als Arkas; dies gilt für das weitere Gespräch (Bitte bzw. Weigerung, Thoas zu heiraten) ohnehin.*

b) Beschreiben Sie die Struktur des Gesprächs unter den vorgegebenen Aspekten. Ziehen Sie anschließend eine Schlussfolgerung aus Ihren Beobachtungen.

Gesprächseröffnung und -beendigung	*Die Initiative zur Gesprächseröffnung geht von Arks aus, er ist es auch, der das Gespräch beendet. Beides spricht für eine gesprächsdominante Rolle von Arkas (umso mehr, als beide Gesprächsphasen mit direkten Appellen an Iphigenie verbunden sind).*
Sprechanteile	*Die Sprechanteile sind im Wesentlichen gleich verteilt: Neben längeren Passagen (Iphigenie: V. 1430 – 1440; Arkas: 1465 – 182) sind es dabei vor allem die Stichomythien (V. 1444 – 1450 und 1456 – 1464) sowie die zweizeiligen Wechselreden in den Versen 1483 bis 1496, die auf ein strukturelles Gleichgewicht hinweisen (vgl. zur sprachlichen Gestaltung dieser Wechselreden dann Teilaufgabe d).*
wesentliche Sprachhandlungen	*Charakteristisch sind die vielen direkten und teilweise emphatisch vorgetragenen Appelle von Arkas (vgl. insbesondere: „O könnt ich ...", V. 1453 f.; „O wende nicht ...", V. 1475; „O wiederholtest du ...", V. 1500 ff.).*

Schlussfolgerung: Arkas erscheint in dem Dialog gesprächsstrukturell Iphigenie überlegen (er beginnt und beendet das Gespräch, initiiert Teilthemen und appelliert mehrfach an Iphigenie). Dies ist für eine ansonsten kaum individuell gezeichnet Figur, die zudem gesellschaftlich unter der titelgebenden Hauptfigur zu sehen ist, durchaus ungewöhnlich und kann als Hinweis darauf verstanden werden, dass Iphigenies Haltung und Handeln von ihr selbst als fragwürdig gesehen werden (man dürfte sonst von ihr mehr Initiative und Engagement erwarten).

c) Benennen Sie die zentralen Ziele, die Arkas und Iphigenie verfolgen, und charakterisieren Sie jeweils ihr Gesprächsverhalten.

	Arkas	Iphigenie
Gesprächsziel	*ist zunächst nur Überbringer eines Befehls von Thoas, will dann aber Iphigenie erneut (nach Auftritt I, 2) davon überzeugen, Thoas doch zu heiraten und dadurch ihr Humanisierungswerk zu retten*	*befindet sich in weiten Teilen in einer defensiven Rolle: Sie will eigentlich Pylades' Plan umsetzen, muss aber einen Kompromiss eingehen; auch Thoas will sie nicht heiraten*
Gesprächsverhalten	*führt das Gespräch bestimmt, sehr engagiert und mit großer innerer Beteiligung (Ausrufe mit „O", direkte Appelle); schlagfertig in den Wechselreden*	*agiert bestimmt und ist auf die Unangreifbarkeit ihrer Rolle als Priesterin bedacht („Sein Rat wie sein Befehl verändert nichts.", V. 1446) und wirkt dabei bisweilen (siehe V. 1446) fast trotzig; schlagfertig in den Wechselreden*

d) Benennen Sie besondere sprachliche Merkmale der Figurenreden und belegen Sie Ihre Beobachtungen durch Beispiele aus dem Text. Formulieren Sie abschließend eine allgemeine Charakterisierung der Sprache.

besondere sprachliche Merkmale	Beispiele im Text
• *wegen der Kürze häufige Verwendung von rückverweisenden Pronomen*	*„Dies ist allein der Priesterin überlassen. / Solch seltnen Fall soll auch der König wissen."*
• *direkte lexikalische Übernahmen, die das Engagement der Sprecher unterstreichen*	*„Erdringe nicht, was ich versagen sollte. / Versage nicht, was gut und nützlich ist." – „Ich hab es in der Götter Hand gelegt. / […] / Ich sage dir, es liegt in deiner Hand."*
• *Distanzierung durch Vermeidung persönlicher bzw. ichbezogener Aussagen durch Passivkonstruktionen und Relativ- bzw. Indefinitpronomen*	*„Oft wird der Mächtige zum Schein gefragt." – „Solang es Zeit ist, schont man weder Mühe / Noch eines guten Wortes Wiederholung." – „Wer keine Neigung fühlt, dem mangelt es / An einem Worte der Entschuld'gung nie."*
• *Eingängigkeit der Rede, vor allem durch Wiederholungen*	*„Schnell bin ich mit der Nachricht in dem Lager. / Und schnell mit seinen Worten hier zurück." – „Sie pflegen Menschen menschlich zu erretten."*
• *Hervorhebung kontroverser Standpunkte durch direkte Gegensätze bzw. Gegenüberstellungen*	*„Dies ist allein der Priestrin überlassen. / Solch seltnen Fall soll auch der König wissen." „Du hältst unmöglich, was dir Mühe kostet. / Dir scheint es möglich, weil der Wunsch dich trügt." – „Ich hab es in der Götter Hand gelegt. / Sie pflegen Menschen menschlich zu erretten."*

allgemeine Charakterisierung: Insgesamt ist die Sprache durch die Verwendung des Blankverses und gehobenen Wortschatz mit teilweise komplexer Satzstruktur (vgl.: „O könnt' ich ihm noch eine Botschaft bringen, / Die alles löste, was uns jetzt verwirrt: / Denn du hast nicht des Treuen Rat geachtet.") gekennzeichnet.

Schritt 4

Gliederung erstellen

a) Erstellen Sie eine Gliederung Ihres Interpretationsaufsatzes zum Auftritt IV, 2 (Aufgabenstellung auf Seite 56).

TIPP

Gliederung erstellen

Durch Ihren Text sollte sich ein „roter Faden" ziehen: Zum einen muss die Abfolge der einzelnen Textteile in sich logisch sein und zum anderen sollte ein Bezug zwischen Textanfang und -ende bestehen. Es ist deshalb sinnvoll, dass Sie zunächst den Schluss Ihrer Arbeit planen, indem Sie die Frage: „Worauf will ich hinaus (z. B. Beleg der Deutungsthese, Bezug auf aktuelle Frage, …)?" beantworten.
Planen Sie nachfolgend die Einleitung, die zum Text und ggf. dessen Thema hinführen, also die notwenigen Informationen zu Autor, Titel, Textsorte, Erscheinungsjahr und ggf. -ort enthalten muss. Außerdem sollte die Einleitung in Ihre Arbeit selbst hineinführen. Bedenken Sie, dass in Interpretationen literarischer Text am Beginn des Hauptteiles zunächst eine kurze Inhaltswiedergabe des Textes, dann die Erarbeitungsergebnisse aus der ersten Teilaufgabe stehen sollten. Das heißt, dass Sie sich bei der Planung der Einleitung auch einen Übergang zum Hauptteil überlegen sollten.
Planen Sie nun den (weiteren) Hauptteil: Hier müssen Sie überlegen, wie Sie über die Darstellung Ihrer Ergebnisse inhaltlich passend und logisch richtig zum Schlussteil gelangen.

b) Bewerten Sie die folgende Einleitung einer Schülerin in einen Interpretationsaufsatz zum Auftritt IV, 2. Überlegen Sie sich konkrete Verbesserungsvorschläge.

Das im Jahre 1787 erschienene Schauspiel „Iphigenie auf Tauris" von Johann Wolfgang Goethe nimmt bekanntlich ein gutes Ende: Iphigenie gelingt es, durch ihr aufrichtiges und humanes Verhalten Thoas, den König der Skythen, dazu zu bewegen, sie selbst und ihre Gefährten unbeschadet in ihre griechische Heimat zurückkehren zu lassen. Die Humanität Iphigenies ist dabei das Resultat ihrer Konflikte, wie sie auch im Gespräch zwischen Arkas und Iphigenie in Auftritt IV, 2 ihren Ausdruck finden, das im Folgenden genauer untersucht werden soll.

Bewertung mit Verbesserungsvorschlägen: *Die Einleitung ist zwar inhaltlich korrekt, enthält insbesondere alle wesentlichen Angaben zur „Iphigenie auf Tauris" und leitet auch zur Aufgabenstellung sowie dem Hauptteil des Interpretationsaufsatzes über, wirkt aber langweilig (uninspiriert und wie auswendig gelernt). Es ist vor allem nicht klar, wie sich von hier aus ein roter Faden zum Schluss spinnen soll, dem ein Leser gerne folgt. – Um hier zu variieren und für Spannung zu sorgen, könnte man z. B. mit einem prägnanten Zitat, einer pointierten Frage an den Text oder der (provokanten) Deutungshypothese einsteigen.*

TIPP

Den Schluss gestalten

Der Schluss einer Arbeit ist nicht weniger wichtig als die Einleitung, weil man mit den letzten Sätzen einen nachhaltigen Eindruck auf den Leser hinterlassen kann.
So kann man einen prägnanten Schluss gestalten:

- Man resümiert seine Analyse, hebt das oder die wichtigsten Ergebnisse hervor (auch mit Blick auf die Bedeutung eines Textes für die Epoche und/oder den Autor).
- Wenn man im ersten Teil (in der Einleitung oder zu Beginn des Hauptteils) mit einer Deutungshypothese gearbeitet hat, so kann man am Ende darauf zurückgreifen und sie überprüfen: Entweder bestätigt, widerlegt oder variiert man sie (jeweils mit Begründung).
- Man bewertet den Inhalt oder die ästhetische Gestalt des Textes. Das sollte man aber nur dann tun, wenn man dieses Urteil auch gut begründen kann.
- Man fragt nach der Bedeutung der Texte für einen selbst oder die Gegenwart. Die bloße Feststellung, dass etwa ein Schauspiel „interessant" sei, reicht hier allerdings nicht aus.

Schritt 5

Klausur schreiben

a) Formulieren Sie auf der Grundlage Ihrer Vorarbeiten nun Ihren Interpretationsaufsatz zum Auftritt IV, 2 des Schauspiels „Iphigenie auf Tauris" von Johann Wolfgang Goethe gemäß der Aufgabenstellung auf Seite 56. Achten Sie besonders auf die Gestaltung der Textübergänge.

TIPP

Textübergänge gestalten

Auch wenn die Teilaufgaben und die verschiedenen Untersuchungsaspekte in sich geschlossen sind, sollte man ein schematisches Abarbeiten der Gliederungspunkte vermeiden und flüssige Übergänge zwischen den Klausurteilen gestalten:

- Man leitet aus der bisherigen Darstellung Fragen ab (z. B. „Aus dem eben Gesagten ergibt sich die nun Frage, wie/ob …"), die man dann im nachfolgenden Klausurteil aufgreift bzw. beantwortet.
- Man greift wichtige Inhalte und/oder Begriffe im nachfolgenden Klausurteil wieder auf und beleuchtet diese in einem anderen (übergeordneten) Zusammenhang (z. B. „Um die Bewertung bestimmter Sprechweisen geht es auch im folgenden Argumentationsschritt.", „Auch hier wird wieder deutlich, wie/dass …").

Schritt 6

Klausur überarbeiten

a) Überprüfen Sie Ihren Interpretationsaufsatz zum Auftritt IV, 2 des Schauspiels „Iphigenie auf Tauris" von Johann Wolfgang Goethe in drei gesonderten Durchgängen auf sachliche Richtigkeit und inhaltliche Stimmigkeit, die Einhaltung des roten Fadens (Folgerichtigkeit) sowie die sprachliche Richtigkeit.

CHECKLISTE ✓

Eine Interpretation einer Dramenszene überarbeiten

☑ **Überprüfung des Inhalts und der Plausibilität (Stimmigkeit)**
- Entspricht der Inhalt des Klausurtextes genau der Aufgabenstellung und ggf. den Teilaufgaben?
- Sind die Operatoren richtig erfasst und umgesetzt?
- Ist der Klausurtext sachlich korrekt (richtiger Gebrauch von Fachtermini; Überprüfung der genannten Autoren, Jahreszahlen usw.)?
- Wird eine klare These formuliert und begründet (bzw. belegt)?
- Belegen die Argumente die These? Stützen die Beispiele, Belege und Zitate die Thesen?
- Wird die Deutung durch die Einbeziehung von Kontextwissen (Biografie des Autors, der Epoche der Zeitgeschichte usw.) vernetzt?
- Stimmt die Gesamtdeutung mit den Einzelbeobachtungen überein?

☑ **Überprüfung der Stringenz (Folgerichtigkeit)**
- Ist die Gliederung stimmig? Wird sie eingehalten?
- Ist der Text aus sich heraus verständlich?
- Sind die Ergebnisse sinnvoll miteinander verknüpft?
- Gibt es einen roten Faden?

☑ **Überprüfung der Sprache bzw. der äußeren Form**
- Ist die Wortwahl präzise? Werden an passender Stelle Fachtermini verwendet?
- Wird eine einheitliche, sachlich-analytische Stilebene eingehalten oder gibt es Stilbrüche?
- Ist der Klausurtext abwechslungsreich formuliert und wurden nicht notwendige Wiederholungen sowie Floskeln, Leerformeln usw. vermieden?
- Ist der Satzbau grammatisch korrekt und sind die grammatischen Bezüge eindeutig?
- Ist der Klausurtext frei von Rechtschreib- und Zeichensetzungsfehlern?
- Sind alle Zitate korrekt?
- Sind die nötigen Korrekturen sorgfältig vorgenommen und für den Leser ohne Schwierigkeiten zuzuordnen bzw. zu verstehen?

b) Überarbeiten bzw. korrigieren Sie Ihren Interpretationsaufsatz entsprechend der von Ihnen bei der Überprüfung festgestellten Mängel bzw. Fehler.

Übersicht über die Unterrichtseinheit
Kapitel 4: Das Humanitätsideal als Problem

DIDAKTISCHE HINWEISE

- Das Kapitel thematisiert den verbindlichen Unterrichtsaspekt „Das Humanitätsideal als Problem" und greift dazu neben dem ebenfalls verbindlichen Text von Hohler („Goethes Weimar hat Buchenwald nicht verhindert") auf Rezeptionen von Goethes Schauspiel „Iphigenie auf Tauris" zurück (wie bei Ivan Panteleevs Bearbeitung des „Iphigenie"-Stoffs am Deutschen Theater Berlin 2016, vgl. S. 64). Der thematische Aspekt „Das Humanitätsideal als Problem" wird dabei als Frage nach der Möglichkeit verstanden, sein Handeln ausschließlich an der Idee des Humanen orientieren zu können.
- Ausgangspunkt sind dabei aktuelle Rezeptionen, die auch zur Frage führen können, weshalb die „Iphigenie" derzeit eine kleine Renaissance (nicht zuletzt als Schullektüre, aber auch auf der Bühne) erlebt und worin die gegenwärtige Relevanz des Schauspiels bestehen könnte (vgl. dazu auch KV 3 mit Materialien zu weiteren neuen Bearbeitungen des Stoffes). Chronologisch zurücklaufend werden dann weitere Rezeptionen angeführt, die die Bedeutung des Stücks und mit ihm des Weimarer Kunstprogramms verdeutlichen und zugleich eine kleine Rezeptionsgeschichte über verschiedene Epochen (insbesondere auch der Romantik) darstellen.
- Bei Zeitknappheit kann die Bearbeitung von Teilkapitel C am ehesten entfallen.

KERNCURRICULUM

- **RT 1:** Literatur und Sprache um 1800, **PM:** Leitideen und Wandel des Menschenbildes, **WPM 3:** Rezeption des Weimarer Kunstprogramms

ABITURVORGABEN 2021

- **Verbindliche UA (gA):** Das Humanitätsideal als Problem
- **Verbindliche Lektüre (gA):** A. E. Hohler: Goethes Weimar hat Buchenwald nicht verhindert

UE 4 8 U-Std.

Teilkapitel	Materialien	angezielte Kompetenzen
A Die Rezeption der „Iphigenie" Reaktionen auf Dramenaussagen vergleichen	C. Wahl: *Heraus in eure Schatten, rege Wipfel* G. W. F. Hegel: *Vorlesungen über Ästhetik* L. Tieck: *Goethe und seine Zeit*	literarische Texte interpretieren pragmatische und poetologische Texte analysieren
B Der Züricher Literaturstreit Sich zu einem literaturtheoretischen Problem positionieren	I. Kertész: *Der Spurensucher* A. E. Hohler: *Goethes Weimar hat Buchenwald nicht verhindert* R. Bucheli: *Kehren wir zu Mozart zurück*	literarische Texte interpretieren pragmatische Texte analysieren
⊶ **C „Es ist ein gutes Wort"** Gesellschaftliche Wirkungen der Literatur reflektieren	G. Büchner: *Woyzeck* B. Brecht: *Der Schriftsteller*	Sachfragen diskutieren und erörtern

RT = Rahmenthema **PM** = Pflichtmodul **WPM** = Wahlpflichtmodul **UA** = Unterrichtsaspekt **UE** = Unterrichtseinheit

eA grün markiert = erhöhtes Anforderungsniveau (eA)

⊶ blau markiert = fakultative Teilkapitel und Materialien

Übersicht über den Stundenverlauf

Stunden	Ziele	Material	Erläuterungen, methodische Hinweise	Sozialformen
1 Std. Kapitelauftakt	über das Gute und gutes Handeln nachdenken	Bild: M. Pechstein: *Und führe uns nicht in Versuchung* I. Kant: *Der kategorische Imperativ*	Der Auftakt könnte um die Frage an die Lerngruppe erweitert werden, ob und ggf. unter welche Handlungsmaximen die Schülerinnen und Schüler ihr Handeln stellen.	Plenum
2 Std. Teilkapitel A	Grundzüge der Rezeptionsgeschichte der „Iphigenie" erfassen pragmatische Texte erschließen Sachfragen erörtern	Szenenbild Ivan Panteleev C. Wahl: *Heraus in eure Schatten, rege Wipfel* G. W. F. Hegel: *Vorlesungen über Ästhetik* L. Tieck: *Goethe und seine Zeit* KV 3	Da die Texte chronologisch zurückweisen, kann die Bearbeitung des Teilkapitels auch leicht verkürzt werden. Zu beachten ist, dass mit Tieck hier bewusst in die Romantik verwiesen wird (mit Blick auf Kap. 5).	Plenum: Auftakt, Diskussion; EA, GA: Recherche, Textanalyse
2 Std. Teilkapitel B	mit dem Humanitätsideal verbundene Probleme erfassen einen literarischen Text erschließen pragmatische Texte erschließen und diskutieren/erörtern	I. Kertész: *Der Spurensucher* A. E. Hohler: *Goethes Weimar hat Buchenwald nicht verhindert* R. Bucheli: *Kehren wir zu Mozart zurück*	Aufgabe 6 ließe sich auch schriftlich als Erörterung bearbeiten, insbesondere wenn eine Bearbeitung von Teilkapitel C nicht geplant ist.	Plenum: Auftakt, Diskussion, Bewertung des Literaturstreits; EA, PA: Textbeschreibung und -analyse mit Nachbesprechung im Plenum
2 Std. Teilkapitel C	über die Aufgaben der Kunst (Literatur) nachdenken literarische Text erschließen kreativ medial arbeiten	G. Büchner: *Woyzeck* B. Brecht: *Der Schriftsteller*	Als Hinführung zum „Woyzeck" könnte auch ein (Kurz-)Referat sinnvoll sein. Die Plus-Aufgabe 3 ließe sich zu einem kleinen Filmprojekt erweitern.	Plenum: Auftakt, Diskussion EA, PA: Textbeschreibung und -analyse GA: Ideen zur filmischen Umsetzung
1 Std. Mein Wissen sichern und anwenden	den Zusammenhang von Buchenwald und Weimar erschließen Aufgaben der Literatur untersuchen literarische Werke aspektbezogen vergleichen	B. Brecht: *Denn wovon lebt der Mensch*	Über Aufgabe 3 ist auch eine umfangreichere, intensivere Rückbindung an die „Iphigenie" möglich.	EA mit anschließendem UG

EA = Einzelarbeit **GA** = Gruppenarbeit **HA** = Hausaufgabe **PA** = Partnerarbeit **UG** = Unterrichtsgespräch

4 Das Humanitätsideal als Problem

Mein Lernweg

A Die Rezeption der „Iphigenie"
Reaktionen auf Dramenaussagen vergleichen

B Der Züricher Literaturstreit
Sich zu einem literaturtheoretischen Problem positionieren

C „Es ist ein gutes Wort"
Gesellschaftliche Wirkungen der Literatur reflektieren

Max Pechstein (1881–1955): *Und führe uns nicht in Versuchung* (Holzschnitt, 1921)

Artothek (Christie's Images Ltd), Spardorf / © 2019 Pechstein Hamburg / Tökendorf [Max Pechstein: Und führe uns nicht in Versuchung]

Immanuel Kant: Der kategorische Imperativ (1785)

Handle nur nach derjenigen Maxime, durch die du zugleich wollen kannst, dass sie ein allgemeines Gesetz werde.

Aus: Immanuel Kant: Grundlegung zur Metaphysik der Sitten. Riga: Johann Friedrich Hartknoch 1786, S. 52

131 **1** **Beziehen Sie dieses Bild auf den Titel des Kapitels: Welche Probleme können mit einem Humanitätsideal verbunden sein?**

132 **2** **Erklären Sie den kategorischen Imperativ in Ihren eigenen Worten.**

132 **3** **„Das Gute – dieser Satz steht fest – ist stets das Böse, was man lässt!" (Wilhelm Busch) Diese humorvolle Bestimmung des Guten kann durchaus als modern verstanden werden. Erläutern Sie diese These.**

132 ! **4** **Diskutieren Sie gemeinsam, worin gutes Handeln (bzw. Gutsein) heute besteht.**

A Die Rezeption der „Iphigenie"

Reaktionen auf Dramenaussagen vergleichen

Iphigenie auf Tauris am Deutschen Theater in Berlin 2016, Inszenierung: Ivan Panteleev

ddp images GmbH (Steffens), Hamburg

131 **1** Formulieren Sie spontane Assoziationen zum Szenenbild aus Ivan Panteleevs Bearbeitung des „Iphigenie"-Stoffs.

Christine Wahl: Heraus in eure Schatten, rege Wipfel (2016)

KV 3

Fast ein Hörstück: Ivan Panteleev inszeniert „Iphigenie auf Tauris" am Deutschen Theater Berlin.

Klein und schmal steht Iphigenie im Deutschen Theater auf einem schlichten Podest und hadert: Einerseits würde sich diese junge Frau im knielangen weißen Kleid ihren taurischen Gastgebern da unten ja gern erkenntlich zeigen. Schließlich sollte sie zu grauen mythischen Vorzeiten, im Trojanischen Krieg, von ihrem Vater Agamemnon der griechischen Jagdgöttin Artemis (beziehungsweise ihrem römischen Äquivalent Diana) geopfert werden.

Diana hatte sie aber letztlich gerettet und statt in den Hades eben auf die Insel Tauris verpflanzt, die hier, in Ivan Panteleevs Goethe-Inszenierung, an eine abstrakte, zeitlos-zeitgenössische Baustelle erinnert, auf der die Menschheit seit Urzeiten bei ihrer Sisyphos-Arbeit an der eigenen Humanität versagt.

Aber der Reihe nach. Gerade steigt also der Taurer-König Thoas – in Oliver Stokowskis Darstellung ein früh resignierter, defensiver Mann – über eine handelsübliche Leiter zu Iphigenie nach oben aufs Podest, um ihr einen Heiratsantrag zu machen. Dass die sich stattdessen zurück nach Griechenland sehnt, kann Thoas derart schwer verkraften, dass er umgehend eine längst abgeschaffte blutrünstige Tradition wieder einzuführen droht: Jeder fremde Ankömmling soll ab sofort wieder auf dem Altar der Diana geopfert werden. Praktischerweise sind auch zwei junge Männer eingetroffen, an denen sich das Exempel prächtig statuieren lässt. Dass es sich um Iphigenies Bruder, den von den Erinnyen verfolgten Muttermörder Orest (Moritz Grove), und dessen Freund Pylades (Camill Jammal) handelt, wird sowohl den Geschwistern als auch dem Rest des dramatischen Personals selbstredend erst im Verlauf der Handlung klar. Denn die ist schließlich nur der Vorwand für ausgiebige dialektische Dialoge über Schicksals- und Schuld-, Macht- und Ermächtigungs-, mithin also die Menschheitsfragen schlechthin.

Theodor W. Adorno war nicht der Einzige, der das „Iphigenie"-Drama im besten Sinne für „inkommensurabel" hielt. Die Agamemnon-Tochter, vermeintlich auf der „Barbaren"-Insel gestrandet, blickt ja als Spross des fluchbeladenen Tantaliden-Geschlechts ihrerseits auf eine Familiengeschichte zurück, für die „barbarisch" gar kein Ausdruck ist. So hatte ihr Großvater Atreus, um nur ein Beispiel aus der Blutrünstigkeitssaga zu nennen, einst seine Neffen getötet und sie ihrem Vater, dem eigenen Bruder, zum Abendmahl vorgesetzt. Iphigenie obliegt es nun in diesem Schlüsselstück der deutschen Klassik, den Sippen-Fluch zu

brechen und gleichsam die Ehre des Menschen als vernunftbegabtes, human emanzipiertes Wesen zu retten.
Da es der Dichtung zum Trotz aber mit der Humanität de facto ja nicht so wahnsinnig weit her und Panteleev nicht der Einzige ist, der am klassischen Ideal berechtigte Realo-Zweifel hegt, hat Johannes Schütz für diese „Iphigenie auf Tauris" einen vollständig schwarzen Bühnenkasten entworfen, den die Schauspieler zu Beginn von der ersten Zuschauerreihe aus betreten. In schwarzen Arbeitsoveralls und mit weißen Farbeimern und Malerrollen ausgestattet, übertünchen sie die Düsternis ebenso emsig wie ziellos-fahrig mit einem Weiß, das gar nicht erst so tut, als wäre es in der Lage, irgendwie strahlend und makellos zu wirken.
Diese erste Amtshandlung wird die äußerlich spektakulärste des kompletten Abends bleiben: Panteleevs Zugriff ist szenisch so minimalistisch, dass man fast von einem Hörstück sprechen könnte. Er versucht, der Inkommensurabilität vor allem durch genaue Textarbeit gerecht zu werden, die Interpretationsschnellschüsse wohltuend vermeidet, Widersprüche aushält und den klassischen hohen Ton gegenwartsdurchlässig macht, ohne ihn zu banalisieren. Das ist natürlich anspruchsvoll und als Versuch entsprechend selten geworden; nicht nur im Theater. Wenn die Schauspieler also, was sie hier mitunter durchaus tun, an diesem Anspruch scheitern, tun sie das auf ungleich höherem Niveau als an den vielen (Kommensurabilitäts-)Abenden, die man sonst gern zu sehen bekommt.
Am bemerkenswertesten sind die beiden Schauspielerinnen des Abends: Barbara Schnitzler gelingt mindestens in ihren ersten Minuten als Thoas-Vertrautem Arkas eine bestechende Klarheit und Sachlichkeit. Und Kathleen Morgeneyer schafft es als Iphigenie tatsächlich über weite Strecken, den klassischen Pathos-Ton in eine zeitlose Gegenwärtigkeit zu wenden, die zeigt, was dieser Klassiker heute im Idealfall sein kann: ein dialektisches Denkspiel.

Christine Wahl: Heraus in eure Schatten, rege Wipfel. Fast ein Hörstück: Ivan Panteleev inszeniert „Iphigenie auf Tauris" am Deutschen Theater Berlin. (15.10.2016) Unter: https://www.tagesspiegel.de/kultur/deutsches-theater-berlin-iphigenie-auf-tauris-heraus-in-eure-schatten-rege-wipfel/14692940.html (Zugriff 21.03.2019, gek.)

2 Klären Sie mithilfe des Textes und eines Fremdwörterbuchs, was mit dem Begriff „Inkommensurabilität" bzw. „inkommensurabel" gemeint ist.

Das Wort bedeutet hier „Unverträglichkeit, Unvereinbarkeit" bzw. „unverträglich, unvereinbar". Gemeint ist, dass Thoas allein wahre Humanität zeigt, weil er von seinem Handeln nicht zugleich auch profitiert. Außerdem ermöglicht erst seine edle Tat die Entsühnung Iphigenies. Es ist also nicht zuerst und ausschließlich Iphigenie, die „die Ehre des Menschen als vernunftbegabtes, human emanzipiertes Wesen" rettet.

3 Stellen Sie dar, wie Ivan Panteleevs Inszenierung der „Inkommensurabilität" des Stücks gerecht werden will.

Zu nennen ist hier zum einen das schwarze Bühnenbild, das mit einem Weiß übertüncht wird, „das gar nicht erst so tut, als wäre es in der Lage, irgendwie strahlend und makellos zu wirken". Zum anderen versuche Panteleev laut Christine Wahl der Inkommensurabilität durch genaue Textarbeit gerecht zu werden, die das Stück zum „dialektischen Denkspiel" werden lasse.

Georg Wilhelm Friedrich Hegel: Vorlesungen über Ästhetik (1818)

Doch wir brauchen uns nach einem vollständigen Beispiel der Umwandlung solcher bloß äußerlichen Göttermaschinerie in Subjektives, in Freiheit und sittliche Schönheit, so weit nicht umzusehen. Goethe hat in seiner Iphigenie auf Tauris das bewunderungswürdigste und schönste, was in dieser Rücksicht möglich ist, geleistet. Bei Euripides raubt Orest mit Iphigenien das Bild der Diana. Dies ist nichts als ein Diebstahl. Thoas kommt herzu und gibt den Befehl, sie zu verfolgen und das Bildnis der Göttin ihnen abzunehmen, bis dann am Ende in ganz prosaischer Weise Athene auftritt und dem Thoas inne zu halten befiehlt, da sie ohnehin Orest schon dem Poseidon empfohlen und ihr zu lieb dieser ihn weit in's Meer hinausgebracht habe. Thoas gehorcht sogleich, indem er auf die Ermahnung der Göttin erwidert: (V. 1442 und 43) „Herrin Athene, wer der Götter Worten, sie hörend, nicht gehorcht, ist nicht rechten Sinnes. Denn wie wär' es mit den mächtigen Göttern zu streiten schön."

Wir sehen in diesem Verhältnis nichts als einen trocknen äußerlichen Befehl von Athene, ein ebenso inhaltsloses bloßes Gehorchen von Thoas' Seite. Bei Goethe dagegen wird Iphigenie zur Göttin und vertraut der Wahrheit in ihr selbst, in des Menschen Brust. In diesem Sinne tritt sie zu Thoas und sagt:

„Hat denn zur unerhörten Tat der Mann
Allein das Recht? drückt denn Unmögliches
Nur Er an die gewalt'ge Heldenbrust?"

Was bei Euripides der Befehl Athenes zu Wege bringt, die Umkehrung des Thoas, sucht Goethes Iphigenie durch tiefe Empfindungen und Vorstellungen, welche sie ihm entgegenhält, zu bewirken und bewirkt sie in der Tat. [...] Des Bildes der Göttin bedarf sie nicht und kann sich ohne List und Betrug entfernen, indem Goethe mit unendlicher Schönheit den zweideutigen Götterspruch:

„Bringst du die Schwester, die an Tauris Ufer
Im Heiligtume wider Willen bleibt,
Nach Griechenland; so löset sich der Fluch" –

in menschlicher versöhnender Weise dahin auslegt, dass die reine heilige Iphigenie, die Schwester, das Götterbild und die Schützerin des Hauses sei.

„Schön und herrlich zeigt sich mir
Der Göttin Rat"

sagt Orest zu Thoas und Iphigenien;

„Gleich einem heilgen Bilde
Daran der Stadt unwandelbar Geschick
Durch ein geheimes Götterwort gebannt ist,
Nahm sie dich weg, dich Schützerin des Hauses;
Bewahrte dich in einer heilgen Stille
Zum Segen deines Bruders und der Deinen,
Da alle Rettung aus der weiten Erde
Verloren schien, gibst du uns Alles wieder."

In dieser heilenden versöhnenden Weise hat Iphigenie sich durch die Reinheit und sittliche Schönheit ihres innigen Gemüts schon früher in Betreff auf Orestes bewährt. Ihr Erkennen versetzt ihn zwar, der keinen Glauben an Frieden mehr in seinem zerrissenen Gemüte hegt, in Raserei, aber die reine Liebe der Schwester heilt ihn ebenso sehr von aller Qual der inneren Furien:

„In deinen Armen fasste
Das Übel mich in allen seinen Klauen
Zum letzten Mal und schüttelte das Mark
Entsetzlich mir zusammen; dann entfloh's
Wie eine Schlange zu der Höhle.
Neu genieß' ich nun durch dich das weite Licht
Des Tages."

In dieser wie in jeder anderen Rücksicht ist die tiefe Schönheit des Gedichts nicht genug zu bewundern.

Georg Wilhelm Friedrich Hegel: Vorlesungen über die Aesthetik. Erster Band. Hrsg. v. Heinrich Gustav Hotho. Duncker und Humblot Berlin 1835. Unter: http://www.zbk-online.de/texte/A1663-001.htm (Zugriff 20.03.2019, gek.)

4 Stellen Sie dar, wie Hegel die Figur der Iphigenie deutet: Welche Wandlung vollzieht Iphigenie aus seiner Sicht?

Laut Hegel stelle Goethe die Wandlung Iphigenies zur Göttin dar („Bei Goethe dagegen wird Iphigenie zur Göttin"), was sich zum einen darin zeige, dass „die reine heilige Iphigenie, die Schwester, das Götterbild und die Schützerin des Hauses sei"; zum anderen habe sich Iphigenies Heiligkeit darin gezeigt, dass ihre „reine Liebe" den Bruder von seiner Raserei befreit habe.

Ludwig Tieck: Goethe und seine Zeit (1848)

Wollten wir die Schönheit des Gemüts einem zeigen, der sie noch nie geschaut hat, so dürften wir ihm nur die Iphigenie nennen. Was dieses Gedicht so hoch stellt und mit süßem Reiz durchdringt, ist eben, dass es nicht griechisch, sondern ganz deutsch und goethisch ist. Der Anklang der Vorzeit, die Mythe und das Fremde ist eben nur benutzt, um das Eigentümliche zu geben. Eine Nation, die ein solches Werk wahrhaft fühlt, ohne Heuchelei und ohne der Mode zu folgen, braucht nicht geringe von sich zu denken.
Indem das Werk ganz auf dem Gemüte ruht, Entschluss und Entwicklung aus diesem hervorgeht und ein Unsichtbares darstellt, das gleichsam aller Tat und Handlung entgegengesetzt ist, so ist es eben durch seine größte Schönheit undramatisch, wenn auch manche Szenen von dramatischer Wirkung sind. [...]
Was nun den Dichter ebenfalls charakterisiert, so wie jenes Ergreifen des Nächsten und Unmittelbarsten, um uns dieses in Dialog oder dramatischer Form vorzuführen, ist ein begleitender Hauptgedanke, der seine Werke gleichsam umfasst und uns zwar nicht die innere Deutung, aber doch einen Faden für das äußere Verständnis an die Hand gibt. Mehr oder minder, vieldeutiger oder einfacher, bezieht sich diese äußere Umgebung auf alle Teile des Gedichts und das innere Verständnis desselben. Die Wahrheitsliebe der Iphigenia, der Lebensüberdruss Werthers, [...] ja, vom Faust bis zum tiefsten Werk hinab, ist ein lenkender, ausgesprochener Gedanke in jedem sichtbar, [...] und an der eigentümlichen Art ihn zu gebrauchen, zu entwickeln, mit den übrigen Gedanken zu verbinden, erkennt derjenige, der Geister unterscheiden kann, sogleich unseren Goethe.

Ludwig Tieck: Kritische Schriften. Zweiter Band. Leipzig: Brockhaus 1848. S. 243–244.

5 Benennen Sie, wodurch sich laut Tieck die Dichtungen Goethes auszeichnen.

In allen Werken Goethes finde sich laut Tieck, „[m]ehr oder minder, vieldeutiger oder einfacher", ein „begleitender Hauptgedanke"; bei der „Iphigenie" sei das die „Wahrheitsliebe der Iphigenia".

6 Fassen Sie zusammen, was Hegel und Tieck jeweils an dem Schauspiel loben.

Hegel	Tieck
Das Stück besitze eine „tiefe Schönheit", weil es „die Reinheit und sittliche Schönheit" des Gemüts Iphigenies darstelle und die Äußerlichkeiten der „Göttermaschinerie" „in Subjektives, in Freiheit und sittliche Schönheit" umwandle.	*Das Stück zeige Schönheit des Gemüts, aus dem „Entschluss und Entwicklung" hervorgingen; undramatisch sei es wegen „seiner größten Schönheit".*

7 Benennen und erklären Sie den Bruch in der Wahrnehmung des „Iphigenie"-Stücks zwischen der ersten Hälfte der 19. Jahrhunderts (wie etwa bei Hegel und Tieck) und heute.

Heute ist offensichtlich geworden, dass es „mit der Humanität de facto ja nicht so wahnsinnig weit her" ist, es sind, so Christine Wahl, „am klassischen Ideal berechtigte Realo-Zweifel" aufgekommen. Grund hierfür ist nicht zuletzt der Holocaust, den vor allem Adorno bei seinen Aussagen zum Stück im Sinn gehabt hat.

8 *Die „Iphigenie" kann auch als mögliche Reaktion auf den Holocaust gelesen werden.* – Erörtern Sie diese These.

Die „Iphigenie" kann natürlich keine direkte Reaktion auf den Holocaust sein. Das Stück zeigt exemplarisch, was Humanität leisten kann. Iphigenies Humanität hat immerhin den Tantalidenfluch, für den, wie es in der Rezension von Christine Wahl heißt, „,barbarisch' gar kein Ausdruck ist", gebannt, d. h. dass Iphigenies Humanität schon einmal erfolgreich war. Ganz im Sinne Herders wäre dann zu bemerken, dass das Ringen um Humanität, wie es die „Iphigenie" zeigt, immer noch besser ist, als sich gleich der Barbarei zu ergeben.

Der Züricher Literaturstreit

Sich zu einem literaturtheoretischen Problem positionieren

Imre Kertész: Der Spurensucher (1977)

Imre Kertész (1929–2016) bei seinem Besuch der Gedenktstätte Buchenwald im Januar 2003

ddp images GmbH (Jens-Ulrich Koch), Hamburg

Der „Abgesandte" besucht gemeinsam mit seiner Frau die KZ-Gedenkstätte Buchenwald, wo er selbst inhaftiert gewesen ist. Danach kommen sie zurück nach Weimar …

Stoßzeit.

Sie achteten nicht mehr darauf, wohin sie gingen.

Auf den Gehsteigen wurde die Menschenmasse immer größer; sie ließen sich im zunehmenden Fußgängerverkehr herumstoßen, eine entgegenkommende Gruppe trennte sie voneinander, und als sich der Abgesandte durch sie hindurchgekämpft hatte, konnte er seine Frau nirgends mehr sehen. Endlich erblickte der sie doch, einige Schritte hinter ihm zurückgeblieben stand sie in den Auslagen einer Buchhandlung, die auf Drehgestellen selbst noch auf dem Bürgersteig ausgestellt waren, in der Hand ein Buch mit altmodischem Einband.

„Iphigenie auf Tauris", lächelte sie ihn an, während sie sich bückte, um das Buch in eine der Kisten zurückzulegen, aus der sie es offenbar vorher genommen hatte.

„Sich als Klassizismus ausgebende, geschwätzige, wertlose Romantik", winkte der Abgesandte ab.

„Ich weiß nicht", sagte seine Frau. „In meiner Studienzeit mochte ich es irgendwie gern. Inzwischen habe ich bereits vergessen, wovon es handelt."

„Besser so", sagte der Abgesandte. „Gereimter Lug und Trug."

„Ich habe es nicht so in Erinnerung", protestierte die Frau. „Es gab darin eine Liebe …" Sie dachte ein wenig nach. „Ein Mann verzichtete auf ein Mädchen, das er liebt", sagte sie dann. „Für höhere ideale", fügte sie hinzu.

„Sicher", sagte ihr Mann. „Solche groben Klötze lassen sich in den Königsdramen immer veredeln."

„Jetzt erinnere ich mich", die Stimme der Frau wurde lebhaft. „Sie war Priesterin, in Wahrheit aber die Gefangene des barbarischen Königs auf einer Halbinsel."

„Auf Tauris", murmelte der Abgesandte.

„Auf welche Weise ist sie dorthin gekommen?", fragte seine Frau.

„Auf die, dass der Papa, der große Admiral, um günstigere Winde für die Flotte zu erhalten, das geliebte Töchterchen der Göttin opfern wollte. Die Göttin aber katapultierte das Mädchen aus dem bereits herrlich prasselnden Feuer direkt nach Tauris."

„Eine grässliche Geschichte", sagte die Frau.

„Ziemlich deprimierend", stimmte ihr Mann zu. „Dort erwartete sie dann ein noch grausamere Schicksal: Im Dienst einer barbarischen Gottheit musste sie während ruchloser Zeremonien die Kehlen von Männern durchschneiden, die von den Inselbewohnern gefangengenommen wurden."

„Ja, Ja, aber wie ich mich erinnere, gelang es ihr, das Ritual zu mildern: Sie brachte den König dazu, die Gefangenen nur symbolisch zu töten, nicht tatsächlich."

„Nun freilich", sagte der Abgesandte zerstreut.

„Doch ich mochte den Höhepunkt der Geschichte", fuhr seine Frau fort, „die Szene, als ihr Bruder kommt, um sie vom König zu befreien und heimzuführen. Heimlich landet eine kleine Truppe an der Küste, Bruder und Schwester erkennen einander … Wenn ich mich recht erinnere, will das Mädchen sogar nicht einmal mit ihnen gehen, weil sie es für unwürdig erachtet, dass sie den König heimlich und verstohlen verlässt …"

„Eine Detailfrage", sagte der Mann achselzuckend. „Das Wesentliche ist, dass der König von der Grenzverletzung Kenntnis kriegt und sie mit einem Kommando an der Küste überrascht werden. Außerdem wollten sie auch noch stehlen."

„Sie konnten das nicht als Diebstahl ansehen: sie wollten ihren eigenen Andachtsgegenstand, das Bildnis der Göttin, an einen würdigen Ort bringen."

„Im Sinn der örtlichen Rechtsverhältnisse stellte sich das jedenfalls als Diebstahl dar", stellte der Mann fest.

„Gut", räumte seine Frau ein. „Der König hätte also doppelten Grund zur Rache gehabt. Stattdessen hat er sich den Argumenten der Priesterin langsam gebeugt und nicht nur der Rache, sondern auch seiner Liebe

entsagt. Er lässt sie gehen, ja, er beschenkt sie sogar noch dazu." Und da der Mann schwieg, fragte sie: „Hat es sich so zugetragen?"
„Jedenfalls will man es uns so glauben machen", antwortete er. Der Verkehr um sie herum war inzwischen immer mehr angewachsen, sie mussten Leuten ausweichen und Leute wichen ihnen aus, bis sich die Straßen auf einmal verbreiterten und sie sich auf dem schon bekannten Platz fanden. Im Gewimmel von hastenden Menschen und Fahrzeugen trugen ihre Beine sie unwillkürlich in den Schutz der Konditoreiterrasse; in einer behaglichen Ecke war gerade, einer Loge gleich, ein Tisch mit zwei leichten Armstühlen und Blick auf den Bürgersteig sowie den etwas weiter entfernten, eintönig dahinplätschernden, kegelförmigen Springbrunnen frei; dort nahmen sie Platz.
„Wie hat es sich denn zugetragen?", fragte die Frau.
„Anders", sagte der Mann, zündete sich eine Zigarette an und bestellte dann bei der gerade herantretenden, mit einem weißen Häubchen geschmückten Kellnerin eisgekühlte Getränke.
„Wie?", fragte die Frau noch einmal.
„Wie ...?" Der Abgesandte schien einen Moment zu zögern. „Nun gut, wenn es dich dermaßen interessiert", sagt er dann. „Also: das Kommando umzingelte die Männer, griff sie an, entwaffnete und fesselte sie. Dann schändeten sie der Reihe nach die Priesterin vor den Augen der Männer; darauf schlachteten sie die Männer der Reihe nach vor den Augen der Priesterin. Danach blickten sie zum König: Dieser wartete noch so lange, bis er auf dem Antlitz der Priesterin die Apathie eines nicht mehr steigerungsfähigen Elends beobachtete; sodann winkte er gnädig, und seine Spezialtruppe gab am Ende auch der Frau den Gnadenstoß ... Ja, und dass ich es nicht vergesse: Am Abend gingen dann alle ins Theater, um sich anzuschauen, wie der König der Barbaren auf der Bühne Gnade walten lässt, während sie, in den Logen verborgen, sich kräftig ins Fäustchen lachten."
Sie schwiegen.
„Du bist ungerecht", sagte seine Frau nach einer Weile mit leiser und müde klingender Stimme.
„Gewiss", antwortete der Abgesandte, als schäme er sich ein wenig. „Ich kann nicht gerecht sein", setzte er, schon etwas zerstreuter, hinzu.

Imre Kertész: Die englische Flagge. Erzählungen. Übers. v. György Buda u. Kristin Schwamm Rowohlt Hamburg 1999. S. 123–126.

1 Stellen Sie dar, wie der Abgesandte den „Iphigenie"-Stoff bewertet.

Der Abgesandte meint, mit dem Stoff werde versucht, den Menschen etwas vorzumachen. Tatsächlich sei die Realität aber sehr viel brutaler als im Stück gezeigt (nicht nur mitleidslos mit dem Opfern, sondern geradezu sadistisch).

132 **2** Diskutieren Sie, warum sich der Abgesandte am Ende offenbar etwas schämt.

August E. Hohler: Goethes Weimar hat Buchenwald nicht verhindert. Bemerkungen zu einem Streit über moderne Literatur (1967)

Es kommt hierzulande nicht häufig vor, dass Äußerungen eines Literaturwissenschaftlers öffentliches Aufsehen erregen und die Gemüter bewegen. *Wenn* es einmal geschieht, sollten wir eigentlich froh darüber sein; denn Literatur ist nicht nur eine Angelegenheit von Hochschulseminarien, gelehrten Zirkeln und beschaulichen Feierabenden.
Insofern verdient *Prof. Dr. Emil Staiger* unseren Dank: seine Rede über „Literatur und Öffentlichkeit" hat eine Diskussion ausgelöst, die grundsätzliche Fragen der heutigen Gesellschaft berührt. Die Art freilich, wie er mit moderner Literatur ins Gericht ging, forderte neben lebhafter Zustimmung begreiflicherweise heftigen Widerspruch heraus, auch in unserem Blatt. Als prominentester Kritiker trat *Max Frisch* auf den Plan, und er verfocht die Sache des heutigen Schriftstellers so engagiert wie der Professor die Forderung nach „klassischem Maß". [...]
Weimar, ohne Zweifel, war ein Hort der Kultur, aber diese Kultur war nur für wenige da: für eine kleine Elite, für die happy few der damaligen Zeit, für einen erlauchten Kreis, für die Mächtigen und besitzenden. Mag wohl sein, dass diese Kultur *„die reinste herrlichste Menschheit"* im Auge hatte; den konkreten Menschen in seiner höchst realen Not, den hungernden, unwissenden, unterdrückten Menschen erreichte sie nicht. Humanität als bloßes Bildungsideal war damals, und auch später, für die überwältigende Mehrheit keine wirkliche Hilfe; und selbst unter den Privilegierten, welche solch humanistischer Bildung teilhaftig wurden, war sie keine Garantie für menschliches Verhalten. Goethes Weimar, man weiß es, hat das KZ-Buchenwald, das

gute hundert Jahre später in seiner unmittelbaren Umgebung errichtet wurde, nicht verhindert. Das ist möglicherweise kein Einwand gegen Goethe, wohl aber ein Vorbehalt gegenüber seiner absoluten Autorität – gegenüber der Autorität jeder „großen Kultur", auf deren *„Grundriss immer wieder das Ungeheuerlichste möglich geworden ist, Menschenschändung jeder Art und jeden Ausmaßes"*, um es nochmals mit Max Frisch zu sagen.

Was also meint Frisch?

Dass die moderne Literatur angesichts solcher Zusammenhänge, angesichts bitterer Erfahrungen (deren bitterste uns Schweizern freilich erspart geblieben sind) nicht wohl positiv nach altbewährten Mustern sein kann. Dass die besten der heutigen Schriftsteller in einer gründlich veränderten Welt, deren Gefahren *und* Chancen ins Ungemessene gestiegen sind, gleichwohl nach neuen „Grundrissen" suchen, auf denen ein tragfähiger, umfassender Humanismus errichtet werden könnte. Dass ihnen die private Unsittlichkeit des Menschen, um die sich Traditionalisten und konservative Kulturkritiker eifrig kümmern, nicht ganz so sehr am Herzen liegt wie die öffentliche Unsittlichkeit der Staaten, der Mächtigen unserer Zeit, die noch immer Gewalt und Krieg für unentbehrlich halten und nunmehr durchaus in der Lage sind, den gesamten Erdball in die Luft zu sprengen.

So, scheint mir, meint es Max Frisch; so meinten es Brecht und Camus; so meinten es wohl auch Böll und Beckett, was immer sie im Übrigen trennen mag. Sie suchen (unter Trümmern, zugegebenermaßen) nach einem möglichen Menschen, nach einer möglichen Menschlichkeit, nach einer möglichen Zukunft. Ob sie finden, wonach sie suchen, hängt nicht allein von ihnen ab.

Emil Staigers Attacke und Max Frischs Verteidigung, so hieß es am Anfang, hätten symptomatischen Charakter; sie stünden für gegensätzliche Geisteshaltungen, die allenthalben anzutreffen seien. Beide, der Wissenschaftler und der Schriftsteller, stehen wie wir alle in einer Welt gegenläufiger Tendenzen, die uns aufs Höchste verwirrt. Die zivilisatorischen Errungenschaften der letzten Jahrzehnte sind erstaunlich; die Fortschritte der Medizin, der Biologie, der Technik übertreffen alle Erwartungen; das Glück der Menschen ist zum Greifen nahe – und gleichzeitig gefährdet wie niemals zuvor, in sämtlichen Bereichen des Lebens.

Weil wir alles verstehen, nur nicht den Menschen, auf den alles ankommt.

In solcher Situation scheint mir die Sorge um das Erbe der Vergangenheit letztlich weniger entscheidend als die schonungslose Analyse der Gegenwart und die nüchterne Sorge um die Zukunft.

August E. Hohler: Goethes Weimar hat Buchenwald nicht verhindert. Bemerkungen zu einem Streit über moderne Literatur (1967). In: Sprache im technischen Zeitalter. Hrsg. v. Walter Höllerer. Heft Nr. 22/1967, Kohlhammer Stuttgart, S. 136 f.

3 Benennen Sie den äußeren Zusammenhang, der zwischen Goethes Weimar und dem Konzentrationslager Buchenwald besteht.

Das Konzentrationslager Buchenwald wurde etwas mehr als hundert Jahre später in unmittelbarer Nähe zu dem Ort gebaut, dessen Name für eine nach Humanität strebende Ästhetik steht. Tatsächlich liegt das Lager, indem über eine Viertelmillion Menschen inhaftiert waren und über 50 000 Menschen starben, auf dem heutigen Stadtgebiet Weimars.

132 **4** Erläutern Sie, in welchem argumentativen Zusammenhang in Hohlers Text das Konzentrationslager Buchenwald mit dem Kunstprogramm der Weimarer Klassik steht.

5 Markieren Sie im Text von Hohler die Stellen, die die Ziele der Texte beschreiben, die moderne Dichter verfolgen.

132 ! **6** Diskutieren Sie, welche Aufgabe nach Ihrer Ansicht die moderne Literatur hat bzw. haben sollte.

Roman Bucheli: Kehren wir zu Mozart zurück (2016)

Es begann mit Mozart und endete mit Mozart. Dazwischen aber stand eine Rede, die es in sich hatte. Sie demontierte mit einem Schlag die Reputation des Redners – und führte zu einem paradoxen Ergebnis. Mit guten Absichten hatte der auf dem Höhepunkt seines Ruhms stehende Literaturwissenschaftler Emil Staiger am 17. Dezember 1966 die Bühne des Zürcher Schauspielhauses betreten. Er nahm an diesem Tag den Zürcher Literaturpreis entgegen und bedankte sich für die Auszeichnung mit der Rede „Literatur und Öffentlichkeit".

Darin sollte das Wahre, Schöne und Gute gegen eine ansturmende neue, junge, wilde Literatur verteidigt werden. Der Redner indessen schoss sich in den Fuß, und seine ehrenwerte Sache nahm einen Schaden, der größer war als jener, den er zu verhindern getrachtet hatte. Doch letztlich war es auch zum Vorteil ebendieser Kunst, von der Emil Staiger vorgab, Schaden abwenden zu müssen. Denn unfreiwillig beschleunigte er einen Wandel, gegen den er ankämpfte.

Staiger stellte in seiner Rede zwei Auffassungen der Literatur einander gegenüber, die in seiner Darstellung beide zu Karikaturen ihrer selbst verzerrt waren: Auf der einen Seite brachte er Schiller in Stellung. Ihm sei es gelungen, „die aller Dienstbarkeit enthobene Souveränität des Schönen mit ihrem für die Menschheit als solche unentbehrlichen Sinn in Einklang zu bringen“. Diesem heroischen Kunstverständnis stellte er jene „über die ganze westliche Welt verbreitete Legion von Dichtern“ gegenüber, „deren Lebensberuf es ist, im Scheußlichen und Gemeinen zu wühlen“. [...]

Emil Staiger kam zum Schluss, und hinter der Bühne machte sich das Streichquartett bereit, um noch einmal aufzuspielen. Der Redner gab mit seinem letzten Satz die Losung für den Tag, aber auch für seine Zeit aus: „Wir kehren damit zu Mozart zurück“ und zu „dem unverweslichen Zauber seiner Musik.“ [...]

Emil Staigers Rede erschien im vollen Wortlaut drei Tage später gedruckt in der NZZ. Da war die Kontroverse um seine Polemik bereits entbrannt. Und am 24. Dezember veröffentlichte Max Frisch in der „Weltwoche“ unter dem Titel „Endlich darf man es wieder sagen“ seine Erwiderung auf Staiger, den er immerhin zu seinen Duz-Freunden zählte. Statt mit Mozart endete die Preisverleihung mit dem, was als Zürcher Literaturstreit in die Geschichte eingehen sollte.

Damit war nicht zu rechnen gewesen. Emil Staiger lief gewiss ahnungslos in dieses Verderben. Er zählte auf das Gewicht seiner Stimme. Er hatte den Streit nicht gesucht und auch nicht kommen sehen. Er hatte wohl lediglich wieder einmal einen Pflock einschlagen wollen. Das Ergebnis freilich war ganz gegenteiliger Art: Alle Pflöcke (oder jedenfalls viele) wurden danach ausgerissen.

Seiner selbst und seiner Sache so sicher war Emil Staiger auch darum, weil er wusste, nicht allein zu sein mit diesen Ansichten. Es gab Vorgänger, die ähnlich dachten und sprachen, und es folgenlos taten. Auch solche mit vergleichbarem Gewicht wie er, zum Beispiel Werner Weber, seit 1951 Feuilletonchef der NZZ. [...]

Unergründlich und eine offene Frage bleibt, warum der Streit sich erst an Emil Staiger entfachte. Vielleicht war die Zeit einfach reif, vielleicht war das Maß voll, Zufall aber war es gleichwohl nicht. Staiger hatte eine Grenze überschritten und einen fatalen Argwohn geweckt, indem er der von ihm verachteten Gegenwartsliteratur „Entartung“ vorwarf. Keiner hat die darin manifest gewordene Kontinuität scharfsinniger und dennoch wohlwollender analysiert als Peter Szondi.

In einem langen Brief an seinen einstigen Hochschullehrer und Doktorvater erwähnte Szondi einen Aufsatz Staigers aus dem Jahr 1933, in welchem dieser Verständnis für eine Liste der von den Nationalsozialisten verbotenen Bücher geäußert hatte. Szondi warf Staiger nun nicht dessen damalige Gesinnung vor, aber bedauerte es, dass er alsbald nur seine Haltung gegenüber dem Faschismus revidiert hatte, nicht aber auch seine ästhetischen Ansichten, die ihn doch offenkundig erst zu solchen Sympathien verleitet hatten.

Solche Denklinien waren mit verantwortlich für die Heftigkeit der Reaktionen auf Staigers Rede. Sie fiel außerdem in die Zeit, da in Deutschland mit Kurt Georg Kiesinger am 1. Dezember 1966 ein ehemaliges Mitglied der NSDAP zum Bundeskanzler gewählt worden war mit entsprechend vehementen Protesten vonseiten mancher Intellektuellen (Jaspers, Böll, Grass).

Emil Staiger hatte die Universität, die Bühne des städtischen Theaters und auch das Feuilleton als die letzten Bollwerke einer Kunst bewahren wollen, die unberührt von den Erscheinungen veränderter Lebenswelten und Zeiten, aber im Zeichen ewiger Werte stehen sollte. Mit seiner Rede jedoch brachen die Dämme, die er eigentlich zu errichten beabsichtigt hatte.

Ein für alle Mal hatte er die Frage klären wollen, welche Kunst allein Bestand habe und welches ihre Aufgabe nur sein könne. Seine Dankesrede aber entfachte diese Kontroversen erst richtig. Manches Feuilleton war bis zu diesem Tag ein Hort des Wahren, Schönen und Guten, wo die Kunstrichter ihres strengen Amtes walteten. Fortan wurde es zum Schauplatz, wo ästhetische Fragen stets neu verhandelt wurden und zugleich freier und offener über Kunst gestritten werden konnte.

Emil Staigers Rede indessen legte unfreiwillig den Grundstein für diese Kultur von Rede und Widerrede, die der Kunst alle Freiheiten ließ und jede Maßlosigkeit des Anspruchs. Sie holte aber die Kunst wie die Künstler aus den Sphären des Unberührbaren und Ewigen ins menschliche Maß zurück.

Unter: https://www.nzz.ch/feuilleton/der-zuercher-literaturstreit-vor-50-jahren-kehren-wir-zu-mozart-zurueck-ld.134653 (21.03.2019, gek.)

7 Stellen Sie dar, wie Bucheli den Ausbruch des Literaturstreits erklärt und bewertet.

132

„Es ist ein gutes Wort"

Gesellschaftliche Wirkungen der Literatur reflektieren

133 ! **1** Gibt es Bücher, die auf Ihr Leben bzw. Ihre Art zu leben Einfluss hatten? Berichten Sie davon.

Georg Büchner: Woyzeck (1837)

5 Der Hauptmann. Woyzeck.

Hauptmann auf einem Stuhl, Woyzeck rasiert ihn.

HAUPTMANN Woyzeck Er sieht immer so verhetzt aus. Ein guter Mensch tut das nicht, ein guter Mensch, der sein gutes Gewissen hat. – Red' Er doch was Woyzeck. Was ist heut für Wetter?

WOYZECK Schlimm, Herr Hauptmann, schlimm; Wind.

HAUPTMANN Ich spür's schon, s' ist so was Geschwindes draußen; so ein Wind macht mir den Effekt wie eine Maus. *Pfiffig.* Ich glaub' wir haben so was aus Süd-Nord.

WOYZECK Ja wohl, Herr Hauptmann.

HAUPTMANN Ha! ha! ha! Süd-Nord! Ha! Ha! Ha! O Er ist dumm, ganz abscheulich dumm. *Gerührt.* Woyzeck, Er ist ein guter Mensch, ein guter Mensch – aber *mit Würde* Woyzeck, Er hat keine Moral! Moral das ist wenn man moralisch ist, versteht Er. Es ist ein gutes Wort. Er hat ein Kind, ohne den Segen der Kirche, wie unser hochehrwürdiger Herr Garnisonsprediger sagt, ohne den Segen der Kirche, es ist nicht von mir.

WOYZECK Herr Hauptmann, der liebe Gott wird den armen Wurm nicht drum ansehn, ob das Amen drüber gesagt ist, eh' er gemacht wurde. Der Herr sprach: Lasset die Kindlein zu mir kommen.

HAUPTMANN Was sagt Er da? Was ist das für n'e kuriose Antwort? Er macht mich ganz konfus mit seiner Antwort. Wenn ich sag: Er, so mein ich Ihn, Ihn.

WOYZECK Wir arme Leut. Sehn Sie, Herr Hauptmann, Geld, Geld. Wer kein Geld hat. Da setz eimal einer seinsgleichen auf die Moral in die Welt. Man hat auch sein Fleisch und Blut. Unseins ist doch einmal unseelig in der und der andern Welt, ich glaub' wenn wir in Himmel kämen so müssten wir donnern helfen.

HAUPTMANN Woyzeck Er hat keine Tugend, Er ist kein tugendhafter Mensch.

8 Beim Doktor.

Woyzeck. Der Doktor.

DOKTOR Was erleb' ich Woyzeck? Ein Mann von Wort.

WOYZECK Was denn Herr Doktor?

DOKTOR Ich hab's gesehn Woyzeck; Er hat auf die Straß gepisst, an die Wand gepisst wie ein Hund. Und doch zwei Groschen täglich. Woyzeck das ist schlecht. Die Welt wird schlecht, sehr schlecht.

WOYZECK Aber Herr Doktor, wenn einem die Natur kommt.

DOKTOR Die Natur kommt, die Natur kommt! Die Natur! Hab' ich nicht nachgewiesen, dass der musculus constrictor vesicae dem Willen unterworfen ist? Die Natur! Woyzeck, der Mensch ist frei, in dem Menschen verklärt sich die Individualität zur Freiheit. Den Harn nicht halten können! *Schüttelt den Kopf, legt die Hände auf den Rücken und geht auf und ab.* Hat Er schon seine Erbsen gegessen, Woyzeck? – Es gibt eine Revolution in der Wissenschaft, ich sprenge sie in die Luft. Harnstoff 0,10, salzsaures Ammonium, Hyperoxydul.

WOYZECK Muss Er nicht wieder pissen? geh' Er eimal hinein und probir Er's.

WOYZECK Ich kann nit Herr Doktor.

Georg Büchner: Sämtliche Werke und Briefe. Historisch-kritische Ausgabe mit Kommentar. Bd. 1: Dichtungen und Übersetzungen. Mit Dokumentationen zur Stoffgeschichte. Hrsg. v. Werner R. Lehmann. Christian Wegner Verlag Hamburg 1967.

2 Beschreiben Sie die Wirkung der Figur Woyzeck auf Sie und stellen Sie dar, mit welchen Mitteln diese Wirkung erzielt wird.

Woyzeck wirkt hilflos und mitleiderregend. Diese Wirkung resultiert zunächst aus seiner äußeren Situation: Woyzeck ist einfacher Soldat, der sich als Versuchskaninchen missbrauchen lässt, um etwas Geld zu verdienen, und wird durch den Doktor und den Hauptmann ausgebeutet und schikaniert. Seine sozial schwache Position mit den damit einhergehenden fehlenden Handlungsmöglichkeiten und -perspektiven bildet sich dabei auch in der Sprache ab (restringierter Code, Anlehnung an die mündliche Umgangssprache).

133 ! **3** PLUS Der deutsche Regisseur Nuran David Calis hat 2013 den Woyzeck-Stoff in einem Film in das Berlin der Gegenwart transformiert. – Werden Sie selbst Regisseur und Drehbuchautor und entwickeln Sie Ideen, wie einer der beiden Textauszüge modern verfilmt werden könnte.

Szenenbild aus einem Puppentheater zu *Woyzeck*
Alamy stock photo (theatrepix), Abingdon, Oxon

Bertolt Brecht: [Der Schriftsteller] (1933)

Der vorliegende Auszug (in alter Rechtschreibung) stammt aus einer Parabel, die von Brecht selbst nicht betitelt worden ist. Allgemein wird der Text unter dem Titel „Der Schriftsteller“ zitiert.

[...]

Zu einem Mann, der sich längere Zeit unpäßlich fühlte und nun mit allen Anzeichen einer schweren Erkrankung daniederlag, wurde ein Arztgerufen, dem es in kürzester Zeit gelang, den Kranken und seine betrübten Angehörigen zu beruhigen und mit Hoffnung auf baldige Genesung zu erfüllen. Er nannte den Namen der Krankheit und bezeichnete den Fall als einen verhältnismäßig einfachen und vorübergehenden. Er gab genaue Anweisungen und verschrieb verschiedene Medikamente und scheute nicht die Mühe, selbst mehrere Male am Tage nach den Kranken zu sehen, und wurde so der willkommene Gast im Hause des Kranken. Die Krankheit des Mannes aber nahm zu, und er konnte bald nicht mehr einen Finger heben, so hatte das Fieber ihn geschwächt. Der Arzt aber redete vom Sommer, von Reisen, von der Zeit, wo der Kranke, wieder gesund, ein gutes Leben führen wird.

[...]

Bertolt Brecht: Gesammelte Werke. Schriften zur Literatur und Kunst. Bd. 4: Stücke. Suhrkamp Frankfurt/M. 1982.. S. 90 f.

4 Übertragen Sie das Bild des Arztes und des Kranken in der Parabel auf die Profession des Schriftstellers in seinem Verhältnis zur Gesellschaft. Welche Gegenposition wird im „Woyzeck“ sichtbar?

Dem Arzt entspricht auf der Sachebene der Schriftsteller, dem Kranken die Gesellschaft, d. h. dass der Arzt/Schriftsteller am Beginn der Parabel ein aus Brechts Sicht falsches Verhalten zeigt, wenn er den Kranken/die kranke Gesellschaft gleichsam gesundbeten will (beachtenswert ist hierbei, dass der Arzt/Schriftsteller wegen seiner Geschäftigkeit und scheinbaren Kompetenz sowie der günstigen Prognose zum gerngesehenen Gast wird). Büchner geht im „Woyzeck“ einen anderen Weg, indem er das Kranke offensichtlich macht und dadurch anprangert.

133 ! **5** Diskutieren Sie,
- ob Kunst im Allgemeinen und Literatur im Besonderen eine gesamtgesellschaftliche Wirkung entfalten können und
- wie realistisch das Konzept der Veredlung des Menschen durch das Schöne in der Kunst aus Ihrer Sicht ist. Beziehen Sie andere Ihnen bekannte Konzepte (Büchner, Brecht, ...) in die Diskussion ein.

Mein Wissen sichern und anwenden

1 Erläutern Sie, weshalb Goethes Weimar manchmal in den Kontext des Konzentrationslagers Buchenwald gestellt wird.

Die räumliche Nähe legt diese Verbindung nahe und führt zu der Frage, was Kunst leisten kann bzw. soll, denn Tatsache ist, dass der hohe Anspruch der Weimarer Klassik sich angesichts des Holocausts als wirkungslos bzw. unrealistisch erwiesen hat.

Bertolt Brecht: Denn wovon lebt der Mensch (1928)*

MAC: Ihr Herrn, die ihr uns lehrt, wie man brav leben
Und Sünd und Missetat vermeiden kann
Zuerst müßt ihr uns was zu fressen geben
Dann könnt ihr reden: damit fängt es an.
Ihr, die euren Wanst und unsre Bravheit liebt
Das eine wisset ein für allemal:
Wie ihr es immer dreht und wie ihr's immer schiebt
Erst kommt das Fressen, dann kommt die Moral.
Erst muß es möglich sein auch armen Leuten
Vom großen Brotlaib sich ihr Teil zu schneiden.
STIMME *hinter der Szene*: Denn wovon lebt der Mensch?
MAC: Denn wovon lebt der Mensch? Indem er stündlich
Den Menschen peinigt, auszieht, anfällt, abwürgt und frißt.
Nur dadurch lebt der Mensch, daß er so gründlich
Vergessen kann, daß er ein Mensch doch ist.
CHOR: Ihr Herren, bildet euch nur da nichts ein:
Der Mensch lebt nur von Missetat allein!

Bertolt Brecht: Gesammelte Werke. Schriften zur Literatur und Kunst. Bd. 2: Stücke. Suhrkamp Frankfurt/M. 1982. S. 457 f.

*Text in alter Rechtschreibung

2 Erläutern Sie, inwieweit sich Bertolt Brecht mit dieser „Ballade" als moderner Dichter im Sinne Max Frischs (nach August E. Hohler) erweist.

Indem er nach den Bedingungen der Möglichkeit sittlichen Handelns fragt, erweist sich Brecht als moderner Dichter (vgl. bei A. E. Hohler: „Sie suchen […] nach einem möglichen Menschen, nach einer möglichen Menschlichkeit, nach einer möglichen Zukunft.").

3 Vergleichen Sie die „Dreigroschenoper" mit der „Iphigenie" und dem „Woyzeck" unter den Aspekten Figuren, Sprache und Wirkungsabsicht.

Figuren: Die Figuren (hier die des Mac) sind zwar nicht realistisch, aber auch ohne mythologische Färbung und antik-literarischen Kontext, d. h. insgesamt alltagsnäher.

Sprache: Die Sprache in der Ballade ist zwar poetisch (rhythmisch) überformt und keineswegs „realistisch" wie die Figurenreden in Büchners „Woyzeck", zielt aber mit alltagssprachlicher Wortwahl (vgl. etwa „abwürgt und frißt") auf ein anderes Publikum als Goethes gehobene Sprache.

Wirkungsabsicht: Die „Dreigroschenoper" steht zwischen der philosophisch-reflektierenden Haltung der „Iphigenie" (vgl. Christine Wahl: „ein dialektisches Denkspiel") und der durch die reine Darstellung entlarvenden des „Woyzeck" und fordert lebenspraktisches Denken ein.

Insgesamt steht die „Dreigroschenoper" in etwa zwischen der klassischen Tragödie „Iphigenie" und dem Sozialdrama „Woyzeck".

Übersicht über die Unterrichtseinheit
Kapitel 5: „Der Sandmann“ – Ein neuer Blick auf die Welt

DIDAKTISCHE HINWEISE

- Das Kapitel macht die Lerngruppe in einem ersten Schritt (Teilkapitel A) mit den zentralen Epochenmerkmalen der Romantik bekannt.
- Die Teilkapitel B bis D leiten die Erschließung der Erzählung „Der Sandmann“ von E. T. A. Hoffmann unter zentralen Aspekten an, wobei davon ausgegangen wird, dass der Text zwischenzeitlich komplett gelesen worden ist.
- Die Erzählung „Der Sandmann“ eignet sich in mehrfacher Hinsicht zur Lektüre im Zusammenhang mit dem Pflichtmodul „Romantik als Gegenbewegung zur Aufklärung?“: Zum einen ist sie recht kurz und kann von den Schülerinnen und Schülern schnell gelesen werden. Zum anderen und hauptsächlich aber ist sie für die Analyse sehr ergiebig, da sich viele erzähltechnische Aspekte (Erzählperspektive und -verhalten, Zeit- und Schauplatzgestaltung, Motivstruktur, ...) mit interpretatorischem Gewinn an ihr erarbeiten lassen. Schließlich verweist die Erzählung insbesondere durch ihre Doppelperspektive und die Leerstellen im Text in die Moderne.
- Erweitert werden kann die Beschäftigung mit der Erzählung „Der Sandmann“ durch die KVs 5 und 6. KV 5 enthält einen Auszug aus der Sammlung von Erzählungen „Die Serapionsbrüder“, der das Poetikverständnis von E. T. A. Hoffmann verdeutlicht; die KV könnte etwa im Zusammenhang mit den Teilkapiteln B und C bearbeitet werden. KV 6 schließlich präsentiert das Erzählgedicht „Der Rabe“ von E. A. Poe, das nicht zuletzt auf die Wirkung Hoffmanns weit über Deutschland hinaus aufmerksam macht und eine dem Sandmann vergleichbare schauerhafte Thematik („Thrill“, wenn man so will) besitzt. Das Gedicht könnte ebenfalls im Zusammenhang mit Teilkapitel B besprochen werden.

KERNCURRICULUM

- RT 1: Literatur und Sprache um 1800, **PM:** Romantik als Gegenbewegung zur Aufklärung?
- **Verbindliche UA (gA):** Zeit- bzw. epochenspezifische Sprachverwendung

UE 5 7–9 U-Std.

Teilkapitel	Materialien	angezielte Kompetenzen
A **„Die Welt muss romantisiert werden“** Merkmale Romantik erschließen	J. Eichendorff: *Wünschelrute* Novalis: *Fragmente* F. Schlegel: *Athenäum-Fragment 116*	Epochenmerkmale kennenlernen poetologische Texte erschließen
B **„Alles um mich her wurde schwarz und finster“** Den Einbruch des Schauerhaften untersuchen	E. T. A. Hoffmann: *Der Sandmann*	literarische Texte analysieren
C **„In eines matt geschliffnen Spiegels dunklem Widerschein“** Erzählerische Spiegelungen analysieren	E. T. A. Hoffmann: *Der Sandmann*	multiperspektivisches Erzählen erfassen
D **„Der Schein trügt“** Das Motiv der Augen untersuchen	Chr. Koné: *Der Sandmann: Das Augenmotiv als Trompe l'œil*	Motivstrukturen erfassen und bewerten

RT = Rahmenthema PM = Pflichtmodul WPM = Wahlpflichtmodul UA = Unterrichtsaspekt UE = Unterrichtseinheit

eA grün markiert = erhöhtes Anforderungsniveau (eA)

blau markiert = fakultative Teilkapitel und Materialien

Übersicht über den Stundenverlauf

Stunden	Ziele	Material	Erläuterungen, methodische Hinweise	Sozialformen
1/4 Std. Kapitelauftakt	Romantik als neue Sichtweise auf die Welt wahrnehmen	Bild: C. D. Friedrich: *Wanderer über dem Nebelmeer*	Das Bild kann zum Anlass genommen werden, über das Verständnis der Schülerinnen und Schüler von „Romantik" zu sprechen.	Plenum
1–2 Std. Teilkapitel A	wichtige Merkmale (Motive, Themen) und Autoren der Romantik kennenlernen	Bild: M. Mantel: *Cartoon Nr. 103* J. Eichendorff: *Wünschelrute* Novalis: *Fragmente* F. Schlegel: *Athenäum-Fragment 116* Wissen: Bilddominierte Materialien	Die Beschreibung von bilddominierten Materialien wurde hier mit Blick auf eine mögliche Klausur zum materialgestützten Schreiben (vgl. das Schreibtraining) berücksichtigt.	Plenum: Auftakt, Diskussion (Aufg. 2) EA, PA: Textbeschreibung und -analyse
2 Std. Teilkapitel B	literarische Texte analysieren (Erzählstrategie, Sprache, Figurengestaltung und Handlungsraum)	Bilder: Düsseldorfer Schauspielhaus; Sandmännchen E. T. A. Hoffmann: *Der Sandmann* KV 5 KV 6	Die Schüler könnten hier eigene Leserfahrungen (fantastische Literatur, Thriller o. Ä.) einbringen.	Plenum: Auftakt EA, PA, GA: Textbeschreibung und -analyse mit Nachbesprechung im Plenum
2 Std. Teilkapitel C	literarische Texte analysieren (Erzählform, -perspektive und -verhalten)	E. T. A. Hoffmann: *Der Sandmann* Wissen: Erzählform, -perspektive und -verhalten KV 5	In leistungsschwächeren Gruppen bietet sich bei der Textbeschreibung und -analyse PA an, wobei die Teams gezielt gemischt werden sollten (leistungsschwächere und -stärkere Schüler).	Plenum: Auftakt EA, PA: Textbeschreibung und -analyse mit Nachbesprechung im Plenum
2 Std. Teilkapitel D	literarische Texte analysieren (Motive, Motivstruktur)	E. T. A. Hoffmann: *Der Sandmann* Chr. Koné: *Der Sandmann: Das Augenmotiv als Trompe l'œil* Wissen: Motiv, Symbol, Allegorie	Auch hier könnte bei der Textbeschreibung und -analyse wieder in PA (leistungsschwächere und -stärkere Schüler) gearbeitet werden.	EA, PA: Textbeschreibung und -analyse mit Nachbesprechung im Plenum
1 Std. Mein Wissen sichern und anwenden	eine Interpretation erschließen und bewerten	Th. Koebner: *Die Idylle trügt*	Der gewählte Textauszug zur Interpretation der Erzählung vertieft abschließend die Auseinandersetzung mit den Deutungsaspekten, die im Kapitel erarbeitet wurden.	EA mit anschließendem Unterrichtsgespräch

EA = Einzelarbeit **GA** = Gruppenarbeit **HA** = Hausaufgabe **PA** = Partnerarbeit **UG** = Unterrichtsgespräch

5 „Der Sandmann" – Ein neuer Blick auf die Welt

Mein Lernweg

A „Die Welt muss romantisiert werden"
Merkmale der Romantik erschließen

B „Alles um mich her wurde schwarz und finster"
Den Einbruch des Schauerhaften untersuchen

C „In eines matt geschliffnen Spiegels dunklem Widerschein"
Erzählerische Spiegelungen analysieren

D „Der Schein trügt"
Das Motiv der Augen untersuchen

Caspar David Friedrich (1774–1840): *Wanderer über dem Nebelmeer* (Öl auf Leinwand, 1818)
akg-images, Berlin

133 **1 Inwiefern nimmt der Wanderer auf dem Friedrich-Gemälde einen neuen Blick auf die Welt ein? Inwiefern teilen wir diesen Blick?**

A „Die Welt muss romantisiert werden"

Merkmale der Romantik erschließen

133 **1** Beschreiben Sie die Karikatur und erläutern Sie die komische Wirkung.

Michael Mantel (*1977): *Cartoon Nr. 103* (2006)

Michael Mantel, Barum

WISSEN

Bilddominierte Materialien

Bilddominierte Materialien (wie Karikaturen, Werbeanzeigen oder Pressefotografien) gehören im weiteren Sinne ebenfalls zu den diskontinuierlichen Texten. Anders aber als bei Diagrammen, Grafiken oder Tabellen ist die eigentliche Botschaft vor allem visueller Art. Gerade weil man die Sprache der Bilder meist gut versteht, fällt die Analyse der Bildbotschaften – und in der Folge das Schreiben über Bilder oder Bildelemente in Texten – oft nicht leicht.

Folgende Aspekte können die Analyse erleichtern:

- Bildfunktion, z. B.: Werbung, Illustration, Pressebild, Titelbild, …
- Bildart, z. B.: Fotografie, Zeichnung, Collage, …
- Urheber und Erscheinungsort
- Bildinhalt (Beschreibung dessen, was abgebildet ist)
- Bildgestaltung, z. B.: Bildperspektive und -größe (Detail- oder Panoramaaufnahme, Auf- oder Normalsicht, …), Bildschärfe (gibt es etwa auch verschwommene oder „weichgezeichnete" Bildteile), Farben, Bildkomposition, …
- Eindruck des Bildes (Wirkung auf den Betrachter, mit den Bildinhalten oder Gestaltung verknüpfte Gefühle, Bedeutungen)

133 **2** In der Einleitung zu seinem Buch „Romantik. Eine deutsche Affäre" (2007) schreibt Rüdiger Safranski auf Seite 12:

> Die Romantik ist eine Epoche. Das Romantische ist eine Geisteshaltung, die nicht auf eine Epoche beschränkt ist. Sie hat in der Epoche der Romantik ihren willkommenen Ausdruck gefunden, ist aber nicht darauf beschränkt; das Romantische gibt es bis heute. […]

Tauschen Sie sich darüber aus, was „romantisch" ist bzw. Sie als „romantisch" empfinden.

Novalis: Fragmente (1799/1800)

Die Welt muss romantisiert werden. So findet man den ur[sprünglichen] Sinn wieder. Romantisieren ist nichts anderes als eine qualit[ative] Potenzierung. Das niedre Selbst wird mit einem bessern Selbst in dieser Operation identifiziert. [...] Indem ich dem Gemeinen einen hohen Sinn, dem Gewöhnlichen ein geheimnisvolles Ansehn, dem Bekannten die Würde des Unbekannten, dem Endlichen einen unendlichen Schein gebe, so romantisiere ich es – Umgekehrt ist die Operation für das Höhere, Unbekannte, Mystische, Unendliche – [...] es bekommt einen geläufigen Ausdruck.

Novalis: Aphorismen und Fragmente 1798-1800. In: Ders.: Aphorismen. Hrsg. v. Michael Brucker. Insel Frankfurt/M., Leipzig 1992

3 Erläutern Sie am Beispiel der Karikatur von Michael Mantel (S. 76), wie der Seelöwe die Welt „romantisiert".

Die dargestellte Grundsituation besteht in der Zweisamkeit der beiden Seelöwen (mit partnerschaftlichem Interesse zumindest des einen Tieres). Einer der Seelöwen will die Grundsituation nun verschönern durch die Wahl einer geeigneten Zeit (Nacht), eines geeigneten Ortes (Blick auf das Meer und den Sternenhimmel) und eines ihm angemessenen, „schönen" Begleitumstandes (hier der Schiffsuntergang; gewöhnlich würde man in einer solchen Situation eher auf Musik oder Kerzenlicht zurückgreifen). Dieses spezielle Setting kann als „Romantisierung" verstanden werden.

133 ! **4** Nähern Sie sich der Definition von Novalis und der Aufgabe des Dichters nun praktisch und potenzieren Sie einen gewöhnlichen Gegenstand oder eine alltägliche Handlung oder Situation in der Beschreibung.

5 Das Gedicht „Wünschelrute" zählt zu den bekanntesten Gedichten der Romantik. Es hat zugleich programmatischen Charakter. Leiten Sie aus dem Gedicht in Form von Hauptwörtern Zentralbegriffe der Romantik ab.

Zentralbegriffe der Romantik: Lied (Gesang), Schlaf, Traum, Welt, Zauber, Wunsch

Joseph Eichendorff: Wünschelrute (1835)

Schläft ein Lied in allen Dingen,
Die da träumen fort und fort,
Und die Welt hebt an zu singen,
Triffst du nur das Zauberwort.

Sämtliche Werke des Freiherrn Joseph von Eichendorff. Historisch-kritische Ausgabe. Bd. 1: Gedichte. Hrsg. v. Harry Fröhlich u. Ursula Regener. De Gruyter Berlin 1993, S. 121

6 Erläutern Sie, inwieweit das Gedicht „Wünschelrute" die Aufgabe des Dichters beschreibt.

Das „Zauberwort" des Dichters befreit gleichsam das wahre Wesen der Dinge („Lied" als Metapher eben dafür). Zugleich ist „Lied" ein Synonym für Dichtung, d. h. Dichtung ist den Dingen schon inhärent; folglich singt die Welt dann, wenn sie entsprechend (dichterisch, poetisch) wahrgenommen wird. Darin könnte die Aufgabe des Dichters bestehen.

Friedrich Schlegel: Athenäum-Fragment 116 (1798)

Die romantische Poesie ist eine progressive Universalpoesie. Ihre Bestimmung ist nicht bloß, alle getrennten Gattungen der Poesie wieder zu vereinigen und die Poesie mit der Philosophie und Rhetorik in Berührung zu setzen. Sie will und soll auch Poesie und Prosa, Genialität und Kritik, Kunstpoesie und Naturpoesie bald mischen, bald verschmelzen, die Poesie lebendig und gesellig und das Leben und die Gesellschaft poetisch machen, den Witz poetisieren und die Formen der Kunst mit gediegenem Bildungsstoff jeder Art anfüllen und sättigen und durch die Schwingungen des Humors beseelen. Sie umfasst alles, was nur poetisch ist, vom größten wieder mehrere Systeme in sich enthaltenden Systeme der Kunst bis zu dem Seufzer, dem Kuss, den das dichtende Kind aushaucht in kunstlosen Gesang. Sie kann sich so in das Dargestellte verlieren, dass man glauben möchte, poetische Individuen jeder Art zu charakterisieren, sei ihr Eins und Alles;

und doch gibt es noch keine Form, die so dazu gemacht wäre, den Geist des Autors vollständig auszudrücken: so dass manche Künstler, die nur auch einen Roman schreiben wollten, von ungefähr sich selbst dargestellt haben. Nur sie kann gleich dem Epos ein Spiegel der ganzen umgebenden Welt, ein Bild des Zeitalters werden. Und doch kann auch sie am meisten zwischen dem Dargestellten und dem Darstellenden, frei von allem realen und idealen Interesse auf den Flügeln der poetischen Reflexion in der Mitte schweben, diese Reflexion immer wieder potenzieren und wie in einer endlosen Reihe von Spiegeln vervielfachen. Sie ist der höchsten und der allseitigen Bildung fähig; nicht bloß von innen heraus, sondern auch von außen hinein; indem sie jedem, was ein Ganzes in ihren Produkten sein soll, alle Teile ähnlich organisiert, wodurch ihr die Aussicht auf eine grenzenlos wachsende Klassizität eröffnet wird.
Die romantische Poesie ist unter den Künsten, was der Witz[1] der Philosophie und die Gesellschaft, Umgang, Freundschaft und Liebe im Leben ist. Andere Dichtarten sind fertig und können nun vollständig zergliedert werden. Die romantische Dichtart ist noch im Werden; ja das ist ihr eigentliches Wesen, dass sie ewig nur werden, nie vollendet sein kann. Sie kann durch keine Theorie erschöpft werden, und nur eine divinatorische[2] Kritik dürfte es wagen, ihr Ideal charakterisieren zu wollen. Sie allein ist unendlich, wie sie allein frei ist und das als ihr erstes Gesetz anerkennt, dass die Willkür des Dichters kein Gesetz über sich leide. Die romantische Dichtart ist die einzige, die mehr als Art und gleichsam die Dichtkunst selbst ist: Denn in einem gewissen Sinn ist oder soll alle Poesie romantisch sein.

In: Kritische Friedrich Schlegel Ausgabe. Erste Abteilung: Kritische Neuausgabe, Bd. 2. München, Paderborn, Wien, Zürich 1967, S. 182–183.

134 ! **7** Stellen Sie dar, was Poesie nach Schlegel „universal" macht und wodurch sie „progressiv" ist.

„universal"	„progressiv"
Die Dichtung „will und soll" bislang voneinander Getrenntes und Ungleichartiges zusammenführen und die herkömmlichen Gegensätze (insbesondere auch von Kunst und Leben) durch „Beseelung" aufheben. Sie umfasst „alles", von der einfachen Lebensäußerung (zum Beispiel dem „Kuss") bis hin zum komplexesten Kunstsystem.	*Indem Dichtung sich gleichsam „zwischen dem Dargestellten und dem Darstellenden" bewegt, kann sie ihre „Reflexion immer wieder potenzieren und wie in einer endlosen Reihe von Spiegeln vervielfachen" und ist dadurch progressiv, d. h. besitzt die Möglichkeit des ewigen Fortschreitens.*

8 Erläutern Sie, inwiefern die Universalpoesie sowohl objektivierend als auch subjektivierend arbeitet.

Objektivierend arbeitet sie, indem sie sich so ins Dargestellte verliert, „dass man glauben möchte, poetische Individuen jeder Art zu charakterisieren, sei ihr Eins und Alles". Zugleich arbeitet sie „subjektivierend", wenn sie „den Geist des Autors vollständig" ausdrückt.

9 Erläutern Sie die Aussage, dass die „romantische Poesie [...] unter den Künsten, was der Witz der Philosophie [ist]".

Die romantische Poesie ist hervorgehoben, etwas Besonderes, da sie auf Unabschließbarkeit, Freiheit und Willkür sowie auf dem einzig anerkannten Gesetz der Gesetzlosigkeit fußt. Sie ist in der Lage, Dichtung überhaupt erst zur Kunst zu machen.

10 Lesen Sie noch einmal das Gedicht „Wünschelrute" (Seite 77) und bewerten Sie es vor dem Hintergrund des 116. Athenäum-Fragments.

Der universale Anspruch der Poesie versteht sich von selbst, sind doch „alle Dinge" Gegenstand der Dichtung oder können es zumindest sein. Eine Art von Progressivität entsteht durch Rekurs, denn das Lied, das durch die Dichtung erweckt werden soll, ist zugleich Dichtung, die dann wieder auf Dinge wirken könnte.

1 Witz, der: hier im Sinne von: Geist, Phantasie, Eingebung.
2 divinatorisch: Adj. zu Divination: Vorahnung, Vorgefühl, Eingebung, Weissagung.

B „Alles um mich her wurde schwarz und finster“

Den Einbruch des Schauerhaften untersuchen

134 **1** Sammeln Sie spontane Assoziationen zum Titel der Hoffmann'schen Erzählung „Der Sandmann“. Vergleichen Sie Ihre Assoziationen anschließend mit den Bildern und Textauszügen auf dieser Seite.

Der Sandmann im Düsseldorfer Schauspielhaus 2017, Inszenierung: Robert Wilson

(c) Lucie Jansch / Düsseldorfer Schauspielhaus

Das Sandmännchen – Abenteuer im Traumland

Alamy stock photo (Photo 12), Abingdon, Oxon

Mr. Sandman, bring me a dream / Make him the cutest that I've ever seen.
The Chordettes, Mr. Sandman (1954)

Ei Thanelchen, [der Sandmann] ist ein böser Mann, der kommt zu den Kindern, wenn sie nicht zu Bett gehen wollen und wirft ihnen Händevoll Sand in die Augen, dass sie blutig zum Kopf herausspringen, die wirft er dann in den Sack und trägt sie in den Halbmond zur Atzung für seine Kinderchen; die sitzen dort im Nest und haben krumme Schnäbel, wie die Eulen, damit picken sie der unartigen Menschenkindlein Augen auf.
E. T. A. Hoffmann, Der Sandmann (1816)

134 **2** Der Auszug aus „Der Sandmann“ ist die Antwort einer Amme, die Nathanael noch als Kind nach dem Sandmann gefragt hatte. Stellen Sie dar, welche Erwartungen eine solche Charakterisierung des Sandmanns beim Leser weckt.

E. T. A. Hoffmann: Der Sandmann (1816)

Der Ich-Erzähler Nathanael berichtet in einem Brief an seinen Freund Lothar von einem Kindheitserlebnis: Um Coppelius, den er für den Sandmann hält, zu sehen, versteckt Nathanael sich im Zimmer des Vaters, der den Besuch von Coppelius erwartet.

Ich war fest gezaubert. Auf die Gefahr entdeckt, und, wie ich deutlich dachte, hart gestraft zu werden, blieb ich stehen, den Kopf lauschend durch die Gardine hervorgestreckt. Mein Vater empfing den Coppelius feierlich. „Auf! – zum Werk“, rief dieser mit heiserer, schnurrender Stimme und warf den Rock ab. Der Vater zog still und finster seinen Schlafrock aus und beide kleideten sich in lange schwarze Kittel. Wo sie die hernahmen, hatte ich übersehen. Der Vater öffnete die Flügeltür eines Wandschranks; aber ich sah, dass das, was ich so lange dafür gehalten, kein Wandschrank, sondern vielmehr eine schwarze Höhlung war, in der ein kleiner Herd stand. Coppelius trat hinzu und eine blaue Flamme knisterte auf dem Herde empor. Allerlei seltsames Geräte stand umher. Ach Gott! – wie sich nun mein alter Vater zum Feuer herabbückte, da sah er ganz anders aus. Ein grässlicher krampfhafter Schmerz schien seine sanften ehrlichen Züge zum hässlichen widerwärtigen Teufelsbilde verzogen zu haben. Er sah dem Coppelius ähnlich. Dieser schwang die glutrote Zange und holte damit hellblinkende Massen aus dem dicken Qualm, die er dann emsig hämmerte. Mir war es als würden Menschengesichter ringsumher sichtbar, aber ohne Augen – scheußliche, tiefe schwarze Höhlen statt ihrer. „Augen her, Augen her!“, rief Coppelius mit dumpfer dröhnender Stimme. Ich kreischte auf

von wildem Entsetzen gewaltig erfasst und stürzte aus meinem Versteck heraus auf den Boden. Da ergriff mich Coppelius, kleine Bestie! – kleine Bestie! meckerte er zähnefletschend! – riss mich auf und warf mich auf den Herd, dass die Flamme mein Haar zu sengen begann: „Nun haben wir Augen – Augen – ein schön Paar Kinderaugen." So flüsterte Coppelius, und griff mit den Fäusten glutrote Körner aus der Flamme, die er mir in die Augen streuen wollte. Da hob mein Vater flehend die Hände empor und rief. „Meister! Meister! lass meinem Nathanael die Augen – lass sie ihm!" Coppelius lachte gellend auf und rief. „Mag denn der Junge die Augen behalten und sein Pensum flennen in der Welt; aber nun wollen wir doch den Mechanismus der Hände und der Füße recht observieren." Und damit fasste er mich gewaltig, dass die Gelenke knackten, und schrob mir die Hände ab und die Füße und setzte sie bald hier, bald dort wieder ein.
„'s steht doch überall nicht recht! 's gut so wie es war! – Der Alte hat's verstanden!" So zischte und lispelte Coppelius; aber alles um mich her wurde schwarz und finster, ein jäher Krampf durchzuckte Nerv und Gebein – ich fühlte nichts mehr. Ein sanfter warmer Hauch glitt über mein Gesicht, ich erwachte wie aus dem Todesschlaf, die Mutter hatte sich über mich hingebeugt. „Ist der Sandmann noch da?", stammelte ich. „Nein, mein liebes Kind, der ist lange, lange fort, der tut dir keinen Schaden!" – So sprach die Mutter und küsste und herzte den wiedergewonnenen Liebling.

E. T. A. Hoffmann: Der Sandmann. Text mit Materialien, ausgewählt von Hans Ulrich Staiger. Klett Editionen für den Literaturunterricht. Ernst Klett Verlag, Stuttgart 2008, S. 8 f.

134 **3** Diskutieren Sie, inwiefern der Textauszug „schaurig" ist.

134 **4** Lesen Sie den Text noch einmal unter dem Aspekt der verschiedenen Wirklichkeitsebenen und diskutieren Sie, was innerhalb der erzählten (fiktiven) Welt real und was irreal ist. Leiten Sie aus den Ergebnissen Ihrer Diskussion die Strategie des Erzählers ab.
KV 6

5 Untersuchen Sie, wie das Motiv des Wahns in dem Textauszug gestaltet ist. Achten Sie besonders auf Erzählweise, Sprache, Figurengestaltung und Handlungsraum.

Erzählweise	*Durch die Briefform erfolgt die Rückblende in der Ich-Perspektive, die nicht nur für Authentizität des Erlebten steht, sondern zugleich eine Identifikation des Lesers mit der Figur Nathanael erlaubt.*
Sprache	• *attributreich („grässlicher krampfhafter Schmerz", „hässlichen widerwärtigen Teufelsbilde", „scheußliche, tiefe schwarze Höhlen", ...)* • *mit häufigen Wiederholungen („Augen her, Augen her!", „kleine Bestie! – kleine Bestie!", „Augen – Augen – ein schön Paar Kinderaugen".); zugleich innerhalb der wörtlichen Reden mit häufigen Ausrufen*
Figurengestaltung	*Die vertraute Vaterfigur wandelt sich „zum hässlichen widerwärtigen Teufelsbilde", das Coppelius nicht nur ähnelt, sondern diesen zum „Meister" erklärt, der die Befehlsgewalt besitzt; Nathanael wird zur Puppe mit einem „Mechanismus" und ersetzbaren Einzelteilen (Augen, Hände, Füße)*
Handlungsraum	*Die Beschreibungen stützen die unklare Wahrnehmung des Geschehens: schwarze Kittel, die plötzlich da sind; ein Wandschrank, der sich als „schwarze Höhlung" entpuppt; „allerlei seltsames Geräte"; insgesamt wird das Arbeitszimmer des Vaters zum alchemistischen Labor.*

E. T. A. Hoffmann: Der Sandmann (1816)

Die Verlobte Nathanaels, Clara, nimmt in einem Brief zu den Kindheitserlebnissen Stellung.

Deine Schilderung des widerwärtigen Coppelius ist grässlich. [...] Natürlich verknüpfte sich nun in Deinem kindischen Gemüt der schreckliche Sandmann aus dem Ammenmärchen mit dem alten Coppelius, der Dir, glaubtest Du auch nicht an den Sandmann, ein gespenstischer, Kindern vorzüglich gefährlicher Unhold blieb. Das unheimliche Treiben mit Deinem Vater zur Nachtzeit war wohl nichts anders, als dass beide insgeheim alchimistische Versuche machten, womit die Mutter nicht zufrieden sein konnte, da gewiss viel Geld unnütz verschleudert und obendrein, wie es immer mit solchen Laboranten der Fall sein soll, des Vaters Gemüt, ganz von dem trügerischen Drange nach hoher Weisheit erfüllt, der Familie abwendig gemacht wurde. Der Vater hat wohl gewiss durch eigne Unvorsichtigkeit seinen Tod herbeigeführt, und Coppelius ist nicht schuld daran. [...] Gibt es eine dunkle Macht, die so recht feindlich und verräterisch einen Faden in unser Inneres legt, woran sie uns dann festpackt und fortzieht auf einem gefahrvollen, verderblichen Wege, den wir sonst nicht betreten haben würden – gibt es eine solche Macht, so muss sie in uns sich wie wir selbst gestalten, ja unser Selbst werden; denn nur so glauben wir an sie und räumen ihr den Platz ein, dessen sie bedarf, um jenes geheime Werk zu vollbringen. Haben wir festen, durch das heitre Leben gestärkten Sinn genug, um fremdes feindliches Einwirken als solches stets zu erkennen und den Weg, in den uns Neigung und Beruf geschoben, ruhigen Schrittes zu verfolgen, so geht wohl jene unheimliche Macht unter in dem vergeblichen Ringen nach der Gestaltung, die unser eignes Spiegelbild sein sollte.

E. T. A. Hoffmann: Der Sandmann. Text mit Materialien, ausgewählt von Hans Ulrich Staiger. Klett Editionen für den Literaturunterricht. Ernst Klett Verlag, Stuttgart 2008, S. 12 f.

Illustration zu E. T. A. Hoffmann: *Der Sandmann* (1924)

Bridgemanimages.com, Berlin

6 Stellen Sie dar, wie Clara die Kindheitserinnerung Nathanaels bewertet.

Clara findet für die fantastische Schilderung Nathanaels eine rationale Erklärung, die zugleich allgemein erläutert, wie es zu solcherlei „verderblichen“ Vorstellungen kommen kann und wie man ihnen am besten begegnet.

KV 5 **7** Untersuchen Sie, mit welchen sprachlichen Mitteln die Leserlenkung erfolgt.

Es dominieren Mittel, die zum vernünftigen, explikativen Aussageinhalt passen: komplexer Satzbau mit vielen Modaladverbien und -verben (insbesondere: natürlich, wohl, gewiss, wohl gewiss; konnte, muss, sollte) sowie Kausaladverbien und -konjunktionen (da, so, denn, so).

C

„In eines matt geschliffnen Spiegels dunklem Widerschein"

Erzählerische Spiegelungen analysieren

134 **1** Wie kann sich ein Erzähler zum „Schauerhaften" (Fantastischen) in einer Erzählung verhalten? Tauschen Sie sich über die grundsätzlichen Möglichkeiten aus.

2 Untersuchen und beschreiben Sie das Erzählverhalten des Erzählers über die gesamte Erzählung.

Der Erzähler tritt in unterschiedlichen Rollen auf, einmal als auktorialer Erzähler, dann wieder als personaler Erzähler aus der Sicht Nathanaels, mit dem er sich teilweise zu identifizieren scheint, zu dem er bisweilen aber auch in spürbare Distanz tritt. Oft ist nicht ganz klar, ob bzw. inwieweit der Erzähler sich vom Erzählten distanziert.

WISSEN

Erzählform, -perspektive und -verhalten

Der Erzähler (Erzählform: Er-Erzähler oder Ich-Erzähler) kann unterschiedliche Perspektiven einnehmen. Im engeren Wortsinn ist damit der Blickwinkel bzw. der Standpunkt des Erzählers gemeint; so kann er die Ereignisse wie ein objektiver Beobachter gleichsam von außen (Außenperspektive) darstellen oder als an den erzählten Ereignissen Beteiligter gleichsam von innen (Innenperspektive) schildern. Im weiteren Sinne des Wortes meint der Begriff „Erzählperspektive" das **Erzählverhalten**:

- **auktorial**: „allwissender Erzähler", der nicht nur den vollständigen Überblick über das Geschehen besitzt, sondern auch das Innenleben aller Figuren kennt; er kann überdies kommentieren, zusammenfassen, vorausdeuten oder in einen fiktiven Dialog mit den Figuren treten
- **personal**: der Erzähler übernimmt die Perspektive einer Figur (der sog. „Perspektivfigur"), über die er am Geschehen unmittelbar beteiligt ist, und erzählt aus deren Sicht
- **neutral**: der Erzähler tritt weder auktorial (d. h. nicht kommentierend) noch personal (d. h. unbeteiligt) auf, sondern zieht sich aus der Figurenwelt zurück und schildert das Geschehen so scheinbar unvermittelt

E. T. A. Hoffmann: Der Sandmann (1816)

Das Wunderbare, Seltsame davon erfüllte meine ganze Seele, aber ebendeshalb und weil ich dich, o mein Leser! gleich geneigt machen musste, Wunderliches zu ertragen, welches nichts Geringes ist, quälte ich mich ab, Nathanaels Geschichte, bedeutend – originell, ergreifend, anzufangen: „Es war einmal" – der schönste Anfang jeder Erzählung, zu nüchtern! – „In der kleinen Provinzialstadt S. lebte" – etwas besser, wenigstens ausholend zum Klimax. – Oder gleich medias in res: „Scher' er sich zum Teufel, rief, Wut und Entsetzen im wilden Blick, der Student Nathanael, als der Wetterglashändler Giuseppe Coppola" – Das hatte ich in der Tat schon aufgeschrieben, als ich in dem wilden Blick des Studenten Nathanael etwas Possierliches zu verspüren glaubte; die Geschichte ist aber gar nicht spaßhaft.

E. T. A. Hoffmann: Der Sandmann. Text mit Materialien, ausgewählt von Hans Ulrich Staiger. Klett Editionen für den Literaturunterricht. Ernst Klett Verlag, Stuttgart 2008, S. 17

135 **3** Der Erzähler wendet sich zweimal direkt an die Leser (nach den drei Briefen, vgl. in der Klett Edition S. 16 ff., sowie nach der Olimpiaepisode, vgl. S. 34 f.). Diskutieren Sie die Funktion dieser Ansprachen.

4 Charakterisieren Sie die drei vom Erzähler als Alternativen vorgeschlagenen Anfänge sowie den tatsächlichen Beginn.

Märchenbeginn: Betonung des Wunderbaren, Fantastischen

objektiv-berichtender Beginn: realistischer, sachlicher Stil

direkter Einstieg ins Geschehen: subjektiv-szenischer Stil

Beginn mit Briefen: Betonung der Authentizität; Erzähler als Herausgeber einer wahren Geschichte

E. T. A. Hoffmann: Der Sandmann (1816/17)

Illustration zu E. T. A. Hoffmann: *Der Sandmann* (1924)
Bridgeman Art Library, Berlin

„Sage *du* mir, Siegmund, wie deinem, sonst alles Schöne klar auffassenden Blick, deinem regen Sinn, Olimpias himmlischer Liebreiz entgehen konnte? Doch eben deshalb habe ich, Dank sei es dem Geschick, dich nicht zum Nebenbuhler; denn sonst müsste einer von uns blutend fallen.“ Siegmund merkte wohl, wie es mit dem Freunde stand, lenkte geschickt ein, und fügte, nachdem er geäußert, dass in der Liebe niemals über den Gegenstand zu richten sei, hinzu: „Wunderlich ist es doch, dass viele von uns über Olimpia ziemlich gleich urteilen. Sie ist uns – nimm es nicht übel, Bruder! – auf seltsame Weise starr und seelenlos erschienen. Ihr Wuchs ist regelmäßig sowie ihr Gesicht, das ist wahr! – Sie könnte für schön gelten, wenn ihr Blick nicht so ganz ohne Lebensstrahl, ich möchte sagen, ohne Sehkraft wäre. Ihr Schritt ist sonderbar abgemessen, jede Bewegung scheint durch den Gang eines aufgezogenen Räderwerks bedingt.
Ihr Spiel, ihr Singen hat den unangenehm richtigen geistlosen Takt der singenden Maschine, und ebenso ist ihr Tanz. Uns ist Olimpia ganz unheimlich geworden, wir mochten nichts mit ihr zu schaffen haben, es war uns, als tue sie nur so wie ein lebendiges Wesen und doch habe es mit ihr eine eigne Bewandtnis.“ – Nathanael gab sich dem bittern Gefühl, das ihn bei diesen Worten Siegmunds ergreifen wollte, durchaus nicht hin, er wurde Herr seines Unmuts und sagte bloß sehr ernst: „Wohl mag euch, ihr kalten prosaischen Menschen, Olimpia unheimlich sein. Nur dem poetischen Gemüt entfaltet sich das gleich Organisierte! – Nur *mir* ging ihr Liebesblick auf und durchstrahlte Sinn und Gedanken, nur in Olimpias Liebe finde ich mein Selbst wieder. Euch mag es nicht recht sein, dass sie nicht in platter Konversation faselt wie die andern flachen Gemüter. Sie spricht wenig Worte, das ist wahr; aber diese wenigen Worte erscheinen als echte Hieroglyphe der innern Welt voll Liebe und hoher Erkenntnis des geistigen Lebens in der Anschauung des ewigen Jenseits. Doch für alles das habt ihr keinen Sinn, und alles sind verlorne Worte.“

E. T. A. Hoffmann: Der Sandmann. Text mit Materialien, ausgewählt von Hans Ulrich Staiger. Klett Editionen für den Literaturunterricht. Ernst Klett Verlag, Stuttgart 2008, S. 30 f.

5 Stellen Sie tabellarisch die unterschiedliche Wahrnehmung Olimpias durch Siegmund und Nathanael gegenüber. Erläutern Sie anschließend, wie Nathanael diese unterschiedliche Sichtweise erklärt.

Siegmunds Blick auf Olimpia	Nathanaels Blick auf Olimpia
starr und seelenlos *Blick ganz ohne Lebensstrahl* *geistloser Takt der singenden Maschine*	*himmlischer Liebreiz* *Liebesblick* *voll Liebe und hoher Erkenntnis des geistigen Lebens in der Anschauung des ewigen Jenseits*

Laut Nathanael ist die Wahrnehmung Olimpias abhängig vom Gemüt des Betrachters. Dem „kalten prosaischen Menschen“ sei Olimpia unheimlich; dem „poetischen Gemüt“ entfalte sich das „gleich Organisierte“.

E. T. A. Hoffmann: Der Sandmann (1816)

Nathanael liest Clara vor

Er zog auch sogleich die Blätter hervor und fing an zu lesen: Clara, etwas Langweiliges wie gewöhnlich vermutend und sich darein ergebend, fing an, ruhig zu stricken. Aber so wie immer schwärzer und schwärzer das düstre Gewölk aufstieg, ließ sie den Strickstrumpf sinken und blickte starr dem Nathanael ins Auge. *Den* riss seine Dichtung unaufhaltsam fort, hochrot färbte seine Wangen die innere Glut, Tränen quollen ihm aus den Augen – Endlich hatte er geschlossen, er stöhnte in tiefer Ermattung – er fasste Claras Hand und seufzte, wie aufgelöst in trostlosem Jammer: „Ach! – Clara – Clara!" – Clara drückte ihn sanft an ihren Busen und sagte leise, aber sehr langsam und ernst: „Nathanael – mein herzlieber Nathanael! – wirf das tolle – unsinnige – wahnsinnige Märchen ins Feuer." Da sprang Nathanael entrüstet auf und rief, Clara von sich stoßend: „Du lebloses, verdammtes Automat!"

E. T. A. Hoffmann: Der Sandmann. Text mit Materialien, ausgewählt von Hans Ulrich Staiger. Klett Editionen für den Literaturunterricht. Ernst Klett Verlag, Stuttgart 2008, S. 22

Nathanael liest Olimpia vor

Aus dem tiefsten Grunde des Schreibpults holte Nathanael alles hervor, was er jemals geschrieben. [...] und das alles las er der Olimpia stundenlang hintereinander vor, ohne zu ermüden. Aber auch noch nie hatte er eine solche herrliche Zuhörerin gehabt. Sie stickte und strickte nicht, sie sah nicht durchs Fenster, sie fütterte keinen Vogel, sie spielte mit keinem Schoßhündchen, mit keiner Lieblingskatze, sie drehte keine Papierschnitzchen oder sonst etwas in der Hand, sie durfte kein Gähnen durch einen leisen erzwungenen Husten bezwingen – kurz! – stundenlang sah sie mit starrem Blick unverwandt dem Geliebten ins Auge, ohne sich zu rücken und zu bewegen, und immer glühender, immer lebendiger wurde dieser Blick. Nur wenn Nathanael endlich aufstand und ihr die Hand, auch wohl den Mund küsste, sagte sie: „Ach, ach!" – dann aber: „Gute Nacht, mein Lieber!"

E. T. A. Hoffmann: Der Sandmann. Text mit Materialien, ausgewählt von Hans Ulrich Staiger. Klett Editionen für den Literaturunterricht. Ernst Klett Verlag, Stuttgart 2008, S. 31 f.

135 **6** Benennen Sie die Aspekte, unter denen die beiden Figuren Clara und Olimpia hier „gespiegelt" werden.

7 Erläutern Sie auf der Grundlage der vorliegenden drei Textauszüge in diesem Teilkapitel, wie es dem Erzähler gelingt, ein „objektives" Bild von Olimpia zu zeichnen.

Der Erzähler ermöglicht zum einen über die Figuren einen anderen Blick auf Olimpia, als Nathanael ihn hat (hier konkret durch Siegmund, der sich wiederum auf „viele von uns" beruft, also seine Aussage gleichsam belegen kann). Zum anderen kontrastiert er Nathanaels Aussagen durch das Verhalten der Figuren: Clara verhält sich gerade nicht wie ein Automat, Olimpia dagegen sehr wohl.

E. T. A. Hoffmann: Der Sandmann (1816)

Mich hat, wie ich es dir, geneigter Leser, gestehen muss, eigentlich niemand nach der Geschichte des jungen Nathanael gefragt; du weißt ja aber wohl, dass ich zu dem wunderlichen Geschlechte der Autoren gehöre, denen, tragen sie etwas so in sich, wie ich es vorhin beschrieben, so zumute wird, als frage jeder, der in ihre Nähe kommt, und nebenher auch wohl noch die ganze Welt: Was ist es denn? Erzählen Sie, Liebster! [...] Vielleicht gelingt es mir, manche Gestalt, wie ein guter Porträtmaler, so aufzufassen, dass du sie ähnlich findest, ohne das Original zu kennen, ja dass es dir ist, als hättest du die Person recht oft schon mit leibhaftigen Augen gesehen. Vielleicht wirst du, o mein Leser! dann glauben, dass nichts wunderlicher und toller sei als das wirkliche Leben, und dass dieses der Dichter doch nur, wie in eines matt geschliffnen Spiegels dunklem Widerschein, auffassen könne.

E. T. A. Hoffmann: Der Sandmann. Text mit Materialien, ausgewählt von Hans Ulrich Staiger. Klett Editionen für den Literaturunterricht. Ernst Klett Verlag, Stuttgart 2008, S. 17 f.

KV 5
135 **8** Stellen Sie dar, welche Auffassung von Dichtung der Erzähler im „Sandmann" vertritt.

135 **9** Sammeln Sie Textstellen, die das Dichten Nathanaels charakterisieren.
Diskutieren Sie, inwieweit sich der Ich-Erzähler in der Figur Nathanael spiegelt.

D „Der Schein trügt“

Das Motiv der Augen untersuchen

135 ! **1** Untersuchen Sie arbeitsteilig in Paaren oder Gruppen den Text auf das Motiv der Augen (bzw. des Blickes und des Sehens). Sammeln Sie die aus Ihrer Sicht zentralen Textstellen und tauschen Sie sich über deren Deutung aus: Wofür stehen die Augen, was leistet dieses Motiv?

WISSEN

Motiv, Symbol, Allegorie

Motive können als Teile (Ereignisse) der Handlung verstanden werden, die – im Gegensatz zum Stoff – gerade nicht durch Zeit, Ort und bestimmte Figuren festgelegt sind. Je nach Bedeutung und inhaltlichem Bezug lassen sich verschiedene Arten von Motiven unterscheiden, z. B. Haupt- und Nebenmotive, Raum- und Zeitmotive (z. B. Höhle, Wald, Frühling, Mitternacht) oder Situationsmotive (z. B. Abschied, verführte Unschuld). Handelt es bei einem Motiv um eine formelhaft sich wiederholende symbolische Wort- oder Bildfolge, so spricht man von **Leitmotiv**.

Unter einem **Symbol** (Sinnbild) versteht man Bedeutungsträger (Wörter, Vorgänge, Gegenstände, …), die stellvertretend und im direkten Bezug dazu für einen anderen höheren Bereich stehen (z. B. das Kreuz als Symbol des Christentums). Wird ein Gegenstand zum Symbol und erscheint er in einem literarischen Text wiederholt an bedeutsamen Stellen, so spricht man von **Dingsymbol** (das zugleich auch leitmotivische Bedeutung haben kann).

Wenn ein Sinnbild nicht nur Bedeutungsträger ist (also das Gemeinte bedeutet), sondern es gleichsam selbst ist, so spricht man von einer **Allegorie** (z. B. Amor als Liebe, das Glücksrad als Glück).

Christophe Koné: Der Sandmann: Das Augenmotiv als Trompe l'œil

Piero Fornasetti (1913–1988): *A trompe l'oeil printed metal umbrella stand* (bedrucktes Metall, 1955)
Bridgemanimages.com (© Christie's Images), Berlin

Zwar ist das Auge ein wiederkehrendes Motiv in der Geschichte und anscheinend spielt der Sehsinn eine tragende Rolle, wie mehrere Literaturwissenschaftler nach Sigmund Freud es nachdrücklich gezeigt haben. Jedoch ist dieses Motiv so auffällig, dass man sich auch fragen sollte, ob es tatsächlich einen Schlüssel zum Werk liefert, oder ob das nur ein Erzähltrick des Romantikers Hoffmann ist. Bringt das Augenmotiv Licht in diese undurchsichtige Geschichte oder dient es bloß als Trompe-l'œil-Effekt?

Wenn das tragische Beispiel Nathanaels als Warnung für den Leser dient, dass der Schein trügt und dass man den eigenen Augen nicht trauen kann, dann sollte der Leser auch das Augenmotiv mit Obacht verfolgen. Dieses wiederkehrende Motiv ist nämlich insofern irreführend, als es eigentlich keinen tiefen Einblick in die Geschichte gewährt, sondern als Leitmotiv stets auf eine weitere Textstelle verweist und somit an der Textoberfläche bleibt. In diesem Sinne fungiert das Augenmotiv als Trompe l'œil. Dieser Effekt vermittelt die Illusion von Tiefe und Perspektive, und genau das bezweckt auch das Augenmotiv im *Sandmann*. Statt der Frage nachzugehen, was das Augenmotiv bedeutet, wäre es also wichtiger zu fragen, was es im Text bewirkt.

Vom Anfang bis zum Ende lässt die Erzählung ihre Fixierung auf das Sehorgan deutlich erkennen, und anscheinend verleiht gerade dieses Leitmotiv der Geschichte eine gewisse Kohärenz. […] Von Anfang an wird auf die Einschränkung von Nathanaels Sehkraft hingedeutet, während das Sehvermögen des Lesers erweitert wird: bei der Lektüre der drei Briefe gewinnt er einen voyeuristischen Einblick in das Innere der Hauptfigur. Diese Ambivalenz verkörpert die legendenhafte Figur des Sandmannes in den Augen Nathanaels, da die bloße Beschwörung seines Namens mit einem Sehverbot einhergeht, zugleich jedoch die Schaulust des Knaben erregt. Einerseits verbietet die Mutter Nathanael den Anblick des Advokaten Coppelius, den Nathanael für den Sandmann hält, jedes Mal, wenn dieser abends den Vater besucht, und schickt ihn stattdessen ins Bett. Dies wiederum treibt Nathanael dazu, sich in einem Schrank im Studienzimmer des Vaters zu verstecken, um nach dem Sandmann zu spähen.

Andererseits kristallisiert die Sandmann-Figur die Furcht vor dem Sehverlust heraus, wie das grausame Sandmann-Märchen der Amme oder die schreckliche Erfahrung mit Coppelius es andeuten. Die Amme erzählt, der Sandmann sei ein böser Mann, der unartigen Kindern die Augen ausreiße und seine Kinder damit füttere [...].

Trotz der mit dem Sandmann einhergehenden drohenden Warnung vor Sehverlust verspürt aber der Protagonist den unwiderstehlichen Drang, den Sandmann zunächst anhand von Zeichnungen zu veranschaulichen und dann mit Gedichten zu verbildlichen. In seinem Brief an Lothar gesteht er seine kindliche Besessenheit durch den Sandmann ein, „[...] den [er] in den seltsamsten, abscheulichsten Gestalten überall auf Tische, Schränke und Wände mit Kreide, Kohle zeichnete."

Später schildert der allwissende Erzähler, wie der Student Nathanael nun mit Hilfe der Lyrik das furchterregende Bild des Sandmannes in der Gestalt Coppelius' zu beschwören versucht, und zwar in der Hoffnung, dass seine Vorstellungskraft sich dadurch wieder entzündet: „Die Gestalt des hässlichen Coppelius war, wie Nathanael selbst es sich gestehen musste, in seiner Fantasie erbleicht, und es kostete ihm oft Mühe, ihn in seinen Dichtungen, wo er als grauser Schicksalspopanz auftrat, recht lebendig zu kolorieren." [...]

[Je] mehr Nathanael Olimpia und seine Umwelt durch Coppolas Fernrohr beobachtet, desto mehr verzerrt sich seine Perspektive, bis er den Überblick völlig verliert, wie der Erzähler berichtet: „Doch wie er immer schärfer und schärfer durch das Glas hinschaute, war es als gingen in Olimpias Augen feuchte Mondesstrahlen auf. Es schien, als wenn nun erst die Sehkraft entzündet würde; immer lebendiger und lebendiger flammten die Blicke."

Anstatt Nathanael den Durchblick zu verschaffen, verändert und verschönert dieses Perspektiv (zu lateinisch *perspicere* = mit dem Blick durchdringen, deutlich sehen) seine visuelle Wahrnehmung der Außenwelt in der Art eines Kaleidoskops (zu griechisch *kalós* = schön, *eĩdos* = Gestalt, Bild und *skopeĩn* = betrachten, schauen).

Nicht ohne einen Anflug von romantischer Ironie versetzt das Ende des *Sandmannes* den Leser in den gleichen Zustand wie „den unglücklichen Nathanael:" nach der Lektüre kann er ebenfalls seinen Augen nicht glauben und auch nicht trauen, und er ist nicht einmal imstande, sich anhand des Augenmotives Klarheit über die Erscheinung der bösartigen Sandmann-Figur sowie über den Geisteszustand des Protagonisten zu verschaffen. In einem Wort, der Leser verliert völlig den Überblick, und je mehr er versucht, seinen Blick auf Hoffmanns Prosatext zu schärfen, desto kurzsichtiger wird jener und desto unklarer erscheint dieser. Obwohl der Erzähler in seiner Anrede am Anfang der Geschichte dem Leser verspricht, die Gestalten so darzustellen, „als hättest du die Person recht oft schon mit leibhaftigen Augen gesehen," kann man sich des Eindrucks nur schwer erwehren, dass dieser Erzähler dem Leser Sand in die Augen streut. Falls die Geschichte von Nathanael tatsächlich als Allegorie zu verstehen ist, wie der Professor für Poesie und Beredsamkeit es gegen Ende anmuten lässt: „Das Ganze ist eine Allegorie – eine fortgeführte Metapher!", dann stellt sich *Der Sandmann* als lehrhafter und performativer Text heraus. Überwältigt von diesem wiederkehrenden Augenmotiv, wie Nathanael einst von Coppolas zahlreichen Brillen übermannt wurde, wird der Leser davon verblendet. Er guckt sich die Augen aus dem Kopf, bis er durchschaut, dass dieses Leitmotiv sich eigentlich als Trugbild entpuppt und insofern den Leser irreführt.

Christophe Koné: Der Sandmann: Das Augenmotiv als Trompe l'œil. Unter: https://etahoffmann.staatsbibliothek-berlin.de/erforschen/charakteristisches/auge/ (Zugriff 20.03.2019, gek.)

2 Markieren Sie im Text zunächst die Stelle, an der erklärt wird, was man unter einem Trompe-l'œil-Effekt versteht. Erläutern Sie anschließend in Ihren eigenen Worten, was man unter diesem Effekt versteht.

Beim Trompe-l'œil-Effekt handelt sich um eine Maltechnik, die Dreidimensionalität vortäuscht.

3 Benennen Sie ausgehend vom Trompe-l'œil-Effekt die zentrale These von Christophe Koné.

Koné behauptet, dass das Leitmotiv der Augen eigentlich ein „Trugbild" sei: Die Untersuchung des Augenmotivs helfe weder, Klarheit über die Erscheinung der bösartigen Sandmann-Figur noch über den Geisteszustand des Protagonisten zu erlangen; vielmehr streue der Autor dem Leser gewissermaßen Sand (in Form eines Motivs) in die Augen.

4 Koné schreibt, durch Augen würden Figuren charakterisiert, und zugleich stifte das Augenmotiv Kohärenz. Stellen Sie dar, wie die verschiedenen Aspekte (Figurencharakteristik, (nicht) sehen können und wollen) zusammenhängen.

Hier sind verschiedene Zusammenhänge zu entdecken. Wichtig sind in jedem Fall die folgenden drei zentralen Aspekte:

- *Dass er den Sandmann nicht sehen darf bzw. soll, treibt Nathanael an, ihn sehen zu wollen, und entsprechend versteckt er sich dann im Arbeitszimmer. Aus dem Sehen des Sandmanns (der Begegnung mit Coppelius) erwächst die Furcht vor dem Sehverlust, was Nathanael wiederum antreibt, den Sandmann (das Schreckliche) zu visualisieren.*
- *Zugleich ist die Sehbehinderung Nathanaels wichtig: Das Nichtsehenkönnen macht ein Perspektiv notwendig, das wiederum den Blick trübt.*
- *Schließlich ist Nathanael die einzige Figur, die um das Sehen aktiv bemüht ist, aber nicht durch ihre Augen charakterisiert wird.*

5 Gängige Deutungen des Augenmotivs fassen die Augen als Symbol der Erkenntnisfähigkeit (Erkenntnisfreiheit) auf. Erläutern Sie knapp diese Sichtweise.

Die Augen als Organ des Sehens und damit des Erkennens: Sie müssen die Freiheit haben zu sehen und uneingeschränkt sehen können und wollen (anders als bei Olimpia). Zugleich verliert man die Erkenntnisfähigkeit, wenn man ein fremdes Auge (ein Perspektiv) benutzt. Der Augenraub steht dann für die Unmöglichkeit, selbstbestimmt die Welt zu erkennen.

6 Skizzieren Sie abschließend eine poetologische Deutung des Augenmotivs vor dem Hintergrund der Erzähleraussage, „manche Gestalt wie ein guter Porträtmaler so aufzufassen, dass du sie ähnlich findest, ohne das Original zu kennen, ja dass es dir ist, als hättest du die Person recht oft schon mit leibhaftigen Augen gesehen".

Die Beschränkung der visuellen Wahrnehmung könnte vor diesem Hintergrund als Hinweis darauf gelesen werden, dass eine objektive Beschreibung der Wirklichkeit kaum möglich ist, man also die Welt (die Figuren) im Inneren ausgestaltet muss (wie dies Nathanael – auch schon als Kind – tut), d. h. die Welt erst durch die Dichtung lebendig wird.

ÜBRIGENS

„Gespenster- Hoffmann"

E. T. A. Hoffmann wurde laut Rüdiger Safranksi nach seinem literarischen Durchbruch bald als „Gespenster-Hoffmann" in ganz Deutschland bekannt. Dazu trugen nicht nur seine Werke, sondern auch das nächtliche Treiben des kleinen, buckligen Mannes bei: Während er tagsüber als Gerichtsrat mehr oder weniger bieder (auch der „Sandmann" soll während einer Gerichtsverhandlung konzipiert worden sein) seinen Dienst versah, sah man ihn in den Nachtstunden oft trinken, spaßen und spotten; auch hielt er Séancen ab und gab sich erotischen Abenteuern hin.

Porträt von E. T. A. Hoffmann
iStockphoto, Calgary, Alberta

Mein Wissen sichern und anwenden

Thomas Koebner: Die Idylle trügt (1988)

Hinter der wohlanständigen Fassade des Bürgerhauses, in dem Nathanaels Familie wohnt, rumort es verdächtig. Im Arbeitszimmer gibt es ein verstecktes alchemistisches Kabinett. Unter der Oberfläche willfähriger Friedfertigkeit bei der Person des Vaters enthüllen sich dem Sohn ganz unbegreifliche Begierden, die Vater sogar einen Bund mit dem Feind eingehen lassen. Im ersten Stock des ehrbaren Hauses, wo sonst nur Ruhe und Gleichmaß herrschen, gibt es schließlich eine Explosion. Der Student Nathanael, der sonst seiner schon früh angelobten Clara anmutige Gedichtlein zum geselligen Zeitvertreib vorträgt, während sie strickt und stickt und aus dem Fenster guckt, wird plötzlich von dunklen Ahnungen und grässlichen Träumen überwältigt. Der brave Mann, dessen Lebensweg an der Seite Claras schon so deutlich vorgezeichnet scheint, entwischt dem bürgerlichen Programm in eine leidenschaftliche und falsche Liebe zu einer Puppe und verfällt schließlich dem Wahnsinn. Als die Familienharmonie wiederhergestellt ist und der verlorene Sohn eingefangen scheint, kommt es zu einem zweiten, noch bösartigeren Ausbruch: Nathanael wird beinahe zum wahnsinnigen Mörder von Clara. Die Idylle der Wohlanständigkeit und der gesicherten Verhältnisse trügt. Im Bürger tun sich Abgründe auf - und man kann argwöhnen, dass diese Abgründe spezifisch mit der bürgerlichen Lebensführung zu tun haben. Ob nicht das extreme Sichruhigstellen und die Selbstentäußerung an die Gebote und Regeln der Außenwelt, das Verdrängen der Triebregungen, um unauffällig und klein zu bleiben, zu einer künstlichen Identität führen, die manchem wie Nathanael schon den Blick dafür verwirren kann, was Natur und was Maschine ist? Auch mag es nicht verwundern, dass diese Domestizierung des eigenen Lebens bei einigen umschlägt in verzweifelte Ohnmachtsgefühle und eine allseitig reduzierte Persönlichkeit hervorbringt, derer man am Ende durch Selbstvernichtung ledig wird. Unter diesem Aspekt gesehen, zeigt die Erzählung *Der Sandmann*, wie die Selbstbeschränkung eines Menschen auf seine Familienrolle, seine Familienperson, wie die Überanpassung an die bürgerlichen Vorschriften der Selbstentwertung, der Ein- und Unterordnung zerstörerische und selbstzerstörerische Konsequenzen bergen.

Thomas Koebner: E.T.A. Hoffmann: Der Sandmann. In: Interpretationen. Erzählungen und Novellen des 19. Jahrhunderts. Bd. 1. Reclam Stuttgart 1988. S. 277–279.

1 Fassen Sie die Kernaussagen Koebners zusammen.

Laut Koebner zeigt die Erzählung Hoffmanns, wie die bürgerliche Idylle gestört wird durch den Einbruch des Fantastischen (das Arbeitszimmer wird zum alchimistischen Labor, der Vater entwickelt ungeahnte Begierden, Nathanael hat Alpträume, verliebt sich in eine Maschine, bringt beinahe Clara um und wird schließlich wahnsinnig). Dabei tun sich im Bürger selbst „Abgründe" auf, die – so die Mutmaßung Koebners – in eine künstliche Identität mit „selbstzerstörerische[n] Konsequenzen" führen (müssen).

2 Bewerten und begründen Sie, ob die Darstellung Koebners einen zentralen Aspekt von Hoffmanns Erzählung beschreibt.

Die Antwort sollte vor allem deutlich machen, dass die Sandmann-Erzählung hinreichend erfasst worden ist. Auch wenn man in der Textdeutung andere Schwerpunkte setzen kann (vgl. dazu dann den Text „Verwindung von Bewusstsein und Unbewusstem" von Gerhard Neumann, S. 94), sollte es selbstverständlich sein, dass Koebner mit dem Einbruch des Wahnsinns in die bürgerliche Welt einen relevanten Aspekt des Hoffmann-Textes anspricht.

Übersicht über die Unterrichtseinheit
Kapitel 6: Romantik als Gegenbewegung zur Aufklärung?

DIDAKTISCHE HINWEISE

- Das erste Teilkapitel behandelt mit Kleist einen Autor, der zwar teilweise romantische Motive und Themen aufgreift, aber in besonderer Weise mit diesen zugleich auch bricht. Kleist steht hier beispielhaft für einen Autor, der sich keiner bestimmten literarischen Epoche zuordnen lässt und somit notwendig Epochen als Konstrukte entlarvt. Ergänzend könnte hier KV 7 behandelt werden: Der Textauszug dort („Kleists Kampf mit Goethe“ von Katharina Mommsen) verdeutlicht im Bruch zwischen Goethe und Kleist die Einordnungsproblematik zur Weimarer Klassik hin.
- Teilkapitel B thematisiert mit Blick auf das Pflichtmodul „Romantik als Gegenbewegung zur Aufklärung?“ den Epochenumbruch von der Aufklärung zur Romantik.
- Die Teilkapitel C und D behandeln Aspekte für den Unterricht auf erhöhtem Anforderungsniveau, wobei Teilkapitel D sich inhaltlich auch an die Bearbeitung von Teilkapitel A anschließen könnte (mit KV 7 als möglicher Überleitung).
- Teilkapitel C mit der Behandlung des gesellschaftlich-politischen Zeitkontextes ließe sich durch Referate (insbesondere zu den im Text von Nicholas Boyle angesprochenen Aspekten und Autoren) vertiefen.

KERNCURRICULUM

- **RT 1:** Literatur und Sprache um 1800, **PM:** Romantik als Gegenbewegung zur Aufklärung?
- **Verbindlicher UA (gA):** Zeit- bzw. epochenspezifische Sprachverwendung
- **Verbindliche UA (eA):** Probleme der Periodisierung: Epochen als Konstrukte; Romantik als Ausdruck einer Krisenerfahrung

UE 6 **10 U-Std.**

Teilkapitel	Materialien	angezielte Kompetenzen
A **Welt voller Geheimnisse** Merkmale von Aufklärung und Romantik vergleichend gegenüberstellen	H. v. Kleist: *Das Bettelweib von Locarno* R. Safranski: *Das Licht der Aufklärung verliert an Glanz*	literarische Texte interpretieren Erzählstrategien analysieren pragmatische Texte analysieren
B **Das geheimnisvolle Innere** Die Romantik als Gegenbewegung zur Aufklärung untersuchen	E. T. A. Hoffmann: *Der Sandmann* G. Neumann: *Verwindung von Bewusstsein und Unbewusstem*	literarische Texte interpretieren Epochenumbrüche untersuchen
eA C **(eA) Notwendigkeit gesellschaftlicher Umbrüche?** Die Romantik als Ausdruck einer Krisenerfahrung verstehen	C. Brentano: *Der Philister vor, in und nach der Geschichte* N. Boyle: *Die Geburt des Nationalismus*	pragmatische Texte analysieren
eA D **(eA): Epochen als Konstrukte** Literaturgeschichtliche Kategorien kritisch hinterfragen	G. Kaiser: *Einheit der Epoche?* D. Fulda et al.: *Epochenschnittstellen* R. Selbmann: *Deutsche Klassik*	Sachfragen diskutieren über Epochen reflektieren

RT = Rahmenthema **PM** = Pflichtmodul **WPM** = Wahlpflichtmodul **UA** = Unterrichtsaspekt **UE** = Unterrichtseinheit

eA grün markiert = erhöhtes Anforderungsniveau (eA)

blau markiert = fakultative Teilkapitel und Materialien

Übersicht über den Stundenverlauf

Stunden	Ziele	Material	Erläuterungen, methodische Hinweise	Sozialformen
1 Std. Kapitelauftakt	Hinführung an die Polarität zwischen Aufklärung und Romantik	Bilder: D. Chodowiecki: *Die aufgeklärte Weisheit als Minerva schützt die Gläubigen aller Religionen*; C. D. Friedrich: *Mondaufgang am Meer*	Der Besprechung von Aufgabe 1 könnte eine detaillierte mündliche Beschreibung der Bilder vorausgehen.	EA, PA mit Nachbesprechung im Plenum
2 Std. Teilkapitel A	einen literarischen Text erschließen, bewerten und im Zeitkontext verorten einen pragmatischen Text erschließen	H. v. Kleist: *Das Bettelweib von Locarno* R. Safranski: *Das Licht der Aufklärung verliert an Glanz* KV 7	Als Hinführung zum „Bettelweib von Locarno" könnte ein (Kurz-)Referat über H. v. Kleist sinnvoll sein; vgl. auch Teilkapitel C	EA, PA: Textbeschreibung und -analyse mit Nachbesprechung im Plenum Plenum: Diskussion (Aufgabe 6)
2 Std. Teilkapitel B	einen literarischen Text erschließen und im Zeitkontext verorten einen pragmatischen Text erschließen	E. T. A. Hoffmann: *Der Sandmann* G. Neumann: *Verwindung von Bewusstsein und Unbewusstem*	In leistungsschwächeren Gruppen bietet sich bei der Textbeschreibung und -analyse PA an, wobei die Teams gezielt gemischt werden sollten (leistungsschwächere und -stärkere Schüler).	EA, PA: Textbeschreibung und -analyse mit Nachbesprechung im Plenum
2 Std. Teilkapitel C (eA)	den politisch-gesellschaftlichen Kontext der Romantik verstehen satirisches Schreiben erkennen	C. Brentano: *Der Philister vor, in und nach der Geschichte* N. Boyle: *Die Geburt des Nationalismus* Wissen: Satire	Im Unterricht für das erhöhte Anforderungsniveau könnte ein Referat zu Kleist auch im Zusammenhang mit der Besprechung des Textes von Boyle erfolgen.	Plenum: Auftakt (Aufgabe 1 u. 2) EA, PA: Textbeschreibung und -analyse mit Nachbesprechung im Plenum (v. a. Aufgabe 4 u. 6)
2 Std. Teilkapitel D (eA)	Probleme der Periodisierung: Epochen als Konstrukte verstehen pragmatische und diskontinuierliche Texte erschließen	Schaubild: Epochen der deutschen Literatur G. Kaiser: *Einheit der Epoche?* D. Fulda et al.: *Epochenschnittstellen* R. Selbmann: *Deutsche Klassik* KV 7	Die Schüler könnten in Literaturlexika und im Internet nach weiteren Periodisierungen recherchieren und diese auf Gemeinsamkeiten und Unterschiede hin untersuchen.	EA, PA: Textbeschreibung und -analyse mit Nachbesprechung im Plenum Plenum: Diskussion (Aufgabe 5)
1 Std. Mein Wissen sichern und anwenden	die Weltsicht der Romantik und Aufklärung im Kontrast erfassen literarhistorische Verortung eines Erzähltextes	Novalis: *Wenn nicht mehr Zahlen und Figuren* F. Schiller: *Der Geisterseher*	Im Anschluss an die resümierende Gegenüberstellung von Aufklärung und Romantik (Aufgabe 1) eignet sich der zweite Text (Aufgabe 2) besonders für die Problematisierung von Epochengrenzen und literaturgeschichtlichen „Daten".	EA mit anschließendem Unterrichtsgespräch

EA = Einzelarbeit **GA** = Gruppenarbeit **HA** = Hausaufgabe **PA** = Partnerarbeit **UG** = Unterrichtsgespräch

6 Romantik als Gegenbewegung zur Aufklärung?

Mein Lernweg

A Welt voller Geheimnisse
Merkmale von Aufklärung und Romantik vergleichend gegenüberstellen

B Das geheimnisvolle Innere
Die Romantik als Gegenbewegung zur Aufklärung untersuchen

eA **C Notwendigkeit gesellschaftlicher Umbrüche?**
Die Romantik als Ausdruck einer Krisenerfahrung verstehen

eA **D Epochen als Konstrukte**
Literaturgeschichtliche Kategorien kritisch hinterfragen

Daniel Chodowiecki (1726–1801): *Die aufgeklärte Weisheit als Minerva schützt die Gläubigen aller Religionen* (Radierung, 1791)
akg-images, Berlin

Caspar David Friedrich (1774–1840): *Mondaufgang am Meer* (Öl auf Leinwand, 1822)
BPK (Jörg P. Anders), Berlin

135 **1 Erläutern Sie, welche Gegensätze die Bilder ausdrücken.**

Heinrich von Kleist: Das Bettelweib von Locarno (1810)

Am Fuße der Alpen bei Locarno im oberen Italien befand sich ein altes, einem Marchese gehöriges Schloss, das man jetzt, wenn man vom St. Gotthard kommt, in Schutt und Trümmern liegen sieht: ein Schloss mit hohen und weitläufigen Zimmern, in deren einem einst auf Stroh, das man ihr unterschüttete, eine alte kranke Frau, die sich bettelnd vor der Tür eingefunden hatte, von der Hausfrau aus Mitleiden gebettet worden war. Der Marchese, der bei der Rückkehr von der Jagd zufällig in das Zimmer trat, wo er seine Büchse abzusetzen pflegte, befahl der Frau unwillig, aus dem Winkel, in welchem sie lag, aufzustehn und sich hinter den Ofen zu verfügen. Die Frau, da sie sich erhob, glitschte mit der Krücke auf dem glatten Boden aus und beschädigte sich auf eine gefährliche Weise das Kreuz; dergestalt, dass sie zwar noch mit unsäglicher Mühe aufstand und quer, wie es ihr vorgeschrieben war, über das Zimmer ging, hinter dem Ofen aber unter Stöhnen und Ächzen niedersank und verschied.
Mehrere Jahre nachher, da der Marchese durch Krieg und Misswachs in bedenkliche Vermögensumstände geraten war, fand sich ein florentinischer Ritter bei ihm ein, der das Schloss seiner schönen Lage wegen von ihm kaufen wollte. Der Marchese, dem viel an dem Handel gelegen war, gab seiner Frau auf, den Fremden in dem obenerwähnten leerstehenden Zimmer, das sehr schön und prächtig eingerichtet war, unterzubringen. Aber wie betreten war das Ehepaar, als der Ritter mitten in der Nacht verstört und bleich zu ihnen herunterkam, hoch und teuer versichernd, dass es in dem Zimmer spuke, indem etwas, das dem Blick unsichtbar gewesen, mit einem Geräusch, als ob es auf Stroh gelegen, im Zimmerwinkel aufgestanden mit vernehmlichen Schritten langsam und gebrechlich quer über drei Zimmer gegangen und hinter dem Ofen unter Stöhnen und Ächzen niedergesunken sei.
Der Marchese, erschrocken, er wusste selbst nicht recht warum, lachte den Ritter mit erkünstelter Heiterkeit aus und sagte, er wolle sogleich aufstehen und die Nacht zu seiner Beruhigung mit ihm in dem Zimmer zubringen. Doch der Ritter bat um die Gefälligkeit, ihm zu erlauben, dass er auf einem Lehnstuhl in seinem Schlafzimmer übernachte; und als der Morgen kam, ließ er anspannen, empfahl sich und reiste ab.
Dieser Vorfall, der außerordentliches Aufsehen machte, schreckte auf eine dem Marchese höchst unangenehme Weise mehrere Käufer ab; dergestalt, dass, da sich unter seinem eignen Hausgesinde, befremdend und unbegreiflich, das Gerücht erhob, dass es in dem Zimmer zur Mitternachtsstunde umgehe, er, um es mit einem entscheidenden Verfahren niederzuschlagen, beschloss, die Sache in der nächsten Nacht selbst zu untersuchen. Demnach ließ er beim Einbruch der Dämmerung sein Bett in dem besagten Zimmer aufschlagen und erharrte, ohne zu schlafen, die Mitternacht. Aber wie erschüttert war er, als er in der Tat mit dem Schlage der Geisterstunde das unbegreifliche Geräusch wahrnahm; es war, als ob ein Mensch sich von Stroh, das unter ihm knisterte, erhob, quer über das Zimmer ging, und hinter dem Ofen unter Geseufz und Geröchel niedersank. Die Marquise, am andern Morgen, da er herunterkam, fragte ihn, wie die Untersuchung abgelaufen; und da er sich mit scheuen und ungewissen Blicken umsah und, nachdem er die Tür verriegelt, versicherte, dass es mit dem Spuk seine Richtigkeit habe: so erschrak sie, wie sie in ihrem Leben nicht getan und bat ihn, bevor er die Sache verlauten ließe, sie noch einmal in ihrer Gesellschaft einer kaltblütigen Prüfung zu unterwerfen. Sie hörten aber samt einem treuen Bedienten, den sie mitgenommen hatten, in der Tat in der nächsten Nacht dasselbe unbegreifliche, gespensterartige Geräusch; und nur der dringende Wunsch, das Schloss, es koste was es wolle, loszuwerden, vermochte sie, das Entsetzen, das sie ergriff, in Gegenwart ihres Dieners zu unterdrücken und dem Vorfall irgendeine gleichgültige und zufällige Ursache, die sich entdecken lassen müsse, unterzuschieben. Am Abend des dritten Tages, da beide, um der Sache auf den Grund zu kommen, mit Herzklopfen wieder die Treppe zu dem Fremdenzimmer bestiegen, fand sich zufällig der Haushund, den man von der Kette losgelassen hatte, vor der Tür desselben ein; dergestalt dass beide, ohne sich bestimmt zu erklären, vielleicht in der unwillkürlichen Absicht, außer sich selbst noch etwas Drittes, Lebendiges, bei sich zu haben, den Hund mit sich in das Zimmer nahmen. Das Ehepaar, zwei Lichter auf dem Tisch, die Marquise unausgezogen, der Marchese Degen und Pistolen, die er aus dem Schrank genommen, neben sich, setzen sich gegen elf Uhr jeder auf sein Bett; und während sie sich mit Gesprächen, so gut sie vermögen, zu unterhalten suchen, legt sich der Hund, Kopf und Beine zusammengekauert, in der Mitte des Zimmers nieder und schläft ein, Drauf, in dem Augenblick der Mitternacht, lässt sich das entsetzliche Geräusch wieder hören; jemand, den kein Mensch mit Augen sehen kann, hebt sich auf Krücken im Zimmerwinkel empor; man hört das Stroh, das unter ihm rauscht; und mit dem ersten Schritt: tapp! tapp! erwacht der Hund, hebt sich plötzlich, die Ohren spitzend, vom Boden empor, und knurrend und

bellend, grad' als ob ein Mensch auf ihn eingeschritten käme, rückwärts gegen den Ofen weicht er aus. Bei diesem Anblick stürzt die Marquise mit sträubenden Haaren aus dem Zimmer; und während der Marchese, der den Degen ergriffen: „Wer da?“ ruft, und, da ihm niemand antwortet, gleich einem Rasenden nach allen Richtungen die Luft durchhaut, lässt sie anspannen, entschlossen, augenblicklich nach der Stadt abzufahren. Aber ehe sie noch nach Zusammenraffung einiger Sachen aus dem Tore herausgerasselt, sieht sie schon das Schloss ringsum in Flammen aufgehen. Der Marchese, von Entsetzen überreizt, hatte eine Kerze genommen und dasselbe, überall mit Holz getäfelt wie es war, an allen vier Ecken, müde seines Lebens, angesteckt. Vergebens schickte sie Leute hinein, den Unglücklichen zu retten; er war auf die elendiglichste Weise bereits umgekommen; und noch jetzt liegen, von den Landleuten zusammengetragen, seine weißen Gebeine in dem Winkel des Zimmers, von welchem er das Bettelweib von Locarno hatte aufstehen heißen.

Heinrich von Kleist: Sämtliche Erzählungen und andere Prosa. Reclam Stuttgart 2004,, S. 225–228.

KV 7 **1** Beschreiben Sie die Wirkung der Erzählung „Das Bettelweib von Locarno“ beim ersten Lesen auf Sie. Welche spezifischen erzählerischen und sprachlichen Mittel setzt Heinrich von Kleist ein, um diese Wirkung zu erzielen?

erster Eindruck: *Es handelt sich auf den ersten Blick um eine scheinbar triviale Spuk-Erzählung.*

wichtige erzählerische Mittel: ***Ort der Handlung:*** *Schloss bei Locarno (Ortsangabe vermittelt den Eindruck, es werde eine Sage erzählt) –* ***Zeitgestaltung:*** *zeitraffend (die erzählte Handlung erstreckt sich über Jahre) und zugleich zeitdehnend (wie beim letzten Spukereignis) –* ***Erzählform und -verhalten:*** *auktorialer Er-Erzähler (der aber weder wertet noch allwissend ist, was die Deutung des Spuks anlangt) –* ***Erzählhaltung:*** *distanziert –* ***Darstellungsform:*** *keine direkte und nur wenig indirekte Rede; es wird außerdem von vollzogenen sprachlichen Handlungen berichtet (z. B. „Vergebens schickte sie Leute hinein, den Unglücklichen zu retten“).*

wichtige sprachliche Mittel: *szenisches Präsens (z. B. „rückwärts gegen den Ofen weicht er aus“) – anschauliche Wortwahl („unter Stöhnen und Ächzen“) und Verwendung sprachlicher Bilder („als ob es auf Stroh gelegen“) – komplexer (verschachtelter) Satzbau (z. B. „dass, da sich unter seinem eignen Hausgesinde, befremdend und unbegreiflich, das Gerücht erhob, dass es in dem Zimmer zur Mitternachtsstunde umgehe, er, um es mit einem entscheidenden Verfahren niederzuschlagen, beschloss, die Sache in der nächsten Nacht selbst zu untersuchen“) – häufige Reihung von Adverbialen und Teilsätzen mit eigenwilliger Kommasetzung (z. B. „Der Marchese, von Entsetzen überreizt, hatte eine Kerze genommen und dasselbe, überall mit Holz getäfelt wie es war, an allen vier Ecken, müde seines Lebens, angesteckt.“)*

2 Erörtern Sie, ob und ggf. welche aufklärerischen Züge die Erzählung „Das Bettelweib von Locarno“ aufweist.

Vgl. zu den „romantischen“ Zügen der Erzählung dann Aufgabe 6. Aufklärerisch könnte gedeutet werden: Verweis auf ökonomisches Fehlverhalten (Schloss muss nach „Krieg und Misswachs“ verkauft werden) – darin ist zugleich eine allgemeine Kritik am Krieg eingeschlossen – Kritik am Adel, weil er seine soziale Verantwortung nicht wahrnimmt

136 **3** **PLUS** Die Erzählung „Das Bettelweib von Locarno“ ist gekennzeichnet von diversen Unstimmigkeiten. Lesen Sie den Text noch einmal kritisch und markieren Sie solche Unstimmigkeiten. Diskutieren Sie anschließend, warum Kleist scheinbar so fehlerhaft erzählt.

Rüdiger Safranski: Das Licht der Aufklärung verliert an Glanz (2007)

Rüdiger Safranski (*1945) im Jahr 2007
Imago (Hoffmann), Berlin

Überhaupt das Geheimnis. In dieser literaturbesessenen Epoche hatte es Konjunktur. Das Licht der Aufklärung verlor an Glanz. Bis in die einfachen Volksschichten war es sowieso nicht vorgedrungen, und in aristokratischen Kreisen spielte man mit der Vernunft und übte sich im Tischrücken. Am Ende des Jahrhunderts konnte das Wunderliche wieder selbstbewusst als das Wunderbare auftreten. Wieder tauchen Wunderheiler auf, die man zuvor in die Arbeitshäuser gesperrt hatte. Wieder laufen in den Städten die Menschen zusammen, um Propheten anzuhören, die den Weltuntergang oder die Wiederkehr des Messias predigten.
In Sachsen und Thüringen trieb der Teufelsaustreiber Gaßner sein Wesen, und in Leipzig erlangt der der Gastwirt Schrepfer eine kurze Berühmtheit als Totenbeschwörer. Die allgemeine Stimmung hatte sich geändert, man fand wieder Gefallen am Rätselhaften, der Glaube an die Transparenz und Kalkulierbarkeit der Welt war schwächer geworden. Die pragmatische Aufklärung hatte Vorhersehbarkeit und Planbarkeit auf ihr Panier geschrieben. Die 80er- und 90er-Jahre aber bringen Wirtschaftskrisen und Kriege. Der erste Akt der Französischen Revolution konnte noch als Akt der Vernunft gelten – die Welt stand *auf dem Kopf* (Hegel)[1], der Gedanke triumphierte –, aber die tumultuarischen und terroristischen Folgen musste man wohl als Zeichen dafür nehmen, dass die Geschichte der planenden Vernunft aus dem Ruder läuft und eher unsere dunkle Natur als unseren hellen Verstand zum Zuge kommen lässt. Das alles erschüttert das Vertrauen in ein aufgeklärtes Denken, das sich die Sache leicht macht, was bedeutet: unfähig ist, die Tiefe des Lebens und seine Nachtseiten zu erfassen. Es wird der Ehrgeiz der Romantiker sein, das Denken und die Imagination auf das Ungeheure einzustimmen, das in uns und um uns geschieht. Dass der Fortschritt immer das Bessere bringt, beginnt man zu bezweifeln. Könnte es nicht auch das Alte und Uralte sein? Jedenfalls hört man, wenn die lichte Zukunft sich verdüstert, die Stimme der Vergangenheit besser. Man findet wieder Gefallen am Dunklen, das von weither kommt. Die verhangene Melancholie der Volkslieder übt ihren Reiz aus: *Es fiel ein Reif in der Frühlingsnacht.*
Die Lust am Geheimnisvollen und Wunderbaren, wie sie in der literarischen Kultur am Ende des Jahrhunderts aufkommt, ist das Symptom eines Mentalitätswandels, der den rationalistischen Geist zurückdrängt. Es sind viele, die am gemessenen Schreiten des aufgeklärten Fortschritts zweifeln oder gar verzweifeln und einen Ausnahmezustand herbeisehnen, der ihnen erlaubt, einzelne Stufen zu überspringen und ihr individuelles Glück zu machen, noch ehe die triumphierende Vernunft das Glück der Menschheit sichert. Man hofft auf überraschende Wendungen und Begegnungen, die das große Glück bringen. Die Romane leben davon. *Nichtsahnend ging ich aus dem Haus, als plötzlich ...* – das wird jetzt die Formel der Spannungserzeugung. Besonders E. T. A. Hoffmann wird sie virtuos zu handhaben wissen. Der junge Tieck macht auf seinem Gang zur Schule Umwege, um die Wahrscheinlichkeit von Begegnungen zu erhöhen, die ins Unvorhersehbare führen. Friedrich Schlegel kann sich 1792 einer solchen Begegnung rühmen*: Das Schicksal hat einen jungen Mann in meine Hand gegeben, aus dem alles werden kann,* berichtet er seinem Bruder im Januar 1791. der junge Mann, es ist Novalis, glaubt auch an ein Wunder, das ihn mit Schlegel zusammengeführt habe.

Rüdiger Safranski: Romantik. Eine deutsche Affäre. Frankfurt: Fischer 2009. S. 53 f.

136 **4** Benennen Sie, an welchen Anzeichen Safranski die Abkehr von der Vernunft festmacht.

136 **5** Erläutern Sie, welche äußeren, politischen Gründe für diesen Umschwung verantwortlich sind.

136 **6** Diskutieren Sie, inwieweit Kleists Erzählung „Das Bettelweib von Locarno" der Zeitmode entspricht.

1 Der vollständige Satz Hegels lautet: „Solang die Sonne am Firmament steht und die Planeten um sie herumkreisen, war das nicht gesehen worden, dass der Mensch sich auf den Kopf stellt, d. i. auf den Gedanken stellt und die Wirklichkeit nach diesen erbaut."

B Das geheimnisvolle Innere

Die Romantik als Gegenbewegung zur Aufklärung untersuchen

E. T. A. Hoffmann: Der Sandmann (1816/17)

Illustration zu E. T .A. Hoffmann: *Der Sandmann* (1924)

Bridgeman Art Library, Berlin

Recht hatte aber Nathanael doch, als er seinem Freunde Lothar schrieb, dass des widerwärtigen Wetterglashändlers Coppola Gestalt recht feindlich in sein Leben getreten sei. Alle fühlten das, da Nathanael gleich in den ersten Tagen in seinem ganzen Wesen durchaus verändert sich zeigte. Er versank in düstre Träumereien und trieb es bald so seltsam, wie man es niemals von ihm gewohnt gewesen. Alles, das ganze Leben war ihm Traum und Ahnung geworden; immer sprach er davon, wie jeder Mensch, sich frei wähnend, nur dunklen Mächten zum grausamen Spiel diene, vergeblich lehne man sich dagegen auf, demütig müsse man sich dem fügen, was das Schicksal verhängt habe. Er ging so weit, zu behaupten, dass es töricht sei, wenn man glaube, in Kunst und Wissenschaft nach selbsttätiger Willkür zu schaffen; denn die Begeisterung, in der man nur zu schaffen fähig sei, komme nicht aus dem eignen Innern, sondern sei das Einwirken irgendeines außer uns selbst liegenden höheren Prinzips.

Der verständigen Clara war diese mystische Schwärmerei im höchsten Grade zuwider, doch schien es vergebens, sich auf Widerlegung einzulassen. Nur dann, wenn Nathanael bewies, dass Coppelius das böse Prinzip sei, was ihn in dem Augenblick erfasst habe, als er hinter dem Vorhange lauschte, und dass dieser widerwärtige *Dämon* auf entsetzliche Weise ihr Liebesglück stören werde, da wurde Clara sehr ernst und sprach: „Ja, Nathanael! du hast Recht, Coppelius ist ein böses, feindliches Prinzip, er kann Entsetzliches wirken, wie eine teuflische Macht, die sichtbarlich in das Leben trat, aber nur dann, wenn du ihn nicht aus Sinn und Gedanken verbannst. Solange du an ihn glaubst, *ist* er auch und wirkt, nur dein Glaube ist seine Macht." – Nathanael, ganz erzürnt, dass Clara die Existenz des *Dämons* nur in seinem eignen Innern statuiere, wollte dann hervorrücken mit der ganzen mystischen Lehre von Teufeln und grausen Mächten, Clara brach aber verdrießlich ab, indem sie irgendetwas Gleichgültiges dazwischenschob, zu Nathanaels nicht geringem Ärger. Der dachte, kalten unempfänglichen Gemütern erschließen sich [nicht] solche tiefen Geheimnisse, ohne sich deutlich bewusst zu sein, dass er Clara eben zu solchen untergeordneten Naturen zähle, weshalb er nicht abließ mit Versuchen, sie in jene Geheimnisse einzuweihen. Am frühen Morgen, wenn Clara das Frühstück bereiten half, stand er bei ihr und las ihr aus allerlei mystischen Büchern vor, dass Clara bat: „Aber lieber Nathanael, wenn ich *dich* nun das böse Prinzip schelten wollte, das feindlich auf meinen Kaffee wirkt? – Denn, wenn ich, wie du es willst, alles stehen und liegen lassen und dir, indem du liesest, in die Augen schauen soll, so läuft mir der Kaffee ins Feuer, und ihr bekommt alle kein Frühstück!" – Nathanael klappte das Buch heftig zu und rannte voll Unmut fort in sein Zimmer. Sonst hatte er eine besondere Stärke in anmutigen, lebendigen Erzählungen, die er aufschrieb, und die Clara mit dem innigsten Vergnügen anhörte; jetzt waren seine Dichtungen düster, unverständlich, gestaltlos, so dass, wenn Clara schonend es auch nicht sagte, er doch wohl fühlte, wie wenig sie davon angesprochen wurde. Nichts war für Clara tötender als das Langweilige; in Blick und Rede sprach sich dann ihre nicht zu besiegende geistige Schläfrigkeit aus. Nathanaels Dichtungen waren in der Tat sehr langweilig. Sein Verdruss über Claras kaltes prosaisches Gemüt stieg höher, Clara konnte ihren Unmut über Nathanaels dunkle, düstere, langweilige Mystik nicht überwinden, und so entfernten beide im Innern sich immer mehr voneinander, ohne es selbst zu bemerken. Die Gestalt des hässlichen Coppelius war, wie Nathanael selbst es sich gestehen musste, in seiner Phantasie erbleicht, und es kostete ihm oft Mühe, ihn in seinen Dichtungen, wo er als grauser Schicksalspopanz auftrat, recht lebendig zu kolorieren. Es kam ihm endlich ein, jene düstre Ahnung, dass Coppelius sein Liebesglück stören werde, zum Gegenstande eines Gedichts zu machen. Er stellte sich und Clara dar, in treuer Liebe verbunden, aber dann und wann war es, als griffe eine schwarze Faust in ihr Leben und risse irgendeine Freude heraus, die ihnen aufgegangen. Endlich, als sie schon am Traualtar stehen, erscheint der entsetzliche Coppelius und berührt Claras holde Augen; die springen in Nathanaels Brust, wie blutige Funken sengend und brennend, Coppelius fasst ihn und wirft ihn in einen flammenden Feuerkreis, der sich dreht mit der Schnelligkeit des

Sturmes und ihn sausend und brausend fortreißt. Es ist ein Tosen, als wenn der Orkan grimmig hineinpeitscht in die schäumenden Meereswellen, die sich wie schwarze, weißhauptige Riesen emporbäumen in wütendem Kampfe. Aber durch dies wilde Tosen hört er Claras Stimme: Kannst du mich denn nicht erschauen? Coppelius hat dich getäuscht, das waren ja nicht meine Augen, die so in deiner Brust brannten, das waren ja glühende Tropfen deines eignen Herzbluts – ich habe ja meine Augen, sieh mich doch nur an! – Nathanael denkt: Das ist Clara, und ich bin ihr eigen ewiglich. – Da ist es, als fasste der Gedanke gewaltig in den Feuerkreis hinein, dass er stehen bleibt, und im schwarzen Abgrund verrauscht dumpf das Getöse. Nathanael blickt in Claras Augen; aber es ist der Tod, der mit Claras Augen ihn freundlich anschaut.

E. T. A. Hoffmann: Der Sandmann. Text mit Materialien, ausgewählt von Hans Ulrich Staiger. Klett Editionen für den Literaturunterricht. Ernst Klett Verlag, Stuttgart 2008, S. 19 ff.

1 Erläutern Sie, weshalb sich Nathanael gegen die Ansicht stellt, man könne „in Kunst und Wissenschaft nach selbsttätiger Willkür […] schaffen" (S. 93, Z. 12 f.).

Dies ist nach Nathanael nicht möglich, da die Begeisterung für ein solches Unterfangen „das Einwirken irgendeines außer uns selbst liegenden höheren Prinzips" sei. Man kann hierin eine Spitze gegen die Kunstauffassung der Weimarer Klassik sehen.

2 Fassen Sie zusammen, wie Clara hier auf Nathanael wirkt. Bewerten Sie diese Sichtweise vor dem Kontext der Epochenfrage.

Nathanael nimmt vor allem „Claras kaltes prosaisches Gemüt" bzw. „kalte[s] unempfängliche[s] Gemüt" wahr, so dass sie hier wie eine Repräsentantin der Aufklärung wirkt. Auch der Erzähler spricht von der „verständigen Clara", sagt an anderer Stelle (S. 19 oben) aber auch: „Clara hatte die lebenskräftige Fantasie des heiteren unbefangenen Kindes, ein tiefes weiblich zartes Gemüt, einen gar heilen scharf sichtenden Verstand", womit gerade kein einseitig rationaler Mensch beschrieben wird; allerdings ist der Verstand von Clara im Gegensatz zu dem von Nathanael „heil". Die Schülerinnen und Schüler dürfen sich also nicht dazu hinreißen lassen, die Sichtweise Nathanaels ungeprüft zu übernehmen.

Gerhard Neumann: Verwindung von Bewusstsein und Unbewusstem (2001)

Aus der unberechenbaren und zuletzt undarstellbaren Verwindung von Bewusstsein und Unbewusstem – durch die unheimliche Wiederkehr des Verdrängten – und aus der parallel geführten Verwindung von Schärfung und gleichzeitiger Trübung des Blicks auf die Welt – durch die optischen Geräte – erscheint das Jetzt des Helden fortgesetzt und auf zerstörerische Weise an das Damals geknüpft; die Oberfläche seines Erlebens an die bedrohliche und zerstörerische Tiefe gebunden. Damit stürzt Hoffmanns *Sandmann* die Vorstellung von der aufklärerischen Wahrnehmung der Welt definitiv um; und zwar aus der Einsicht, dass menschliches Erkennen, durch die Wahrnehmung mit dem Auge ausgelöst, nicht mit dem Bewusstsein allein korreliert ist, sondern vielmehr aus dem Konflikt zwischen Bewusstsein und Unterbewusstsein erwächst. Der Schauplatz, auf dem dieser Konflikt ausgetragen wird, ist der des Traums – und zwar in seiner Verortung im „Idyll" der Familie. Es ist ein Schauplatz des Imaginären, ein Schauplatz der Bilder, ihrer Bildung und Defiguration, ihrer Gestaltung und Entstaltung. Man könnte auch sagen, dass der Traum, wie die Romantiker ihn zu begreifen beginnen, erst jenen Code bereitstellt, der zwischen Unbewusstem und Bewusstsein vermittelt. Diese Vermittlung kann freilich nicht geradlinig und „progressiv" aufgefasst werden, sondern muss, wie Freuds Wahrnehmungsarchäologie gezeigt hat, als konflikthaft gedacht werden. Sie erfolgt nicht umstandslos referentiell[1], sondern nimmt – in Verschiebung und Verdichtung – wechselnde und verformende Gestalt an. Hoffmann hat dieses Geschehen wohl als Erster erbarmungs- und illusionslos als literarische Szene entworfen. Mit dem Mythos vom Sandmann, der bei der Wahrnehmung der Welt durch das Subjekt sein verhängnisvolles Spiel im Feld zwischen Unbewusstem und Bewusstsein zu spielen beginnt und dadurch über Glanz und Elend der Identitätskarriere des Subjekts entscheidet, hat das Individuum der Moderne seine neue Signatur gefunden. Der Traum mit seinen Bildern und Gestalten – das zeigt Hoffmanns *Sandmann*-Novelle – organisiert jene beiden genannten Konflikte zwischen Oberfläche und Tiefe, zwischen Gegenwart und Vorgeschichte, aus denen die Sozialisation des Kindes in der Familie, die

1 referentiell: hier im Sinne von: eineindeutig

Bildung des erwachsenen Subjekts hervortreten soll. Zwischen Tiefe und Oberfläche spielt sich der Konflikt von Wunsch und Zensur ab, zwischen Vorgeschichte und Gegenwart derjenige von Urszene und Neurose – der Konflikt des Traumas. Erinnern und Wiederholen sind die beiden psychischen Dynamiken, in denen dieser Konflikt „durchgearbeitet" wird. Hoffmanns *Sandmann* bietet beides in beispielhafter Deutlichkeit auf: Erinnerung und Wiederholung erscheinen als jene beiden Kräfte, die in der Identitätskarriere des Protagonisten ihre Wirkung entfalten, diesen zuletzt aber nicht in das Idyll der Familie, sondern in die Korrosionswelt des Wahnsinns führen.

Gerhard Neumann: E. T. A. Hoffmann, *Der Sandmann*. In: Meisterwerke der Literatur. Hrsg. v. Reinhard Brandt. Reclam Leipzig 2001. S. 216–219.

3 Markieren Sie die zentralen Gegensätze, die im Text von Neumann zur Sprache kommen.

4 Fassen Sie die zentrale These Gerhard Neumanns zusammen.

Neumann schreibt, dass „Hoffmanns Sandmann die Vorstellung von der aufklärerischen Wahrnehmung der Welt" dadurch umstoße, dass er zeige, dass die Wahrnehmung durch das Auge (das empirische Wissen also) unzuverlässig sei, weil es nur auf der Bewusstseinsebene stattfinde, Erkenntnis aber aus dem Zusammenspiel zwischen Bewusstsein und Unterbewusstsein erwachse. Für diese „Verwindung von Bewusstsein und Unbewusstem" habe die Romantik mit dem Traum einen „Code" der Darstellung gefunden, vgl. die graue Markierung im Text.

5 Fassen Sie zunächst sachlich den Inhalt des Gedichtes von Nathanael im Textauszug auf S. 93 f., Z. 47–59 zusammen.

6 Deuten Sie dann dieses traumartige Gedicht.
Nutzen Sie dazu den Begriffsrahmen Neumanns.

Inhaltszusammenfassung: Dargestellt wird die Beziehung zwischen Clara und Nathanael. Diese ist zunächst von „Liebesglück" geprägt, doch hat Nathanael dunkle Vorahnungen. Als er und Clara vor dem Traualter stehen, kommt Coppelius und berührt Claras Augen, die daraufhin in Nathanaels Brust springen. Coppelius wirft Nathanael nun in einen Feuerkreis, aus dem heraus Nathanael Claras Stimme hört. Die Stimme sagt, dass Coppelius Nathanael getäuscht habe und sie ihre Augen noch habe. Als Nathanael denkt, er gehöre doch zu Clara wird auch der Gedanke in den Feuerkreis gerissen. Am Ende blickt Nathanael „in Claras Augen; aber es ist der Tod, der mit Claras Augen ihn freundlich anschaut".

Deutung: Offensichtlich ist der Feuerkreis eine Chiffre für den Wahnsinn. Der erste Teil des Gedichtes spiegelt dabei die im Ausschnitt erzählte Episode. Nathanael ist tatsächlich mit Clara verlobt und immer wieder plagt ihn „jene düstre Ahnung, dass Coppelius sein Liebesglück stören werde". Clara ihrerseits versucht, Nathanael aus dem Feuerkreis zu ziehen, was auch bei Nathanael ein erneutes Zusammengehörigkeitsgefühl hervorruft. Deutlich wird dann, dass Nathanael sein persönliches Schicksal unbewusst schon sieht. Er wird auch mit diesem Gedanken (nämlich, dass Clara ihn doch noch retten konnte) in den Wahnsinn gezogen werden und schließlich im „schwarzen Abgrund" verschwinden. – Nathanaels Gedicht ist somit ein guter Beleg für den Code des Traums und, damit verbunden, für das Zusammenspiel von „Bewusstsein und Unbewusstem" in der Wahrnehmung der Welt.

136 **7** **PLUS** Versuchen Sie selbst, den Code des Traumes zu nutzen, und schreiben Sie eine Traumerzählung, die auf der Bewusstseinsebene gedeutet werden kann.

eA C

Notwendigkeit gesellschaftlicher Umbrüche?

Die Romantik als Ausdruck einer Krisenerfahrung verstehen

136 !

Clemens Brentano: Der Philister vor, in und nach der Geschichte (1811)

Wenn der Philister morgens aus seinem traumlosen Schlafe, wie ein ertrunkener Leichnam, aus dem Wasser herauftaucht, so probiert er sachte mit seinen Gliedmaßen herum, ob sie auch noch alle zugegen, hierauf bleibt er ruhig liegen, und dem anpochenden Bringer des Wochenblatts ruft er zu, er solle es in der Küche abgeben, denn er liege jetzt im ersten Schweiß und könne, ohne ein Wagehals zu sein, nicht aufstehen; sodann denkt er daran, der Welt nützlich zu sein, und weil er fest überzeugt ist, dass der nüchterne Speichel etwas sehr Heilkräftiges sei, so bestreicht er sich die Augen damit, oder der Frau Philisterin, oder seinen kleinen Philistern, oder seinem wachsamen Hund, oder niemand. Seine weiße baumwollne Schlafmütze, zu welchen diese Ungeheuer große Liebe tragen, sitzt unverrückt, denn ein Philister rührt sich nicht im Schlaf. Wenn er aufgestanden, so wechselt er das Hemd, wenn er es tut, so, dass er das erste ganz auszieht, ehe er das andere anzieht, und ist imstand, seine Flanelljacke gelinde mit seinem linken wollenen Strumpfe zu reiben, damit sie keinen Rheumatismus bekomme, auf die Haut selbst kommt er sich nie; sodann geht es an ein gewaltiges Zungenschaben und Ohrenbohren, an ein Räuspern und Spucken, entsetzliches Gurgeln und irgendeine absonderliche Art, sich zu waschen, nach einer fixen Idee, kalt oder warm sei gesund; sodann kaut er einige Wacholderbeeren, während er an das gelbe Fieber denkt; oder er hält seinen Kindern eine Abhandlung vom Gebet und sagt, wenn er sie zur Schule geschickt, zu seiner Frau: Man muss den äußern Schein beobachten, das erhält einem den Kredit, sie werden früh genug den Aberglauben einsehen. Sodann raucht er Tabak, wozu er die höchste Leidenschaft hat, oder welches er übertrieben affektiert hasst; im ganzen ist der Rauchtabak den Philistern unendlich lieb, sie sagen sehr gern, er halte ihnen den Leib gelinde offen, und sie könnten bei dem Zug der Rauchwolken Betrachtungen über die Vergänglichkeit anstellen, so hängt die Pfeife eng mit ihrer Philosophie zusammen; auch besitzt er gewiss irgendein Tabaksgedicht oder hat selbst eins gemacht. Übrigens, wenngleich mancher Tabak raucht, ohne darum ein Philister zu sein, so kann man es doch nur in einer Zeit gelernt haben, in der man ideenlos, verkehrt und ein Philister gewesen, und die lebendigsten, tüchtigsten, reinsten und seelenvollsten Menschen, die ich gekannt, waren nie auf den Tabak gekommen. Zweifelsohne zieht der Philister nun auch alle Uhren des Hauses auf und schreibt den Datum mit Kreide über die Türe; trinkt er Kaffee, so spricht er von den Engländern, nennt den Kaffee auch wohl die schwarze afrikanische Brühe; sehr kränkend würde es ihm sein, wenn die Frau ihm nicht ein Halbdutzendmal sagte: Trinke doch, er ist so schöne warm, trinke doch, eh er kalt wird; wenn er ihm aber nicht warm gebracht wurde, wehe dann der armen Frau! Seine Kaffeekanne ist von Bunzlauer Steingut, und ist er ein langsamer Trinker, so hat sie ein ordentliches Kaffeemäntelchen um, wie ein andrer Philister auch, denen diese braunen Kannen überhaupt sehr ähnlich sehen. [...]

Sie glauben, mit der Welt sei es eigentlich aus, weil es mit ihnen nie angegangen. Sie halten sich für etwas Apartes und können die Augenbraue bis unter die Haare ziehen. Sie belächeln alles von oben herab, halten allen Scherz für Dummheit, bedauren, dass wir keine römischen Klassiker sind, und gratulieren sich einander, in einer Zeit geboren zu sein, worin so vortreffliche Leute wie sie leben, und zwar ganze Tabakskollegia voll, wo die Aufklärung als ein ewig glimmender Zündstrick ihnen die Köpfe (Pfeifenköpfe) entzündet, welches Feuer sie als Opferrauch sich selbst wieder darbringen; am andern Morgen stinken diese Tempel so ziemlich, und der Herr vom Hause, sagt Goethe, weiß immer, wo es stinkt. [...]

Sie behaupten, man müsse die Festungen übergeben, um die Häuser zu schonen, und lassen gern ewige alte Eichen umhauen; um irgendeinen Pflaumenbaum anzupflanzen. Sie glauben, die Deutschen seien kein herrliches Volk, sie müssten von den Franzosen gebildet werden, doch schwätzen sie immer von Deutschheit, Redlichkeit, und wenn es nur erst zur Reife käme. Sie würden gar nichts gegen die Franzosen haben, wenn ihnen nur die Einquartierung nicht so viel kostete; die Engländer nennen sie Englishmen und lieben sie allein wegen der Pfund Sterling, wobei sie fragen, was schwerer sei, ein Pfund Federn oder ein Pfund Gold? [...]

Wenn sie sich schnäuzen, trompeten sie ungemein mit der Nase. Alle Begeisterten nennen sie verrückte Schwärmer, alle Märtyrer Narren, und können nicht begreifen, warum der Herr für unsre Sünden gestorben und nicht lieber zu Apolda[1] eine kleine nützliche Mützenfabrik angelegt. Nie hat sie der Regen ohne Regenschirm getroffen. Sagen sie: Guten Abend, Guten Morgen, Guten Tag! Wie geht's, was macht die Frau Liebste?, so denken diese Elenden nichts dabei, es fällt ihnen vom Maul, und nach Tisch wünschen sie

1 Stadt in der Nähe Weimars.

einem, wohl gespeist zu haben, wenn man gleich gehungert hat. Sie haben alle ihre Leiber in ihrer feierlichsten Stunde der Anatomie, ihre Köpfe dem Doktor Gall[1] zur Erweiterung der Wissenschaft verschrieben und sind ungemein stolz darauf und haben sich an diesem Tage in Cottbusser Bier übernommen. [...]

Clemens Brentano: Gehalten als Tischrede im März 1811 in der „Christlich-Theutschen Tischgesellschaft" in Berlin. In: Ders.: Werke. Bd. 2. Hrsg. v. Friedhelm Kemp u. Wolfgang Frühwald. Hanser München 1980, S. 1209.

136 **1** Charakterisieren Sie den Philister (d.i. ein Spießbürger bzw. Spießer) durch Adjektive. Suchen Sie im Text, ergänzen Sie dann weitere Adjektive bzw. Charakterisierungen.

137 **2** Ordnen Sie den Philister, wie ihn Brentano charakterisiert, einer sozialen Schicht zu. Begründen Sie Ihre Einschätzung. Stellen Sie anschließend dar, was Sie aus dieser Zuordnung schließen.

WISSEN

Satire

Eine Satire übt immer **Kritik** an einer Person, einer Sache, einem Vorgang oder an einem Ereignis. Der Autor möchte dabei die Leser auf seine Seite ziehen. Damit die Leser die Kritikwürdigkeit einer Sache erkennen, wird die Darstellung dieser Sache möglichst deutlich von einem (vorgestellten bzw. gewünschten) Idealzustand abgehoben, d.h. es wird gezeigt, wie sehr sich eine Sache in der Wirklichkeit vom wünschenswerten Idealzustand entfernt hat.
Um diesen **Kontrast zwischen Wirklichkeit und Idealzustand** zu verdeutlichen, werden verschiedene Stilmittel eingesetzt; wichtige Mittel sind:

- Gegenüberstellungen (Vergleiche, Antithesen)
- Übertreibung/Untertreibung
- Ironie, Parodie, Karikatur

Satirisches Schreiben ist weder auf eine Gattung noch auf bestimmte Genres festgelegt, es kann in allen Textsorten vorkommen.

3 Weisen Sie am Text von Brentano Stilmittel der Satire nach.

Gegenüberstellung: Philister vs. „die lebendigsten, tüchtigsten, reinsten und seelenvollsten Menschen, die ich gekannt"

Übertreibung: „wie ein ertrunkener Leichnam"; „ein gewaltiges Zungenschaben und Ohrenbohren"; „ein Räuspern und Spucken, entsetzliches Gurgeln"; ...

Parodie/Karikatur: im Speziellen etwa das Verhalten der Frau („Trinke doch, er ist so schöne warm, trinke doch, eh er kalt wird"), wobei insgesamt der Philister als Typus überzeichnet ist

137 **4** Verorten Sie die Kritik am Philister im Kontext der zeitgenössischen Strömungen. Kann das Philistertum als Wahrnehmung einer gesellschaftlichen Krise durch die Romantiker verstanden werden? Beachten Sie hier auch die Anspielungen gegen den Geist der Aufklärung.

Nicholas Boyle: Die Geburt des Nationalismus (2008)

Der Kurs und die Eigenart des deutschen Nationalismus wurden weitgehend von Napoleon bestimmt. Indem er das Heilige Römische Reich durch eine Ansammlung nominell souveräner Staaten ersetze, beraubte er die Deutschen der föderalen Identität, die sie seit Jahrhunderten besessen hatten. Nachdem er 1806 bei Jena und Auerstädt Preußens Armeen besiegt hatte, schaffte er jedoch das Königreich Preußen nicht ab – eine Entscheidung, die er später bereute. Sie stellte faktisch sicher, dass Preußen im Zentrum jedes Versuchs stehen würde, eine neue Einheit zu definieren, zumindest sofern eine solche Bemühung von protestantischer Seite ausging. Preußens neues Bewusstsein von seiner politischen und kulturellen Mittelpunktstel-

1 Franz Joseph Gall (1758–1828) war um 1800 ein europaweit bekannter und populärer Gehirnanatom.

lung kam bereits in dem Symbol seiner Entschlossenheit zum Ausdruck, sich nach der Niederlage zu reformieren: Die Berliner Universität, die 1810 auf Betreiben Wilhelm von Humboldts mit Fichte als Rektor gegründet wurde, strebte eindeutig danach, die Nachfolge Jenas als Universität für ganz Deutschland anzutreten (und sowohl Hegel als auch Schelling lehrten schließlich dort). Ihre Ansiedlung in der Hauptstadt (ein Standort, der für das damalige Deutschland einmalig war) verkündete jedoch auch, dass das Leben des Geistes von nun an voll in das Leben des souveränen Zentralstaates integriert war. In der Literatur lässt sich der Übergang vom kosmopolitischen Idealismus der Jenaer Periode zur Anerkennung der bestimmenden Rolle des Nationalstaates in der Laufbahn eines einsamen Genies verfolgen. Heinrich Kleist (1777–1811), Spross eines glanzvollen preußischen Militärgeschlechts, war in philosophischen und literarischen Dingen Autodidakt. Verzweifelt darum bemüht, seinem ererbten Schicksal des Soldatenberufs zu entfliehen, versuchte er, seinen Lebensunterhalt als Schriftsteller und Journalist zu bestreiten. Er entdeckte Kant für sich, aber ohne Kenntnis der nachkantischen Entwicklungen war er mehr durch Kants kritische Fragen als durch seine konstruktiven Antworten beeinflusst, und in seinen Dramen und Erzählungen ritt er eine vernichtende Attacke gegen die moralische Psychologie, auf der Schillers reifes Werk beruhte. [...]
Ernst Theodor Amadeus Hoffmann (1776–1822) war ein bemerkenswertes Talent, ein begabter Musiker, hochgestellter juristischer Beamter und wahrer Schüler Jean Pauls. Er steigerte den von seinem Lehrer übernommenen Kontrast zwischen Wirklichkeit und Fantasiewelt und verwandelte ihn zugleich in einen expliziteren Ausdruck für den Kontrast zwischen der eingepferchten Bourgeoisie und den freischwebenden Intellektuellen, denen Deutschland seine neue Auffassung von Kultur verdankte (*Lebens-Ansichten des Katers Murr*, 1820–1822). Das alptraumartige Element der Fantasie, das er mit Tieck teilt, deutet nichtsdestoweniger auf die tief vergrabenen Aggressionen der Bourgeoisie gegen die bürokratische, vorgeblich rationale politische Ordnung (*Der Sandmann*, 1815). [...]
Es war Fichte, der einen Weg fand, die Jenaer Philosophie der Subjektivität mit dem politischen Erfordernis zu verknüpfen, das Leben in Deutschland im Sinne des neuen Begriffs des Nationalstaats zu definieren. Auf diese Weise ließ er ein geeintes Deutschland als zwingende intellektuelle Notwendigkeit erscheinen. In den Jahren 1807/08, als in Berlin immer noch eine französische Garnison stand, hielt er eine Reihe von *Reden an die deutsche Nation*, in denen er behauptete, dass die idealistische Philosophie Deutschland zwangsläufig einen einzigartigen Platz in der europäischen Geschichte verleihe, weil Deutschland diese Philosophie hervorgebracht habe. Und er rief die Deutschen dazu auf, sich mit dieser historischen Mission zu identifizieren, indem sie sich mit dem Staat identifizierten, der deren Verkörperung war. Die Spitze der Begriffspyramide, die in Jena von der Kunst besetzt worden war, sollte in Berlin das historische Leben der Nation einnehmen.
Eine neue Welle der Begeisterung für die deutsche Vergangenheit erfasste das intellektuelle Deutschland, aber anders als die Hinwendung zur Geschichte in den Sturm-und-Drang-Jahren war sie nicht durch die Suche nach kulturellen Ressourcen motiviert, die aus der Zeit vor dem Absolutismus stammten, sondern durch die Suche nach einer nationalen Identität, die man derjenigen der französischen Besatzer entgegenstellen konnte. Sie war eskapistischer[1] und zugleich zielgerichteter als die Bewegung der vorangegangenen Generation und wandte sich in erster Linie nicht dem 16. Jahrhundert zu, in dem das föderale Reich noch relativ stark gewesen war und in dem es mit dem Wirtschaftsbürgertum noch aufwärts gegangen war: Vielmehr richtete sich das Interesse jetzt auf eine frühere Phase des Mittelalters sowie auf ritterliche und fromme Mythen, welche die Macht von Militär und Staat verhüllten und auf ökonomische Realitäten nicht eingingen. Der Preuße Ludwig Achim von Arnim (18781–1831) tat sich mit Clemens Brentano (1778–1842) aus Frankfurt zusammen, der der Sohn einer frühen Flamme Goethes war[2]. Gemeinsam sammelten Sie deutsche Volkslieder (vor allem aus dem Südwesten), wie Goethe und Herder es getan hatten. Doch der nostalgische Ton ihrer erfolgreichen Anthologie *Des Knaben Wunderhorn* (1806–1808) verriet, dass sie die Stimme eines Deutschlands war, welches eine vergangene oder künftige, aber keine gegenwärtige Realität darstellte.

Nicholas Boyle: Kleine deutsche Literaturgeschichte. Übers. v. Martin Pfeiffer. C. H. Beck München 2009. S. 115–119.

137 **5** Stellen Sie stichwortartig dar, worin die äußeren Einflüsse bestehen, die eine Neuorientierung Deutschlands um 1800 bedingen.

137 **6** Erläutern Sie, inwiefern die Literatur von Kleist und Hoffmann laut Boyle zeitkritische Züge trägt.

---

1 eskapistisch: vor der Realität ausweichend, sich in Illusionen flüchtend
2 Gemeint ist Maximiliane von La Roche (1756–1793).

eA D

Epochen als Konstrukte

Literaturgeschichtliche Kategorien kritisch hinterfragen

Schaubild: Epochen der deutschen Literatur (Ausschnitt)

Barock
1600–1720
Martin Opitz
Christian Hofmann von Hofmannswaldau
Andreas Gryphius

Aufklärung
1720–1785
Johann Christoph Gottsched
Christian Fürchtegott Gellert
Gotthold Ephraim Lessing

Empfindsamkeit, Sturm und Drang
1740–1785
Jakob Michael Reinhold Lenz
Sophie von La Roche
Friedrich Schiller
Johann Wolfgang Goethe

Klassik
1786–1805
Johann Wolfgang Goethe
Friedrich Schiller
Johann Gottfried Herder

Romantik
1795–1840
Novalis
Joseph von Eichendorff
E.T.A. Hoffmann
Clemens Brentano

Biedermeier, Vormärz, Realismus
1815–1900
Annette von Droste-Hülshoff
Theodor Fontane
Georg Büchner

Naturalismus
1880–1900
Henrik Ibsen
Arno Holz
Gerhart Hauptmann

Fin de Siècle
1890–1910
Hugo von Hofmannsthal
Rainer Maria Rilke
Christian Morgenstern

Expressionismus
1910–1923
Gottfried Benn
Georg Trakl
Else Lasker-Schüler

Neue Sachlichkeit
1919–1933
Alfred Döblin
Irmgard Keun
Erich Kästner

Exilliteratur
1933–1945
Anna Seghers
Klaus Mann
Hilde Domin

Nachkriegsliteratur
1945–1960
Heinrich Böll
Wolfgang Borchert
Paul Celan

Literatur der Bundesrepublik und DDR
1960–1989
Bertolt Brecht
Max Frisch
Ingeborg Bachmann

Literatur seit 1989
1989–heute
Herta Müller
Elfriede Jelinek
Wolfgang Herrndorf

1600 1650 1700 1750 1800 1850 1900 1950 2000 2015

1 Beschreiben Sie kurz den Aufbau des Schaubilds und erklären Sie, welche Schwierigkeiten sich bei der Epochenbestimmung aus ihm ableiten lassen.

Das Schaubild zeigt entlang eines Zeitstrahls die Aufeinanderfolge bzw. das Miteinander verschiedener Epochen bzw. Strömungen der deutschen Literatur. Seit dem 18. Jahrhundert werden die Epochengrenzen zunehmend unscharf, es gibt ein Miteinander verschiedener Strömungen, das einen (Basis-)Epochenbegriff im engeren Sinne obsolet erscheinen lässt.

Gerhard Kaiser: Einheit der Epoche? (1979)

Der folgende Text gehört zu dem Vorwort einer Literaturgeschichte zu den Epochen Aufklärung, Empfindsamkeit und Sturm und Drang.

Die Gliederung der Literaturgeschichte in Epochen ist problematisch. Wie alle geschichtlichen Verläufe besitzt auch die Literaturgeschichte keine scharfen Einschnitte; Übergänge vollziehen sich fließend, ja, die Geschichte ist zumeist eine Gleichzeitigkeit des Ungleichzeitigen. Lessings *Nathan der Weise*, eine Summe der Aufklärung, ist etwa acht Jahre jünger als die Urfassung des *Götz von Berlichingen*, des wichtigsten Dramas des Sturm und Drang. Klopstock und Wieland sind Zeitgenossen nicht nur der Klassik Goethes und Schillers, sondern auch der Romantik Tiecks, Novalis' und der Brüder Schlegel, die weithin gleichzeitig mit der Klassik verläuft. Novalis ist zwei Jahre vor Klopstock, 31 Jahre vor Goethe gestorben. Schlüsselgestalten der Literaturgeschichte wie Jean Paul, Hölderlin, Kleist lassen sich keiner der großen literarischen Strömungen zurechnen. Schließlich sind die Künste untereinander ungleichzeitig, und ihr Verhältnis zur allgemeinen Geschichte ist das einer komplizierten Eigenständigkeit und doch Verflechtung. Das Barock in der Musik und der bildenden Kunst reicht bis zur Höhe der literarischen und philosophischen Aufklärung. Die Französische Revolution hat in der deutschen Literatur tiefe Spuren hinterlassen; trotzdem ist sie in ihr nicht derartig epochenbildend wie in der allgemeinen Geschichte. Goethes Klassik beginnt früher, die Romantik später. Es gibt, zu Recht, literaturgeschichtliche Sammelbegriffe, die in den anderen Künsten, aber auch in der allgemeinen Geschichte kein Anwendungsfeld und keine Entsprechung haben: so etwa der Begriff des Sturm und Drang, der Tendenzen einer Literaturrevolution im politisch nicht revolutionären Deutschland bezeichnet.

Die Literatur ist also mehr und anderes als ein Kommentar oder eine Illustration zur allgemeinen Geschichte. Die allgemeine Geschichte ist aber auch mehr und anderes als eine Veranstaltung zum Zweck der Entstehung von Literatur, selbst wenn die spezielle Perspektive der Literaturgeschichte zu diesem Eindruck verführen könnte. Goethe schreibt am 6. März 1779 an Charlotte von Stein aus der Strumpfwirkerstadt Apolda: „Hier will das Drama gar nicht fort, es ist verflucht, der König von Tauris soll reden als wenn kein Strumpf-

würcker in Apolde hungerte." Es ist Goethe gelungen, den König von Tauris so reden zu lassen, und der Hunger der Strumpfwirker ist weder ein Argument gegen die *Iphigenie*, noch die *Iphigenie* ein Argument gegen den Hunger. Beide geschichtlichen Erscheinungen sind gleichzeitig und nicht beziehungslos zueinander, und doch sind beide auch inkommensurabel. Kunst bedarf keiner Rechtfertigung, und menschliches Leiden kann, soweit es in menschlicher Verantwortung liegt, durch nichts gerechtfertigt werden.
Die folgende Darstellung geht von einer relativen Einheit der Epoche Aufklärung aus. Sie hält es nicht für einen Mangel, dass die Bezeichnung dieser Epoche nicht spezifisch für die Literatur im engeren Sinne ist und ihr nicht entstammt. Die Aufklärungsliteratur ist, trotz des Ranges, den sie erreichen kann, auch in ihrem Selbstverständnis zunächst dienend: eben ein Mittel zum Zweck der Aufklärung. Die Darstellung beginnt bei Gottsched, weil mit ihm die Vermittlung der Leibniz-Wolffschen Philosophie in die Literatur zum Programm wird. Die Vorgeschichte der Aufklärung wird im Band Barock abgehandelt. Vom Ausgangspunkt her ist versucht, in der Epochendarstellung sowohl die Folge der Erscheinungen wie deren Nebeneinander und Miteinander festzuhalten. Die Folge liegt darin, dass der Sturm und Drang die Aufklärung, die Klassik den Sturm und Drang, die Romantik die Klassik voraussetzt. Das Neben- und Miteinander ist kompliziert: Die Aufklärung kann man als epochale Grundschicht bezeichnen, die sich tief in die Romantik hineinzieht und in Ausläufern noch den Vormärz erreicht, aber seit dem Sturm und Drang im Bild der Literatur nicht mehr dominiert.

Geschichte der deutschen Literatur. Bd. 3: Aufklärung, Empfindsamkeit, Sturm und Drang. Hrsg. v. Gerhard Kaiser. Francke München 1979, S.11 f.

Daniel Fulda, Sandra Kerschbaumer, Stefan Matuschek: Epochenschnittstellen (2015)

Epochenbegriffe halten sich, trotz des stetigen Streits um sie, aus Gewohnheit. Sie haben sich pragmatisch etabliert, auch wenn man nicht immer genau angeben kann, wie man sie sachlich bestimmt, begründet und gegeneinander abgrenzt. Darin entsprechen sie unseren sonstigen Gewohnheiten: Im alltäglichen Gebrauch sind sie wie selbstverständlich, und diese Selbstverständlichkeit verliert sich genau dann, wenn man sich Rechenschaft über sie zu geben und sie genau zu definieren versucht. Die Epochenbegriffe ‚Aufklärung' und ‚Romantik' geben dafür ein gutes Beispiel. Als Kapitel der Literaturgeschichtsschreibung sind sie zwar selten genau definiert, doch mit einer solchen Fülle konventionell als repräsentativ angesehener Namen, Werke und Merkmale verbunden, dass die Vorstellung davon niemals leer und das Verständnis zureichend gesichert bleibt. Auch über ihre gegenseitige Abgrenzung kann man Auskunft geben: Üblicherweise steht hier der kritische Vernunftgebrauch und die emanzipatorische Berufung auf die universelle menschliche Natur, die im 18. Jahrhundert mit der Erosion der statisch-ständischen Gesellschaft und ihrer Autoritäten einhergehen, dort der Ende des 18. Jahrhunderts neu einsetzende Impuls, aus der durch die Aufklärung entstandenen kritischen Subjektivität heraus die traditionellen transzendenten Sinnstiftungen zu reformulieren und zu revitalisieren. Wenn man auf diese Weise ‚Aufklärung' und ‚Romantik' gegeneinander zu definieren beginnt, fangen die Schwierigkeiten an. Denn was als Periodisierung der Literaturgeschichte eingeübt ist, wird zum Problem, wenn man es inhaltlich präzise zu bestimmen und trennscharf abzugrenzen versucht. Was genau ist ‚Aufklärung', was genau ist ‚Romantik', wo hört sachlich wie historisch die eine auf und fängt die andere an? Der beste Schauplatz dieser Grenzstreitigkeiten ist die deutsche Frühromantik, für die oftmals Merkmale beider Epochenbegriffe in Anspruch genommen werden: der kritische Vernunftgebrauch der Aufklärung und die subjektivierte Transzendenz der Romantik. Ist die Frühromantik deshalb etwas Drittes zwischen den beiden großen Epochen? Ist sie mehr die Fortsetzung der einen oder der Beginn der anderen?

Aufklärung und Romantik. Epochenschnittstellen. Hrsg. v. Daniel Fulda, Sandra Kerschbaumer, Stefan Matuschek. Wilhelm Fink München 2015. S. 7.

KV 7 **2** Formulieren Sie ausgehend von den beiden Texten den Konstruktcharakter von Epochenbegriffen und erläutern Sie, inwiefern Epochenbezeichnungen gleichwohl nützlich sein können.

Der Konstruktcharakter von Epochenbegriffen ergibt sich, weil Geschichte zumeist eine „Gleichzeitigkeit des Ungleichzeitigen" (Kaiser) mit „Grenzstreitigkeiten" (Fulda et. al.) ist. Die „Künste untereinander [sind] ungleichzeitig" (Kaiser), und historische Ereignisse haben länderspezifische Auswirkungen (vgl. das Beispiel der Französischen Revolution bei Kaiser). – Gleichwohl sind Epochenbegriffe „pragmatisch etabliert", d. h. mit Epochen sind „konventionell" „Namen, Werke und Merkmale verbunden" (man weiß also beispielsweise recht gut, was Begriffe wie „Weimarer Klassik" oder „Frühromantik" meinen).

Rolf Selbmann: Deutsche Klassik (2005)

Alle Epochenbezeichnungen, also auch eine genauere Eingrenzung der „Klassik", sind in der Literaturwissenschaft strittig. Legt man dem Zeitraum biografische, textbezogene, politische Eckdaten oder alle zugleich zugrunde? Zudem hat der Begriff des Klassischen drei Gebrauchsformen entwickelt: normativ gebraucht bedeutet er so viel wie mustergültig, historisch verwendet bezeichnet er den Rückgriff auf die Antike, als Epochenbegriff soll er einen Zeitraum eingrenzen. Mit jeder Entscheidung für die eine oder andere Lösung sind daher Wertungen verbunden, die dann das Klassikbild bestimmen.
Das frühe 19. Jahrhundert hatte deshalb den Begriff der „Goethezeit" erschaffen, da mit Goethes Tod 1832 im Selbstverständnis der Zeit eine Epoche zu Ende ging. Heinrich Heine hatte schon 1828 im Anschluss an Hegel und im Geist des „Jungen Deutschland" in seiner Romantischen Schule den Begriff „Kunstperiode" und das Urheberrecht daran für sich reklamiert. [...] Doch die neuere Literaturwissenschaft wollte die einseitige Ausrichtung der Klassik auf Goethe vermeiden. Heute spricht man lieber von „Deutscher Literatur zur Zeit der Klassik" (Conrady), vom „Klassischen Zeitalter der deutschen Literatur" (Lange), von der „Geschichtlichkeit der deutschen Klassik" (Müller-Seidel) oder von „Deutscher Literatur im Zeitalter der Französischen Revolution" (Schulz). [...] Andere Epochenbezeichnungen wie „Spätaufklärung" oder Idealismus" konnten sich nicht durchsetzen.

Rolf Selbmann: Deutsche Klassik. UTB/Schöningh. Paderborn 2005, S. 17 f.

3 Stellen Sie dar, weshalb laut Rolf Selbmann der Klassikbegriff als Epochenbezeichnung der Literaturwissenschaft problematisch ist.

Zunächst ist die zeitliche Eingrenzung der Klassik strittig; außerdem existieren für den Begriff drei Gebrauchsformen (normativ, historisch i. S. des Rückblicks auf die Antike sowie als Epochenbegriff), die allesamt wertend sind; es existieren zudem konkurrierende Begrifflichkeiten („Goethezeit", „Kunstperiode").

4 Bestimmen Sie analog zum Text von Selbmann verschiedene „Gebrauchsformen" des Wortes Romantik.

„Romantik" ist natürlich wie „Klassik" auch ein Epochenbegriff, bezeichnet aber auch eine Geisteshaltung (vgl. den Text von Rüdiger Safranski, S. 92) samt ihrer seichten Ausläufer („romantische" Stimmung, Romantik-Hotel, ...); außerdem verweist der Begriff auf das Genre des Romans (der ja aus gutem Grund in der Romantik die bevorzugte Gattung war).

5 Erörtern Sie, was für und gegen den Begriff „Klassik" als Epochenbezeichnung der Literaturwissenschaft spricht.

Dass sich trotz der Gründe, die gegen den Begriff „Klassik" sprechen (vgl. den Text von Selbmann), die Bezeichnung so lange gehalten hat, mag vor allem zwei Gründe haben: Zum einen kann das Argument, dass der Begriff wertend ist, auch positiv gewendet werden, indem man den Begriff eben auch als verdiente Auszeichnung für Schiller und Goethe versteht, die in der deutschen Literatur unbestritten eine herausragende und nachhaltig prägende Stellung einnehmen. Zum anderen ist der Begriff kurz, einprägsam (im Gegensatz etwa zu „Deutsche Literatur im Zeitalter der Französischen Revolution") und allen geläufig (vgl. Fulda et. al.); daran mag es auch liegen, dass sich andere Begriffe wie eben „Spätaufklärung" oder „Idealismus" (vgl. erneut Selbmann) nicht durchsetzen konnten.

Mein Wissen sichern und anwenden

Novalis: Wenn nicht mehr Zahlen und Figuren (1800)

Wenn nicht mehr Zahlen und Figuren
Sind Schlüssel aller Kreaturen
Wenn die, so singen oder küssen,
Mehr als die Tiefgelehrten wissen,
Wenn sich die Welt ins freie Leben
Und in die Welt wird zurückbegeben,
Wenn dann sich wieder Licht und Schatten
Zu echter Klarheit werden gatten,
Und man in Märchen und Gedichten
Erkennt die wahren Weltgeschichten,
Dann fliegt vor einem geheimen Wort
Das ganze verkehrte Wesen fort.

In: Novalis: Schriften (HKA). Bd. 1: Das dichterische Werk.
Hrsg. von Paul Kluckhohn und Richard H. Samuel.
Stuttgart: Kohlhammer, 2. Aufl. 1960, S. 344.

1 Stellen Sie mithilfe von kurzen Zitaten aus dem Novalis-Gedicht tabellarisch gegenüber, wie sich „die Welt" (V. 5) der „Zahlen und Figuren" von der „[wahren] Welt" (V. 6) unterscheidet. Welche Epoche ist jeweils gemeint?

„Zahlen und Figuren" (V. 1)	*„die so klingen oder küssen" (V. 3)*
„Tiefgelehrte" (V. 4)	*„in Märchen und Gedichten", (V. 9), „wahren Weltgeschichten" (V. 10)*
„Licht und Schatten" (V. 7)	*„echter Klarheit" (V. 8)*
„verkehrte Wesen" (V. 12)	*„geheimen Wort" (V. 11)*
= Epoche der Aufklärung	*= Epoche der Romantik*

2 Der folgende Erzähltextauszug aus dem Jahr 1787 stammt von Friedrich Schiller. Begründen Sie, inwieweit er typisch für die Literatur dieser Zeit ist.

137

Ich erzähle eine Begebenheit, die vielen unglaublich scheinen wird, und von der ich großenteils selbst Augenzeuge war. Den wenigen, welche von einem gewissen politischen Vorfalle unterrichtet sind, wird sie – wenn anders diese Blätter sie noch am Leben finden – einen willkommenen Aufschluss darüber geben; und auch ohne diesen Schlüssel wird sie den übrigen, als ein Beitrag zur Geschichte des Betrugs und der Verirrungen des menschlichen Geistes, vielleicht wichtig sein. Man wird über die Kühnheit des Zwecks erstaunen, den die Bosheit zu entwerfen und zu verfolgen imstande ist; man wird über die Seltsamkeit der Mittel erstaunen, die sie aufzubieten vermag, um sich dieses Zwecks zu versichern. Reine, strenge Wahrheit wird meine Feder leiten; denn wenn diese Blätter in die Welt treten, bin ich nicht mehr und werde durch den Bericht, den ich abstatte, weder zu gewinnen noch zu verlieren haben.
Es war auf meiner Zurückreise nach Kurland, im Jahr 17** um die Karnevalszeit, als ich den Prinzen von ** in Venedig besuchte. Wir hatten uns in **schen Kriegsdiensten kennen lernen und erneuerten hier eine Bekanntschaft, die der Friede unterbrochen hatte. Weil ich ohnedies wünschte, das Merkwürdige dieser Stadt zu sehen, und der Prinz nur noch Wechsel erwartete, um nach ** zurückzureisen, so beredete er mich leicht, ihm Gesellschaft zu leisten und meine Abreise so lange zu verschieben. Wir kamen überein, uns nicht voneinander zu trennen, solange unser Aufenthalt in Venedig dauern würde, und der Prinz war so gefällig, mir seine eigne Wohnung im *Mohren* anzubieten.

In: Schillers Werke in zwei Bänden. Bd. 2. Hrsg. von E. Ackerknecht und W. P. H. Scheffler.
München: Droemersche Verlagsanstalt 1957, S. 376.

Schreibtraining

Materialgestütztes Verfassen eines informierenden Textes

Bei dieser Aufgabenart sollen Sie auf der Grundlage mehrerer Materialien einen **Informationstext** schreiben. Die Aufgabenstellung nennt Ihnen das **Thema**, die **Textsorte** und die **Adressaten** Ihres Textes. Die Materialien liefern Ihnen wichtige Sachinformationen. Sie müssen diese Informationen sorgfältig auswählen, mit **eigenem Wissen** ergänzen, ordnen und so wiedergeben, dass die Leser über das Thema gut informiert sind. So können Sie vorgehen:

1. Schritt

Aufgabenstellung erfassen

- Thema und Teilthemen der Aufgabenstellung klären
- Anforderungen an den eigenen Text erkennen: Ziel und geforderte Textsorte
- weitere Kontextfaktoren erkennen: Schreibsituation, Publikationsmedium, Leserschaft, ...

2. Schritt

Materialien auswerten

- Überblick über die Materialien verschaffen: Textsorte(n), Autor(in), und Quelle erfassen und einordnen: Was sagt die Herkunft der Materialien über deren Glaubwürdigkeit aus?
- Hauptaussage(n) aller Materialien festhalten, Informationen den Teilthemen zuordnen
- relevante (brauchbare) Informationen auswählen
- ggf. stichwortartig eigenen Standpunkt formulieren

3. Schritt

Informationen organisieren

- eigenes Wissen zu Hauptaussagen der Materialien ergänzen
- Informationen (Textaussagen) bewerten: Meinungen (Vermutungen, ...) von Fakten, anerkannten Normen, logischen Schlüssen unterscheiden
- Notizen zu Anforderungen und Kontextfaktoren (Schritt 1) und zu Teilthemen (Schritt 2) heranziehen
- Gedanken, Textaussagen oder Zitate für Einleitung und Schluss festhalten

4. Schritt

Gliederung erstellen

- **Einleitung:**
  - interessanten Einstieg finden (mit Blick auf den Schluss)
  - Thema benennen, Teilthemen auflisten
- **Hauptteil:**
  - Reihenfolge der Teilthemen festlegen
  - große Teilthemen ggf. weiter untergliedern
  - weitere Analyseergebnisse darlegen
  - Thesen und Argumente der Materialien bewerten
  - Wirkung und Überzeugungskraft der Materialien beurteilen
- **Schluss:**
  - Ergebnisse zusammenfassen, Fazit ziehen, Appell formulieren, Ausblick geben, ...
  - Bezug zur Einleitung herstellen

5. Schritt

Klausur schreiben

- Anforderung der Textsorte erfüllen und für die Adressaten schreiben
- eigene Urteile überzeugend begründen
- auf Materialien verweisen und korrekt zitieren
- roten Faden einhalten: gedankliche Zusammenhänge und sprachliche Verknüpfungen herstellen
- sachlich schreiben und Fachbegriffe korrekt verwenden

6. Schritt

Klausur überarbeiten

- in drei gesonderten Durchgängen prüfen:
  - sachliche Richtigkeit und inhaltliche Stimmigkeit
  - Einhaltung des roten Fadens (Folgerichtigkeit)
  - sprachliche Richtigkeit

AUFGABENSTELLUNG

1 Ausgangssituation
Zum Abschluss der Beschäftigung mit der Epoche der Romantik soll in Ihrem Deutsch-Kurs ein Reader entstehen, in dem unterschiedliche Aspekte der Romantik vorgestellt werden sollen – von Autorenporträts und Werkvorstellungen über die Darstellungen besonderer Ausprägungen wie der Schauerromantik oder der romantischen Hinwendung zur Volksliteratur bis hin zu fachübergreifenden Aspekten wie der romantischen Malerei oder Musik. Sie haben die Aufgabe übernommen, einen Informationstext über die aktuelle Bedeutung der Romantik zu verfassen.

Arbeitsauftrag
Verfassen Sie auf der Grundlage der Materialien 1 bis 4 sowie Ihres eigenen Wissens und Ihrer eigenen Erfahrung einen Informationstext, der den geschichtlichen Bogen der historischen Epoche der Romantik zur Gegenwart spannt und den Begriff „Romantik 2.0" erläutert und bewertet. Wählen Sie eine passende Überschrift. Ihr Informationstext sollte etwa 800 Wörter umfassen.

Schritt 1

Aufgabenstellung erfassen

a) Verdeutlichen Sie sich die Aufgabenstellung, indem Sie die verschiedenen Aspekte der Aufgabenstellung kurz erläutern: Was wird von Ihnen jeweils verlangt? Worauf kommt es an?

verlangte Textsorte: Informationstext (innerhalb eines Readers zu verschiedenen Aspekten der Romantik), d. h. sachliche Sprache und objektive Schreibhaltung

Kontext und Leserschaft: Der Text wird für eine relativ homogene Leserschaft mit vergleichbarem Vorwissen verfasst.

Inhalt des Textes: kurzer geschichtlicher Abriss der romantischen Bewegung bis heute; Erläuterung des Begriffes „Romantik 2.0"; eigenes Wissen und eigene Erfahrungen sollen einfließen.

Schreibziel: informieren und erklären (vgl. den Operator „erläutern"), aber auch bewerten (d. h., dass ein begründetes Urteil zur „Romantik 2.0" gefällt werden soll)

TIPP

Aufgabenstellung untersuchen
- Schreiben Sie heraus, welches **Thema** und/oder welche Teilaspekte eines Themas Sie bearbeiten sollen. Beachten Sie, ob etwas bzw. was über den thematischen Zusammenhang der Materialien gesagt wird.
- Prüfen Sie, ob in der Aufgabenstellung ein genaues **Schreibziel** Ihres Textes angegeben ist. Formulieren Sie dieses Schreibziel in Ihren eigenen Worten schriftlich.
- Benennen Sie die **Textsorte**, zu der Ihr Text gehören soll, und halten Sie die wichtigsten inhaltlichen und formalen Merkmale dieser Textsorte stichpunktartig fest.
- Leiten Sie aus der Textsorte und dem Schreibziel ab, welche **Schreibform** (informierend oder argumentierend) Ihrem Text zugrunde liegen soll.
- Halten Sie ebenfalls stichpunktartig fest, welche **Adressaten** Ihres Textes genannt werden bzw. sich aus der geschilderten Situation ableiten lassen.
- Halten Sie schriftlich fest, was Sie aus den bisher gewonnen Informationen über die **Schreibhaltung und Sprache** Ihres Textes ableiten können.
- Prüfen Sie, ob Sie über das allgemeine Kontextwissen hinaus **eigene Erfahrungen** und eigenes Wissen in den zu schreibenden Text einfließen lassen sollen oder können.

137 ! b) Die Aufgabenstellung resultiert aus einem unterrichtlichen Kontext und nimmt dadurch Bezug auf Ihre Beschäftigung mit den Epochen Weimarer Klassik und Romantik. Prüfen Sie unter diesem Aspekt, wo es sich besonders anbietet, eigenes Wissen einzubringen.

Schritt 2

Materialien auswerten

a) Überfliegen Sie die Materialien 1–4 (Seite 105–109) und halten Sie tabellarisch fest, was Sie über den Kontext der Materialien erfahren und wie deren Intention und Glaubwürdigkeit zu bewerten ist.

Mat.	Kontextinformationen	Einschätzung der Materialien
1	• *Walter Krejci: Romantik 2.0* • *erschienen auf einer Online-Plattform für Philosophie* • *relativ aktuell (aus dem Jahr 2017)* • *essayistischer Text*	• *Qualität/Seriosität der Online-Plattform nicht einzuschätzen* • *Leserschaft der Plattform vermutlich philosophisch vorgebildet* • *Verweis auf Astrologie argumentativ fragwürdig*
2	• *Cartoon von Freimut Wössner* • *erschienen offenbar auf der Homepage des Autors*	• *will einfach lustig sein* • *als Cartoon weitgehend kontextlos, spielt allerdings mit romantischen Motiven (Nacht, Zweisamkeit, Sternschnuppe bzw. Sternenhimmel)* • *nutzt und ironisiert Rollenklischees*
3	• *Wieland Freund, Richard Kämmerlings: Die Rückkehr der Romantik* • *erscheinen 2016 in der Zeitung „Die Welt"* • *Textsorte: Bericht*	• *„Die Welt" ist als seriöse Zeitung bekannt* • *zentrales Ziel ist wohl die Information, weshalb der Text für die Schreibaufgabe besonders brauchbar erscheint*
4	• *Buchcover: Christian Schuldt: Romantik 2.0. Vom Suchen und Finden der Liebe im Internet* • *Verlag Random House*	• *Buchcover: hat werbende Funktion, vermittelt Aktualität* • *„Romantik" hier offenbar nur als Synonym für sexuell motivierte Zweierbeziehungen*

b) Lesen Sie nun die beiden linearen Texte (M1 und M3) und markieren Sie die zentralen Informationen zur Geschichte der romantischen Bewegung.

TIPP

Materialien vergleichend auswerten

Lesen Sie beim materialbezogenen Schreiben immer den **längsten Text** (wenn nicht durch die Aufgabenstellung, z. B. bei einem Leserbrief, ein anderer Bezugstext hervorgehoben wird) zuerst und fassen Sie ihn abschnittsweise in eigenen Worten zusammen. Konzentrieren Sie sich dabei vor allem auf die Aussagen, die in direktem Bezug zum **thematischen Schwerpunkt** stehen. Die weiteren Materialien können Sie dann **vergleichend** zum längsten Text auswerten. Dabei gilt es festzuhalten, welche Informationen bzw. thematischen Teilaspekte mehrfach in den verschiedenen Quellen angesprochen werden, denn diese Inhalte sind stets von **hoher Relevanz**. Dann sollten Sie prüfen, welche zusätzlichen Informationen die weiteren Materialien enthalten. Schließlich sollten Sie eventuelle **Widersprüche** in den Positionen festhalten.

c) Untersuchen Sie alle Materialien auf Aussagen zur „Romantik 2.0" und deren Bewertung. Halten Sie unter oder neben den Materialien die zentralen Aspekte stichpunktartig fest.

Material 1

Walter Krejci: Romantik 2.0 – Warum wir uns wieder nach ihr sehnen sollen

(2017)

[...] 1917 beschreibt der Soziologe Max Weber die durch Intellekt und Ratio eingetretene „Entzauberung der Welt". Alles war rational und rationell, also irgendeiner materiellen Nützlichkeit unterworfen, der moderne Mensch entmenschlicht. Nichts blieb heilig. Den Gegenpol zu diesem „stahlharten Gehäuse der Moderne" konnte, wie schon ein Jahrhundert zuvor, am besten die Natur bieten. So entstanden vielfältige romantische

Strömungen, beispielsweise jene der „Wandervögel" oder der „Lebensreformer". Sie suchten nach alternativen Lebens- und Wirtschaftsmodellen. Noch tiefgründiger und umfassender hatte sich bereits 1874 Richard Wagner eingebracht. Mit dem „Ring des Nibelungen" schuf er eine neue Mythologie. Sein Traum war ein alle und alles vereinigendes „Gesamtkunstwerk" als Gegenentwurf zum geistlosen Egoismus der zersplitterten Gesellschaft. Das Zelebrieren von Kunst im eigenen Musentempel wurde beinahe religiös. Mit Absicht: Der Generalangriff auf alle Sinne sollte ein mythisches und mystisches Erwecken des Publikums entfachen.

Mit dem Aufkommen des Nationalsozialismus gelangte der Widerstreit von Rationalem und Irrationalem schlussendlich zum siedenden Höhepunkt puren Wahns. Die naturnahe Idylle der ursprünglichen Romantiker taugte freilich wenig für die Zwecke der NS-Ideologen. Sie war ihnen zu individualistisch, zu mütterlich, zu kosmopolitisch. Stattdessen forderte Goebbels eine technikbegeisterte „stählerne Romantik" als Ansporn zu heroischen Taten. Der damit entfachte Weltenbrand hatte am Ende nichts Romantisches mehr ...

1945 war ein Jahr vollständiger Ernüchterung. Die schnörkellose Sachlichkeit der Wiederaufbaujahre spiegelte sich in der Architektur. „Wunder" erlebte nur noch die Wirtschaft. Ansonsten war alles Idealistische und Romantische tabu. Umso überraschter war die bürgerlich geordnete Welt, als dann der sozialromantische Sturm der 68er über sie hereinbrach. Tatsächlich nichts gelernt!

Das 21. Jahrtausend beginnt höchst unromantisch und auf abgründige Art doch „romantisch". Die Terroranschläge von New York werden endlos durch alle Medien gedroschen, bis der Mythos „9/11" entsteht. Der US-Präsident erklärt fremde Mächte zum „Reich des Bösen" und begründet ein Ministerium zum Schutz der „Heimat".

Gleichzeitig rufen die Zauberwelten eines Harry Potter globale Begeisterung hervor. Mit „Fantasy" und „Gaming" entstehen weitere romantische Fluchtmöglichkeiten aus einer überrationalisierten Welt. Im Kino sind die Verschwörungsgeschichten von Dan Brown so populär wie 200 Jahre zuvor die Geheimbundromane. Und wer´s lieblicher wünscht, liest ganz naturverbunden „Land"-Zeitschriften. Kurzum: Das Romantische ist nicht totzukriegen.

Und das ist auch gut so. Der Mensch kann nur heil werden, wenn er Verstand und Gefühl, Intuitives und Rationales harmonisch verbindet. Andernfalls droht ein eruptives Hervorbrechen des Verdrängten – Apokalypse. Der Astrologe Döbereiner hat oftmals darauf hingewiesen. Der Mechanismus ist einfach und zwingend: Wenn wir Menschen Neptun, das Transzendente, das uferlose Mystische nicht in unser Leben integrieren, so kommt Mars als Rächer des ungelebten Neptun. Doch Kriegsgott Mars ist bloß die Warnung. Gänzlich Unbelehrbare erwartet am Ende Pluto-Hades, der Unterweltsherrscher, jener Abgrund, der alles verschlingt. Romantik in ultimativer Form.

Betrachten wir die zentralen Elemente unserer Gesellschaft (Wissenschaft, Religion, Kunst, Politik). Wir leben heute gefährlich nahe am plutonischen Korrektiv. Turbokapitalismus, Materialismus, Technik, Kommerz, Konsum haben den Menschen bis zum Ersticken vereinnahmt. Deutsche Versicherungsmentalität obendrein verspricht alles Unvorhersehbare zu verdrängen. Kein Platz für Romantik.

Der Teufel lacht. Ihn braucht man nicht mehr an die Wand zu malen. Er ist schon da. Die Wissenschaft gebärdet sich wie Dr. Faustus. Sie versklavt Menschen mithilfe von Mikrochips und transplantiert demnächst Köpfe. Junge Techniker im Silicon Valley erliegen kruden[1] Allmachtsfantasien. Im Religiösen hat der Totenkult bereits Einzug gehalten: täglich ein Selbstmordattentat. Alt und Jung tragen den Sensenmann am T-Shirt. In der Politik marschieren die Zombies von gestern.

Und die Kunst? Keine Ahnung, aber der Erhebung des Menschen, seiner Veredelung im Sinne Schillers und der Schönheit dient sie wohl kaum noch. Nun denn, wollen wir beginnen, wirklich aus der Geschichte zu lernen?

Unter: http://treffpunkt-philosophie.de/romantik-2-0-warum-wir-uns-wieder-nach-ihr-sehnen-sollen/ (Zugriff 21.03.2019, gek.)

zentrale Aussagen des Textes zum Aspekt „Romantik 2.0": *Der Text stellt eine vernichtende Zeitdiagnose, nach der der Mensch völlig vereinzelt und vereinnahmt in einer rein materialistisch orientierten Welt lebt (vgl. „Turbokapitalismus, Materialismus, Technik, Kommerz, Konsum haben den Menschen bis zum Ersticken vereinnahmt"), in der kein Platz mehr für Romantik sei, die er aber gerade bräuchte (vgl. „Der Mensch kann nur heil werden, wenn er Verstand und Gefühl, Intuitives und Rationales harmonisch verbindet"). Einen Ausweg könnte hier die Kunst im Schiller'schen Sinne bieten,*

1 krude: roh, ungeschliffen, unausgegoren.

indem sie den Menschen veredelt und – so ist aus **eigenem Wissen** zu ergänzen – wieder in seine ursprüngliche Freiheit und Autonomie führt.

Material 2

Freimut Wössner (*1945): *Sternschnuppe*
Woessner/toonpool.com

zentrale Aussagen der Karikatur zum Aspekt „Romantik 2.0“:

Die Karikatur spielt mit romantischen Motiven (Nacht, Zweisamkeit, Sternschnuppe bzw. Sternenhimmel), die aber durch den Gegensatz zur bedrohlichen Realität (Umweltzerstörung) und die darauf anspielende ironische Kommentierung durch den Mann zugleich wieder gebrochen werden. Die Natur ist kein romantischer Sehnsuchtsort, sondern wird als übertrieben romantisiert und, mit Blick auf das Ozonloch, als stark gefährdet erlebt. – Zugleich spielt die Karikatur mit dem Rollenklischee der Geschlechter (romantische, gefühlsbetonte Frau vs. prosaischer, nüchterner Mann).

Material 3

Wieland Freund, Richard Kämmerlings: Die Rückkehr der Romantik (2016)

Baumbücher werden Bestseller, Schäfer sind die neuen Stars auf Twitter und am Kiosk gibt's die „Landlust“: Natur ist der neue Mega-Trend. Längst sprechen Philosophen von der „Romantik 2.0“.

[...] Doch wie genau sieht unser Verhältnis zur Natur heute aus? Wie romantisch ist die Gegenwart wirklich? Drückt sich in der neuen Natursehnsucht nicht eher das schlechte Gewissen unserer Konsumgesellschaft aus, die Mitschuld hat an der Zerstörung der weltweiten Artenvielfalt und des Regenwaldes? Im Einklang mit der Natur zu leben, sich als Teil von ihr zu begreifen – das scheint im Smartphone-Zeitalter mehr denn je eine utopische Vorstellung zu sein. Einen längeren Aufenthalt im Funkloch ertragen die meisten doch selbst im Urlaub gar nicht mehr.

Doch bei allem Selbstbetrug und bei aller Heuchelei: Vielleicht manifestiert sich in der Sehnsucht nach Naturverbundenheit ja ein neues Bewusstsein. Vielleicht findet das Unbehagen am Leben im unentrinnbaren Netz von Technik und Kommunikation hier seinen Ausdruck: als Kritik an Wachstums- und Fortschrittsideologie. Der Naturphilosoph Andreas Weber, einer der Stichwortgeber der neuen Bewegung, spricht von „Enlivenment“, von Verlebendigung. In der Natur begegne eine innerlich tote Gesellschaft wieder dem Leben.

Das selige „New Age“, in dem schon einmal verquast[1] und esoterisch eine All-Einheit von Mensch und Kosmos propagiert wurde, ist heute ein Hippie-Klischee. Doch damals, in den 70er- und 80er-Jahren, war das auch eine legitime Reaktion auf das zunehmende Gefühl der Entfremdung in der Industrie- und Dienstleistungsgesellschaft. Je mehr Technik, desto schneller wiederholt sich diese antizyklische Rückkehr der Natur.

Die Geschichte unseres Verhältnisses zur Natur ist lang und kompliziert. Sie reicht von der Furcht vor bis zur Angst um die Natur. Sie reicht von Albtraum bis Wunschtraum und von Sünde bis Sehnsucht. Schon die biblische Geschichte von der Vertreibung aus dem Paradies erzählt die Geschichte einer Entfremdung. Lässt man die Zwischenstationen beiseite, gilt: Adam und Eva ziehen vom Garten Eden in die Stadt. [...]

Bis heute lassen sich Naturfreunde in zwei Lager einteilen. Die einen suchen die schönen Ausblicke und blenden die Gewaltigkeit und Gewalttätigkeit einer ungezähmten Wildnis aus: Sie sind die Erben der Erhabenheit. Die anderen sind die Erben der Romantik, die in der Natur nicht weniger als das Unendliche suchte, um wieder das Fürchten zu lernen.

1 verquast: verquer, durcheinander, wirr.

Die Ikone einer romantischen Sicht auf die Natur ist der Greifswalder Maler Caspar David Friedrich. Auf seinen berühmten Gemälden ist eine überwältigende Natur zu sehen, der alles Pittoreske[1] fehlt. Friedrichs Bilder schrumpfen nicht das Gebirge zum Vorgartenfels, sondern den Menschen im Angesicht der Berge. Im berühmten Friedrich-Gemälde „Der Mönch am Meer" ist der Mensch auf Stecknadelgröße geschrumpft – über ihm dräut[2] ein gewaltiger Himmel, vor ihm liegt ein letzter, wüster Zipfel Land, dahinter erstreckt sich ein finsteres Meer. Sämtliche Begrenzungen fehlen auf diesem Bild: Mit seiner nackten Existenz muss sich Friedrichs Mönch der Unendlichkeit stellen. Doch Friedrich-Gemälde gibt es auch in Zartbitter. Sein nicht minder berühmter „Wanderer über dem Nebelmeer" ist glücklich in der Natur angekommen und wendet der zivilisierten Welt des Betrachters den Rücken zu. Er hat das Weite gesucht und sich selbst gefunden. [...]

„Ökonomie" hat der berühmteste Aussteiger der Kulturgeschichte, der Amerikaner Henry David Thoreau, das erste Kapitel seines legendären Buchs „Walden oder Leben in den Wäldern" überschrieben. Denn indem er sich im März 1845 am Walden-See in Massachusetts eine Hütte baute, um fernab der Zivilisation zu leben, ließ er die Zwänge einer bereits durchökonomisierten Gesellschaft hinter sich. Der Mensch, schreibt er, sei zum Werkzeug seiner Werkzeuge geworden und habe keine Zeit mehr, „etwas anderes zu sein als eine Maschine".

Bedrohlich ist für Thoreau nicht länger die Wildnis, sondern stattdessen die Wirtschaft der „Innovation-Driver" seiner Zeit. Wo die Natur einst mit einem schweren Leben drohte, verspricht sie jetzt ursprüngliche Einfachheit. Im Tal herrscht eine falsche Zivilisation, könnte man sagen. Auf dem Berg hingegen, vor dem Petrarca fünfhundert Jahre zuvor noch graute, wartet jetzt das echte Leben.

Die Naturschriftsteller und -philosophen der Gegenwart sind die Erben Thoreaus und der europäischen Romantik. „Landscapism" – Landschaftseskapismus[3] – nennt Robert Macfarlane seine Bücher, in denen er die letzten wilden Flecken Großbritanniens beschreibt, seine Bergtouren oder seine Wanderungen auf Wegen, die mutmaßlich so alt wie die Menschheit sind und ihn zurückführen sollen in eine Zeit, in der Natur und Kultur noch keine Gegensätze waren.

Der Naturphilosoph Andreas Weber setzt seinen neu geprägten Begriff „Enlivenment" dem englischen Wort für Aufklärung, „enlightenment", entgegen. Webers Enlivenment ist auf die Verlebendigung einer Gesellschaft aus, die seines Erachtens in einer tiefen Sinnkrise steckt. „Wir haben vergessen, was es heißt, am Leben zu sein", konstatiert er – kaum anders als Thoreau. Doch statt eines einfachen „Zurück zur Natur" empfiehlt Weber eben das, was Macfarlane auf den Trampelpfaden unserer Altvorderen sucht: die Überwindung des Gegensatzes von Natur und Kultur in einer neuen Gemeinschaft des Lebendigen, die alle und alles – Tiere, Pflanzen und Menschen – einbegreift. „Alles fühlt" heißt Webers vielleicht bekanntestes Buch.

Mit grüner Nachhaltigkeitspolitik hat das wenig zu tun. Es geht Weber nicht um Windkraft- und Solaranlagen, um endlose Rutenhirse-Felder und Eukalyptus-Plantagen, die den Planeten endgültig auf einen Ressourcenlieferanten reduzieren, sondern darum, in der Natur ein „Du" zu erleben, das nicht weniger lebendig ist als das eigene Ich. „Nature writing", wie es Robert Macfarlane betreibt, nennt Weber „ökologische Forschung in der ersten Person" – in einer, wie die Romantiker sagten, „Sprache der Liebe". Enlivenment, schreibt Weber, sei eine „Romantik 2.0".

In einem jedoch unterscheiden sich die neuen Romantiker von den alten. Unter den Bedingungen des Anthropozäns, des Zeitalters der nicht länger bestreitbaren Herrschaft des Menschen über die Natur, suchen sie draußen nicht mehr sich selbst, sondern das Andere, die fremde, die ungleichförmige Erfahrung, vielleicht auch den Urlaub vom Ich. „Was man beim Gehen bestimmt nicht findet, ist sich selbst", sagt Robert Macfarlane im Berliner Mauerpark, während über seinem Kopf die Lerchen lärmen. Er ist eben nicht zu sich selbst aufgebrochen, sondern hat vor seiner Haustür im englischen Cambridge entdeckt, was es angeblich nur noch in entlegensten Weltregionen und unter extremsten Bedingungen gibt: eine Natur, die noch sie selbst ist. „Ich", schreibt Macfarlane in „Karte der Wildnis" über seine Motivation, „glaubte nicht an die Abgesänge auf die Wildnis. Sie schienen mir verfrüht, sogar gefährlich. Wie die Trauer um einen Menschen, der noch gar nicht gestorben ist, vermittelten sie den Eindruck eines unschicklichen Verlangens nach einem Ende oder eines Zugeständnisses der eigenen Hilflosigkeit."

Vielleicht muss man diesen Satz zweimal lesen, um die Ungeheuerlichkeit des Verdachts zu ermessen, den er formuliert. Den Verdacht nämlich, dass der Mensch die Natur mittlerweile als einen alten Weggefährten begreift, dem viel Zeit nicht bleibt. Als todkranken Verwandten, den man noch einmal besuchen muss, bevor es zu spät ist. Als guten Freund aus vergangenen Tagen, dem man noch ein letztes Mal nah sein will, so wie man ihm früher nah war. [...]

---

1 pittoresk: malerisch, friedvoll, beschaulich.
2 dräuen: drohen, sich zusammenbrauen.
3 Eskapismus, der: Weltflucht, Ausweichen vor den Anforderungen der Realität.

Aber auch aus einer sehnsuchts-, ja gefühlvollen Haltung zur Natur kann eine rationale Einsicht folgen. An der Haltung zur Ernährung oder zur individuellen Mobilität kann sich eine neue Achtsamkeit beweisen. Für eine Abkehr von der Massentierhaltung oder dem gedankenlosen Ressourcenverbrauch braucht es eine im Wortsinne kritische Masse. Mit dem spritfressenden SUV über Landstraßen in der Uckermark zu heizen und dann im Liegestuhl des Wochenendhäuschens ein bibliophiles Werk über verschwundene Apfelsorten zu studieren, kann nicht allein Sinn und Zweck der neuen Romantik sein. Aber bei unserer großen Wanderung in die Zukunft geht ja vielleicht das Gefühl voran. Der Verstand wird ihm hoffentlich folgen.

Unter: https://www.welt.de/print/wams/article157531975/Die-Rueckkehr-der-Romantik.html (Zugriff 21.03.2016, gek.)

zentrale Aussagen des Textes zum Aspekt „Romantik 2.0“: *Die „Romantik 2.0“ wird hier als „Enlivenment“ (nach einem Wort des Naturphilosophen Andreas Weber) beschrieben. Die Antwort auf Naturzerstörung und Vereinnahmung des Menschen durch Materialismus sei demnach in einer Verlebendigung der Natur („einer neuen Gemeinschaft des Lebendigen, die alle und alles – Tiere, Pflanzen und Menschen – einbegreift“) zu sehen, wobei man nicht mehr (wie in der Romantik) sich selbst suche, sondern das andere. „Enlivenment“ ist dabei weder mit „grüne[r] Nachhaltigkeitspolitik“, die die Natur ebenfalls auf einen „Ressourcenlieferanten“ reduziere, noch mit einem Abgesang auf einen sterbenden „alten Weggefährten“ zu verwechseln. Natur solle vielmehr neu entdeckt und geschützt werden: Aus der „gefühlvollen Haltung zur Natur kann eine rationale Einsicht folgen“.*

Material 4

zentrale Aussagen des Covers zum Aspekt „Romantik 2.0“: *Das Buchcover reduziert den Begriff „Romantik“ auf sexuell motivierte Zweierbeziehungen. Durch das Attribut „2.0“ wird weniger auf die Neuauflage der ersten Romantik als vielmehr auf das Internet als Medium (vgl. auch den Untertitel des Buches), um Partner kennenzulernen, angespielt. In der Konsequenz bedeutet dies, dass für Autor und Verlag der Begriff „Romantik 2.0“ gerade nicht auf eine naturphilosophische Einstellung, sondern auf die neuen Möglichkeiten der Partnersuche im Zeitalter der Digitalisierung verweist.*

Cover des Buchs *Romantik 2.0* von Christian Schuldt (2013)

Coverartwork nach Christian Schuldt, Romantik 2.0, erschienen im Gütersloher Verlagshaus, Gütersloh, in der Verlagsgruppe Random House GmbH

Schritt 3

Informationen organisieren

a) Erklären Sie vor dem Hintergrund der Aufgabenstellung, in welchem Verhältnis die Veredlung des Menschen durch die Kunst, die in Material 1 genannt wird, und die Idee des „Enlivenment“ (Material 3) stehen.

Beide Aspekte sind Antworten im Sinne einer möglichen Gegenbewegung auf die eine verheerende Zeitdiagnose, wobei einmal die Vereinnahmung des Menschen durch den Kapitalismus bzw. den Materialismus im Vordergrund steht (Material 1) und einmal die fortschreitende Umweltzerstörung (Material 3). Zu beachten ist, dass Krejci Schiller und seine ästhetische Theorie für die Romantik vereinnahmt, was hier kein Widerspruch ist: Kunst ist hier nur das Mittel, um den Menschen eine neue Romantik (nicht im Sinne einer Kunstauffassung, sondern des Gefühlhaften) näherzubringen.

b) Bewerten Sie die Materialien abschließend unter dem Gesichtspunkt ihrer Ergiebigkeit für Ihren Informationstext.

Mat.	Bewertung
1	liefert vor allem einen kurzen geschichtlichen Abriss, der deutlich macht, dass es seit 200 Jahren immer wieder romantische Bewegungen gegeben hat; interessant wegen des Verweises auf Schiller und seine ästhetische Theorie
2	da die Natur als gefährdet erlebt wird, ist eine einfache „Rückkehr der Romantik" (vgl. Freund, Kämmerling) nicht möglich; zugleich Spiel mit der alltagssprachlichen Bedeutung von „Romantik" (= gefühlsbetonte Zweisamkeit), der der Mann (das männliche Rollenklischee) skeptisch gegenübersteht
3	erläutert ausgiebig das Konzept des „Enlivenments" als „Romantik 2.0" und zeigt Unterschiede sowohl zur „Romantik 1.0" als auch zu anderen aktuellen Tendenzen („grüne Nachhaltigkeitspolitik", Verabschiedung von der Natur, Ich-Suche in der Natur)
4	vgl. die Hinweise zu Mat. 2: die Banalisierung des Konzeptes der „Romantik 2.0" könnte ein möglicher Einstieg in den Infotext sein (Begriff der „Romantik 2.0" lässt manchen an die Partnersuche im Internet denken, ist aber tatsächlich viel mehr ...)

c) Prüfen Sie, ob und wo konkret Sie ggf. eigenes Wissen zu den Hauptaussagen der Materialien ergänzen können.

Abgesehen von den zu Schritt 1, Teilaufgabe b) genannten Bereichen ist hier vor allem an Erfahrungen zu denken, die die Zeitdiagnosen und das heute herrschende Lebensgefühl betreffen: Wie empfinden junge Menschen Kapitalismus und Umweltzerstörung? Haben sie überhaupt eine Sehnsucht nach dem Transzendenten (zur Wortwahl vgl. Krejci)? Ist die Projektionsfläche von Wünschen Jugendlicher überhaupt die Natur oder sind sie mit dem Gaming als „romantischer Fluchtmöglichkeit" (Krejci, Z. 26 f.) zufrieden? – Der Ort für solche Überlegungen wäre dann der Teil des Informationstextes, in dem es um die Bewertung des Begriffs „Romantik 2.0" geht.

Schritt 4
Gliederung erstellen

a) Strukturieren Sie das Thema Ihres Textes zunächst in groben Zügen.

137

b) Halten Sie schriftlich fest, wie Sie die „Romantik 2.0" bewerten, indem Sie zwischen den extremen Polen (sehr sinnvolle Bewegung, die einen wesentlichen Beitrag zur Lösung unserer Probleme liefern kann vs. inhaltsleere Modeerscheinung) Ihre Position definieren.

137

c) Sammeln Sie zwei, drei Ideen für eine Einleitung (vorweggenommene Bewertung, griffiges Zitat, provokante These, …) und prüfen Sie, wie sie von dieser Idee aus zu Ihrer abschließenden Bewertung gelangen können.

137

d) Arbeiten Sie nun eine detaillierte Gliederung aus (alle Schreibschritte im Einzelnen samt der Hinweise auf Textstellen, die Sie zitieren möchten), die Ihnen im Folgenden als Schreibplan dienen kann.

137

Schritt 5

Klausur schreiben

a) Formulieren Sie auf der Grundlage Ihrer Vorarbeiten nun Ihren Informationstext gemäß der Aufgabenstellung auf Seite 104. Achten Sie besonders auf die korrekte Zitierweise.

WISSEN

Zitieren

Das korrekte Zitieren ist ein zentraler Bestandteil **sachlichen Schreibens**. Wer richtig zitiert, zeigt damit, dass er sorgfältig mit Texten umgehen kann und das geistige Eigentum anderer respektiert. Gerade beim materialgestützten Schreiben kommt dem korrekten Zitieren eine besondere Bedeutung zu, da man auf unterschiedliche Materialien verweisen muss. Wörtliche Zitate können dabei entweder in **direkter** oder in **indirekter** Rede wiedergegeben werden, wobei es vor allem in publizistischen Texten oft auch zu Verschmelzungen beider Formen kommt. Dies sollte in Interpretations- und Analysearbeiten jedoch vermieden werden.

Für **die direkte Rede** gilt:
- Wörtlich von Anderen übernommene Äußerungen werden, unter Angabe der Quelle, in Anführungszeichen wiedergegebenen: *„Wir leben heute gefährlich nahe am plutonischen Korrektiv. Turbokapitalismus, Materialismus, Technik, Kommerz, Konsum haben den Menschen bis zum Ersticken vereinnahmt." (Krejci: Romantik 2.0, Z. 38 ff.)*
- Ergänzungen und Umstellungen werden durch eckige Klammern gekennzeichnet, Auslassungen werden durch drei Pünktchen (oft ebenfalls in eckigen Klammern) angezeigt: *Krejci behauptet, dass wir „heute [...] nahe am plutonischen Korrektiv [leben]" (Krejci: Romantik 2.0, Z. 39 f.).*
- Doppelte Anführungszeichen im zitierten Text werden innerhalb des Zitates durch einfache Anführungszeichen wiedergegeben: *Freund und Kämmerlings schreiben: „Der Naturphilosoph Andreas Weber, einer der Stichwortgeber der neuen Bewegung, spricht von ‚Enlivenment', von Verlebendigung." (Freund, Kämmerlings: Die Rückkehr der Romantik, Z. 12 f.)*
- Einzelne Wörter oder Wendungen können auch ohne Auslassungshinweise übernommen werden: *Krejci spricht hier sogar von „Turbokapitalismus" (vgl. Z. 39).*

Für **die indirekte Rede** gilt:
- Vor allem in nicht-publizistischen Texten erfolgt die Kennzeichnung wie in der direkten Rede, d. h. mit einem redeeinleitenden Wort (also „sagen", „behaupten", „fragen", „feststellen" usw.), einem Satzanschluss (meist „dass", „ob" oder Fragepronomen) und/oder dem Prädikat im Konjunktiv I (bzw. einer Ersatzform).
- Auch für indirekte Zitate gilt, dass dort, wo es sinnvoll ist, Quellenangaben gemacht werden sollten.

TIPP

Texübergänge gestalten

Bevor Sie einen neuen Absatz beginnen, sollten Sie den letzten Absatz zuvor noch einmal kritisch lesen. Das erleichtert nicht nur Korrekturen, sondern hilft auch, Wiederholungsfehler zu vermeiden und die Textübergänge eleganter zu gestalten.

Schritt 6

Klausur überarbeiten

a) Überprüfen Sie Ihren Informationstext in drei gesonderten Durchgängen auf sachliche Richtigkeit und inhaltliche Stimmigkeit, die Einhaltung des roten Fadens (Folgerichtigkeit) sowie die sprachliche Richtigkeit.

b) Überarbeiten bzw. korrigieren Sie Ihren Informationstext entsprechend der von Ihnen bei der Überprüfung festgestellten Mängel bzw. Fehler.

Unterrichtshinweise und Zusatzmaterialien

Sachinformationen zu „Iphigenie auf Tauris“ und „Der Sandmann“ 114

Lösungen und Kommentare Kursheft 123

Kapitel 1
Wandel des Menschenbildes 123

Kapitel 2
„Iphigenie auf Tauris“ 125

Kapitel 3
Das Kunstprogramm der Weimarer Klassik 128

Kapitel 4
Das Humanitätsideal als Problem 131

Kapitel 5
„Der Sandmann“ – Ein neuer Blick auf die Welt 133

Kapitel 6
Romantik als Gegenbewegung zur Aufklärung? 135

Lösungen und Kommentare Kopiervorlagen 138

Kopiervorlagen

Gegen das Zurücksinken in die Tierheit KV 1 | S. 141
Herders Humanitätsbegriff untersuchen

Johann Gottfried Herder: Briefe zur Beförderung der Humanität

Ein nichtklassisches Bild der Antike KV 2 | S. 142
Das Verhältnis von „Penthesilea“ und „Iphigenie“ untersuchen

Heinrich von Kleist: Phentesilea, Fünfter Auftritt

Der „Iphigenie“-Stoff in moderner Interpretation KV 3 | S. 143
Aktuelle Bezüge des Dramas diskutieren

Arila Siegert über ihre Sicht auf „Iphigénie en Tauride“

Tobi Müller: Raus aus der Flüchtlingsrolle

Von der idealischen Schönheit in der Kunst KV 4 | S. 145
Das Kunstprogramm der Weimarer Klassik untersuchen

Johann Joachim Winckelmann: Gedanken über die Nachahmung der griechischen Werke und Bildhauerkunst

Im Inneren aufgegangen, ins Äußere getragen KV 5 | S. 146
Poetologische Aussagen analysieren

E.T.A. Hoffmann: Die Serapionsbrüder

So funktioniert der Online-Code:

Kopiervorlagen
377v8v

Im Downloadbereich finden Sie als **editierbare Word-Dateien**:
- alle abgedruckten Kopiervorlagen und weitere Unterrichtsideen
- die abgedruckten und weitere Klausurvorschläge inklusive der zugehörigen Erwartungshorizonte
- die abgedruckten Musterlösungen zu den beiden Schreibtrainings

Geben Sie den Code einfach in das Suchfeld auf www.klett.de ein.

Sprach der Rabe: „Nimmermehr!" KV 6 | S. 147
Hoffmann als Impulsgeber verstehen

Edgar Allan Poe: The Raven

Goethe und Kleist – eine besondere Beziehung KV 7 | S. 149
Epochengrenzen problematisieren

Katharina Mommsen: Kleists Kampf mit Goethe

Klausurvorschläge mit Erwartungshorizonten

Interpretation literarischer Texte mit Texterörterung KL 1 | S. 150
Johann Wolfgang Goethe: Iphigenie auf Tauris, V, 6

Theodor W. Adorno: Zum Klassizismus von Goethes „Iphigenie"

Erwartungshorizont KL 1 EH | S. 152

Interpretation literarischer Texte mit Erörterung KL 2 | S. 154
Johann Wolfgang Goethe: Das Göttliche

Erwartungshorizont KL 2 EH | S. 155

Analyse pragmatischer Texte mit Erörterung KL 3 | online
Friedrich Schiller: Über das Erhabene

Erwartungshorizont KL 3 EH | online

Interpretation literarischer Texte mit Erörterung KL 4 | online
E. T. A. Hoffmann: Der Sandmann

Erwartungshorizont KL 4 EH | online

Textanalyse und Interpretation mit literarischer Erörterung KL 5 | online
Gotthold Ephraim Lessing: Nathan der Weise, II,5

Erwartungshorizont KL 5 EH | online

Unterrichtsideen

Iphigenie auf Tauris UI 1 | online
Einen Zugang zum Text über die Methode des automatisierten Schreibens gewinnen

Erwartungen der Öffentlichkeit UI 2 | online
Aspekte literarischern Lebens kennenlernen

Anna Mitgutsch: Zeitgenossensfhaft des Autors

Musterlösungen

Schreibtraining:
Interpretation eines literarischen Textes (Drama) ML 1 | S. 157

Schreibtraining:
Materialgestütztes Verfassen eines informierenden Textes ML 2 | S. 159

Sachinformationen „Iphigenie auf Tauris"

1. Entstehung

Die Erstfassung der *Iphigenie* entstand 1779 innerhalb weniger Wochen im Auftrag des Weimarer Hofes zum Kirchgang von Herzogin Luise nach der Geburt ihrer Tochter Luise Auguste Amalie und wurde – mit leichter Verspätung – am 6. April 1779 von einer Laiengruppe aufgeführt; einzige Berufsschauspielerin war Corona Schröder in der Rolle der Iphigenie, Goethe selbst spielte die Rolle des Orest. In seinem Tagebuch (Eintrag vom 6. April 1779) bemerkt er dazu: „Iph. gespielt. gar gute Würckung besonders auf reine Menschen." Zwei weitere Fassungen (vgl. Kapitel 2C) entstehen 1780 (in freien Jamben) und 1781 (eine weitere Prosafassung). Während eines Karlsbadaufenthaltes im Juli beginnt Goethe dann 1786 jene Fassung der *Iphigenie* in Blankversen, die er schließlich während seiner Italienreise beendet und im Januar 1887 mit der Bitte an Johann Gottfried Herder, „hier und da dem Wohlklange nachzuhelfen", nach Weimar schickt. Die *Iphigenie* wird nach ihrer Veröffentlichung zunächst wenig beachtet und erst im Januar 1800 in Wien uraufgeführt.

2. Stoff

Goethe hat sich mit seinem Schauspiel am antiken Drama *Iphigenie bei den Taurern* (ca. 414–412) des Euripides orientiert, das im 18. Jahrhundert zahlreiche Bearbeiter fand, unter anderem für die Oper durch Christoph Willibald Gluck (*Iphigénie en Tauride*, 1779). Für eine Adaption für die Oper eignete sich das Stück sich nicht zuletzt wegen seines untragischen Ausgangs; man „wird es", heißt es über das Stück des Euripides in *Kindlers Neues Literatur Lexikon*, „eher eine Romanze als eine Tragödie nennen können". Wie Euripides wahrt auch Goethe die Einheit von Zeit und Raum.

Der Stoff selbst ist jedoch mythologischen Ursprungs und sehr vielgestaltig. In der bekanntesten Fassung, die im Gespräch zwischen Iphigenie und Thoas in Auftritt I, 3 anklingt, frevelte einst König Tantalos, Sohn von Zeus und der Titanin Pluto, gegen die olympischen Götter, weil er ihnen seinen getöteten Sohn Pelops, den Urgroßvater Iphigenies, als Mahl vorsetzte, um ihre Allwissenheit zu prüfen. Zur Strafe muss er im Hades als einer der ewigen Büßer leiden: Umgeben von Wasser und Früchten, die er jedoch nicht erreichen kann, muss er ewigen Durst und Hunger ertragen. Außerdem wurden seine Nachkommen mit einem Fluch belegt, der darin besteht, entweder Verwandte zu töten oder selbst von einem Verwandten getötet zu werden. Auch Agamemnon, Sohn des Atreus und Enkel von Pelops, sollte seine Tochter Iphigenie töten, um sie Artemis (der Diana der römischen Mythologie) zu opfern, doch wird Iphigenie von Artemis gerettet und auf Tauris (der Krim) zu ihrer Priesterin gemacht. Iphigenies Mutter Klytaimnestra rächt unterdessen die vermeintliche Opferung Iphigenies und tötet mit der Hilfe ihres Liebhaber Ägisth, einem Vetter von Agamemnon, ihren Gatten Agamemnon, was wiederum Orest, angetrieben von Iphigenies Schwester Elektra, zur Rache an der Ermordung seines Vater Agamemnon bewegt: Er tötet seine Mutter Klytaimnestra. Um der Verfolgung durch die Rachegöttinnen zu entkommen, muss Orest das Bild der Göttin Artemis nach Athen bringen.

3. Inhaltsübersicht

I. Aufzug

Im Sinne einer Exposition entfaltet der aus vier Auftritten bestehende Aufzug Iphigenies Grundkonflikt: Jeweils ein Monolog Iphigenies beginnt und beendet den Aufzug; sie umrahmen zwei Dialoge, die Iphigenie mit Arkas und Thoas, dem König der Skythen, führt. Im Eingangsmonolog beklagt Iphigenie, „[d]as Land der Griechen mit der Seele suchend" (V. 12), ihr Schicksal fern von der Heimat. In Auftritt I, 2 kündigt Arkas, der Vertraute von König Thoas, das baldige Erscheinen von Thoas und dessen Brautwerbung an. Arkas erinnert Iphigenie daran, dass es ihr gelungen ist, als Priesterin die Menschenopfer abzuschaffen, und bittet sie, Thoas bei seinem Werben entgegenzukommen. Tatsächlich äußert denn auch Thoas in Auftritt I, 3 den Wunsch, sie zu heiraten, worauf Iphigenie ihm in der Hoffnung, ihn durch ihre Enthüllung abzuschrecken, ihre Herkunft als Urahnin von König Tantalos offenbart. Als „[d]er Göttin Eigentum" (vgl. V. 432) könne sie nicht König Thoas' Frau werden. Doch Thoas erneuert seine Werbung, und als Iphigenie wieder ablehnt, verlangt Thoas die Wiedereinführung der Menschenopfer; eben seien zwei Fremde gefangengenommen worden, die als Opfer dargebracht werden sollten. Im abschließenden Auftritt wendet sich Iphigenie nun an die Göttin Diana und fleht sie an: „Oh, enthalte vom Blut meine Hände!" (V. 549)

II. Aufzug

Auftritt II, 1 führt jene beiden Fremden, die Iphigenie opfern soll, in die Handlung ein. Es handelt sich um ihren Bruder Orest und dessen Freund Pylades. Auch wenn der Zuschauer und Leser so die Beziehungsverhältnisse kennt, bleiben sie den Beteiligten selbst im Laufe dieses Aufzugs verborgen. Auftritt II, 1 zeigt nun Orests Verzweiflung, der sich von Anfang an auf dem „Weg des Todes" (vgl. V. 561) sieht, während Pylades optimistisch in die Zukunft blickt, wofür er zwei Gründe hat: Zum einen hat er ein positives Götterbild („Der Götter Worte sind nicht doppelsinnig,/ Wie der Gedrückte sie im Unmut wähnt.", V. 613 f.), sodass er an die Erfüllung der Weissagung Apolls glaubt („Bringst du die Schwester zu Apollen hin, […] So wird für diese Tat das hohe Paar/Dir gnädig sein", V. 722 ff.); zum anderen weiß er von der Priesterin der Diana (von Iphigenie also),

dass sie ein „fremdes, göttergleiches Weib“ (V. 772) ist, das jenes „blutige Gesetz gefesselt [hält]“ (V. 723). Orest bleibt zwar skeptisch, doch stellt er sich den Plänen Pylades' nicht in den Weg.
In Auftritt II, 2 kommt es dann zum Gespräch zwischen Pylades und Iphigenie, in dem Pylades Orests Fall schildert, ohne freilich dessen richtigen Namen zu nennen. Da auch Iphigenie sich nur als „Priesterin“ bezeichnet, kann Pylades aus seiner Schilderung der sich an Iphigenies Darstellung in Auftritt I,3 anschließenden Ereignisse (hier erfährt Iphigenie erst vom Ende Trojas, dem Ehebruch ihrer Mutter mit Ägisth und von der Ermordung ihres Vaters Agamemnon) nur erkennen, dass sie mit dem Königshaus persönlich verbunden und folglich hoher Herkunft ist, wodurch er seine Hoffnungen auf einen glücklichen Ausgang bestätigt sieht: „Nur stille, liebes Herz,/Und lass dem Stern der Hoffnung, der uns blinkt,/Mit frohem Mut uns klug entgegensteuern.“ (V. 923 ff.)

III. Aufzug
Nachdem Pylades im 2. Aufzug die dominante Figur war, steht Orest im Zentrum des 3. Aufzugs. Im ersten Auftritt trifft Orest auf Iphigenie, die ihn, noch immer ohne zu wissen, wer er ist, nach dem Schicksal Agamemnons und seiner Kinder Orest und Elektra befragt. Orest berichtet wahrheitsgetreu, wie er nach Agamemnons Ermordung von Elektra zu einem Schwager des Vaters gebracht wurde (i. e. der Mann von Agamemnons Schwester Anaxibia), der ihn zusammen mit seinem Sohn Pylades aufzog; dass er dann von Elektra den Dolch bekam und seine Mutter Klytaimnestra tötete und seither von den Rachegöttinnen verfolgt wird. Iphigenie gibt sich nun als ältere, von Orest totgeglaubte Schwester zu erkennen, worauf Orest eine Fortsetzung des Fluches befürchtet und erwartet, nun von seiner Schwester geopfert zu werden; „er sinkt in Ermattung“ nieder. Während Iphigenie Hilfe sucht, erwacht Orest aus seiner Ohnmacht und offenbart in Auftritt III, 2 seine Vision von der Unterwelt, in der die versammelten Ahnen ihn in ihren Kreis aufnehmen („Von euerm Stamme der letzte Mann; / was ihr gesät, hat er geerntet“, V. 1282 f.).
Wird in Auftritt III, 2 Orests äußerste Verzweiflung gezeigt, in die ihn die Begegnung mit Iphigenie in Auftritt III, 1 gestürzt hat, so stellt Auftritt III, 3 seine Befreiung von der Schuld dar: Als Iphigenie mit Pylades hinzukommt, integriert Orest sie zunächst in seine Vision. Iphigenies Anrufung des göttlichen Geschwisterpaares Diana und Apoll, die „Finsternis des Wahnsinns“ zu lösen (vgl. V. 1326), und Pylades´ Aufforderung, sie als wirkliche Wesen zu erfühlen („Fass/Uns kräftig an“, V. 1335 f.), bringen Orest in die Wirklichkeit zurück, wo ihm die Natur neue Lebensfreude gibt (vgl. „Die Erde dampft erquickenden Geruch/Und ladet mich …,/nach Lebensfreud und großer Tat zu jagen.“; V. 1362 ff.). Pylades hingegen drängt auf „schnellen Rat und Schluss“ (V. 1368), also auf einen konkreten Fluchtplan.

IV. Aufzug
Im Eingangsmonolog IV, 1 preist Iphigenie zunächst die Tatkraft und Klugheit von Pylades, dessen Ankunft sie als Hilfe der Götter deutet, und erläutert sodann den „Anschlag“ (V. 1395): Das Schiff, mit dem Orest und Pylades nach Tauris gekommen sind, wird zur Flucht vorbereitet. König Thoas soll von Iphigenie getäuscht werden, und zwar durch „kluges Wort“ (V. 1398), in dem Iphigenie dann aber doch klar die „Lüge“ sieht (vgl. „O weh der Lüge!“, V. 1405). Trotzdem verhält sich Iphigenie in Auftritt IV, 2 gegenüber Arkas so, wie es der Plan des Pylades vorsieht. Sie gibt vor, das Bild der Göttin müsse, entheiligt durch die Gegenwart des von den Furien verfolgten Orest, zunächst im Meer gereinigt werden. Der misstrauische Arkas möchte hierfür zuerst die Erlaubnis von Thoas einholen, worin Iphigenie auch einwilligt. Außerdem drängt er Iphigenie erneut, auf die Werbung von Thoas einzugehen (vgl. „O wende nicht von uns, was du vermagst!“, V. 1475). In Auftritt IV, 3 fasst Iphigenie ihre Lage dann zusammen: War sie zunächst durch die Freude, mit Orest vereint zu sein, nur auf Rettung aus (vgl.: „Ich horchte nur auf seines Freundes Rat/Nur sie zu retten, drang die Seele vorwärts.“, V. 1518 f.), hat Arkas sie durch seine Worte an ihr humanitäres Werk (vgl.: „dass ich auch Menschen hier verlasse“, V. 1524) erinnert: „Doppelt wird mir der Betrug/ Verhasst.“ (V. 1525 f.) In dieser Situation erscheint, Auftritt IV, 4, der Urheber der Fluchtpläne, Pylades, mit der Nachricht, dass alle Vorbereitungen getroffen seien. Als Iphigenie ihm von Arkas' Gang zu Thoas berichtet, findet Pylades schnell einen Ausweg: Iphigenie solle nun behaupten, die Fremden seien bereits im Tempel, während sie in Wirklichkeit das Götterbild zum Schiff bringen würden. Als Pylades Iphigenies inneren Widerwillen bemerkt, beharrt er auf einer pragmatischen Lösung und zeigt sich so als ihr wahrer Gegenspieler, indem er die grundsätzliche Möglichkeit des sittlichen Handelns in allen Situationen letztlich verneint (vgl. „Dass keiner in sich selbst, noch mit den andern/Sich rein und unverworren halten kann.“, V. 1658 f.) und sich für das kleinere Übel entscheidet („Den Bruder, dich und einen Freund zu retten,/Ist nur *ein* Weg; fragt sich's, ob wir ihn gehen?“, V. 1667 f.).
Im Schlussmonolog IV, 5 reflektiert Iphigenie noch einmal ihre Situation: Auf Tauris konnte sie sich ihr reines Herz bewahren und darauf hoffen, einst ihr beflecktes Geschlecht zu entsühnen. Jetzt, da sie wieder mit ihrem Bruder vereint ist und sich überdies die Möglichkeit bietet, nach Hause zurückzukehren, scheint sie gezwungen, zu lügen und zu rauben und dadurch schuldig zu werden, sodass auch sie der Tantalidenfluch zu treffen droht. Dadurch sieht Iphigenie ihr Götterbild gefährdet, sodass sie ausruft: „Rettet mich/Und rettet euer Bild in meiner Seele!“ (V. 1716 f.) Zugleich wird deutlich, dass

Iphigenie der Hilfe der Götter bedarf, ihr also (sittlich) richtiges Handeln nicht ohne die Hilfe der Götter möglich erscheint. Ihrem (der Klassik entsprechenden) Götterbild stellt sie gleichsam das antike Götterbild in Form des Parzenliedes entgegen (Parzen sind in der römischen Mythologie die drei Schicksalsgöttinnen, die den Lebensfaden spinnen): Dort stehen die Götter schon räumlich weit über den Menschen. Die Götter leben „Auf Klippen und Wolken" und „schreiten vom Berge/Zu Bergen", während nicht nur die in Ungnade gefallenen Menschen selbst in den „Schlünden der Tiefe" „vergebens" harren, sondern der Götter Fluch auch noch „im Enkel" wirksam bleibt.

V. Aufzug

In Auftritt V, 1 berichtet Arkas König Thoas von seinem „Argwohn" gegenüber Iphigenie, woraufhin Thoas Iphigenie zu sich befiehlt und Anordnung gibt, das Ufer zu überwachen und die Fremden gefangen zu nehmen. Im anschließenden Monolog V, 2 wird Thoas´ Bedauern darüber sichtbar, Iphigenie so viel Güte entgegengebracht zu haben. In Auftritt V, 3 kommt es zum erneuten Gespräch zwischen Iphigenie und Thoas, das zunächst noch einmal die Gegensätze betont. Zu einer entscheidenden Wendung kommt es, als Iphigenie *„nach einigem Stillschweigen"* sich dazu durchringt, Thoas die Wahrheit über die Fluchtpläne der Ihren zu gestehen und dadurch sowohl ihr eigenes Schicksal als auch das von Orest und seinen Gefährten in seine Hände zu legen: „Allein euch leg ich's auf die Kniee! ... Verdirb uns – wenn du darfst." (V. 1916 und V. 1936) Dabei stellt sie ihr Geständnis als spezifisch weibliche Tat dar, die als solche gerade nicht auf Konfrontation und die Zuspitzung auf Sieg oder Niederlage zielt, sondern auf eine friedliche Überwindung der Gegensätze. Auch wenn Thoas sich berührt zeigt (vgl. „Wie oft besänftigte mich diese Stimme!", V. 1986), steht eine endgültige Entscheidung noch aus.
Nun tritt der bewaffnete Orest auf, was auch Thoas nach seinem Schwert greifen lässt. Iphigenie drängt darauf, die Waffen im Heiligtum ruhen zu lassen und gesteht Orest, Thoas den Fluchtplan verraten zu haben. Zugleich macht dieser Auftritt deutlich, dass sich die Griechen am Strand im Kampf mit Thoas' Leuten befinden. Pylades und Arkas treten in V, 5 hinzu: Der Kampf scheint zugunsten der Skythen entschieden. Überraschend jedoch bietet Thoas eine Unterbrechung des Kampfes an, solange geredet wird. Orest nimmt dieses Angebot gerne an und befiehlt die restlichen Griechen zu sich.
Im abschließenden Auftritt V, 6 verlangt Thoas den Beweis, dass Orest wirklich Agamemnons Sohns und Iphigenie seine Schwester ist. Orest zeigt darauf das Schwert seines Vaters und bittet Thoas, über einen Zweikampf den Streit entscheiden zu dürfen. Thoas willigt nicht nur ein, sondern will diesen Kampf sogar persönlich führen, doch Iphigenie kann schlichten. Thoas´ Einwand, nur das Bild der Göttin rauben zu wollen, kann Orest entkräften, indem er erklärt, den Spruch Apolls falsch gedeutet zu haben. Nicht die Schwester Apolls (also das Bildnis der Göttin Diana), sondern seine Schwester, also Iphigenie, soll nach Hause gebracht werden. Um diese Heimkehr bitten nun sowohl Orest und Iphigenie noch einmal. Die bloße Erlaubnis „So geht!" (V. 2151) des Königs weist Iphigenie jedoch zurück, sie möchte nicht mit dem Widerwillen Thoas' entlassen werden, sondern in Freundschaft gehen können: „Leb wohl! und reiche mir/Zum Pfand der alten Freundschaft deine Rechte." (V. 2172 f.), was Thoas mit den Worten „Lebt wohl!" zu bestätigen scheint.

4. Aufbau

Der Aufbau des Schauspiels folgt dem Fünf-Aktschema des klassischen Dramas: Exposition mit der Vorstellung von Iphigenies Grundkonflikt (Aufzug I), steigende Handlung durch die Konfliktentwicklung mit Orest als möglichem Menschenopfer (Aufzug II), Peripetie in der Wiedererkennung der Geschwister und der Heilung Orests (Aufzug III), retardierendes Moment durch Iphigenies Schwanken zwischen Lüge und Wahrheit (Aufzug IV) und schließlich die Lösung mit der von Thoas geduldeten Heimreise von Iphigenie (Aufzug V).
Das Schauspiel ist darüber hinaus in sich durch weitere Symmetrien geprägt. Dies betrifft zum einen den Aufbau der Aufzüge. Am deutlichsten wird dies im Aufzug IV, der in seiner pyramidalen Komposition (Monolog IV, 1 – Dialog IV, 2 – Monolog IV, 3 – Dialog IV, 4 – Monolog IV, 5) nicht nur an das Fünf-Aktschema des klassischen Dramas erinnert, sondern auch an Aufzug I, der ebenfalls streng symmetrisch gebaut und durch Monologe Iphigenies gerahmt ist. Dies betrifft zum anderen aber auch den Aufbau der Handlung. Schon die Rahmung der Aufzüge II und III durch die parallel gebauten Aufzüge I und IV deutet an, was ein Blick auf die inhaltlichen Schwerpunkte bestätigt: Die Handlung entwickelt sich in zwei Konfliktbereichen, wobei der Konflikt zwischen Iphigenie und Thoas (Schwerpunkt in den Aufzügen I und IV) die Orest-Handlung (Schwerpunkt in den Aufzügen II und III) umgreift, jedoch von dieser gleichsam erst zur Entfaltung gebracht wird. Eine weitere Symmetrie in der Komposition des Schauspiels ergibt sich beim Blick auf die thematischen Schwerpunkte: So sind sowohl im II. als auch im IV. Aufzug Lüge und Verstellung die zentralen Themen, sodass sich ein Kontrast zu den Aufzügen III und V ergibt, die ganz im Zeichen der Wahrheit stehen.
Symmetrisch schließlich ist auch die Figurenkonzeption: Der Zentralfigur Iphigenie sind zwei Figurenpaare zugeordnet, nämlich Thoas mit Arkas auf der einen und Orest mit Pylades auf der anderen Seite, wobei weder die Figuren Arkas und Pylades absolut gleichrangig sind (im Gegensatz zu Pylades hat Arkas als Figur kaum Eigengewicht) noch der Beziehung zwischen Thoas und Orest dieselbe Qualität zukommt wie der zwischen Iphigenie und Thoas einerseits und der zwischen Iphigenie und Orest andererseits.

5. Figuren

Iphigenie

Als titelgebende Figur steht Iphigenie selbstverständlich auch im Zentrum des Schauspiels: Um sie und ihre Entscheidungen – für oder gegen eine Heirat mit Thoas, für oder gegen den Fluchtplan von Pylades – kreist das Geschehen. Zugleich ist Iphigenie die einzige Figur, die im Verlauf der Handlung eine klare Entwicklung durchläuft. Zwar wirkt sie, als Priesterin der Göttin Diana, in ihrem Exil von Anfang an humanisierend (vgl. „wenn von deinem Wesen/Auf Tausende herab ein Balsam träufelt“, V. 138 f.), doch verdankt sie diese Humanisierungserfolge vor allem der Duldung durch Thoas, wie ja sehr bald deutlich wird („Um deinetwillen halt ich länger nicht/Die Menge, die das Opfer dringend fordert.“, V. 520 f.).
„[Z]ur unerhörten Tat“ (V. 1892), die sie als autonome Persönlichkeit vollbringt, muss sie erst reifen, indem sie sich von dem Druck des Bewusstseins, falsch zu handeln, befreit und ihre Entscheidungen – bestimmt durch ein positives Götterbild – nur noch den Grundsätzen einer humanen Ethik unterwirft. Dabei grenzt sie sich zum einen deutlich von Pylades ab, dessen Zweckethik nur den selbstbezogenen Erfolg zu kennen scheint. Zum anderen prägt sie ein eigenes weibliches Selbstbewusstsein aus, wie es Orest am Ende klar gegenüber Thoas formuliert: „Gewalt und List, der Männer höchster Ruhm,/Wird durch die Wahrheit dieser hohen Seele/Beschämt“ (V. 2142 ff.)

Orest

In Hinblick auf die persönliche Entwicklung kann Orest – gleichsam nur Bruder Iphigenies im biologischen Sinne – als Kontrastfigur zu ihr verstanden werden. Er ist von Beginn an vom bösen Willen der Götter überzeugt und wirkt geradezu lebensmüde, indem er sich widerstandslos in sein vermeintliches Schicksal fügt, Opfer eines Brudermordes durch Iphigenie zu werden. Warum Orest, der nur durch Iphigenies und Pylades’ Beistand aus seiner Vision erwacht und schließlich gerettet wird, eben diese Rettung ohne jedes eigene Zutun erreicht, ist eine der wichtigen Fragen, die sich kritisch an das Schauspiel stellen lassen.
Orest teilt allerdings auch einen wichtigen Charakterzug mit Iphigenie, nämlich die Abneigung gegen Verstellung und Lüge; er misstraut hier denn auch insbesondere seinem Freund Pylades: „So nehm ein Gott von meiner schweren Stirn/Den Schwindel weg“, V. 750 f.; „Ich schätze den, der tapfer ist und grad.“, V. 768.

Pylades

Der Mitgefangene und Freund von Orest erscheint im Schauspiel als konsequenter Verteidiger einer Zweckethik. Pylades wirkt als lebensbejahende, optimistische und auch kluge Persönlichkeit insbesondere auf heutige Leser zunächst recht sympathisch, gerade im Kontrast zum düsteren Orest. Doch ist es kaum Zufall, dass Pylades gleich im ersten Gespräch Iphigenie belügt, indem er sich als Cephalus, Sohn des Adrastos aus Kreta vorstellt (der griechische Name *kephalos* bedeutet „der mit dem schönen Kopf“!). Auch sonst ist er um keine List und Lüge verlegen und rechtfertigt diese auch mit großem rhetorischen Geschick sowohl gegenüber Orest („Mir scheinet List und Klugheit nicht den Mann/Zu schänden, der sich kühnen Taten weiht.“, V. 766 f.) als auch gegenüber Iphigenie („So wunderbar ist dies Geschlecht gebildet,/ . . ./ Dass keiner in sich selbst, noch mit andern/ Sich rein und unverworren halten kann.“, V. 1656 ff.). Dass Pylades am Ende mit seiner auf Betrug und Lüge basierenden Zweckethik scheitert, ist im Kontext des Kunstprogramms der Weimarer Klassik nur folgerichtig.

Thoas

Der König der Skythen zeigt sich von Anfang an wohlgesonnen gegenüber Iphigenie, indem er ihr Humanisierungswerk mitträgt. Er selbst charakterisiert seine Haltung dabei als „Güte“ (V. 1796 sowie 1802), möchte aber Iphigenie durchaus auch aus Vernunftgründen (vgl. „Zum Segen meines Volkes und mir zum Segen“, V. 249) heiraten. Auf Iphigenies Ablehnung seines Heiratsantrages reagiert Thoas dann – menschlich nachvollziehbar – trotzig und später auf ihre Lüge zunächst verletzt.
Bezeichnender für die Bewertung der Figur ist aber Iphigenies Einschätzung von Thoas, den sie vom Anfang (vgl. V. 33: „Thoas …, ein edler Mann“) bis zum Schluss (vgl. V. 2155 f.: „Wert und teuer,/Wie mir mein Vater war, so bist du´s mir“) wertschätzt und entsprechend positiv charakterisiert. Aus dieser Wertschätzung heraus wird auch psychologisch plausibel, weshalb Iphigenie gerade der Betrug an Thoas verhasst ist (vgl. „doppelt verhasst“, V. 1525) und sie sich am Ende entscheidet, Thoas die Wahrheit zu offenbaren.
Von besonderem Interesse ist die Figur aber aus einem anderen Grund, bleibt doch offen, ob und inwieweit Thoas am Ende aus innerer Überzeugung den „Segen“ (V. 2150) für Iphigenies Heimreise erteilt (vgl. dazu die Hinweise im Abschnitt „7. Deutungsaspekte“).

Arkas

Im Gegensatz zu Pylades, seiner Entsprechungsfigur auf der Handlungsebene, hat Arkas kaum eine eigenständige Bedeutung. Im Stück tritt er als treuer Gefolgsmann von König Thoas auf, indem er in seinem Sinne versucht, Iphigenie dazu zu überreden, positiv auf Thoas’ Werbung zu reagieren. Zugleich erweist er sich als guter Menschenkenner, indem er Iphigenies Betrugsversuch mit der Reinigung des Götterbildnisses durchschaut, und weiß, dass er an ihr Gewissen appellieren kann (vgl. „O wiederholtest du in deiner Seele,/Wie edel er sich gegen dich betrug“, V. 1500 f.).

6. Sprache

Charakteristisch für das Schauspiel ist die insgesamt anspruchsvolle, poetische Sprache aller Figuren, was zugleich bedeutet, dass Goethe darauf verzichtet hat, die einzelnen Figuren durch eine jeweils besondere Sprachverwendung zu charakterisieren (situative Besonderheiten, wie beispielsweise Thoas´ Enttäuschung oder Orests Vision, werden hingegen sehr wohl charakteristisch ausgestaltet). Konkret ist die Sprache gekennzeichnet durch eine komplexe Syntax und einen stilistisch gehobenen Wortschatz (etwa „Erquickung“, „laben“, „Bürde“) mit ausgeprägter Metaphorik. Außerdem finden sich häufig Sentenzen (z. B.: „Du sprichst ein großes Wort gelassen aus“, V. 307; „Man spricht vergebens viel, um zu versagen;/Der andre hört vor allem nur das Nein.“, V. 450 f.).

Im Stück wird überwiegend der Blankvers (d. h. reimloser jambischer Fünfheber) verwendet. Bewusste Abweichungen resultieren aus den gelegentlichen Halbversen sowie einigen Rhythmuswechseln: So wird etwa der erste Monolog im IV. Aufzug mit freien Hymnenversen begonnen und der letzte Monolog mit zweihebigen Liedversen (dem Amphibrachys im „Parzenlied“, vgl. 1726 ff.) beendet. Solche metrischen Wechsel (wie etwa auch im Übergang zwischen dem I. und II. Aufzug, der durch einen metrischen Wechsel im Auftritt I, 4 gekennzeichnet ist) erinnern dabei an Zäsuren der Auftritte des Chores im antiken Drama, die ebenfalls oft mit einem metrischen Wechsel einhergingen.

7. Deutungsaspekte

Dass Iphigenie „eine neue, bewusst-reflektierende und aktiv-handelnde Art des Menschen repräsentiert, die der objektiven Wirklichkeit gegenüber die Bewusstseinsqualität des Menschen und seine Entscheidungsfähigkeit behauptet“, wie es der Germanist und Mitherausgeber des *Goethe-Handbuchs* Hans-Dietrich Dahnke formuliert, und dadurch dem Ideal des durch sittliches Handeln Autonomie erreichenden Menschen der Weimarer Klassik entspricht, ist offensichtlich.

Über die titelgebende Hauptfigur hinaus sind dann es die Figuren Orest und Thoas, die Kritik wie Forschung gleichermaßen beschäftigt haben. Orest zunächst ist es, der durch seine Verwandtschaft mit Iphigenie ihren inneren Konflikt verschärft, Thoas’ Werben nachzugeben oder zur Mörderin (vgl. V. 552) zu werden. Denn mit dem Vollzug der Opferhandlung müsste sie den eigenen Bruder töten. In der Figur des Orest wird dabei gleichsam die Lösung von Iphigenies Ringen vorgezeichnet. Orest ist so in seiner Schicksalsgläubigkeit und in seiner Blutschuld gefangen, dass er darüber fast wahnsinnig wird, dann „in Ermattung“ sinkt (vgl. V. 1254) und in einer Vision die Versöhnung mit seinen Ahnen erlebt; hier, in der Versöhnung, wird die Möglichkeit sichtbar, den Fluch zu überwinden.

Dass es dann stärker noch als Iphigenies Thoas’ Humanität ist, die den glücklichen Ausgang erlaubt, hat Adorno in seiner bekannten Kritik an Goethes Schauspiel deutlich gemacht. Hinzu kommt noch: Die Macht von willkürlich und rachsüchtig handelnden Göttern bleibt bis zum Schluss bestehen: Denn erst dadurch, dass Orest den wahren Willen der Götter erkennt – sie verlangen nicht den Raub des Götterbildes, sondern die Heimkehr Iphigenies –, kann es überhaupt zur friedlichen Lösung kommen. Es genügt folglich gerade nicht, wie Iphigenie meint, „die Stimme/Der Wahrheit und der Menschlichkeit“ (vgl. V. 1937 f.) zu vernehmen. Erst in der Unabhängigkeit dieser Götter wird Autonomie und in der Folge Humanität überhaupt möglich.

Stammtafel des Tantalidengeschlechts

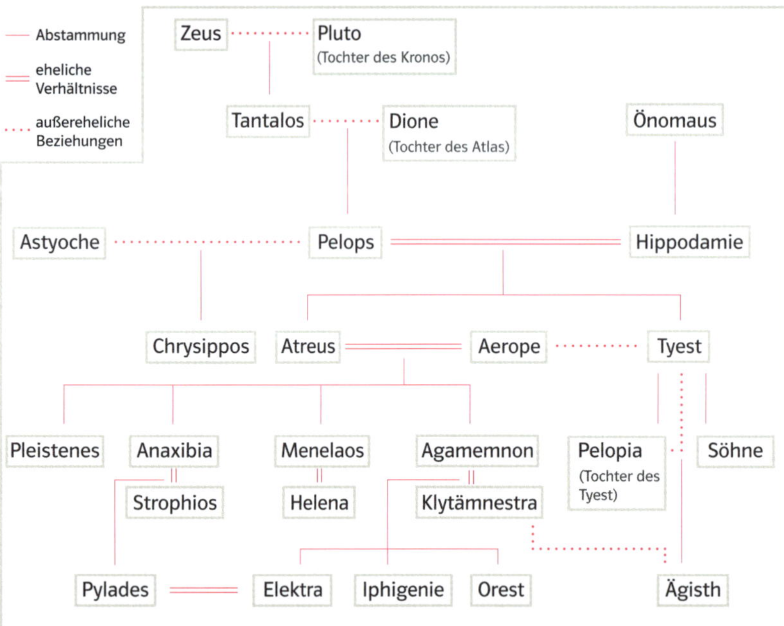

Tantalos: Stammvater der Tantaliden, auf die sich seine Verfluchung übertrug. – Die Götter luden ihn ein, mit ihnen auf dem Olymp zu speisen, er erwies sich der Gunst aber nicht würdig, verriet den Sterblichen Geheimnisse und setzte den Göttern, um deren Allwissenheit zu testen, seinen Sohn Pelops zum Mahl vor. Die Götter erkannten den Betrug, erweckten Pelops wieder zum Leben und bestraften Tantalus mit ewigen Qualen im Tartarus (der Unterwelt): Er musste ohne Essen und Trinken im Wasser unter einem Obstbaum stehen.

Pelops: will Hippodamie, die Tochter des Königs Önomaus, heiraten. Önomaus verlangt, Pelops müsse ihn in einem Wagenrennen besiegen. Pelops bringt den Wagenlenker von Önomaus dazu, in dessen Wagen die bronzenen Achsnägel durch Nägel aus Wachs zu ersetzen. Als sich während des Rennens ein Rad von Önomaus’ Wagen löst, wird er von den Pferden mitgeschleift und von Pelops getötet.

Chrysippos, unehelicher Sohn des Pelops, der aus dessen Beziehung zur Nymphe Astyoche hervorgegangen ist. Hippodamie befürchtete, Pelops könnte seinen Thron an Chrysippos statt an die gemeinsamen Söhne Atreus und Tyest vererben.

Sachinformationen „Der Sandmann“

1. Entstehung

Die Erzählung *Der Sandmann* erschien 1816 im ersten Band des insgesamt acht Erzählungen umfassenden Erzählzyklus' *Nachtstücke* in Berlin, versehen mit der Angabe „Herausgegeben von dem Verfasser der Fantasiestücke in Callots Manier“, die 1814 von E. T. A. Hoffmann in Bamberg veröffentlicht worden sind und die, anders als *Der Sandmann*, bereits beim zeitgenössischen Publikum großen Erfolg hatten. Entstanden ist die Erzählung 1815 in Berlin, die erste handschriftliche Fassung trägt den Vermerk „d. 16. Novbr. 1815 Nachts 1 Uhr“.

Der Begriff „Nachtstück“ stammt ursprünglich aus der bildenden Kunst und bezeichnet dort Darstellungen von Nachtszenen mit deutlichen Hell-Dunkel-Kontrasten. Vor allem durch die frühe englische Romantik wurden mit dem Begriff in der Literatur dann aber bald Spuk- und Gespenstergeschichten assoziiert, die, wie Gero von Wilpert im *Sachwörterbuch der Literatur* schreibt, „teils mit seltsamen seelischen Erscheinungen und psychischen Erkrankungen […] Phantastisches und Realistisches misch[en]“.

2. Inhalt und Aufbau

Die Erzählung *Der Sandmann* besteht aus drei Briefen sowie einem sich an die Briefe anschließenden Erzählerbericht, wobei der Erzähler teils als auktorialer Vermittler des Geschehens auftritt, dann wieder aus personaler Sicht der Hauptfigur berichtet, mit der er sich stellenweise zu identifizieren scheint.

Nathanaels Brief an Lothar

Den Auftakt bildet ein Brief Nathanaels, der Hauptfigur der Erzählung, an seinen Freund Lothar, der zugleich auch der Bruder von Nathanaels Verlobter Clara ist. In diesem Brief erklärt Nathanael, weshalb er sich schon länger nicht gemeldet hat. Es sei ihm in der „zerrissenen Stimmung des Geistes“ (S. 3) nicht möglich gewesen zu schreiben. Er habe nämlich in der Gestalt des Wetterglashändlers Coppola den Advokaten Coppelius wiedererkannt, den er für den Tod seines Vaters verantwortlich macht. Zur Erklärung des Zusammenhangs schildert Nathanael nun ein Kindheitserlebnis, das für den weiteren Text und seine Deutung zentral ist. Aufgrund eines Ammenmärchens sieht Nathanael im Sandmann einen bösen Mann, der den Kindern Sand in die Augen wirft, „dass sie blutig zum Kopf herausspringen“ (S. 5). Diesen Sandmann glaubt er in Coppelius zu erkennen, der sich häufiger beim Vater aufhielt, um mit diesem alchemistische Experimente durchzuführen. Und weil ihm das Ammenmärchen weiter im Kopf umhergeht, wird der Wunsch, „des Sandmanns Bekanntschaft zu machen“ (S. 6), so groß, dass sich Nathanael schließlich im Arbeitszimmer des Vaters versteckt. Dort meint er in der „grässlichste[n] Gestalt“ (S. 7) des Advokaten Coppelius den Sandmann zu erkennen. Offenbar in einer Art Fiebertraum durchlebt er, wie er von Coppelius mitten in einem Experiment, das offenbar die Erschaffung künstlichen Lebens zum Ziel hat, entdeckt wird und ihm Coppelius die Augen herausreißen will („und griff mit den Fäusten glutrote Körner aus der Flamme, die er mir in die Augen streuen wollte“, S. 9). Plötzlich wird alles um Nathanael herum finster und kurz darauf erwacht er „wie aus dem Todesschlaf“ (ebd.) im Beisein seiner Mutter.

Ein Jahr später, so berichtet Nathanael weiter aus seiner Kindheit, sei er Coppelius ein weiteres Mal begegnet. Coppelius habe den Vater damals zu einem letzten Experiment aufgefordert, bei dem es zu einer Explosion und dem Tod des Vaters gekommen sei. Trotz der Suche der Behörden sei Coppelius anschließend unauffindbar verschwunden gewesen. Nun aber habe Nathanael ihn in der Person eines „piemontesischen Mechanikus“ (S. 11) namens Giuseppe Coppola wiedergesehen und sei entschlossen, den Tod des Vaters zu rächen.

Claras Brief an Nathanael

Auf Nathanaels Brief an Lothar antwortet seine Verlobte Clara, weil Nathanael, wie er aus Claras Brief erfährt, den Brief an Lothar versehentlich an sie geschickt hatte. Clara zeigt sich in ihrem Brief nun zwar „tief erschüttert“ (S. 11) wegen der kindlichen Erlebnisse Nathanaels und seines Vaters Tod, doch sagt sie auch unumwunden, „dass […] alles Entsetzliche und Schreckliche, wovon Du sprichst, nur in Deinem Inneren vorging, die wahre wirkliche Außenwelt aber daran wohl wenig Teil hatte“ (S. 12). Dieses „Phantom unseres eigenen Ichs“ (S. 13) könne nur durch den „Glauben an ihre [der Gestalten] feindliche Gewalt“ wirksam werden. Sollte ihm Coppola erneut begegnen, solle er ihn einfach „mit lautem Lachen“ fortbannen (S. 14).

Nathanaels Brief an Lothar

Durch Claras Brief ein Stück weit beruhigt, wendet sich Nathanael nun noch einmal an Lothar, um ihm mitzuteilen, dass es „wohl gewiss“ (S. 15) ist, dass Coppola nicht Coppelius ist. Er berichtet sodann von einem berühmten Naturforscher namens Spalanzani, bei dem er neuerdings Vorlesungen höre. Der habe eine sehr schön gewachsene Tochter mit „engelschöne[m] Gesicht“; allerdings „hatten ihre Augen etwas Starres, […] als schliefe sie mit offenen Augen“ (S. 15 f.), weshalb Nathanael schließlich mutmaßt, Spalanzanis Tochter Olimpia sei „vielleicht blödsinnig“ (S. 16).

Erzählerbericht: Wiedersehen mit Clara (S. 16–23)
Zu der in den Briefen dargestellten Vorgeschichte ergänzt der Erzähler, dass nach dem Tod von Nathanaels Vater die Mutter Clara und Lothar, „Kinder eines weitläufigen Verwandten, der ebenfalls gestorben" war (S. 18), ins Haus geholt hat und sich Nathanael und Clara verliebt hatten. Es folgt zunächst eine ausführliche Beschreibung Claras mit folgender Essenz: „Clara hatte die lebenskräftige Fantasie des heitern unbefangenen, kindischen Kindes, ein tiefes weiblich zartes Gemüt, einen gar hellen scharf sichtenden Verstand." (S. 19)
So ist es nur folgerichtig, dass Clara abweisend reagiert, als Nathanael in seinem Heimatort nicht nur in „düstre Träumereien" (S. 19) versinkt, sondern er sie auch davon überzeugen möchte, „dass dieser widerwärtige Dämon auf entsetzliche Weise ihr Liebesglück zerstören werde" (S. 21). Auf die Zurechtweisung und Bitte Claras, ein entsprechend düsteres Gedicht über die Hochzeit der beiden ins Feuer zu werfen, reagiert Nathanael mit der Beschimpfung Claras: „Du lebloses, verdammtes Automat!" (S. 22) Clara ruft Lothar gegen den aufgebrachten Nathanael zu Hilfe. Im Streit kommt es zur Duellforderung, doch kann Clara im letzten Moment schlichten.

Erzählerbericht: Rückkehr nach G., Liebe zu Olimpia und Gespräch mit Siegmund (S. 23–31)
Zurück in seinem Studienort G., erhält Nathanael Besuch vom Wetterglashändler Coppola, dem er, um sich selbst die Überwindung seiner Vorbehalte zu beweisen und „um alles wieder gut zu machen" (S. 25), tatsächlich ein Perspektiv abkauft, durch welches ihm Olimpia, die vermeintliche Tochter Professor Spalanzanis, so begehrenswert und schön erscheint, dass „Claras Bild [...] ganz aus seinem Inneren gewichen" war (S. 27).
Auf einem Ball, zu dem Nathanael vom Professor eingeladen wird, hört Nathanael schließlich ein Konzert von Olimpia und tanzt mit ihr. Während dieses Tanzes starrte er „Olimpia ins Auge, das strahlte ihm voll Liebe und Sehnsucht entgegen" (S. 28). Seine folgenden Liebesbekundungen und Ansprachen beantwortet Olimpia stets mit „Ach", was Nathanael als Bestätigung seiner Liebesbekundungen auffasst, obwohl er zuvor bei der Berührung von Olimpias kalter Hand „von innerem Grausen" (S. 29) erfasst worden ist.
Von einem Freund namens Siegmund in den folgenden Tagen darauf angesprochen, wie es möglich sein konnte, sich „in das Wachsgesicht, in die Holzpuppe da drüben zu vergaffen" (S. 30), reagiert Nathanael zornig und verteidigt die Schönheit Olimpias, die sich nicht den „prosaischen Menschen", sondern nur „dem poetischen Gemüt" entfaltet (S. 31).

Erzählerbericht: Wahnsinn, Rettung und Tod (S. 31–37)
Nathanael verlebt nun einige Zeit glücklich mit Olimpia, der er vorliest und mit der er über seine „Dichtergabe" spricht (S. 32). Durch Spalanzani ermuntert plant er, Olimpia zu heiraten. Clara und Lothar sind ihm dagegen völlig gleichgültig geworden. Da nun wird Nathanael zufällig Zeuge eines heftigen, voller Zornes geführten Streits zwischen Coppola und Spalanzani, in dessen Verlauf er erkennt, dass Olimpia tatsächlich nur eine Puppe ist. Als Nathanael sieht, „wie ein Paar blutige Augen auf dem Boden liegend ihn anstarrten" (S. 33), Spalanzani sie ergreift, nach ihm wirft und sie ihn auf die Brust treffen, „packte ihn der Wahnsinn mit glühenden Krallen und fuhr in sein Inneres hinein" (S. 34).
Wieder erwacht Nathanael „wie aus schwerem, fürchterlichem Traum" (S. 35) im Hause des Vaters im Kreise seiner Lieben. Clara pflegt Nathanael gesund, das „Glück war unterdessen in das Haus eingekehrt" (S. 35) und die baldige Heirat von Nathanael und Clara ist beschlossen. Da besteigen Clara und Nathanael den Rathausturm. Von Clara auf einen Busch aufmerksam gemacht, der auf sie los zu schreiten scheint, greift Nathanael automatisch zum Perspektiv Coppolas, blickt zu Clara und wird von einem neuen Wahnsinnsanfall ergriffen: Er möchte Clara packen und vom Turm stoßen, doch kann sie im letzten Moment von Lothar gerettet werden. Der rasende Nathanael macht Coppelius in der auf dem Rathausplatz zusammengekommenen Menge aus und springt über das Geländer: „Als Nathanael mit zerschmettertem Kopf auf dem Steinpflaster lag, war Coppelius im Gewühl verschwunden. –" (S. 37)

3. Erzählerische Spiegelungen

Inhaltsebene
Auf der Inhaltsebene verweist der Begriff „Spiegelung" auf eine Duplizität der Darstellung, die an wichtigen Stellen jeweils aus unterschiedlicher Perspektive erfolgt. Die subjektive Sicht Nathanaels wird dem Leser gleichsam objektiv durch andere Wahrnehmungen gespiegelt. Dies betrifft gleich zu Beginn der Erzählung die Bewertung des Sandmanns durch die Mutter (vgl. „Es gibt keinen Sandmann", S. 4) und die Wartefrau („ein böser Mann, der kommt zu den Kindern", S. 5). Die vermeintliche Begegnung mit dem Sandmann alias Coppelius wird dann von Nathanael als tatsächlich erlebtes Geschehen erzählt, lässt sich aber im erzählerischen Kontext (vgl. den „Todesschlaf", S. 9) als kindlicher Albtraum (verursacht durch die Hässlichkeit des Advokaten und seine Häme den Kindern gegenüber) deuten. Entsprechend sieht denn auch Clara objektiv, dass „Coppelius und Coppola nur in meinem [Nathanaels] Inneren existieren und Phantome meines Ichs sind" (S. 14). Eine vergleichbare objektive Spiegelung findet später die Bewertung Olimpias durch Nathanael („wunderschön geformtes Gesicht", S. 25 f.; „die himmlisch-schöne Olimpia", S. 26) in der Wahrnehmung Siegmunds („Wachsgesicht", „Holzpuppe", S. 30). Gespiegelt in diesem Sinne wird aber auch der Tod des Vaters, den Nathanael Coppelius zuschreibt (vgl. „„Coppelius, verruchter Satan, du hast den Vater

erschlagen!‘“, S. 10), Clara aber nach Rückfrage beim Apotheker als „augenblicklich tötende Explosion“ zu erklären im Stande ist (vgl. S. 13).

Erzählperspektive und -haltung

Auf der erzähltechnischen Ebene verweist der Begriff „Spiegelung“ formal auf eine Polyperspektive (Briefe von Nathanael und Clara, rückschauender Erzählerbericht, Erzählerkommentare und poetische Reflexionen) und auf ein uneinheitliches Erzählverhalten (schwankend zwischen auktorial und personal). Die Folge dieser Spiegelungen zeigt sich dabei gerade dort, wo sie nicht stattfindet, also das objektive Korrektiv durch eine andere Sicht unterbleibt. Tatsächlich bleibt so bis zum Ende offen, ob Coppelius und Coppola wirklich identisch sind und welche Rolle ihnen im Geschehen zukommt (Ist Coppelius am Ende etwa wirklich auf dem Rathausplatz?) oder wie Professor Spalanzani zu bewerten ist (Sollte dieser „berühmte Naturforscher“ Nathanael wirklich „unzweideutige Zeichen seines Wohlwollens“ gegeben haben?).

4. Das Augen-Motiv

Innerhalb des komplexen Motivgeflechtes dieser kurzen Erzählung (zu denken wäre etwa auch an das Motiv des Wahns, das Traum- bzw. Schlafmotiv oder das Automatenmotiv, durch das letztlich die *Pygmalion*-Geschichte der Ovidschen *Metamorphosen* fortgeschrieben wird) kommt dem Augenmotiv, **das neben den eigentlichen Augen auch den Augenraub, den Sehverlust bzw. die Sehbehinderung, das Perspektiv bzw. die Brillen sowie den Blick der Figuren umfasst**, eine zentrale Bedeutung zu. In der hier gebotenen Kürze kann auf die gängige Deutung der Augen als Symbol der Erkenntnisfähigkeit verwiesen werden. Durch die Augen wird das Sehen und damit das Erkennen möglich (schon Aristoteles sprach in der *Metaphysik* der Sinneswahrnehmung durch die Augen eine besondere Rolle zu): Wer die Augen verliert, verliert die Erkenntnisfähigkeit; wer ein Perspektiv (ein fremdes Auge) benutzt, ist auf die durch dieses Instrument vorgegebene Sichtweise festgelegt und kann die Wirklichkeit nicht mehr selbstbestimmt erkennen.
Für Nathanael ist das ursprüngliche Nichthinschauendürfen dabei zugleich die tiefere Ursache für den späteren Sehverlust: Weil Nathanael den Sandmann nicht sehen soll, will er ihn sehen und versteckt sich deshalb im Arbeitszimmer des Vaters. Als er den vermeintlichen Sandmann (in Gestalt des Advokaten Coppelius) dann sieht, hat dies die Furcht vor dem Sehverlust zur Folge, was Nathanael wiederum antreibt, den Sandmann (das Schreckliche) zu visualisieren. Dabei geht mit dem Verlust der Erkenntnisfähigkeit zugleich die Identität Nathanaels verloren.
Auch die Puppe Olimpia wird erst durch Nathanaels Blick auf sie für ihn lebendig. Er „starrte Olimpia ins Auge, das strahlte ihm voll Liebe und Sehnsucht entgegen“ (S. 28). Es wird hier deutlich, dass Nathanael in Olimpia letztlich nur sich selbst sieht und liebt und deshalb die Zerstörung dieser Figur auf ihn selbst zurückfällt; Nathanael wird wahnsinnig, als ihm Spalanzani endlich ein „paar blutiger Augen“ entgegenschleudert. Wie anders bei Clara, die Augen wie ein „See von Ruisdael“ besitzt und einen Blick, aus dem ihm „wunderbarste himmlische Gesänge und Klänge entgegenstrahlen, die in unser Innerstes dringen, dass da alles wach und rege wird“ (S. 18)!

5. Rezeption und Deutungsaspekte

Es wurde eingangs schon angedeutet: Anders als die *Fantasiestücke in Callots Manier* fanden die *Nachtstücke* zunächst kaum Anklang. Als exemplarisch kann das (vielzierte) vernichtende Urteil Walter Scotts gelten: „Es ist unmöglich, Erzählungen solcher Art der Kritik zu unterwerfen. Sie sind nicht die Visionen eines poetischen Geistes, […] sie sind die fieberhaften Träume eines delirierenden Patienten, denen wir uns […] niemals disponiert fühlen, mehr als momentane Aufmerksamkeit zu schenken.“
Heute dagegen zählt die Erzählung *Der Sandmann* nicht nur zu meistbesprochenen Texten Hoffmanns, sondern hat auch eine beachtliche Reihe künstlerischer Bearbeitungen nach sich gezogen – vom *Olympia*-Akt in Jacques Offenbachs Oper *Hoffmanns Erzählungen* (1851) über das Ballett *Coppelia oder Das Mädchen mit den Glasaugen* (1870) von Léo Delibes bis hin zu zahlreichen Verfilmungen und Bühnenadaptionen. Für die Rezeption bedeutsam war darüber hinaus Sigmund Freuds Analyse der Erzählung in seinem Essay *Das Unheimliche* (1919): Freud zieht hier Parallelen zwischen der Kastrationsangst und der Angst vor dem Augenraub, – eine Deutung, die die Diskussionen um diese Erzählung Hoffmanns befeuert hat.
Neben der bereits angesprochenen Deutung der Augen als Symbol der Erkenntnisfähigkeit ist es vor allem das **Künstlermotiv**, das einer näheren Betrachtung lohnt. Dies umso mehr, als Künstlerzählungen eine lange Tradition haben und, da jeder Dichter selbst Künstler ist, auch eine poetologische Dimension aufweisen. Nathanael ist nun ein Künstler, der scheinbar auf der ganzen Linie zu scheitern scheint. Als Nathanael Clara (die, „etwas Langweiliges wie gewöhnlich vermutend“, strickt) sein Hochzeitsgedicht vorträgt, ist die Reaktion deutlich, fleht sie ihn doch an: „Nathanael […] wirf das tolle – unsinnige – wahnsinnige Märchen ins Feuer.“ (S. 22) Dass Clara hier natürlich kaum auf das Gedicht als Kunstwerk an sich, sondern vielmehr auf den Inhalt, die dort enthaltende Vision des Todes, „der mit Claras Augen ihn freundlich anschaut“ (S. 21), reagiert, nimmt Nathanael schon nicht mehr wahr, sondern beschimpft sie als Automat.
Umgekehrt ist es dann ein Automat, nämlich Olimpia, dem er mit „innerm Entzücken“ vorliest, „denn es schien ihm, als habe Olimpia über seine Werke, über seine

Dichtergabe überhaupt recht tief aus seinem Inneren gesprochen, ja als habe die Stimme aus seinem Innern selbst herausgetönt" (S. 32). Hier wird zunächst wieder deutlich, was schon oben festgestellt wurde, dass nämlich Nathanael in Olimpia nur sich selbst sieht bzw. sich in Olimpia projiziert.
Könnte dann nicht aber auch richtig sein, dass der Nichtkünstler (hier also exemplarisch Clara) bestimmte Aspekte der Wirklichkeit einfach nicht wahrnehmen kann? Dass also nur der Künstler tiefer blickt, vornehmlich dann, wenn er sich den Nacht- und Schattenseiten der menschlichen Existenz zuwendet? Letzteres war zumindest der Anspruch für die gefühlsbetonte und gegen die Aufklärung gewandte Spätromantik (ca. 1815–1840) als Ganzes, die gerade diese Schattenseiten der menschlichen Psyche (in der sog. „Schauerromantik" bzw. „Schwarzen Romantik") thematisierte und damit eine große internationale Wirkung mit nachhaltigem Einfluss auf die Literatur in Frankreich, Russland und Amerika ausübte. Und tatsächlich ließe sich das Augenmotiv poetologisch deuten: Die Beschränkung der visuellen Wahrnehmung könnte so vor allem als Hinweis darauf gelesen werden, dass eine objektive Beschreibung der Wirklichkeit kaum möglich ist, man also die Welt (die Figuren) im Inneren ausgestalten muss (wie dies Nathanael – auch schon als Kind – tut), d. h. die Welt erst durch die Dichtung lebendig wird.

Lösungen und Kommentare Kursheft

Kapitel 1: Wandel des Menschenbildes

Seite 7

Aufgabe 1 und 2
Neben erwartbaren Auskünften zu Name, Alter, Herkunft, beruflicher Tätigkeit, Familie oder privaten Interessen könnten auch Antworten zu Charaktereigenschaften („Ich bin ein Kumpeltyp", „ich bin verlässlich", „ich bin durchsetzungsstark" ...) oder moralischen Kategorien („Ich versuche ein guter Mensch zu sein", „ich lehne Gewalt ab" ...) eine Rolle spielen.

Aufgabe 3
Didaktischer Hinweis

Die Aufgabe soll den Schülerinnen und Schülern bewusst machen, dass es verschiedene, von ganz unterschiedlichen wissenschaftlichen, kulturellen, politischen oder auch religiösen Perspektiven geprägte Menschenbilder geben kann. Die Diskussion könnte dabei z. B. durch folgende Fragen gesteuert und vertieft werden:
- Was unterscheidet Menschen (aus biologischem und/oder ethisch-moralischem Blickwinkel) von Tieren?
- Welchen bestimmenden äußeren (natürlichen und/oder kulturellen, gesellschaftlichen) Einflüssen sind Menschen ausgesetzt?
- Sind Menschen für ihre Taten selbst verantwortlich, d. h. verfügen sie über einen freien Willen, oder sind sie (durch ihre Biologie und/oder ihre Erziehung) determiniert? ...

Aufgabe 4
Proportionsstudie von **Leonardo da Vinci**: körperlich idealisiert und ästhetisch (wobei das Schöne gedanklich mit dem Guten korreliert), Mensch (und bei ihm sein Nabel) als Zentrum letztlich der Welt
Kupferstich des Vanitas-Motivs von **Johann Heinrich Lips**: Schönheit ist nur äußerer Schein, aus der Betonung der Vergänglichkeit lässt sich eine Jenseitsorientierung ableiten; Determinierung von außen wird mitgedacht

Seite 8

Aufgabe 1
Mögliche Gründe für unvernünftiges Handeln könnten sein: Gewohnheit, Wut, Trotz, Langeweile, Faulheit, Selbstüberschätzung, Eitelkeit, Mitgefühl, ...

Aufgabe 2
Sachinformation

Die Entstehung des „Nathan" steht bekanntlich im Zusammenhang des sogenannten „Fragmentenstreits". Lessing hatte 1774 die kirchenkritischen Schriften seines Freundes Hermann Samuel Reimarus (1694–1768) anonymisiert herausgegeben, wobei er vorgab, die Schriften in der von ihm in dieser Zeit verwalteten Wolfenbütteler Bibliothek gefunden zu haben. Obschon Lessing den „Fragmente[n] eines Ungenannten" einen kritischen Kommentar beigefügt hatte, die „Gegensätze des Herausgebers", war die Provokation dieser Schriften für die Vertreter der lutherischen Orthodoxie zu groß. Insbesondere der Hamburger Hauptpastor Johann Melchior Goeze (1717–1786) attackierte Lessing scharf, was wiederum Lessing zu den elf Anti-Goeze-Briefen und anderen Erwiderungen veranlasste, bevor endlich Goeze beim Herzog von Braunschweig erwirkte, dass dieser Lessing die 1772 gewährte Zensurfreiheit entzog. Am 6. September 1778 schrieb Lessing in einem Brief an Elise, die Tochter von Reimarus: „Ich muss versuchen, ob man mich auf meiner alten Kanzel, auf dem Theater wenigstens, noch ungestört will predigen lassen."

Didaktischer Hinweis

Der Auszug aus Auftritt IV, 7 könnte zum Anlass genommen werden, die Parallelen und vor allem Unterschiede zum alttestamentarischen Buch Hiob zu klären: Zwar hat auch Nathan zunächst ähnlich wie Hiob „[b]eiher mit Gott auch wohl gerechtet,/Gezürnt, getobt, mich und die Welt verwünscht" (V. 3047 ff.). Dann jedoch – „die Vernunft [kam] allmählig wieder" (V. 3052) – hat Nathan die Vernunft mit „sanfter Stimm´" sagen hören: „‚Und doch ist Gott!'" (V. 3053). Bezogen auf das Buch Hiob, in dem Hiob Gott flucht und dann von Gott angesprochen wird, nimmt im „Nathan" also die Vernunft die Rolle Gottes ein, während Nathan von sich aus erkennt, dass auch das für den Menschen Unbegreifliche zum „Ratschluss" (V. 3054) Gottes gehört (vgl. Buch Hiob, Kapitel 38, Vers 2: „Wer ist der, der den Ratschluss verdunkelt mit Worten ohne Verstand?").

Seite 9

Aufgabe 3
Ob bzw. inwieweit **Nathans Verhalten realistisch** ist, kann nur subjektiv beurteilt werden. In der Diskussion sollte in jedem Fall deutlich werden, dass ein solches Verhalten keineswegs zu erwarten ist und dass sich viele Menschen in dieser Situation wohl auch anders verhalten und z. B. mit einem Abfall vom Glauben, mit Zynismus, Menschenverachtung oder Selbstmitleid reagieren würden. Lessing idealisiert mit der Figur des Nathan (wie der des Klosterbruders) also auch.
Die **Bewertung des Klosterbruders** entspricht dem heutigen allgemeinen Verständnis von „christlich", d. h. man handelt nicht nach den Dogmen einer Religion,

sondern nach allgemeinen Tugenden der Mitmenschlichkeit. Ein in diesem Sinne „guter" Mensch ist auch ein christlicher Mensch. Bezeichnend ist in diesem Zusammenhang, dass Nathan mit seiner letzten Äußerung die Religionsgrenzen gleichsam aufhebt (vgl. „Denn was/ Mich Euch zum Christen macht, das macht Euch mir/ Zum Juden!").
Die Diskussion über die **Aktualität des Menschenbilds der Aufklärung** kann ganz offen geführt werden. Ein ergiebiger Ausgangsimpuls könnte die Frage sein, wie unser Menschenbild (und unsere moralischen Maximen) theoretisch aussehen und wie wir (dagegen) im Alltag praktisch handeln. – Deutlich werden dürfte auf jeden Fall, dass das Menschenbild der Aufklärung bis heute (nach) wirkt.

Aufgabe 6
Die Diskussion kann – ggf. mit Bezug zu aktuellen gesellschaftlichen Themen – ergebnisoffen geführt werden. Wichtig ist die Einsicht, dass das Menschenbild der Aufklärung in dem Sinne anspruchsvoll und für den Einzelnen anstrengend ist, als es fordert, ausschließlich vernunftgesteuert zu handeln.

Seite 10

Aufgabe 1
In der Auseinandersetzung mit dem Zitat sollte den Schülerinnen und Schülern die negative Konnotation des Attributs „tintenklecksend" und damit der Gegensatz zwischen Theorie und Praxis bewusst werden. „Tintenklecksend" verweist auf das Schreiben und impliziert das Gegenteil von Handeln. Kritisiert wird also, dass viel philosophiert und wenig getan wird.

Seite 11

Aufgabe 2
Karl übt Kritik an der Tyrannenherrschaft, dem Untertanengeist und der (geistigen) Starre seiner Zeit (vgl. „tintenklecksende[s] Säkulum", „das schlappe Kastraten-Jahrhundert"). Orientiert ist er dagegen an den Helden der Vergangenheit: Alexander der Große, Hannibal, Hermann – also bedeutende Heerführer (und Staatsmänner); außerdem an (tatkräftigen, entschlossenen) mythologischen Figuren: Prometheus, Herkules.

Aufgabe 3
Karl Moor ist als Rebell und Individualist gezeichnet, der gegen die Tyrannenherrschaft und die starre patriarchalische Ordnung (die die Entwicklung von großen Männern verhindert) rebelliert und in seinem Freiheitsdrang nach einer Loslösung aus den herkömmlichen Strukturen strebt. Ihn zeichnen (trotziger) Mut und ein kritischer Geist aus. Zu beachten ist hier auch die (epochentypische) Sprechhaltung Karls: hoch emotional (zornig erregt; vgl. die derbe Sprache), sehr emphatisch (vgl. die vielen Ausrufezeichen), spöttisch.

Aufgabe 4
Goethe zeigt sich als Bewunderer Shakespeares, ihm verdankt er die Einsicht in die Notwendigkeit, „dem regelmäßigen Theater zu entsagen", d.h. die Einheit der Zeit, des Ortes und der Handlung aufzulösen. Inspiriert von Shakespeare, beklagt Goethe die Unfähigkeit des gegenwärtigen Jahrhunderts, „von Natur zu urteilen": „Wo sollten wir sie her kennen, die wir von Jugend auf alles geschnürt und geziert an uns fühlen und an anderen sehen" (Z. 14 f.)

Aufgabe 5
Mit dem Begriff „regelmäßiges Theater" ist das sog. **Regeldrama** gemeint, das in der **französischen Klassik** der zweiten Hälfte des 17. Jahrurhunderts als eine Dramennorm entwickelt wurde und letztlich auf Forderungen der aristotelischen „Poetik" fußt (vgl. dazu Kapitel 2, Teilkapitel B „Dramenkonzeptionen erfassen"):

- Einheit von Handlung, Ort und Zeit
- Imitation (vor allem der antiken Vorbilder)
- Wahrscheinlichkeit (vraisemblance)
- Sittlichkeit (bienséance, d.h. alles Anstößige durfte nicht gezeigt, sondern nur berichtet werden)
- Ständeklausel (d.h. es sollten Schicksale von Königen, Fürsten und anderen Personen der höheren Stände dargestellt werden)
- Einheitlichkeit des Redestils
- Dreipersonenregel, Gesetz der Personenkette, Verbot neuer Personen nach dem 1. Akt

Aufgabe 6
Der Mensch im Sturm und Drang ist emotional und leidenschaftlich und behauptet radikal seine individuelle Freiheit. Der Künstler sieht sich als Schöpfer (Originalgenie), der, getragen von seiner Einzigartigkeit, entsprechend unabhängige Werke erschafft. Individualität und Einzigartigkeit zeigen sich dabei auch in der Sprengung sprachlicher und formaler Grenzen.

Seite 13

Aufgabe 4
Der Situation des modernen Menschen erscheint als Dilemma: Einerseits verfügt er über klare moralische Normen, nach denen er handeln will. Andererseits macht der die Erfahrung, dass unmoralisches Handeln das Leben vereinfacht. Die als unvollkommen wahrgenommene „Welt" wird dabei als Rechtfertigung genutzt, um unmoralisch zu handeln. Auf diese Weise ist der Mensch „schwach".

Seite 14

Aufgabe 1

Didaktischer Hinweis

Die Aufgabe versteht sich als thematische Hinführung zu dem nachfolgenden Text. Zugleich können die hier entwickelten Gedanken bei bzw. nach der genaueren Analyse des Begriffs (vgl. die Aufgaben 3 und 4) vertieft und kritisch reflektiert werden. Alternativ ließe sich die Fragestellung auch als (schriftliche) Erörterung bearbeiten: „Erörtern Sie, ob und wie sich der Wert eines Menschenlebens in einem Geldbetrag ausdrücken lässt."

Seite 15

Aufgabe 3

Didaktischer Hinweis

Über eine mit Hilfe der Informationen in dem Wissenskasten erstellte Begriffsanalyse sollen die Schülerinnen und Schüler in die Lage versetzt werden, die im Text auf die Frage nach dem Wert eines Menschenlebens gegebene Antwort im Hinblick auf ihre Voraussetzungen und daraus abgeleiteten Folgen kritisch zu hinterfragen. Um den dem Text zugrundeliegenden Wertbegriff genauer verstehen und ihn von möglichen Alternativen abgrenzen zu können, könnten die Schülerinnen und Schüler z. B. folgende Fragen formulieren:

- **Woran misst sich der Wert eines Menschenlebens**: materiell am Lebenseinkommen, ideell an gesellschaftlichen Verdiensten, emotional am Stellenwert in der Familie, mathematisch an der Zahl der Hinterbliebenen, intellektuell an geistigen oder künstlerischen Leistungen, spirituell am Einfluss auf andere Menschen, ...?
- **Wer bestimmt und urteilt über den Wert**: gesellschaftliche oder politische Institutionen, Kreditinstitute, das engste Arbeits- und Lebensumfeld, eine religiöse Gemeinschaft, ...?
- Mit **welchem Recht und unter welchen Bedingungen** wird über den Wert entschieden? usw.

Kapitel 2: „Iphigenie auf Tauris"

Seite 17

Aufgabe 1

Didaktischer Hinweis

Die Aufgabe hat hinführenden Charakter. Zum einen sollten die Bildinhalte beschrieben werden: Klytaimnestra wird von Ägisth gedrängt, ihren Mann Agamemnon zu töten; Orest wird von den Rachegöttinnen gepeinigt. Zum anderen sollte deutlich werden, dass die Bilder „Schicksalsmomente" darstellen und – zumindest im Zeitkontext – spannungsgeladen sind.

Aufgabe 2

König Tantalos frevelte gegen die olympischen Götter, weil er ihnen seinen getöteten Sohn als Mahl vorsetzte, um ihre Allwissenheit zu prüfen. Als Strafe wurden seine Nachkommen mit einem Fluch belegt, der darin besteht, entweder Verwandte zu töten oder selbst von einem Verwandten getötet zu werden. Auch Agamemnon sollte seine Tochter Iphigenie töten, um sie Artemis (lat. Diana) zu opfern, doch Iphigenie wird von Artemis gerettet und auf der Tauris (Krim) zu ihrer Priesterin gemacht. Iphigenies Mutter Klytaimnestra rächt unterdessen die vermeintliche Opferung Iphigenies und tötet mit der Hilfe ihres Liebhabers Ägisth ihren Gatten Agamemnon, was wiederum Orest zur Rache an der Ermordung seines Vaters Agamemnon treibt: Er tötet seine Mutter Klytaimnestra. Um der Verfolgung durch die Rachegöttinnen zu entkommen, muss Orest das Bild der Göttin Artemis nach Athen bringen.

Seite 18

Aufgabe 1

Die **Gelassenheit** lässt entweder darauf schließen, dass der Sprecher sehr souverän oder aber berechnend ist, d. h. dass er mit seiner Äußerung ein bestimmtes, eigennütziges Ziel verfolgt. Ein wichtiger **Grund**, diesen Satz an jemanden zu richten, könnte darin bestehen, zu signalisieren, dass man dem auf diese Weise Angesprochenen ein gewisses Kalkül in dessen kommunikativer Handlung unterstellt.

Aufgabe 3

Die negativen Affekte erscheinen als Folge fehlender positiver Affekte. Die Geschichte der Tantaliden demonstriert damit die Macht der negativen Affekte, die als Fluch wahrgenommen werden und zugleich Unfreiheit bedeuten. Aus diesem Negativbeispiel ergibt sich schon hier die Zähmung der Leidenschaften als übergeordnetes Handlungsziel des gesamten Dramas.

Seite 19

Aufgabe 7

In Bezug auf Thoas wird man dem eher zustimmen können, da dieser die Einführung der Menschenopfer als Bestrafung bzw. zur Erpressung einsetzt. Iphigenie, die ja durch Arkas auf das Gespräch mit Thoas eingestimmt war, zeigt sich gegenüber Thoas offener als gewöhnlich, zumindest insofern, als sie ihm ihre Herkunft offenbart. Iphigenie, die Thoas als „edlen Mann" charakterisiert (vgl. V. 33), dürfte allerdings durch seine Drohung entsprechend überrascht sein.

Aufgabe 9
Drei Aspekte könnten angesprochen werden:
- Über Iphigenies Gebet erfolgt eine Kommunikation mit dem Leser/Zuschauer.
- Iphigenie teilt Diana etwas mit, kommuniziert also mit ihr.
- Iphigenie „spricht" in gewisser Weise mit sich selbst, indem sie ihre Hoffnungen klar formuliert.

Seite 20

Aufgabe 2
Es handelt sich um dramatische Momente, durch die die fünf Teile sowohl getrennt als auch verbunden sind: das erregende Moment (zwischen Einleitung und Steigerung), das tragische Moment (um den Höhepunkt herum) und das Moment der letzten Spannung (vor der Katastrophe).

Aufgabe 3
Mit dem II. Aufzug wird das Figurenensemble des Schauspiels komplettiert. Iphigenie erfährt von den Ereignissen der Vergangenheit (Troja ist nach zehn Jahren Belagerung von den Griechen eingenommen worden; Gefallene im Kampf um Troja: Achill, Palamedes, Ajax, Telamons; Klytämnestra hat mithilfe von Ägisth Agamemnon ermordet, weil dieser einst in Aulis Iphigenie opferte). In der Folge erkennt Iphigenie, dass sie zumindest mittelbar für die schrecklichen Ereignisse, die zur Ermordung ihres Vaters Agamemnon führten, verantwortlich ist. Außerdem spitzt sich Iphigenies Grundkonflikt zu, da sie mit Orest ihren Bruder opfern (also töten) soll.

Seite 21

Aufgabe 6
Hier ist zunächst die Erkenntnis wichtig, dass die „Iphigenie" die Einheit von Ort, Zeit und Handlung wahrt (also „gut und in sich geschlossen" ist). Es kann sodann besprochen werden, ob das Handeln der Personen ihrer Charakteristik (Charakter und Erkenntnisfähigkeit) entspricht, was bei Orest natürlich unter dem Vorbehalt seiner seelischen Verfassung geschehen muss. Zur Frage der Erregungszustände vgl. den nachfolgenden Text von Lessing sowie die Aufgaben 7 und 8.

Seite 22

Aufgabe 8
Die Figur der Iphigenie ist den Schülerinnen und Schülern vielleicht weniger fremd, als es aufgrund der zeitlichen Distanz zur Klassik und gar dem antiken Stoff scheinen mag. Betrachtet man Iphigenie ganz einfach (und losgelöst von kunsttheoretischen und mythologischen Implikationen) als Fremde, die Heimweh hat, wirkt sie schon viel vertrauter. Jeder Mensch kann sich außerdem in einen vergleichbaren Konflikt hineinversetzen: Was bin ich bereit zu tun, um etwas für mich Wichtiges zu bewahren oder zu erreichen? Ob und inwieweit das Stück dann „Jammer und Schaudern" (oder doch Mitgefühl für die Titelfigur) hervorruft, bleibt dem persönlichen Empfinden der Schülerinnen und Schüler überlassen.

Seite 23

Sachinformationen
Die Erstfassung der „Iphigenie" entstand bekanntlich 1779 im Auftrag des Weimarer Hofes. Diese Erstfassung in Prosa hat Goethe zunächst 1780 in freie Verse (Jamben mit variablen Hebungen), dann 1781 in eine rhythmische Prosafassung übertragen. Die vierte und endgültige Fassung in Blankversen vollendete Goethe laut Tagebuch am 29.12.1786 während seiner Italienreise in Rom. In seiner „Italienischen Reise" (Zweiter Teil, 16. März 1787) bemerkt er zur „Iphigenie": „Ich merke wohl, daß es meiner „Iphigenie" wunderlich gegangen ist, man war die erste Form so gewohnt, man kannte die Ausdrücke, die man sich beim öftern Hören und Lesen zugeeignet hatte; nun klingt das alles anders, und ich sehe wohl, daß im Grunde mir niemand für die unendlichen Bemühungen dankt. So eine Arbeit wird eigentlich nie fertig, man muß sie für fertig erklären, wenn man nach Zeit und Umständen das möglichste getan hat." (Johann Wolfgang Goethe: Italienische Reise. Zweiter Teil. Neapel. In: Sämtliche Werke nach Epochen seines Schaffens. Münchner Ausgabe. Bd. 15, S. 215)

Aufgabe 1
Iphigenie hat eben erfahren, dass Orest seine Mutter ermordet und dadurch die Ermordung seines Vaters gerächt hat. Es folgen die Verse 1039 bis 1050. Kurz darauf gibt sich Orest zu erkennen.

Aufgabe 2
Orest möchte gegenüber der Priesterin, in der er eine „große Seele" (V. 1076) erkennt, nicht lügen. Zuvor hat Iphigenie schon darauf hingewiesen, dass den vermeintlich Unbekannten ebenfalls einen Brudermord bedrücke, also eine Parallele zu Orest bestehe.

Seite 25

Aufgabe 6
Über die Unterstreichungen im Text und die Kommentare am Rand hinaus sollten Erwähnung finden:
- die insgesamt anspruchsvolle, poetische Sprache aller Figuren im Stück
- der stilistisch gehobene Wortschatz
- die komplexe Syntax
- die ausgeprägte Metaphorik bzw. Bildlichkeit samt der anschaulichen Sprache
- die vielen Verweise innerhalb des antiken Kontextes

Deutlich werden sollte dann natürlich auch die Funktion der Sprache, hier also der Ausdruck von innerer Erregtheit.

Aufgabe 7
Orest hat eine Wahnvorstellung, in der er sich in der Unterwelt ankommen sieht. Er begegnet zunächst seinem Großvater Atreus und dessen Bruder Thyestes, die sich im gemeinsamen Gespräch befinden, dann seinem Vater Agamemnon und der von ihm selbst (Orest) ermordeten Mutter Klytämnestra. Als er in den Kreis seiner Vorfahren aufgenommen wird, scheinen ihm die Aufhebung des Fluches und innerer Friede möglich. Doch die unbeantwortet bleibende Frage nach Tantalus und seinem Schicksal in der Unterwelt schürt Orests Zweifel und Ängste wieder.

Aufgabe 8
Ob die Heilung direkte Folge von Iphigenies Götteranrufung, ihrer Anwesenheit (als wiedergefundene Schwester) oder von Pylades' Wirklichkeitsverweis ist, bleibt letztlich offen. Dass sich Orest in seiner Rede aber einerseits nur an Iphigenie (und damit explizit nicht an Pylades) wendet und er andererseits seine Heilung als Reinigung durch ein göttliches Gewitter beschreibt, belegt in jedem Fall den positiven Einfluss Iphigenies. Wichtig ist zudem die Einsicht, dass die Handelnden nun wissen, dass sie die Götter nicht mehr gegen sich haben (vgl. „Es löset sich der Fluch").

Seite 26

Aufgabe 3
Es handelt sich um ein Streitgespräch (Kontroverse), das schließlich in eine eindringliche Bitte Arkas' umschlägt. Auch wenn Iphigenie im Falle der Benachrichtigung des Königs nachgibt (vgl. „Ich gebe nach, wenn du nicht säumen willst."), so bleibt sie doch anderer Meinung als Arkas; dies gilt für den zweiten Gesprächsteil (Bitte bzw. Weigerung, Thoas zu heiraten) ohnehin. Bezeichnend ist dabei, dass die Gesprächspartner trotz ihrer kontroversen Haltung grundsätzlich kooperativ bleiben, d. h. aufeinander eingehen, sachlich bleiben, nicht weitschweifig oder auf andere Weise unklar sprechen (nicht kooperativ ist dagegen natürlich die Lüge Iphigenies, die aber auf die Art der Gesprächsführung keinen Einfluss hat).

Seite 29

! Didaktischer Hinweis
Aufgabe 1 dient vor allem der inhaltlichen Rekapitulation: Um Iphigenies und auch Thoas' Verhalten am Ende des Schauspiels richtig zu bewerten, sollen die Schülerinnen und Schüler sich noch einmal die Konflikt- und Figurenentwicklung (siehe Aufgabe 2) verdeutlichen. Aufgabe 1 eignet sich dabei auch gut zur schriftlichen Ausarbeitung zuhause.

Aufgabe 1
Iphigenies Konfliktsituation erfährt in der Gesamthandlung verschiedene Ausprägungen. Zunächst steht sie vor der Wahl, entweder Thoas' Werben nachzugeben oder zur Mörderin (vgl. V. 552) zu werden. Dieser Konflikt verschärft sich durch das Wissen, mit dem Vollzug der Opferhandlung den eigenen Bruder zu töten. Die Möglichkeit zur Flucht, die sich durch Pylades auftut, verlagert dagegen den Konflikt: Wenn Iphigenie fliehen will, ist dies nur durch Betrug bzw. Lüge (vgl. „O weh der Lüge!", V. 1405) möglich, außerdem wäre nach wie vor ihr Humanisierungswerk auf Tauris zerstört (vgl. „O wende nicht von uns, was du vermagst!", V. 1475), sodass sie sagt: „Doppelt wird mir der Betrug/Verhasst!" (V. 1525 f.). Dieser innere Widerwille verstärkt sich in IV, 4 noch dadurch, dass Iphigenie diesen Betrug als „tückisch" erkennt, betrifft er doch den „König, der mein zweiter Vater ward" (vgl. V. 1641). Pylades zeigt sich nun in dieser Situation als Vertreter einer Zweckethik, indem er letztlich die Möglichkeit des sittlichen Handelns in allen Situationen verneint (vgl. „Dass keiner in sich selbst, noch mit den andern/Sich rein und unverworren halten kann.", V. 1658 f.) und sich für das kleinere Übel entscheidet: „Den Bruder, dich und einen Freund zu retten,/Ist nur *ein* Weg; fragt sich's, ob wir ihn gehen?" (V. 1667 f.) Am Ende des IV. Aufzugs reflektiert Iphigenie dann noch einmal ihre Situation: Auf Tauris konnte sie sich ihr reines Herz bewahren und die Hoffnung hegen, einst ihr beflecktes Geschlecht zu entsühnen. Jetzt, da sie wieder mit ihrem Bruder vereint ist und sich überdies die Möglichkeit bietet, nach Hause zurückzukehren, scheint sie gezwungen, zu lügen und zu rauben und dadurch schuldig zu werden, sodass auch sie der Tantalidenfluch zu treffen droht. Dadurch sieht Iphigenie ihr Götterbild gefährdet, sodass sie ausruft: „Rettet mich/Und rettet euer Bild in meiner Seele!" (V. 1716 f.)

Aufgabe 3
Iphigenie gesteht aus innerer Not. Tatsächlich ist die geplante Flucht längst entdeckt; Thoas hat bereits die Befehle zur Ergreifung der Gefangenen erteilt (vgl. V, 1: „Thoas: … Wo ihr sie findet, fasst sie, wie ihr pflegt."), die auch unmittelbar bevorsteht (vgl. Auftritt V, 4, der Orest bereits im Kampf zeigt), wobei es angesichts der Überzahl der Taurer keinen Zweifel über den Ausgang geben kann (vgl. V, 5: „Arkas: … Gleich/Ist die Verwegenheit bestraft"). Dies alles aber weiß Iphigenie nicht, das heißt, sie offenbart sich Thoas in einer Situation, in der sie noch annehmen kann, die Flucht könnte gelingen. Damit kommt dem Geständnis aber ein anderes Gewicht zu, als hätte Iphigenie die Wahrheit erst im Wissen um das Scheitern der Flucht offenbart (etwa um Strafmilderung zu erlangen). Dabei wendet sich Iphigenie bewusst als Frau (deren Tat nicht auf Sieg oder Niederlage gerichtet ist, sondern auf eine friedliche Überwindung der Gegensätze zielt) an Thoas als Mensch, der – gleich ob

Skythe oder Grieche, ob König oder Sklave – dadurch auch einem allgemein gültigen sittlichen Gesetz unterworfen ist.

Seite 30

Aufgabe 4

Charakterisierung von Thoas

- König der Skythen auf Tauris; schon älter (könnte Iphigenies Vater sein) und gebildet (vgl. seine Sprache und sein Wissen über die Tantaliden)
- hat einen Krieg hinter sich, den er aus Rache für die Tötung seines Sohnes geführt hatte
- ist allein und will deshalb Iphigenie heiraten
- neigt zu impulsivem und trotzigem Handeln (vgl. die Wiedereinführung der Menschenopfer, die – laut Arkas – keine Funktion mehr haben)
- intelligent und ehrlich (auch sich selbst gegenüber)
- handelt Iphigenie gegenüber mit „Nachsicht" und „Güte"; wird von ihr „edel" genannt

Aufgabe 5

In V, 6 verlangt Thoas zunächst den Beweis von Orest, dass dieser tatsächlich Agamemnons Sohns und Iphigenie seine Schwester ist. Orest zeigt darauf das Schwert seines Vaters und bittet Thoas, über einen Zweikampf den Streit entscheiden zu dürfen. Thoas willigt nicht nur ein, sondern will diesen Kampf sogar persönlich führen, doch Iphigenie schlichtet und benennt, woran sie Orest erkannt hat. Thoas wirft nun Orest vor, das Bild der Göttin rauben zu wollen. Diesen Einwand entkräftet Orest, indem er erklärt, den Spruch Apolls falsch gedeutet zu haben. Nicht die Schwester Apolls (das Bildnis der Göttin Diana), sondern seine Schwester, Iphigenie, gelte es, nach Hause zu bringen. Um diese Heimkehr bitten nun sowohl Orest und Iphigenie noch einmal. Die bloße Erlaubnis „So geht!" (V. 2151) des Königs weist Iphigenie jedoch zurück, sie möchte nicht im Widerwillen, sondern in Freundschaft gehen: „Leb wohl! und reiche mir/Zum Pfand der alten Freundschaft deine Rechte." (V. 2172 f.), was Thoas mit den Worten „Lebt wohl!" zu bestätigen scheint.

Seite 32

Aufgabe 5

Die Stelle enthält mit dem Vers „Verdirb uns – wenn du darfst." (V. 1936) das Ende der langen Rede Iphigenies (ab Vers 1892), in deren Verlauf sie Thoas die Wahrheit um die Fluchtpläne enthüllt und ihr Schicksal in seine Hände legt. Zuvor hatte Iphigenie noch taktiert, indem sie gegenüber Thoas behauptet hatte, das Reinigungsritual des Götterbildes sei „Frist zur Überlegung" (vgl. V. 1808).

Kapitel 3: Das Kunstprogramm der Weimarer Klassik

Seite 33

Sachinformation

Die wichtigsten Informationen zur Weimarer Klassik in Stichworten

Epochenmerkmale

- Hauptthemen: Veredlung des Menschen durch ästhetische Erziehung, d. h. durch das Vorbild des Guten und Schönen in der Kunst; sittliche Grundlagen des individuellen Handelns; Vorbild Antike: Verwendung von Stoffen, Figuren und Motiven
- Motive/Schlüsselwörter: Kunst, Harmonie, Spiel, Freiheit, Autonomie, das Schöne und Gute, Humanität, Bildung, Gesetz, Ordnung, Maß
- Gattungen/Genres: Drama, Bildungsroman, Ballade, Elegie, Ode, Sonett, poetologische und philosophische Schriften
- Themen/Konflikte: Ideal vs. Wirklichkeit, Fremdbestimmung vs. Autonomie, Entfremdung vs. Ganzheitlichkeit, Determiniertheit vs. Freiheit
- Sprache/Stil: anspruchsvolle, oft rhetorisch überformte Sprache; Blankvers im Drama; antike Versmaße in der Lyrik
- Figurengestaltung: Figuren als Verfechter von Ideen; positiv besetzte und starke Frauenfiguren

Kulturhistorische Hintergründe

- Die Weimarer Klassik umfasst im engeren Sinne die Zeit der Zusammenarbeit und Freundschaft zwischen Goethe und Schiller in den Jahren 1794 (Goethe sagt Schiller seine Mitarbeit an den „Horen" zu) bis 1805 (Tod Schillers) und im weiteren Sinne zusätzlich jene Werke Goethes, die während bzw. im Anschluss an seine Italienreise entstanden sind. Der Begriff „Klassik" war schon in der ersten Hälfte des 19. Jahrhunderts gebräuchlich (so bei Heinrich Laube oder Friedrich TH. Vischer). Neben Goethe und Schiller zählen Christoph Martin Wieland (1733–1813), der zwischen 1772 und 1798 in Weimar lebte (u. a. als Privatlehrer am Hof), und Johann Gottfried Herder (1744–1803), der auf Goethes Vermittlung hin 1776 als Oberpfarrer nach Weimar berufen wurde und dort bis zu seinem Tode lebte, zum engeren Kreis der Weimarer Klassik.
- Die Weimarer Klassik fußt als spezielle deutsche Strömung auf den Leitgedanken der Aufklärung; dies betrifft insbesondere Immanuel Kants Ethik (kategorischer Imperativ) sowie das individuelle wie politische Streben nach Autonomie (Freiheit und Mündigkeit).
- Die Ideale der Weimarer Klassik finden vor allem bei einem aufgeklärten Publikum (der Oberschicht) Resonanz, das nach Bildung strebt und den kulturell-

philosophischen Austausch pflegt (in Lesezirkeln, Tischgesellschaften).

- Prägend war der Einfluss des deutschen Archäologen Johann Joachim Winckelmann (1717–1768), dessen Kunstbetrachtungen (insbesondere in der Schrift „Gedanken über die Nachahmung der Griechischen Werke in der Malerei"), in denen er die idealisierte Antike zum Vorbild in der Kunst erhob, rasch bekannt wurden.
- Die Kunsttheorie der Weimarer Klassik ist aber auch eine Reaktion auf die Französische Revolution, die in gesellschaftliche Verwerfungen zurückführen musste, weil die Menschen, nach Ansicht Schillers, noch nicht reif für ihre politische Emanzipation waren. Sie müssten vielmehr erst ihre individuelle Freiheit erlangen, da diese die Voraussetzung für die politische und gesellschaftliche Freiheit darstelle. In jedem Fall zielt die Dichtung auf die Bildung der Menschen zur Humanität hin. Die Kunst sollte und wollte dabei alle menschlichen Kräfte (insbesondere das Denken, Fühlen und Wollen) in ihrer Ganzheit und Einheit zeigen und ansprechen.
- Außerhalb der Weimarer Klassik (und von ihren Vertretern skeptisch betrachtet) stehen einige herausragende Autoren, die künstlerisch eigene Wege beschritten haben, deren Schaffenszeit jedoch in die Klassik fällt: Heinrich von Kleist (1777–1811), Friedrich Hölderlin (1770–1843) und Johann Peter Hebel (1760–1826).

Aufgabe 1

Laokoon war in der griechischen Mythologie der Priester des Meergottes Poseidon. Als die Griechen vor Troja das hölzerne Pferd mit den in ihm versteckten Kriegern hinterließen und scheinbar abzogen, warnte Laokoon die Trojaner vor der List. Deshalb ließ die Schutzgöttin der Griechen, Athene, Laokoon und seine Söhne durch zwei Seeschlangen erwürgen, als dieser am Strand Poseidon opferte.

Aufgabe 2

Im Wesentlichen entsteht nach Winckelmann (vgl. dazu auch ausführlicher KV 4) die Schönheit der Kunst durch Veredlung der Natur, die der Künstler „entwickelter, angestrengter und mächtiger" gezeigt habe. Dabei spielt offenkundig auch der Gegenstand der Darstellung eine wichtige Rolle, d. h. es geht nicht um irgendeine Anstrengung, sondern um den existenziellen Kampf an sich.

Aufgabe 3

Schön ist natürlich nicht der (erfolglose) Todeskampf an sich, sondern die künstlerische Umsetzung, die hier so viel Dynamik und Anspannung zeigt, dass man nicht nur das handwerkliche Geschick bewundert, sondern sich gleichsam in die Darstellung hineingezogen fühlt und mit Laokoon mitleidet. – Für die Schülerinnen und Schüler kommt es hier darauf, über das Schöne einmal gründlicher nachzudenken und insbesondere zu verstehen, dass dem Schönen als Resultat der Kunst ein anderer Stellenwert zukommt als dem Schönen in der Natur: Die Laokoon-Gruppe ist auch deshalb schön, weil sie gerade nicht realistisch (wenn auch naturgetreu und sehr gegenständlich) ist.

Seite 34

Didaktischer Hinweis

Die Gedichte dieses Teilkapitels wurden aus thematisch-inhaltlichen Gründen ausgewählt. Sie spiegeln einerseits das Naturerleben im Sturm und Drang sowie andererseits die Zähmung des Natürlichen durch die Kunst während der Weimarer Klassik wider. Die Aufgaben 1 und 2 bieten die Möglichkeit, die Analyse von Gedichten zu wiederholen; beide Aufgaben lassen sich bei Bedarf vertiefen und gründlicher bearbeiten, auch selbstständig durch die Schülerinnen und Schüler (die Analyse und Deutung des Gedichtes „Maifest" sollte in einem Oberstufenkurs eigentlich keine großen Schwierigkeiten bereiten). – Aufgabe 4 dient der Verständnissicherung.

Aufgabe 1

Hier geht es darum, dass die Schülerinnen und Schüler die Gedichtanalyse üben und die verschiedenen Untersuchungsaspekte gleichsam am Gedicht „Maifest" durchspielen, ohne dass eine in sich geschlossene Beschreibung bzw. Interpretation entstehen muss. Deutlich werden sollte, dass das Gedicht in der Beschreibung der Natur das Liebesglück des lyrischen Ichs bzw. des Autors veranschaulicht. Die emphatische Grundstimmung des Sprechers spiegelt sich sowohl im Stilistischen (zum Beispiel in Strophe 6, in der es zu einer Häufung von Emphasen kommt: „Wie lieb´ ich dich!"/Wie blickt dein Auge! Wie liebst du mich!", V. 22–24, deren Wirkung durch den parallelen Aufbau und die Anapher mit „wie" noch verstärkt wird) als auch im Metrum (das keinem einheitlichen Schema folgt und mit seinen zwei Hebungen pro Vers eine starke Dynamik besitzt) sowie dem Reim wider (mit Ausnahme der zweiten Strophe reimen sich in den anderen acht Strophen jeweils der zweite und der vierte Vers; hier deutet sich die Liedform an, ohne dass ein starrer Rahmen das glückliche Erleben der Natur stört).

Seite 35

Aufgabe 2

Gemeint sind hier insbesondere die Begriffe „Sesenheimer Lieder", „Erlebnislyrik" sowie die Epoche des Sturm und Drang.

Seite 39

Aufgabe 4

Didaktischer Hinweis

In den Antworten der Schülerinnen und Schüler sollte deutlich werden, dass Goethe in seinen Notizen nicht einfach nur aus Begeisterung übertreibt, sondern sich damals in einer echten persönlichen Krise befunden hat und insbesondere die Ankunft in Rom eine Art Wendepunkt darstellte. Der Aufenthalt dort bedeutete für ihn eine umfassende Neuorientierung.

Seite 40

Aufgabe 7

Didaktischer Hinweis

Die Aussagen hier können programmatisch im Sinne der Weimarer Kunstauffassung verstanden werden, namentlich die Veredlung des Menschen durch Kunst und Arbeit an sich selbst.

Rom wirkt auf Goethe zunächst durch die Fülle an Geschichte (vgl. „überdrängt und überfüllt"), wobei der Geist „zur Tüchtigkeit gestempelt" wird und lernen will (vgl. „befleißigen will ich mich der großen Gegenstände, lernen und mich ausbilden"), um sich „zu erweitern, zu veredeln, sich seines Grundes mehr zu versichern". Das ist durchaus als Aufgabe und Arbeit zu verstehen (vgl. „mehr Mühe und Sorge als Genuss").

Seite 42

Aufgabe 10

Eine Elegie ist ursprünglich jedes aus Doppelversen (Distichen) bestehende Gedicht aus Hexametern und Pentametern, d.h. sechs- bzw. fünfhebigen Daktylen, wobei unterschiedliche Abweichungen möglich und üblich sind.

Seite 43

Didaktischer Hinweis

Im Unterricht für das grundlegende Anforderungsniveau kann man die zentralen Ziele der Weimarer Klassik bei Aufgabe 2 (Text „Ankündigung: Die Horen") als programmatisch thematisieren (Veredlung des Menschen durch Kunst und Arbeit an sich selbst).

Seite 44

Aufgabe 2

Schiller argumentiert zum einen mit dem gerade in Kriegszeiten höheren Interesse daran, „was rein menschlich und über allen Einfluss der Zeiten erhaben" ist. Zum anderen denkt er auch politisch, wenn er die „politisch geteilte Welt unter der Fahne der Wahrheit und Schönheit wieder [...] vereinigen" will.

Seite 45

Aufgabe 5

Didaktischer Hinweis

Die Aufgabe will noch einmal bewusst machen, dass der Text Schillers inhaltlich gleichsam unter dem Vorbehalt seiner zentralen Funktionen (ankündigen, werben) steht. Insbesondere die Werbefunktion kann dabei durchaus kritisch gesehen werden, da der Anspruch auf die Beförderung wahrer Humanität dem Wunsch nach „fröhlicher Zerstreuung" wenn nicht entgegenläuft, so doch auch nicht unmittelbar entspricht.

Seite 46

Didaktischer Hinweis/Sachinformation

Das zentrale Ziel der Weimarer Klassik – Veredlung des Menschen durch die Kunst und die Arbeit an sich selbst – kann zunächst mit den Aufgaben 2 und 3 zu Schillers Brief an Friedrich Christian von Augustenburg grundlegend thematisiert und dann mit Aufgabe 9 noch einmal explizit benannt werden.

Aufgabe 1

Didaktischer Hinweis

Die Aufgabe soll thematisch auf den Aspekt der Idealisierung der Kunst vorbereiten. Die Funktionen der Kunst können vielfältig und individuell geprägt sein (z.B. gefallen, mahnen, abstrahieren, aufrütteln, ...). Idealisierend ist Kunst vor allem dann, wenn sie Vorbild sein möchte bzw. positive Muster vorgeben möchte (am plumpsten im Übrigen im Falle der Staatskunst totalitärer Regime); durch Idealisierung kann aber auch Schönheit hervorgehoben werden.

Seite 49

Aufgabe 5

Didaktischer Hinweis

Die Aufgabe will den Schülerinnen und Schülern bewusst machen, dass Schiller in diesem Brief die detaillierte Entfaltung seiner Argumentation tatsächlich erst ankündigt (vgl. „dass ich die Ausführung dieses Beweises dem folgenden Brief aufbehalte"). Das bedeutet auch, dass die Darlegung hier notwendig knapp ausfällt und entsprechend anspruchsvoll ist. – Darüber hinaus ist der Brief natürlich auch als Dank- und Ergebenheitsadresse an den Herzog zu verstehen.

Seite 51

Aufgabe 7

Hierzu schreibt Schiller: „Sobald auf der einen Seite die erweiterte Erfahrung und das bestimmtere Denken eine schärfere Scheidung der Wissenschaften, auf der andern das verwickeltere Uhrwerk der Staaten eine strengere Absonderung der Stände und Geschäfte notwendig machte, so zerriss auch der innere Bund der menschlichen Natur, und ein verderblicher Streit entzweite ihre harmonischen Kräfte" (Z. 23–27).

Aufgabe 8

Im 6. Brief erläutert Schiller den Ist-Zustand der gegenwärtigen Menschen und der Gesellschaft, der deutlich macht, weshalb der Versuch einer revolutionären Umgestaltung der Gesellschaft scheitern muss. Erst wenn der Mensch die ursprüngliche, im griechischen Menschen noch vorhandene Einheit der Geisteskräfte wiedergefunden hat (vgl. „Damals … hatten die Sinne und der Geist noch kein streng geschiedenes Eigentum"), ist politische Veränderung möglich. Genau diese Einheit wird durch eine ästhetische Erziehung, so die Hoffnung Schillers, wiederhergestellt.

Seite 53

Aufgabe 9

Verbesserung im Politischen
Ziel (Loslösung von den „Verderbnissen der Zeit", der „barbarischen Staatsverfassung")
Veredlung des Charakters
Weg, Ausgangspunkt
schöne Kunst/Wahrheit
Werkzeug, Mittel („fängt die Dichtungskraft ihre Strahlen [der Wahrheit] auf")

Aufgabe 10

Der Künstler
- greift zurück auf die keusche Form der edlen Zeit (der Antike
- orientiert sich an Würde und Gesetz und strebt („im Bunde des Möglichen mit den Notwendigen") nach dem Ideal
- gibt der Welt „die Richtung zum Guten" („lehrend" sowie „handelnd und bildend")
- erzieht die Wahrheit so zur Schönheit, dass „auch der Sinn ihre Erscheinung liebend ergreife"

Schreibtraining: Interpretation eines literarischen Textes (Drama)

Seite 56

Schritt 1: Aufgabenstellung erfassen, Teilaufgabe c)

Didaktischer Hinweis

Das Notieren erster Eindrücke kann in einem weiteren Schritt zu relevanten Untersuchungsaspekten führen, indem gefragt wird, wie der erste Eindruck aus dem Text heraus zu erklären ist (welche sprachlichen, inhaltlichen, … Mittel diesen Eindruck hervorrufen oder unterstützen). Selbst wenn sich der erste Eindruck im Laufe der weiteren Untersuchung als falsch herausstellen sollte, kann immer noch gefragt werden, wie es zu diesem Missverständnis hat kommen können. Den Schülerinnen und Schülern wäre also zu verdeutlichen, dass das Notieren erster Eindrücke durchaus ein sinnvoller Arbeitsschritt ist.
Die Eindrücke insgesamt können sich auf den Inhalt und die Funktion des Auftritts ebenso beziehen wie auf die Sprache im Text.
Arkas erscheint in dem Auftritt als treuer Untergebener von Thoas, der allerdings Iphigenies Reinigungsplan gegenüber skeptisch ist.

Seite 59

Schritt 3: Kommunikationssituation analysieren

Didaktischer Hinweis

Die Untersuchung der Kommunikation reicht natürlich ins Sprachliche hinein. D. h., dass besondere sprachliche Mittel auch auf eine hohe kommunikative Relevanz hinweisen, wie umgekehrt wichtige Sprachhandlungen auch sprachlich häufig auf besondere Weise gestaltet sind. Auch wenn also hier die verschiedenen Aspekte nacheinander behandelt werden, sollten die Schülerinnen und Schüler auf die gegenseitige Bedingtheit aufmerksam gemacht werden, wobei es grundsätzlich egal ist, welchen Aspekt (Sprach- oder Gesprächsverhalten) man zuerst untersucht.

Kapitel 4: Das Humanitätsideal als Problem

Seite 63

Aufgabe 1

Der Holzschnitt erinnert an die Verführbarkeit des Menschen seit biblischen Zeiten, d. h. der Mensch kann immer wieder Versuchungen ausgesetzt sein, die ihn vom humanen Handeln abhalten.

Aufgabe 2
Erinnert werden kann an das Sprichwort „Was du nicht willst, was man dir tu, das füg auch keinem anderen zu." – Entscheidend ist, dass man sein eigenes Handeln nicht am eigenen Vorteil und dem augenblicklichen Nutzen orientieren soll, sondern daran, was allgemein gelten sollte, also letztlich gerecht, gut oder vernünftig ist. Unter anderem ergibt sich aus dieser Bestimmung die Frage, was „gerecht, gut oder vernünftig" ist.

Aufgabe 3
Gemeint ist, dass schon das Unterlassen des Bösen als gut gilt, ähnlich wie auch alles erlaubt ist, was nicht verboten ist (sodass man sich, dieser Maxime folgend, Gesetzeslücken zu Nutze machen kann). Der Mensch ist so nicht mehr in der Pflicht, das Positive zu bestimmen und sich aktiv um ein Gutsein zu bemühen, sondern kann sich schon gut fühlen, wenn er gesetzestreu lebt. Der Satz „Ich habe mir nie etwas zuschulden kommen lassen" verlangt heute nach Lob, obwohl Gesetzestreue eine Selbst-verständlichkeit, also normal (und nicht schon als „gut" verstanden) sein sollte.

Aufgabe 4
! Didaktischer Hinweis
Die Diskussion zielt auf die Frage, was über Gesetzestreue und Vernunft hinaus „gut" ist. Was also müsste ich tun, wenn ich eine „gute Tat" vollbringen möchte (zum Beispiel aufrichtig altruistisch handeln)?

Seite 64

Aufgabe 1
! Didaktischer Hinweis
Der Rezension von Christine Wahl ist das Szenenfoto vorangestellt, um die Schülerinnen und Schülern zunächst anzuregen, sowohl über grundsätzliche Regiekonzepte für den klassischen Stoff als auch über die Besonderheiten dieser konkreten Umsetzung auf der Bühne nachzudenken. Mithilfe der Rezension kann die Frage nach dem „richtigen" Inszenierungskonzept für das Drama dann vertieft werden.
Auffällig ist zunächst der Farbkontrast: Neben dem sitzenden Thoas im schwarzen Anzug steht Iphigenie im weißen Kleid. Zudem sieht man im Hintergrund eine schwarze Wand, deren unterer Teil (hektisch, provisorisch, flüchtig ...) mit weißer Farbe übermalt wurde. Dieser nicht immer trennscharfe (das Gesicht von Thoas ist weiß, die weiße Farbe auf dem Kleid von Iphigenie wirkt brüchig) Gegensatz lässt an die Konfrontation von Gut und Böse und an die Schwierigkeit denken, „richtige" Urteile zu fällen.

Seite 69

Aufgabe 2
Es ist möglich, dass sich der Abgesandte deshalb schämt, weil er sein persönliches Schicksal generalisiert und damit die tatsächlich vorhandenen guten Absichten von Menschen (namentlich eben von Goethe) diskreditiert. Auch wenn ganz unzweifelhaft ist, dass Menschen dazu in Lage sind, Schreckliches zu tun, so sind schlechte Taten noch kein Beweis dafür, dass Menschen an sich böse sind. – Hinzu kommt, dass er seiner Frau ihre positiven Erinnerungen (vgl. „In meiner Studienzeit mochte ich es irgendwie gern.") madig macht.

Seite 70

Aufgabe 4
Die Aussage, dass Goethes Weimar das Konzentrationslager (und den Holocaust) nicht verhindert habe, wird als Argument gegen die absolute Autorität der Kunst der Klassik angeführt. Kunst sei weder damals „als bloßes Bildungsideal" eine „Garantie für menschliches Verhalten" gewesen, noch habe Kunst überhaupt, so Frisch, „Menschenschändung jeder Art und jeden Ausmaßes" verhindert.

Aufgabe 6
! Didaktischer Hinweis
Die Aufgabe ließe sich auch schriftlich als Erörterung bearbeiten, ggf. auch thematisch ausgeweitet.
Die Schülerinnen und Schüler können sich hier zunächst argumentativ mit den Aussagen Hohlers auseinandersetzen (auch unabhängig von der zeitlichen Entfernung zum Zweiten Weltkrieg ist die Frage nach Grundrissen eines tragfähigen, umfassenden Humanismus ebenso wichtig wie eine „schonungslose Analyse der Gegenwart und die nüchterne Sorge um die Zukunft"), dann aber auch eigene Ansprüche formulieren und begründen.

Seite 71

Aufgabe 7
Bucheli nennt im Wesentlichen zwei Gründe für den Ausbruch des Literaturstreits: Zum einen habe Staiger mit der Rede von der Entartung der Kunst eine Grenze in der Kritik an der zeitgenössischen Literatur überschritten; insbesondere wurde ihm von Peter Szondi vorgeworfen, dass ein ästhetisches Urteil zu einem politischen geworden war. Zum anderen erfolgte die Rede in einem restaurativen Kontext, der die zeitgenössischen Intellektuellen besonders heftig reagieren ließ. Staiger habe mit seiner Rede letztlich das Gegenteil dessen erreicht, was er wollte: Staiger zielte darauf, die Autorität der Klassik zu bewahren, bewirkte aber vielmehr eine kritische Diskussion und letztlich Neubewertung.

Seite 72

Aufgabe 1

Didaktischer Hinweis

Die Aufgabe versteht sich als thematischer Einstieg und will vor allem Gesprächsimpuls sein. Die prägenden Erfahrungen, die die Schülerinnen und Schüler persönlich mit Literatur gemacht haben, könnten am Ende des Teilkapitels mit Aufgabe 5 wieder aufgegriffen und zu der Frage nach der gesellschaftlichen Relevanz von Literatur in Beziehung gesetzt werden.

Seite 73

Didaktischer Hinweis

Der Anfang der Brecht-Parabel (Aufgabe 4, Seite 73) könnte zum Anlass genommen werden, erneut über das Stück „Der gute Mensch von Sezuan“ (vgl. Kapitel 1 C) zu sprechen und sich zu fragen, welches Konzept dort wie umgesetzt wird.

Aufgabe 3 PLUS

Die Aufgabe versteht sich als Anregung, mit der zum einen ein interpretativer Textzugang eröffnet werden kann, indem die Modernität der dargestellten Situationen zum Gegenstand wird. Zum anderen könnten die Verfilmung einer Szene auch mit einfachen Mitteln (Videofunktion am Smartphone) tatsächlich umgesetzt und beim Schreiben des Drehbuchs die filmischen Mittel und ihre Funktionen wiederholt werden.

Aufgabe 5

Didaktischer Hinweis

Bei der Diskussion sollte darauf geachtet werden, dass sie nicht ins Banale abgleitet; ein Bezug zu Inhalten des Deutschunterrichts (neben der „Iphigenie“ auch Sachwissen zur Literatur des Vormärz, der Weimarer Republik, des Naturalismus, …) sollte immer gegeben sein bzw. hergestellt werden.
Auch wenn man der Kunst die große gesellschaftliche Prägekraft abspricht, wird man doch sagen können, dass Kunst, wenn sie denn auf den Einzelnen wirkt (vgl. Aufgabe 1), notwendig auch eine zumindest kleine gesellschaftliche Wirkung entfaltet. Um dies am Beispiel der „Iphigenie“ konkret zu machen: Deren Lektüre wird natürlich keine Schülerin und keinen Schüler unmittelbar beeinflussen. Und doch denken sie bei der Beschäftigung mit dem Stück über Humanität nach und festigen oder verändern ihr Bild davon, was gut und richtig ist, was wiederum ihr gesellschaftliches Handeln mitbestimmt. Umgekehrt können auch eine realistische oder eine parabolische Darstellung ihre Wirkung entfalten. Dabei sollte man die Kraft der positiven Identifikation nicht unterschätzen: Wenn „Iphigenie“ als Figur und Stück nicht dieselbe Ausstrahlung besitzt wie moderne Helden, dann liegt das auch daran, dass uns heute der Stoff fremd geworden ist.

Kapitel 5: „Der Sandmann“ – Ein neuer Blick auf die Welt

Seite 75

Aufgabe 1

Der Blick des Wanderers ist hier durch das Objekt seiner Betrachtung charakterisiert, in dem einige romantische Motive (Nebel, Felsen, Schluchten, Einsamkeit, Fernweh) anklingen, die in dieser Zusammenstellung tatsächlich damals neu waren. Wir teilen diesen Blick schon dadurch, dass wir den Wanderer von hinten sehen und deshalb mit ihm auf das „Nebelmeer“ sehen.

Seite 76

Aufgabe 1

Angespielt wird auf den Untergang der *Titanic*: Ein Seelöwe hat einen Eisberg verschoben, mit dem die Titanic kollidiert und untergeht. Komisch ist, dass das Seeunglück als Resultat einer romantischen Idee erscheint. Während der Seelöwe rechts im Bild dabei die Szenerie (mit den romantischen Klischees Zweisamkeit in der Nacht, Sternenhimmel, Meer) als „romantisch“ empfindet, trifft dies auf den anderen Seelöwen (und natürlich die Menschen auf dem Schiff) gerade nicht zu.

Aufgabe 2

Didaktischer Hinweis

Die Schülerinnen und Schüler sollen sich bewusst machen, dass die Kategorie „romantisch“ nicht nur bis heute aktuell, sondern oftmals auch alltagsrelevant ist (und sei es als Feststellung: „Das ist unromantisch!“). Safranski selbst schreibt: „Der romantische Geist bleibt sich nicht gleich, ist verwandelnd und widersprüchlich, sehnsüchtig und zynisch, ins Unverständliche vernarrt und volkstümlich, ironisch und schwärmerisch, selbstverliebt und gesellig, formbewusst und formauflösend.“

Rüdiger Safranski: Romantik. Eine deutsche Affäre. München: Hanser 2007, S. 13.

Seite 77

Aufgabe 4

Didaktischer Hinweis

Um den Schülerinnen und Schülern die Aufgabe transparenter zu machen, könnten ihnen am Text orientierte Beispiele gegeben werden: Ich romantisiere bzw. potenziere z. B. einen Klassenraum, indem ich ihm in der Beschreibung ein geheimnisvollen Aussehen – etwa unter bestimmten Lichtverhältnissen – gebe; ich romantisiere die morgendliche Begegnung mit einem Klassenkameraden, indem ich ihr einen hohen Sinn (Seelenverwandtschaft, Schicksalsgemeinschaft, ...) gebe ...

Seite 78

Aufgabe 7, 8 und 9

Didaktischer Hinweis

Die Aufgaben 7 bis 9 verstehen sich nicht zuletzt als Hilfe zur Texterschließung. Entsprechend bestehen die Lösungen im Wesentlichen aus Textparaphrasierungen, die den Anspruch an romantische Poesie verdeutlichen. Im Anschluss an die Erarbeitung des 116. Athenäum-Fragments könnte mit der Lerngruppe darüber gesprochen werden, wie realistisch ein solches Dichtungskonzept ist (bzw. verdeutlicht werden, dass der Anspruch ein theoretischer ist).

Seite 79

Didaktischer Hinweis

Die Erzählung *Der Sandmann* steht hier exemplarisch für die Tendenz innerhalb der Spätromantik, auch die dunklen Seiten der menschlichen Seele zu thematisieren. Es könnte hier zum Begriff der „Schwarzen Romantik" (Schauerromantik) ebenso recherchiert werden wie zu weiteren Werken dieser Strömung (dies ggf. auch kursübergreifend mit Blick auf den englischen Schauerroman). Als kompakte Darstellung kann hier immer noch das Werk *Liebe, Tod und Teufel. Die schwarze Romantik* des italienischen Anglistik-Professors Mario Praz (München: Hanser 1963) empfohlen werden. – Wichtiger ist aber, dass sich die Schülerinnen und Schüler exemplarisch verdeutlichen, dass der Blick auf die Wirklichkeit um übersinnliche Facetten erweitert wird und sich dementsprechend die Deutungsperspektiven auf Texte der „Schwarzen Romantik" verändern.
Ergänzend zu den beiden Textauszügen – und bereits mit Blick auf das nachfolgende Teilkapitel, *Erzählerische Spiegelungen* – kann auch auf die parallele Traum-Situation vor dem endgültigen Wahnsinn (vgl. die Klett Edition, S. 35: „Nathanael erwachte wie aus schwerem, fürchterlichem Traum [...]") eingegangen werden.

Aufgabe 1

Wohl nicht zuletzt wegen des *Sandmännchens* dürften die Schülerinnen und Schüler auch positive Assoziationen mit dem Titel verbinden (man beachte das fehlende Diminutiv, der „Sandmann" wirkt an sich mächtiger als das „Sandmännchen"). Deutlich werden sollte, dass mit dem „Sandmann" nicht notwendig bedrohliche oder schauerliche Bedeutungen verbunden sein müssen.

Aufgabe 2

Eingegangen werden sollte hier nicht nur auf den Sandmann (das heißt, die mit der Bezeichnung „Sandmann" gemeinte Figur des Coppelius, die man sich natürlich furchterregend vorstellt), sondern auch auf Nathanael, das heißt auf die Wirkung der Worte der Amme auf ihn.

Seite 80

Aufgabe 3

Folgende Aspekte (die zugleich wesentliche Merkmale von Schauerromanen darstellen) sind zentral:

- plötzliches Einbrechen des Fantastischen in die Wirklichkeit (z. B. die Verwandlung des Vaters: „Ein grässlicher krampfhafter Schmerz schien seine sanften ehrlichen Züge zum hässlichen widerwärtigen Teufelsbilde verzogen zu haben.", Z. 9 f.)
- Hervorrufen von Angst und Grauen (z. B. „Coppelius [...] griff mit den Fäusten glutrote Körner aus der Flamme, die er mir in die Augen streuen wollte.", Z. 17 f.)
- Grenzüberschreitungen zwischen Wahn und Wirklichkeit (z. B. ist unklar, ob der „Todesschlaf" die Folge der Ereignisse ist oder er zum Traum dessen, was geschildert wird, geführt hat)

Aufgabe 4

Wird die Darstellung nicht als Traum gedeutet, wäre es etwa irreal, dass Coppelius dem Erzähler die Hände und Füße abschraubt. – Die Strategie des Erzählers besteht darin, die Grenze zwischen Realität (jener innerhalb der Fiktion) und des Irrealen zu verwischen, d. h. dass man im Falle des vorliegenden Auszugs nicht weiß, ob das geschilderte Geschehen real ist (bzw. bis zu welchem Punkt der Schilderung es auf einem realen Geschehen basiert) oder es sich um einen (reinen) Traum des Kindes handelt.

Seite 82

Aufgabe 1

Didaktischer Hinweis

Der Einstieg über die Beschreibung der Erzähltechnik ist als Wiederholungsangebot zu verstehen. Sichergestellt sein sollte, dass alle Schülerinnen und Schüler die Erzählweise grundlegend beschreiben können. Die ersten drei Aufgaben können, wenn die Lerngruppe erzähltechnisch entsprechend versiert ist, aber auch übersprungen werden.
Ein Erzähler kann zunächst natürlich neutral bleiben, sich dann aber in jeder Hinsicht (kritisch, ironisch, distanziert, emphatisch, ...) zum Erzählinhalt positionieren. Die Überschrift des Kapitels kann außerdem die Aufmerksamkeit auf die Möglichkeit der Spiegelung, also der Doppelperspektive, lenken.

Aufgabe 3
Der Erzähler begegnet dem Leser gleichsam kongenial. Die Ansprachen verlangsamen und „stören" einerseits den Erzählfluss, andererseits zielen sie auf eine größere innere Nähe des Lesers zu Nathanael. Zugleich stehen die Leseransprachen auch für die Unsicherheit des Erzählers gegenüber dem Erzählten und damit letztlich für die Frage, was eigentlich die „Wahrheit" des Erzählten ist und wie sie vermittelt werden kann.

Seite 84

Aufgabe 6
gespiegelte Aspekte: äußere Situation: Nathanael liest vor, Clara bzw. Olimpia als Zuhörerinnen – Verhalten der Figuren Clara bzw. Olimpia: Während sich Clara beschäftigt und Reaktionen zeigt, bleibt Olimpia regungslos. – Nathanaels Verhalten: innere Beteiligung bis zur „tiefen Ermattung", wenn er Clara vorliest, wohingegen er Olimpia „stundenlang", „ohne zu ermüden", vorlesen kann – Widerspruch in der Darstellung der Frauenfiguren: Nathanael wirft Clara vor, ein Automat zu sein, während dies Olimpia tatsächlich ist.

Aufgabe 8
Der Erzähler will dem Leser einen bildhaften Eindruck der Welt vermitteln, da „nichts wunderlicher und toller sei als das wirkliche Leben". Dabei ist er sich allerdings bewusst, dass er nur einen „dunkle[n] Widerschein" geben könne. Es geht also nicht um realistisches Erzählen, sondern um Gestaltung der Welt im Poetischen.

Aufgabe 9
Eine Spiegelung erfährt der Ich-Erzähler in der Figur Nathanael schon deshalb, weil beide (auch) Dichter sind (und deshalb spiegeln sich die Leser der Erzählung auch in den beiden Zuhörerinnen Olimpia und Clara). Anders als der Ich-Erzähler schöpft Nathanael aber aus der Fantasie bzw. der vermeintlichen Wirklichkeit. Für ihn gilt also gerade nicht, dass „nichts wunderlicher und toller sei, als das wirkliche Leben" (Klett Edition, S. 18). – **Zentrale Textstellen** sind: „Der Sandmann hatte mich auf die Bahn des Wunderbaren, Abenteuerlichen gebracht, das so schon leicht im kindlichen Gemüt sich einnistet. Nichts war mir lieber, als schauerliche Geschichten von Kobolden, Hexen, Däumlingen u. s. w. zu hören oder zu lesen; aber obenan stand immer der Sandmann, den ich in den seltsamsten, abscheulichsten Gestalten überall auf Tische, Schränke und Wände mit Kreide, Kohle hinzeichnete." (Klett Edition, S. 5 f.)
„Sein Verdruss über Claras kaltes prosaisches Gemüt stieg höher, Clara konnte ihren Unmut über Nathanaels dunkle, düstere, langweilige Mystik nicht überwinden, und so entfernten beide im Innern sich immer mehr voneinander, ohne es selbst zu bemerken. Die Gestalt des hässlichen Coppelius war, wie Nathanael selbst es sich gestehen musste, in seiner Fantasie erbleicht, und es kostete ihm oft Mühe, ihn in seinen Dichtungen, wo er als grauser Schicksalspopanz auftrat, recht lebendig zu kolorieren." (Klett Edition, S. 21)

Seite 85

Aufgabe 1
Didaktischer Hinweis
Die Aufgabe strebt keine Lösung im eigentlichen Sinne an (zu den wichtigen Textstellen vgl. dann den Text von Christophe Koné), wichtiger ist vielmehr, dass die Schülerinnen und Schüler auf das Zentralmotiv der Augen in seiner Vielgestaltigkeit (v. a.: (Ein)Sehen, Sehverlust und Augenraub, Perspektiv bzw. Brillen, Blick der Figuren) aufmerksam werden und sich klarmachen, was ein Motiv ist. Vgl. zur Deutung bzw. Bewertung des Motivs dann die Lösungen zum Text von Koné.
Für die arbeitsteilige Untersuchung ließe sich der Text folgendermaßen einteilen: Brief Nathanael an Lothar (S. 3–11), Briefe von Clara an Nathanael und von Nathanael an Lothar (S. 11–16), Zwischenspiel und Begegnung mit Clara bis zur Rückkehr nach G. (S. 16–23), Liebe zu Olimpia und Gespräch mit Siegmund (S. 23–31), Ende (ab S. 31).

Kapitel 6: Romantik als Gegenbewegung zur Aufklärung?

Seite 89

Aufgabe 1
Der Erläuterung der Gegensätze könnte eine genaue Bildbeschreibung vorausgehen. – Beide Bilder spielen zunächst auf unterschiedliche Lichtverhältnisse an, wie ja auch die Aufklärung dem Licht und die Romantik eher der Nacht und dem Schatten zugeordnet wird. Auffällig sind sodann die Menschen, die einmal unterhalb der überlebensgroßen Göttin Minerva als der Vernunft untergeordnet gleichsam am Rande stehen (die herausragende Bedeutung der Vernunft wird betont), während sie sich im Friedrich-Gemälde im Zentrum befinden, dort allerdings verhältnismäßig klein dargestellt sind (den Betrachter soll vor allem die Landschaft beeindrucken). Auffällig ist schließlich das Verhältnis der Menschen untereinander: Bei Chodowiecki scheinen sie miteinander zu diskutieren, während sie bei Friedrich zwar ebenfalls eine Gemeinschaft bilden, die sich aber durch die gemeinsame Betrachtung der Landschaft ergibt, nicht durch direkte Kommunikation.

Seite 91

Aufgabe 3 PLUS

Die Unstimmigkeiten sind vielgestaltig und umfassen Widersprüche bzw. (vermeintliche) Fehler ebenso wie scheinbar unmotivierte Erzählelemente. Zu den unmotivierten Erzählelementen gehört bereits das **Erzählsetting**. So lädt die Frau des Marchese das Bettelweib von sich aus ein, über Nacht zu bleiben, und quartiert sie einem Zimmer ein, das „sehr schön und prächtig eingerichtet war". Dort muss sie dann aber auf Stroh schlafen. Warum die Marquise die offenbar gehbehinderte Frau in einem oberen Stockwerk unterbringt, ist ebenso wenig klar wie die Frage, weshalb sie davon nichts ihrem Mann sagt, der wiederum dieses Zimmer auch als Waffenkammer nutzt. Im Weiteren wird dann nicht deutlich, warum der Marchese das Bettelweib überhaupt hinter den Ofen befiehlt, warum das Rascheln des Strohs nur bei den Spukbeschreibungen erwähnt wird (bei denen das eigentliche Sterben der Frau wiederum keine Rolle mehr spielt) und warum der Marchese und die Marquise den Spuk eine weitere Nacht überprüfen wollen. Zu den **Widersprüchen bzw. „Fehlern"** gehören die unterschiedlichen Herkunftssprachen („Marchese" ist die italienische Bezeichnung des Adelsranges, „Marquise" dagegen eine französische) ebenso wie das „leerstehende Zimmer, das sehr schön und prächtig eingerichtet war" und das zerstörte Schloss, in dem gleichwohl in einem oberen Zimmer Knochen des (offenbar nicht beerdigten) Marchese zu liegen kommen. – Über die **Gründe für diese Unstimmigkeiten** kann natürlich nur spekuliert werden, wobei vorausgesetzt werden kann, dass sie keine Versehen darstellen (Kleist war schließlich ein ausgezeichneter Erzähler), sondern Absicht sind. Denkbar ist, dass Kleist das Genre – gleich einem selbstironischen Augenzwickern – brechen wollte. Möglichweise reichen seine Absichten aber auch tiefer, indem er deutlich macht, wie wenig man über die Wirklichkeit (und sei es die erzählte) eigentlich weiß, ja angesichts der Irrationalität vieler Handlungen überhaupt wissen kann. Bemerkenswert bleibt in jedem Falle, wie leicht man über die zahlreichen Unstimmigkeiten hinwegzulesen bereit ist.

Seite 92

Aufgabe 4

Solche Anzeichen sind: Wiederkehr des Wunderlichen (wie der Teufelsaustreiber Gaßner oder Gastwirt Schrepfer), die „Lust am Geheimnisvollen und Wunderbaren" sowie der Zweifel am Fortschritt und der Macht des Neuen (bzw. umgekehrt das Setzen auf die Vergangenheit).

Aufgabe 5

Zu nennen sind: Wirtschaftskrisen und Kriege der 80er- und 90er-Jahre, die „tumultuarischen und terroristischen Folgen" der Französischen Revolution; hinzu kommt die Hoffnung auf individuelles Glück und das Streben begabter Einzelner wie E. T. A. Hoffmann, „der junge Tieck", Friedrich Schlegel oder Novalis.

Aufgabe 6

Der Zeitbezug ist offensichtlich, tatsächlich wollte Kleist, der seine Existenz u. a. mit der Herausgabe einer Zeitung, der „Berliner Abendblätter", zu sichern suchte, Leser für sein Blatt mit dem damals beliebten Genre der Gespenstergeschichte gewinnen. Erkennbar ist die „Lust am Geheimnisvollen und Wunderbaren" (Safranski), die bei Kleist (vergleichbar den Werken Hoffmanns), aber auch eine psychologische Dimension hat (u. a. ist auffällig, dass der Marchese in dem Maß dem Spuk verfällt, in dem er ihn kontrollieren will).

Seite 95

Aufgabe 7

Didaktischer Hinweis

Der kreative Schreibimpuls soll den Schülerinnen und Schülern das Verfahren gleichsam praktisch anschaulich machen. Es bedarf dabei keiner weiteren Vorgaben, die Schülerinnen und Schüler sollen hier auch ein Stück weit experimentieren können.

Seite 96

Sachinformation

Brentano hat den Text im März 1811 an der Tafel der christlich-deutschen Tischgesellschaft vorgelesen, zu deren Gründungsmitgliedern er gehörte. Diese Gesellschaft hatte antisemitische Tendenzen; Brentano hat diese mit seiner Satire auch bedient (entsprechende Stellen wurden selbstverständlich hier nicht abgedruckt). Vergleichbare Spießersatiren finden sich häufig gerade unter Romantikern (von Eichendorff bis Heine), Brentano selbst hat schon 1799 im Jenaer Kreis um Schlegel und Tieck eine „Naturgeschichte des Philisters" vorgelesen.

Didaktischer Hinweis

Die Satire Brentanos könnte zum Anlass genommen werden, entweder nach aktuellen Spießersatiren zu recherchieren oder aber eine Parallelsatire über einen Spießer heute schreiben zu lassen.

Seite 97

Aufgabe 1

mögliche weitere Charakterisierungen: bequem, hypochondrisch, langweilig, bieder, bedächtig, eingebildet, von Vorurteilen geleitet, geizig bzw. habgierig

Aufgabe 2
Der Philister Brentanos gehört (vielleicht zur Überraschung der Schülerinnen und Schüler) gerade nicht zum Kleinbürgertum, sondern zum gehobeneren Bürgertum, jener Schicht, die nicht nur Gärten mit Obstbäumen haben und sich Kaffee leisten, sondern vielleicht sogar „eine kleine nützliche Mützenfabrik" besitzen kann. Diese Schicht stützt und bestimmt die Gesellschaft und ist Brentano und damit den Intellektuellen und Künstlern gerade darum verdächtig. Möglicherweise spielt bei Brentano gleichzeitig auch ein gewisser Sozialneid mit.

Aufgabe 4
Der Geist der Aufklärung erscheint als bloßes Nützlichkeitsdenken, das zudem nur an Äußerlichkeiten orientiert ist. Dieser bequeme Pragmatismus, mit dem sich frei denkende Intellektuelle nicht abzufinden vermögen, kann als Erscheinung einer gesellschaftlichen Krise verstanden werden. Der Brentano und anderen romantischen Dichtern nahestehende Joseph Görres soll eine Heidelberger Vorlesung mit den Worten „Meine Herren, es gibt nur zwei Klassen von Menschen: erstens die mit poetischem Geist gesalbt sind, zweitens die Philister" begonnen haben.

Seite 98

Aufgabe 5
Ende des Heiligen Römischen Reiches infolge der Niederlage gegen Napoleon – Fixierung auf Preußen als politischem und später geistigem Zentrum (Universitätsgründung in Berlin) – daraus resultierend zunehmender (auch intellektueller, durch die Philosophie des Idealismus getragener) Nationalismus und Rückorientierung auf das Mittelalter → Deutlich wird hier, dass die Romantik sehr wohl als Ausdruck bzw. Folge einer Krisenerfahrung verstanden werden kann.

Aufgabe 6
Kleist wandte sich laut Boyle „gegen die moralische Psychologie, auf der Schillers reifes Werk beruhte", d. h. gegen die ästhetische Theorie und damit die Grundlagen der Weimarer Klassik. In Hoffmanns Werken werde dagegen eine Auflehnung der Bourgeoisie gegen die „bürokratische, vorgeblich rationale politische Ordnung" sichtbar, der die Intellektuellen zu entkommen suchten.

Seite 102

Es handelt sich um den Anfang des Romanfragments *Der Geisterseher*, das in mehreren Fortsetzungen zwischen 1787 und 1789 in der Zeitschrift *Thalia* erschien. Auf der inhaltlich-thematischen Ebene wird deutlich, dass es sich um eine geheimnisvolle Spuk-Erzählung handelt, wie sie um 1800 wieder populär wurden (vergleichbar dem *Bettelweib von Locarno*; es lassen sich hier auch vergleichbare erzählerische Mittel entdecken, obschon Schillers Prosa nicht an die von Kleist heranreicht). Auf erhöhtem Anforderungsniveau sollte auch auf die Epochenproblematik eingegangen werden: Schillers *Geisterseher* gehört natürlich nicht in die Klassik, auch wenn die zeitliche Entstehung dies nahelegt. Das Fragment macht umgekehrt aus Schiller aber auch keinen Romantiker.

Schreibtraining: Materialgestütztes Schreiben eines informierenden Textes

Seite 104

Schritt 1: Aufgabenstellung erfassen, Teilaufgabe b)
! Didaktischer Hinweis
Die Teilaufgabe will die Schülerinnen und Schüler darauf aufmerksam machen, dass sie selbstverständlich gerade keinen Informationstext für einen Reader, sondern eine Klausur schreiben, bei der es vor allem darauf ankommt zu zeigen, was man gelernt hat. Aus unterrichtlicher Sicht sind zwei Bereiche besonders lohnend. Dies ist zum einen Schillers ästhetische Theorie, auf die am Ende von Material 1 verwiesen wird und die genauer zu erläutern wäre, und zum anderen die Romantik selbst, deren Verständnis (insbesondere in der Beziehung des Menschen zur Natur) gleichsam die Voraussetzung für die Einordnung einer „Romantik 2.0" darstellt.

Seite 110

Schritt 4: Gliederung erstellen, Teilaufgaben a), b), c) und d)
Eine **grobe Strukturierung als Grundlage für die Gliederung** könnte folgendermaßen aussehen:
Einleitung: kurzer geschichtlicher Abriss romantischer Bewegungen
Hauptteil:
- Zeitdiagnose: Umweltzerstörung, Vereinnahmung des Menschen durch Materialismus
- Lösungsidee: „Romantik 2.0" (unterstützt durch die Kunst)
- Erklärung der „Romantik 2.0"

Textende: Bewertung der „Romantik 2.0"
Die Bewertung der „Romantik 2.0" ist ebenso wie der Einstieg in die Darstellung des Themas und die ausgearbeitete Gliederung von den individuellen Entscheidungen und Konzepten der Schülerinnen und Schüler abhängig. Wichtig wäre, noch einmal deutlich zu machen, dass Texte vom Ende (!) her geplant werden sollten. Sich gleichsam schreibend ans Ende treiben zu lassen, ist – zumindest für eine Abiturklausur – keine geeignete Schreibstrategie!

Lösungen und Kommentare Kopiervorlagen

KV 1

Aufgabe 1

„Humanität" nach Herder:

- umfasst Bedeutungsteile der Wörter „Menschenrechte", „Menschenpflichten", „Menschenwürde" und „Menschenliebe"
- ist der positive Charakter unseres Geschlechts, also das, was dem menschlichen Geschlecht an Wert und Würde zukommt
- ist im Menschen aber nur angelegt und muss ausgebildet (erworben, erlernt) werden
- die Bildung zur Humanität ist das Göttliche in unserem Geschlecht

Humanität und menschliches Tun:

- „Humanität" (bzw. die Bildung zur Humanität) sollte das Ziel aller menschlichen Bemühungen darstellen
- wird keine Humanität angestrebt, fällt das Menschengeschlecht in die Barbarei zurück
- charakterisiert den edlen Menschen (d. h. „edel" ist derjenige der in seinem Tun nach Humanität strebt)

Aufgabe 2

Humanität meint alle Merkmale des Menschen, die als gut gelten. Diese Merkmale sind aber weder absolut bestimmt noch irgendwie (außer vielleicht für Heilige) abschließend zu erreichen. Indem wir aufhören, um Humanität zu ringen, verlieren wir sie und unser Menschsein im positiven Sinne, d. h. die tierischen Anteile unserer Natur gewinnen die Oberhand. – Entscheidend ist hier selbstverständlich die Diskussion (und damit das Ringen um die Humanität), nicht das Ergebnis selbst.

KV 2

Aufgabe 1

Das in Blankversen verfasste Stück erschien 1808, wurde aber erst 1876 uraufgeführt. In dem (wohl in Anlehnung an die 24 Gesänge der „Ilias") aus 24 Auftritten ohne Akteinteilung und Unterbrechungen der zeitlichen Kontinuität bestehenden Stück geht es um die Amazonenkönigin Penthesilea. Da die Amazonen keine Männer unter sich dulden, werden in bestimmten Abständen Jungfrauen ausgeschickt, um sich von einem durch den Kriegsgott Mars bestimmten Volke Männer zu erkämpfen und in das Amazonenreich zu bringen. Dort wird dann ein großes Liebesfest, das Rosenfest, gefeiert. Penthesilea nun greift mit den ihren in den Trojanischen Krieg ein, ohne sich dort auf die Seite der Trojaner oder der Griechen zu schlagen. Penthesilea hat dabei offenbar an dem griechischen Helden Achill Gefallen gefunden, der sich ihr seinerseits immer wieder nähert. Auch als die erforderliche Zahl an Jünglingen gefangen ist, will Penthesilea Achill immer noch besiegen (an dieser Stelle setzt der Textauszug der Kopiervorlage ein). Im Kampf wird Penthesilea nach einiger Zeit durch einen Pfeil Achilles verletzt und fällt in Ohnmacht. Prothoe, die Vertraute Penthesileas, bittet daraufhin Achill, sich als Verlierer auszugeben, um Penthesilea die Schande zu ersparen, was dieser auch tut. In einem weiteren Kampf will er sich von ihr besiegen lassen, weil jede Amazone ihre Liebe nur einem Mann schenken darf, den sie zuvor im Kampf besiegt hat. Doch Penthesilea durchschaut das Spiel nicht, verwundet Achill tödlich, liebkost und zerreißt ihn in wilder Raserei und Hassliebe zusammen mit ihren Hunden. Nach der Tat sagt sie sich von den Gesetzen des Amazonenstaates los und folgt Achill in den Tod.

Aufgabe 2

- **Charakterisierung von Penthesilea**: Sie zeigt sich fanatisch-besessen (vgl. die Sprache als Spiegel ihrer Erregtheit: „Den jungen trotz'gen Kriegsgott bänd'g' ich mir, ...") und zugleich mutig und entschlossen; Prothoe gegenüber zeigt sie sich dominant.
- **Penthesilea als „Anti-Iphigenie"**: Als Anti-Iphigenie erscheint Penthesilea schon aufgrund ihrer Rolle als männerraubende Königin; außerdem aber ist sie von anderer Wesensart, sie folgt ihren ersten Affekten, ist nicht auf Ausgleich und Mäßigung aus.

KV 3

! Didaktischer Hinweis

Die beiden Textauszüge müssen nicht unbedingt ausführlich besprochen werden, sondern können als bloßer Impuls für eine Ideensammlung zu einer modernen Inszenierung genutzt werden (vgl. Aufg. 3). Bei **Aufgabe 3** kann der Lerngruppe freie Hand gelassen werden. Greifen die Schüler den Impuls auf, kann überlegt werden, ob man für einen bestimmten Auftritt (etwa V, 6) die Ideen konkretisiert und dann diesen Auftritt tatsächlich auch (filmisch) umsetzt.

Aufgabe 1

Aktuelle Bezüge des Stoffs:

Oper „Iphigénie en Tauride":

- Töten aus Angst vor dem Fremden (vgl. „Es klingt sehr modern.")
- behandelt „zeitlose" Archetypen
- Teilthemen wie Heimatlosigkeit und Identitätsverlust erinnern an Folgen von globalen Migrationsbewegungen; Flucht als zentrales Thema.
- thematisiert Ängste, die aus der Begegnung mit Flüchtlingen resultieren

Abusaadas „Iphigenie“:
- Auseinandersetzung mit den in Deutschland lebenden Flüchtlingen (Frauen aus Syrien): Opferstatus
- Diese Auseinandersetzung erzeugt bei manchen Menschen auch Hass („vgl. Fäkalien vor dem Eingang der Volksbühne“).
- Spielplatz in der Nähe einer tatsächlichen Flüchtlingsunterkunft
- moderne Ästhetik des filmischen Close-up

Aufgabe 2
Thoas´ anfänglicher Versuch, die heimatlose Iphigenie gleichsam zu erpressen, könnte modern gedeutet und mit dem Ausnutzen der Zwangslage von Flüchtlingen verglichen werden. Deutlich gemacht werden könnte, dass das Opferritual (bzw. allgemein die Gewalt gegen Fremde) zumindest in der Logik des Stückes einem Rückfall in die Barbarei gleichkommt. Insofern kann die „Iphigenie“ auch in einer sehr politischen Lesart verstanden werden.

KV 4

Aufgabe 1
Natur ist Ausgangspunkt und Vorbild des Künstlers; sie wird zur „idealischen Schönheit“ (sowohl im Einzelnen als auch im Verhältnis der Teile zueinander) sublimiert und zeugt dann von „edler Einfalt und stiller Größe“.

Aufgabe 2
Das Kunstideal der griechischen Antike ist an der Schönheit als oberstem Gestaltungsprinzip orientiert. Wichtig ist dabei, dass die Schönheit immer in Einheit mit dem Guten und Wahren gesehen wird: Alles, was schön ist, ist auch richtig und gut. Deshalb umfasst das Kunstideal zugleich das Streben nach Humanität und die Veredlung des Menschen. Zudem sollte Schönheit idealisiert dargestellt werden; auch diese Idealisierungstendenz findet sich im Kunstprogramm der Weimarer Klassik.

KV 5

Aufgabe 1
Die zentrale Regel lautet: Jeder solle „ernstlich“ danach streben, „das Bild, das ihm im Innern aufgegangen, recht zu erfassen mit allen seinen Gestalten, Farben, Lichtern und Schatten, und dann, wenn er sich recht entzündet davon, fühlt, die Darstellung ins äußere Leben [zu] tragen“.

Aufgabe 2
Dichtung gründet erstens auf individuellem Erleben, d. h. ein „wahrhafter Dichter“ muss wirklich „geschaut haben“, was er „verkündet“. Dichtung ist zweitens das Ergebnis eines inneren Erlebnisses des Dichters, das ihn „begeisterte, entzündete“ und das durch das Kunstwerk „ins äußere Leben“ getragen werden soll (d. h. es geht hier nicht um eine wie auch immer geartete Beschreibung der äußerlichen Lebenswirklichkeit). Drittens schließlich ist Sprache nicht ein bloßes Mittel des Ausdrucks, sondern eine Folge des inneren Erlebens, d. h. das innere Erleben wird so zentral gedacht, dass „die inneren Flammen“ gleichsam in Wörtern „ausströmen“.

Aufgabe 3
Inwieweit Hoffmann seinen Stoff im Inneren geschaut hat, muss natürlich offenbleiben. Dass das serapiontische Prinzip für den „Künstler“ Nathanael gilt, ist offensichtlich: Bei ihm drängt das innere Erleben fortgesetzt nach außen – bis hin zur verfälschten Wahrnehmung der Realität, d. h. dass Nathanael z. B. in Olimpia sieht, was sein Inneres sehen will.

KV 6

! Didaktische Hinweise
Die Erarbeitung der Kopiervorlage könnte auch speziell durch Schülerinnen und Schüler erfolgen, die neben Deutsch auch einen Englischkurs belegt haben; die Arbeitsergebnisse könnten dann als Referat präsentiert werden. Das Arbeitsblatt versteht sich darüber hinaus auch als Anregung, sich über den Einfluss Hoffmanns auf die europäische Literatur Gedanken zu machen. Ebenfalls Impulscharakter hat Aufgabe 2: Neben der Inhaltsicherung erlaubt die spekulative Frage nach der symbolischen Bedeutung des Raben eine mehr oder weniger intensive Auseinandersetzung mit dem Text und seiner Form und Struktur.

Aufgabe 1
Es handelt sich um Strophen mit sechs Versen, wobei sich die Verse 2, 4, 5 und 6 reimen (der 4. und 5. Vers dabei hier und in allen folgenden Strophen mit einem identischen Reim). Neben den Endreimen finden sich weitere Reime im Versinnern (insbesondere V. 3: napping, tapping, V. 4: rapping, rapping, V. 5: tapping, aber auch V. 1: dreary, weary) und zahlreiche Alliterationen (z. B. „weak and weary“, „nodded, nearly napping“), vokalische Assonanzen (z. B. „of forgotten lore“) und Wiederholungen („at my chamber door“), wodurch das Gedicht insgesamt sehr stark rhythmisiert ist und fast „pochend“ oder „klopfend“ wirkt. Erarbeitet werden könnte in diesem Zusammenhang auch das das metrische Schema: <u>O</u>nce up<u>on</u> a <u>mid</u>night <u>drea</u>ry, <u>while</u> I <u>pon</u>dered, <u>weak</u> and <u>wea</u>ry,

Aufgabe 2
Vgl. zu der Aufgabe auch die didaktischen Hinweise oben. In seinem Essay „The Philosophy of Composition" (dt. „Die Methode der Komposition") hat Poe selbst nicht nur den Arbeitsprozess am Gedicht dargelegt, sondern erklärt, welche Bedeutung der Rabe für ihn eigentlich hat, nämlich als „Sinnbild trauervoller und nie endender Erinnerung".

KV 7

Aufgabe 1
Deutlich wird, dass Kleist sich nicht die Kunstauffassung der Weimarer Klassik zu eigen machen wollte; zugleich zeigt der Text, dass er auch nicht zu den Romantikern gezählt werden kann (obschon Goethe offenbar hier eine Nähe befürchtete). Gleichwohl, wie ja auch Goethes (wenn auch kritische) Auseinandersetzung mit Kleist zeigt, besaß Kleist „große schöpferische Gaben" und hatte einen entsprechend großen literarischen Ehrgeiz, sodass die Literaturgeschichtsschreibung ihn nicht einfach als Randfigur behandeln kann bzw. will.

Aufgabe 2
Die persönliche Wertschätzung der beiden Dichter füreinander – der Text zeigt, dass Kleist und Goethe sich wegen ihres großen dichterischen Potentials gegenseitig geschätzt und respektiert haben – erklärt das Ausmaß der Enttäuschung, die aus den Differenzen bezüglich ihrer Haltung zur Kunst resultiert. Mit Blick auf den Zusammenhang zwischen Klassik und Romantik zeigt dies, dass hier vor allem Goethe besonders sensibel reagiert, was sich wiederum auch dadurch erklärt, dass es neben Unterschieden offenbar auch gemeinsame Linien und Akteure gegeben hat, weshalb die Trennung insbesondere zwischen Frühromantik und Weimarer Klassik als nicht immer folgerichtig erscheint.

UI 1

Aufgabe 1
! Didaktischer Hinweis

Da das Drama nicht einfach zu lesen und zu verstehen ist, kann es sinnvoll sein, zunächst nur den Inhalt und Klang einzelner Sätze auf sich wirken zu lassen und spontane Assoziationen dazu zu sammeln. Möglicherweise werden auf diesem Weg der Annäherung an den klassischen Stoff schon Themen und Konflikte antizipiert, die im Stück eine Rolle spielen und für die folgende Erarbeitung wichtig sind. Wichtig ist, dass während des automatisierten Schreibens keine Kommentare zugelassen werden, denn in dieser Unterrichtsphase gibt es keine Unterscheidung zwischen „richtigen" und „falschen" Assoziationen.

UI 2

! Didaktischer Hinweis

Der Text von Anna Mitgutsch thematisiert die Rolle des „Zeitgeistes" beim Verfassen von Literatur und kann einerseits zum Anlass genommen werden, um grundsätzlich die Ausbildung von Epochengrundzügen zu diskutieren. Andererseits kann er auch als Grundlage für die Auseinandersetzung mit konkreten literarischen Strömungen, etwa der Gegenwartsliteratur oder der sogenannten „Popliteratur", dienen. Zugleich verweist der Text auch auf die Mechanismen des Literaturmarktes und eignet sich so als Anknüpfungspunkt an den „Züricher Literaturstreit".

Aufgabe 1
Erwartungen der Öffentlichkeit an Literatur

Die Öffentlichkeit fordert („Druck der Öffentlichkeit", Z. 5), „dass die Kultur, auch die Literatur, einem allgemeinen Nutzen diene und ihre Relevanz unter Beweis stelle" (Z. 6 ff.).

Reaktion der Autoren darauf

Die Autoren weisen „die Zumutung, dass ihre Literatur zu irgendeinem anderen als einem Selbstzweck geschrieben wurde" (Z. 1 ff.), zurück.

Aufgabe 2
Die Überzeugung von Mitgutsch ist, dass sich der von „realen Bedürfnissen und Zweifeln" (Z. 47 f.) betroffene Autor „gefügig der Erwartungshaltung des Publikums und des Marktes an[schließt] und [...] dafür mit öffentlicher Aufmerksamkeit belohnt [wird]" (Z. 36 ff.).

Aufgabe 3
Zunächst verweist Mitgutsch darauf, dass es illusorisch sei anzunehmen, die „Rezeption der jeweils zeitgenössischen Literatur sei nicht dem Diktat von Moden unterworfen" (Z. 66 ff.). Dabei seien alle, „trotz aller vorgeblichen Kritikbereitschaft, so sehr in den Konventionen des Zeitgeistes gefangen, dass wir dessen nicht einmal gewahr werden" (Z. 74 ff.). Der Zeitgeist könne „nur hinterher, aus der historischen Perspektive erfasst werden" (Z. 76 f.).

Aufgabe 4
Hier könnte argumentiert werden, dass es auch ein Qualitätsmerkmal von Literatur sein könnte, dass sie den „Zeitgeist" vor anderen erkennt und verarbeitet. So nämlich erkennt man im Rückblick, dass ein Werk eben repräsentativ für die Zeit war bzw. die Zeitströmungen erkannt und hinterfragt hat. – Wichtig wäre, dass die Schülerinnen und Schüler hier mit begründeten Argumenten über (potentielle) Qualitätsmerkmale von Literatur diskutieren.

Gegen das Zurücksinken in die Tierheit

Herders Humanitätsbegriff untersuchen

Johann Gottfried Herder: Briefe zur Beförderung der Humanität (1794)

Sie fürchten, dass man dem Wort Humanität einen Fleck anhängen werde; könnten wir nicht das Wort ändern? Menschheit, Menschlichkeit, Menschenrechte, Menschenpflichten, Menschenwürde, Menschenliebe?

Menschen sind wir allesamt und tragen sofern die Menschheit an uns, oder wir gehören zur Menschheit. Leider aber hat man in unserer Sprache dem Wort Mensch und noch mehr dem barmherzigen Wort Menschlichkeit so oft eine Nebenbedeutung von Niedrigkeit, Schwäche und falschem Mitleid angehängt, dass man jenes nur mit einem Blick der Verachtung, dies mit einem Achselzucken zu begleiten gewohnt ist. „Der Mensch!“, sagen wir jammernd oder verachtend und glauben einen guten Mann aufs Lindeste mit dem Ausdruck zu entschuldigen, „es habe ihn die Menschlichkeit übereilet“. Kein Vernünftiger billigt es, dass man den Charakter des Geschlechts, zu dem wir gehören, so barbarisch hinabgesetzt hat; man hat hiermit unweiser gehandelt, als wenn man den Namen seiner Stadt oder Landsmannschaft zum Ekelnamen machte. Wir also wollen uns hüten, dass wir zu Beförderung solcher Menschlichkeit keine Briefe schreiben.

Der Name Menschenrechte kann ohne Menschenpflichten nicht genannt werden; beide beziehen sich aufeinander, und für beide suchen wir ein Wort.

So auch Menschenwürde und Menschenliebe.

Das Menschengeschlecht, wie es jetzt ist und wahrscheinlich lange noch sein wird, hat seinem größten Teil nach keine Würde; man darf es eher bemitleiden als verehren. Es soll aber zum Charakter seines Geschlechts, mithin auch zu dessen Wert und Würde gebildet werden. Das schöne Wort Menschenliebe ist so trivial worden, dass man meistens die Menschen liebt, um keinen unter den Menschen wirksam zu lieben.

Alle diese Worte enthalten Teilbegriffe unseres Zwecks, den wir gern mit einem Ausdruck bezeichnen möchten.

Also wollen wir bei dem Wort Humanität bleiben, an welches unter Alten und Neuern die besten Schriftsteller so würdige Begriffe geknüpft haben. Humanität ist der Charakter unsres Geschlechts; er ist uns aber nur in Anlagen angeboren und muss uns eigentlich angebildet werden. Wir bringen ihn nicht fertig auf die Welt mit; auf der Welt aber soll er das Ziel unsres Bestrebens, die Summe unsrer Übungen, unser Wert sein; denn eine Angelität[1] im Menschen kennen wir nicht, und wenn der Dämon, der uns regiert, kein humaner Dämon ist, werden wir Plagegeister der Menschen. Das Göttliche in unserm Geschlecht ist also Bildung zur Humanität; alle großen und guten Menschen, Gesetzgeber, Erfinder, Philosophen, Dichter, Künstler, jeder edle Mensch in seinem Stande, bei der Erziehung seiner Kinder, bei der Beobachtung seiner Pflichten, durch Beispiel, Werk, Institut und Lehre hat dazu mitgeholfen. Humanität ist der Schatz und die Ausbeute aller menschlichen Bemühungen, gleichsam die Kunst unsres Geschlechtes. Die Bildung zu ihr ist ein Werk, das unablässig fortgesetzt werden muss, oder wir sinken, höhere und niedere Stände, zur rohen Tierheit, zur Brutalität zurück.

[1] Angelität, die: abgeleitet von lat. angelus: „Engel“; analoge Wortbildung zu „Humanität“ (humanitas: „Menschlichkeit“; abgeleitet von homo „Mensch“ und humanus „menschlich“)

Quelle: Johann Gottfried von Herder: Herders Werke. Bd. 5: Gott: einige Gespräche. Briefe zu Beförderung der Humanität. Schulreden u. a. Ausgew. u. eingel. von Regine Otto. Aufbau Berlin/Weimar 1978, S. 75 f.

1 Stellen Sie dar, was Herder unter „Humanität“ versteht und wie sich Humanität zum menschlichen Tun verhält.

2 Diskutieren Sie die These Herders: Warum sollten wir in die „Tierheit“ zurückfallen, wenn wir uns als Menschen nicht ständig um die Bildung zur Humanität bemühen? Bestimmen Sie in diesem Zusammenhang genauer, was Sie unter „Humanität“ verstehen.

ISBN: 978-3-12-316291-6, Mein Deutsch-Abitur 2021, RT 1+2

Name:

Datum/Kurs:

Ein nichtklassisches Bild der Antike

Das Verhältnis von „Penthesilea" und „Iphigenie" untersuchen

1 Recherchieren Sie folgende Aspekte zu Kleists Stück „Penthesilea": Entstehung, äußere Form, wesentliche Handlungselemente. Stellen Sie sich Ihre Ergebnisse untereinander mündlich vor.

Heinrich von Kleist: Penthesilea. Fünfter Auftritt (Auszug, 1808)

DIE AMAZONEN: Heil dir, du Siegerin!
Überwinderin!
Des Rosenfestes Königin! Triumph dir!
PENTHESILEA: Nichts vom Triumph mir! Nichts vom Rosenfeste!
Es ruft die Schlacht noch einmal mich ins Feld.
Den jungen trotz' gen Kriegsgott bänd' g' ich mir,
Gefährtinnen, zehntausend Sonnen dünken[1],
Zu einem Glutball eingeschmelzt, so glanzvoll
Nicht als ein Sieg, ein Sieg mir über ihn.
PROTHOE: Geliebte, ich beschwöre dich –
PENTHESILEA: Lass mich!
Du hörst, was ich beschloss, eh würdest du
Den Strom, wenn er herab von Bergen schießt,
Als meiner Seele Donnersturz regieren.
Ich will zu meiner Füße Staub ihn sehen,
Den Übermütigen, der mir an diesem
Glorwürd' gen[2] Schlachtentag, wie keiner noch,
Das kriegerische Hochgefühl verwirrt.
Ist das die Siegerin, die schreckliche,
Der Amazonen stolze Königin,
Die seines Busens erzne[3] Rüstung mir,
Wenn sich mein Fuß ihm naht, zurückespiegelt?
Fühl' ich, mit aller Götter Fluch Belad' ne,
Da rings das Heer der Griechen vor mir flieht,
Bei dieses einz' gen Helden Anblick mich
Gelähmt nicht, in dem Innersten getroffen,
Mich, mich die Überwundene, Besiegte?
Wo ist der Sitz mir, der kein Busen ward,
Auch des Gefühls, das mich zu Boden wirft?
Ins Schlachtgetümmel stürzen will ich mich,
Wo der Hohnlächelnde mein harrt, und ihn
Mir überwinden, oder leben nicht!
PROTHOE: Wenn du dein Haupt doch, teure Königin,
An diesem treuen Busen ruhen wolltest.
Der Sturz, der dir die Brust gewaltsam traf,
Hat dir das Blut entflammt, den Sinn empört:
An allen jungen Gliedern zitterst du!
Beschließe nichts, wir alle flehen dich,
Bis heitrer dir der Geist zurückgekehrt.
Komm, ruhe dich bei mir ein wenig aus.
PENTHESILEA: Warum? Weshalb? Was ist geschehn? Was sagt' ich?
Hab' ich? – Was hab' ich denn –?
PROTHOE: Um eines Siegs,
Der deine junge Seele flüchtig reizt,
Willst du das Spiel der Schlachten neu beginnen?
Weil unerfüllt ein Wunsch, ich weiß nicht welcher,
Dir im geheimen Herzen blieb, den Segen,
Gleich einem übellaunigen Kind, hinweg,
Der deines Volks Gebete krönte, werfen?
PENTHESILEA: Ha, sieh! Verwünscht das Los[4] mir dieses Tages!
Wie mit dem Schicksal heut, dem tückischen,
Sich meiner Seele liebste Freundinnen
Verbünden, mir zu schaden, mich zu kränken!
Wo sich die Hand, die lüsterne, nur regt,
Den Ruhm, wenn er bei mir vorüberfleucht,
Bei seinem goldnen Lockenhaar zu fassen,
Tritt eine Macht mir hämisch in den Weg –
– Und Trotz ist, Widerspruch, die Seele mir!
Hinweg!
PROTHOE: (*für sich*) Ihr Himmlischen, beschützet sie!
PENTHESILEA: Denk' ich bloß mich, sind's meine Wünsche bloß,
Die mich zurück aufs Feld der Schlachten rufen?

[1] dünken: scheinen, wahrscheinlich sein
[2] glorwürdigen: ehrwürdig, ehrenhaft (lat. gloria: Ruhm, Ehre)
[3] erzen: aus Bronze
[4] Los, das: Schicksal, Fügung

Quelle: Heinrich von Kleist: Sämtliche Werke und Briefe. Bd. 1: Penthesilea u.a. Hrsg. v. Helmut Sembdner. Hanser München 1982

2 Charakterisieren Sie Penthesilea stichwortartig. Diskutieren Sie anschließend, ob Penthesilea hier als „Anti-Iphigenie" erscheint.

ISBN: 978-3-12-316291-6, Mein Deutsch-Abitur 2021, RT 1+2

Name:

Datum/Kurs:

Der „Iphigenie"-Stoff in moderner Interpretation

Aktuelle Bezüge des Dramas diskutieren

Arila Siegert im Gespräch über ihre Sicht auf Christoph W. Glucks „Iphigénie en Tauride" (2015)

„Iphigenie auf Tauris" ist die Geschichte einer Verschleppten. Durch die Verschleppung wird sie zwar vom Tod errettet, aber sie muss als Lohn der Angst sozusagen selber töten: Rituell fast wie der sogenannte IS heute. Hier ist es der Krim-König Thoas, der zu töten befiehlt, weil er Angst hat vor Fremden. Es klingt sehr modern.

In dem Stück werden genau diese Themen behandelt, dieser ganze Archetyp von Vertreibung, Opfer, Täter, Heimatlosigkeit, Identitätsverlust, Aberglaube. Dass es eben auf der Welt im Moment Regionen gibt, die geradezu mittelalterlich umgehen mit Widersprüchen, indem sie ganze Völker vernichten oder Kulturgüter zerstören, um die Identität anderer zu verletzen oder auszulöschen; dieses dass man glaubt, nur der eigene Glaube sei der wahre, die eigene Existenz sei die einzige, und die anderen seien nichts. Die „Iphigenie" ist schon ein Meisterwerk über die Selbstfindung des Menschen.

Das Thema Flucht, Vertreibung ist zentral in dieser Oper. Entstanden ist sie wenige Jahre vor der Französischen Revolution. Wie bringt man das heute zusammen?

Das liegt alles geschichtet in diesen grundlegenden menschlichen Existenzformen. Dass man über das Anerkennen, Wahrnehmen, Akzeptieren von anderen Arten zu glauben, anderen Göttern, anders gearteten Völkern; dass man darüber hinaus ein Zusammenleben organisiert, ohne dass einer den anderen beherrscht, unterdrückt, entwürdigt, entmenscht – dass das möglich ist, das ist unsere große Utopie. Darauf arbeiten wir hin. Das wird in dem Stück mit behandelt.

[...]

Eine merkwürdige Figur ist der Skythen-König Thoas: auf der einen Seite bibbernd vor Angst und auf der anderen Seite ein Barbar.

Das eine zeugt das andere. Angst gebiert Aggressionen. Aus Angst sein Gesicht zu verlieren, aus Angst vor der Gesellschaft, die bestimmte Dinge fordert, tut man viel, was man eigentlich nicht will, nicht verkraftet. Und genau dies psychische Zerstörungswerk zeigt die Figur des Thoas. Er lässt diese Opfer aus Angst wegen eines Orakelspruchs vollziehen, ohne dass er wirklich innerlich dazu steht. Das zerstört ihn immer mehr, macht ihn psychisch kaputt.

Quelle: Arila Siegert im Gespräch über ihre Sicht auf Christoph Willibald Glucks „Iphigénie en Tauride". (gfk, Karlsruhe/25.05.2015) Unter: https://www.arila-siegert.de/knz/iphitaur.htm#Aussortiert (Zugriff 08.03.2019, gek.)

Tobi Müller: Raus aus der Flüchtlingsrolle (2017)

In einem Hangar des ehemaligen Flughafens Tempelhof haben der syrische Dramatiker Mohammad Al Attar und sein Regisseur Omar Abusaada „Iphigenie" mit zehn jungen syrischen Frauen erarbeitet. Es ist ein inszeniertes Casting für die Rolle der Iphigenie, einer Frau, die trotz oder mit diesem Opferstatus Handlungsmacht sucht.

Vor der ersten Schauspielpremiere seiner Intendanz steht Chris Dercon vor dem Hangar 5 des ehemaligen Stadtflughafens Tempelhof und spricht mit Besucher_innen. Für Berlin spricht, dass er dies ohne Personenschutz tun kann. Nach einem zweijährigen Shitstorm, nach handfesten Drohungen, nach Fäkalien vor dem Eingang der Volksbühne. Und nach einer einwöchigen Besetzung des Stammhauses am Luxemburg-Platz. Es ist auch während der knapp zwei Stunden der Premiere nichts passiert, außer dass die Übertitel einmal ausfielen und die Vorstellung von „Iphigenie" unterbrochen werden musste. Wer an Euripides denkt oder an die Nachdichtungen von Goethe und Schiller, trifft es nicht, denn der Abend auf Arabisch hat Projektcharakter. Der Autor Mohammad Al Attar und der Regisseur Oma Abusaada haben mit zehn jungen syrischen

ISBN: 978-3-12-316291-6, Mein Deutsch-Abitur 2021, RT 1+2

Name:

Datum/Kurs:

Frauen nach Motiven im Mythos gesucht. Einige haben sie gefunden, andere veworfen. Der Abend ist ein inszeniertes Casting, die Schauspielerin Reham Alkassar filmt und befragt die neun Frauen, die im Schnitt Anfang 20 sind. Die Kamera ist sehr nah an den Gesichtern dran, die man auf der Leinwand sieht, der riesige Hallraum des Hangars nimmt die Intimität des Bildes wieder zurück und wendet sie ins Geisterhafte. Und das Publikum sieht von der gebogenen Holztribüne von Francis Keré zu.

Casting-Dialoge, die Geschichten zutage fördern

Die Befragung der Frauen und die Ästhetik des filmischen Close-up kennt man im deutschen Theaterbetrieb etwa von Rimini Protokoll oder auch von Milo Rau, doch in dieser Reihe von ruhigen Casting-Dialogen überlagern sich gleich mehrere Intensitäten: die Jugend, der Krieg, der Raum. Die weiße Spielfläche steht in einem Hangar, wo im Zweiten Weltkrieg auch Zwangsarbeiter deutsche Bomber zusammengebaut haben. Und bis vor kurzem war hier das größte Flüchtlingszentrum Berlins. Noch heute wohnen Geflüchtete in einem Hangar nebenan.
Eigentlich wollen die jungen Frauen von diesen Geschichten gerade wegkommen. Vielleicht ist es das, was sie mit dem Mythos der Iphigenie am stärksten verbindet: Wie entkomme ich dem Opferstatus, wie finde ich in dieser Situation etwas wie Handlungsmacht und Selbstbestimmung? Iphigenie deutet den Opferstatus um, zum Willen und zur Freiheit. Die syrischen Frauen – manche wirken noch wie Mädchen – suchen den Absprung von der Fluchtgeschichte. Doch wohin? Auf die Bühne, in die Kulturwirtschaft? Da, wo spielerische Neuerfindung zum Kerngeschäft gehört?

Erzählungen der Frauen sind oft lange, unerfüllte oder zerstörte Träume

Von diesem Sprung ins Offene kann man dennoch kaum erzählen, ohne wegzulassen, was man verlieren möchte: den Horror im Nacken, die Messer im Camp, die Zeugenschaft des Todes. […]

Quelle: Tobi Müller: Raus aus der Flüchtlingsrolle. (01.10.2017), Unter: https://www.deutschlandfunkkultur.de/schauspiel-eroeffnung-an-der-berliner-volksbuehne-raus-aus.1013.de.html?dram:article_id=397210 (Zugriff 08.03.2019, gek.)

1 Sammeln Sie in einer Mindmap, welche aktuellen Bezüge des „Iphigenie"-Stoffs in den beiden Texten zum Ausdruck kommen.

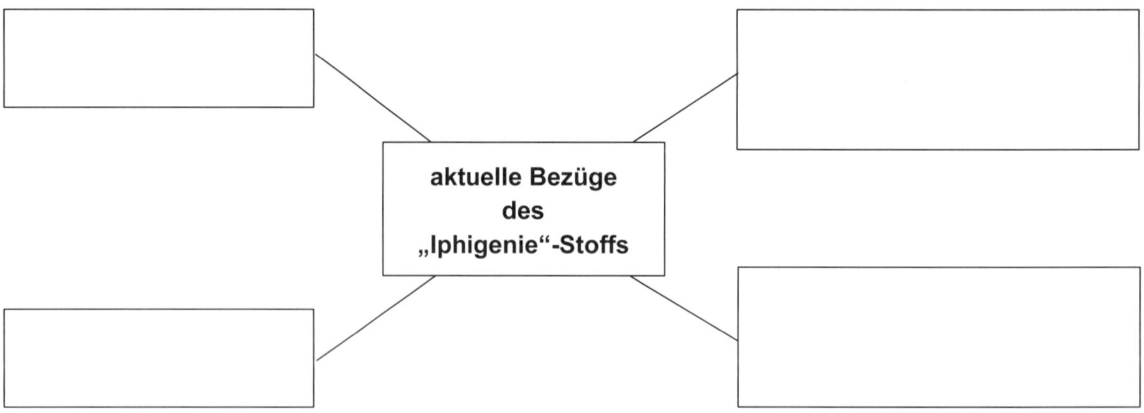

2 Ergänzen Sie die Mindmap um Aspekte, die Ihnen ggf. bei der Lektüre von Goethes Schauspiel „Iphigenie auf Tauris" aufgefallen sind.

3 Sammeln Sie Ideen zu einer möglichen aktuellen Inszenierung (oder Verfilmung) des Stücks „Iphigenie auf Tauris".

ISBN: 978-3-12-316291-6, Mein Deutsch-Abitur 2021, RT 1+2

Name:

Datum/Kurs:

Von der idealischen Schönheit in der Kunst

Das Kunstprogramm der Weimarer Klassik untersuchen

Johann Joachim Winckelmann: Gedanken über die Nachahmung der griechischen Werke und Bildhauerkunst (1756)

Der gute Geschmack, welcher sich mehr und mehr durch die Welt ausbreitet, hat sich angefangen zuerst unter dem griechischen Himmel zu bilden. […]

Die Kenner und Nachahmer der griechischen Werke finden in ihren Meisterstücken nicht allein die schönste Natur, sondern noch mehr als Natur, das ist, gewisse idealische Schönheiten derselben, die, wie uns ein alter Ausleger des Plato[1] lehrt, von Bildern, bloß im Verstande entworfen, gemacht sind. […]

Diese häufigen Gelegenheiten zur Beobachtung der Natur veranlassten die griechischen Künstler, noch weiter zu gehen. Sie fingen an, sich gewisse allgemeine Begriffe von Schönheiten sowohl einzelner Teile als ganzer Verhältnisse der Körper zu bilden, die sich über die Natur selbst erheben sollten; ihr Urbild war eine bloß im Verstande entworfene geistige Natur.

So bildete Raffael seine Galatea[2]. Man sehe seinen Brief an den Grafen Baldasare Castiglione: „Da die Schönheiten“, schreibt er, „unter dem Frauenzimmer so selten sind, so bediene ich mich einer gewissen Idee in meiner Einbildung.“ Nach solchen über die gewöhnliche Form der Materie erhabenen Begriffen bildeten die Griechen Götter und Menschen. An Göttern und Göttinnen machte Stirn und Nase beinahe eine gerade Linie. Die Köpfe berühmter Frauen auf griechischen Münzen haben dergleichen Profil, wo es gleichwohl nicht willkürlich war, nach idealischen Begriffen zu arbeiten. […]

Die römischen Kaiserinnen wurden von den Griechen auf ihren Münzen nach eben diesen Ideen gebildet. Der Kopf einer Livia und einer Agrippina hat ebendasselbe Profil, welches der Kopf einer Artemisia und einer Kleopatra hat.

Bei allen diesen bemerkt man, dass das von den Thebanern ihren Künstlern vorgeschriebene Gesetz, „die Natur bei Strafe aufs Beste nachzuahmen“, auch von andern Künstlern in Griechenland als ein Gesetz beobachtet worden. Wo das sanfte griechische Profil ohne Nachteil der Ähnlichkeit nicht anzubringen war, folgten sie der Wahrheit der Natur, wie an dem schönen Kopf der Julia, Kaiser Titus' Tochter, von der Hand des Euodus, zu sehen ist.

Das Gesetz aber, „die Personen ähnlich und zu gleicher Zeit schöner zu machen“, war allezeit das höchste Gesetz, welches die griechischen Künstler über sich erkannten, und setzt notwendig eine Absicht des Meisters auf eine schönere und vollkommenere Natur voraus. […]

Das allgemeine vorzügliche Kennzeichen der griechischen Meisterstücke ist endlich eine edle Einfalt und eine stille Größe, sowohl in der Stellung als im Ausdruck. So wie die Tiefe des Meeres allezeit ruhig bleibt, die Oberfläche mag noch so wüten, ebenso zeigt der Ausdruck in den Figuren der Griechen bei allen Leidenschaften eine große und gesetzte Seele. […]

Die edle Einfalt und stille Größe der griechischen Statuen ist zugleich das wahre Kennzeichen der griechischen Schriften aus den besten Zeiten, der Schriften aus Sokrates' Schule, und diese Eigenschaften sind es, welche die vorzügliche Größe eines Raffael machen, zu welcher er durch die Nachahmung der Alten gelangt ist.

[1] Der griechische Philosoph Platon (428/27–348/47) geht von einer Idee des absoluten Schönen aus, an dem alles reale Schöne gleichsam Anteil hat, aber es nicht vollständig abbildet.

[2] „Triumph der Galatea“ ist ein Fresko des italienischen Malers Raffael (1483–1520).

Quelle: Winckelmanns Werke in einem Band. Ausgew. u. eingel. von Helmut Holtzhauer. Aufbau Berlin/Weimar 1969, S. 1-38

1 Stellen Sie dar, wie sich Natur zur Kunst verhält und welche Merkmale die griechische Kunst auszeichnen.

2 Benennen Sie, welche Beziehungen zwischen Winckelmanns Ausführungen und dem Kunstprogramm der Weimarer Klassik bestehen.

ISBN: 978-3-12-316291-6, Mein Deutsch-Abitur 2021, RT 1+2

Name:

Datum/Kurs:

Im Inneren aufgegangen, ins Äußere getragen

Poetologische Aussagen analysieren

E. T. A. Hoffmann: Die Serapionsbrüder (1819/21)

In der Rahmenhandlung seiner Erzähltextsammlung „Die Serapionsbrüder“ lässt Hoffmann mehrere Freunde über Literatur und Musik diskutieren. Dabei erzählt einer von ihnen die Geschichte von dem Einsiedler Serapion.

„Überhaupt“, fuhr nun Lothar fort, „bin ich jetzt, nachdem ich mich recht besonnen, oder vielmehr, nachdem mich Theodor mit dem hässlichen widrigen Krespel recht in Harnisch[1] gebracht hat, mit Cyprians Serapion ganz ausgesöhnt. Noch mehr als das: Ich verehre Serapions Wahnsinn deshalb, weil nur der Geist des vortrefflichsten oder vielmehr des wahren Dichters von ihm ergriffen werden kann. Ich will mich nicht darauf als auf etwas Altes zum Überdruss Wiederholtes beziehen, das sonst den Dichter und den Seher dasselbe Wort bezeichnete, aber gewiss ist es, dass man oft an der wirklichen Existenz der Dichter ebenso sehr zweifeln möchte als an der Existenz verzückter Seher, welche die Wunder eines höheren Reichs verkünden! – Woher kommt es denn, dass so manches Dichterwerk, das keineswegs schlecht zu nennen, wenn von Form und Ausarbeitung die Rede, doch so ganz wirkungslos bleibt wie ein verbleichtes Bild, dass wir nicht davon hingerissen werden, dass die Pracht der Worte nur dazu dient, den inneren Frost, der uns durchgleitet, zu vermehren. Woher kommt es anders, als dass der Dichter nicht das wirklich schaute, wovon er spricht, dass die Tat, die Begebenheit vor seinen geistigen Augen sich darstellend mit aller Lust, mit allem Entsetzen, mit allem Jubel, mit allen Schauern, ihn nicht begeisterte, entzündete, sodass nur die inneren Flammen ausströmen durften in feurigen Worten: Vergebens ist das Mühen des Dichters, uns dahin zu bringen, dass wir daran glauben sollen, woran er selbst nicht glaubt, nicht glauben kann, weil er es nicht erschaute. Was können die Gestalten eines solchen Dichters, der jenem alten Wort zufolge nicht auch wahrhafter Seher ist, anderes sein als trügerische Puppen, mühsam zusammengeleimt aus fremdartigen Stoffen! – Dein Einsiedler, mein Cyprianus, war ein wahrhafter Dichter, er hatte das wirklich geschaut, was er verkündete, und deshalb ergriff seine Rede Herz und Gemüt. [...] Es kann nicht fehlen, dass wir, einer dem andern nach alter Weise manches poetische Produktlein, das wir unter dem Herzen getragen, mitteilen werden. Lasst uns nun dabei des Einsiedlers Serapion eingedenk sein! – jeder prüfe wohl, ob er auch wirklich das geschaut, was er zu verkünden unternommen, ehe er es wagt, laut damit zu werden. Wenigstens strebe jeder recht ernstlich darnach, das Bild, das ihm im Innern aufgegangen, recht zu erfassen mit allen seinen Gestalten, Farben, Lichtern und Schatten, und dann, wenn er sich recht entzündet davon, fühlt, die Darstellung ins äußere Leben [zu] tragen. So muss unser Verein auf tüchtige Grundpfeiler gestützt dauern und für jeden von uns allen sich gar erquicklich gestalten. Der Einsiedler Serapion sei unser Schutzpatron, er lasse seine Sehergabe über uns walten, seiner Regel wollen wir folgen, als getreue Serapions-Brüder!“

[1] Harnisch, der: kriegerische Ausrüstung, Kriegskleidung. In den Harnisch bringen: kriegsbereit machen, hier übertragen für: sich aufregen

Quelle: E.T.A. Hoffmann: Sämtliche Werke. Bd. 4: Die Serapions-Brüder. Hrsg. v. Wulf Segebrecht unter Mitarbeit v. Ursula Segebrecht. Deutscher Klassiker-Verlag Frankfurt/M. 2001, S. 55 f.

1 Stellen Sie dar, auf welche zentrale poetologische Regel sich die Brüder verständigen.

2 Erläutern Sie, welches Verständnis von Dichtung hier zum Ausdruck kommt.

3 Diskutieren Sie den Bezug dieses serapiontischen Prinzips zum „Sandmann“.

ISBN: 978-3-12-316291-6, Mein Deutsch-Abitur 2021, RT 1+2

Name:

Datum/Kurs:

Sprach der Rabe: „Nimmermehr!“

E. T. A. Hoffmann als Impulsgeber verstehen

Edgar Allan Poe: The Raven (1845)

Once upon a midnight dreary, while I pondered, weak and weary,
Over many a quaint and curious volume of forgotten lore –
While I nodded, nearly napping, suddenly there came a tapping,
As of some one gently rapping, rapping at my chamber door.
“’Tis some visitor,” I muttered, “tapping at my chamber door –
Only this and nothing more.”

1 Beschreiben Sie anhand der ersten Strophe die formalen und sprachlichen Besonderheiten des Originaltextes. Nutzen Sie die Möglichkeit, Markierungen vorzunehmen und schreiben Sie Stichwörter neben den Text.

Durch die nächtliche Lektüre sowie den Tod seiner Geliebten Lenore ist der Sprecher nervlich angespannt und erschreckt. Er nimmt an, dass das Klopfen von einem späten Besucher stammt. Als er die Tür öffnet und dort niemand ist, keimt die irrationale Hoffnung in ihm, dass es Lenore sein könnte, die klopft. Er kehrt ins Zimmer zurück, und es klopft erneut, diesmal am Fenster.

Riss das Fenster auf jetzunder,
und herein stolziert’ – o Wunder!
Ein gewalt’ger, hochbejahrter Rabe
schwirrend zu mir her;
Flog mit mächt’gen Flügelstreichen,
ohne Gruß und Dankeszeichen,
Stolz und stattlich sondergleichen,
nach der Türe hoch und hehr –
Flog nach einer Pallasbüste
ob der Türe hoch und hehr –
Setzte sich und sonst Nichts mehr.

Und trotz meiner Trauer brachte
er dahin mich, dass ich lachte,
So gesetzt und gravitätisch
herrscht’ auf meiner Büste er.
„Ob auch alt und nah dem Grabe,“
sprach ich, „bist kein feiger Knabe,
Grimmer, glattgeschor’ner Rabe,
der Du kamst vom Schattenheer –
Sprich, welch’ stolzen Namen
führst Du in der Nacht pluton’schem Heer?“
Sprach der Rabe: „Nimmermehr.“

Ganz erstaunt war ich, zu hören
dies Geschöpf mich so belehren,
Schien auch wenig Sinn zu liegen
in dem Wort bedeutungsleer;
Denn wohl Keiner könnte sagen,
dass ihm je in seinen Tagen
Sonder Zier und sonder Zagen
so ein Tier erschienen wär’,
Das auf seiner Marmorbüste
ob der Tür gesessen wär’
Mit dem Namen „Nimmermehr.“

Dieses Wort nur sprach der Rabe
dumpf und hohl, wie aus dem Grabe,
Als ob seine ganze Seele
in dem einen Worte wär’.
Weiter Nichts ward dann gesprochen,
nur mein Herz noch hört’ ich pochen,
Bis das Schweigen ich gebrochen:
„Andre Freunde floh’n seither –
Morgen wird auch e r mich fliehen,
wie die Hoffnung floh seither.“
Sprach der Rabe: „Nimmermehr!“

Immer höher stieg mein Staunen
bei des Raben dunklem Raunen,
Doch ich dachte: „Ohne Zweifel
weiß er dies und sonst Nichts mehr;
Hat’s von seinem armen Meister,
dem des Unglücks finstre Geister
Drohten dreist und drohten dreister,
bis er trüb und trauerschwer –
Bis ihm schwand der Hoffnung Schimmer,
und er fortan seufzte schwer:
‚O nimmer – nimmermehr!‘“

ISBN: 978-3-12-316291-6, Mein Deutsch-Abitur 2021, RT 1+2

Name:

Datum/Kurs:

Trotz der Trauer wieder brachte
er dahin mich, dass ich lachte;
Einen Armstuhl endlich rollte ich
zu Tür und Vogel her.
In den sammt'nen Kissen liegend,
in die Hand die Wange schmiegend,
Sann ich, hin und her mich wiegend,
was des Wortes Deutung wär' –
Was der grimme, finst're Vogel
aus dem nächt'gen Schattenheer
Wollt' mit seinem „Nimmermehr."

Dieses saß ich still ermessend,
doch des Vogels nicht vergessend,
Dessen Feueraugen jetzo
mir das Herz beklemmten sehr;
Und mit schmerzlichen Gefühlen
ließ mein Haupt ich lange wühlen
In den veilchenfarb'nen Pfühlen[1],
überstrahlt vom Lichte hehr –
Ach, in diesen sammtnen Pfühlen,
überstrahlt vom Lichte hehr –
Ruhet s i e jetzt nimmermehr!

Und ich wähnte, durch die Lüfte
wallten süße Weihrauchdüfte,
Ausgestreut durch unsichtbare Seraphshände[2]
um mich her.
„Lethe," [3] rief ich, „süße Spende
schickt Dir Gott durch Engelshände,
Dass sich von Lenoren wende
Deine Trauer tief und schwer!
Nimm, o nimm die süße Spende
und vergiss der Trauer schwer!"
Sprach der Rabe: „Nimmermehr!"

„Gramprophet![4]" rief ich voll Zweifel,
„ob Du Vogel oder Teufel!
Ob die Hölle Dich mir sandte,
ob der Sturm Dich wehte her!
Du, der von des Orkus[5] Strande –
Du, der von dem Schreckenlande
Sich zu mir, dem Trüben, wandte –
künde mir mein heiß Begehr:
Find' ich Balsam noch in Gilead![6]
ist noch Trost im Gnadenmeer?"
Sprach der Rabe: „Nimmermehr!"

„Gramprophet!" rief ich voll Zweifel,
„ob Du Vogel oder Teufel!
Bei dem ew'gen Himmel droben,
bei dem Gott, den ich verehr' –
Künde mir, ob ich Lenoren,
die hienieden ich verloren,
Wieder find' an Edens Toren –
sie, die thront im Engelsheer –
Jene Sel'ge, die Lenoren
nennt der Engel heilig Heer!"
Sprach der Rabe: „Nimmermehr!"

„Sei dies Wort das Trennungszeichen!
Vogel, Dämon, Du musst weichen!
Fleuch zurück zum Sturmesgrauen,
oder zum pluton'schen Heer!
Keine Feder lass zurücke mir
als Zeichen Deiner Tücke;
Lass allein mich dem Geschicke –
wage nie Dich wieder her!
Fort und lass mein Herz in Frieden,
das gepeinigt Du so sehr!"
Sprach der Rabe: „Nimmermehr!"

Und der Rabe weichet nimmer –
sitzt noch immer, sitzt noch immer
Auf der blassen Pallasbüste
ob der Türe hoch und hehr;
Sitzt mit geisterhaftem Munkeln,
seine Feueraugen funkeln
Gar dämonisch aus dem dunkeln,
düstern Schatten um ihn her;
Und mein Geist wird aus dem Schatten,
den er breitet um mich her,
Sich erheben – nimmermehr!

1 Pfühl, der, das: mit Federn gefülltes Ruhekissen, übertragen auch: Bett, Lager
2 Seraph, der: Engel
3 Lethe: in der griechischen Mythologie einer der Flüsse Unterwelt, der übersetzt „Vergessen" heißt. Wer vom Wasser des Flusses trinkt, verliert seine Erinnerung.
4 im Original nur „Prophet"
5 Orkus: in der griechischen Mythologie die Unterwelt, das Reich der Toten
6 Gilead: in der Bibel ein Teil des gelobten Landes

Quelle: Der Rabe. Ein Gedicht von Edgar Allan Poe. Mit einer biographischen Skizze des Dichters. Übers. v. Carl Theodor Eben. Barclay & Co. Philadelphia 1869

2 Entwickeln Sie inhaltsgestützt Ideen, wie der Rabe in Poes Erzählgedicht gedeutet werden könnte.

ISBN: 978-3-12-316291-6, Mein Deutsch-Abitur 2021, RT 1+2

Name:

Datum/Kurs:

Goethe und Kleist – eine besondere Beziehung

Epochengrenzen problematisieren

Katharina Mommsen: Kleists Kampf mit Goethe (1979)

Besonders zur Zeit seines ersten dichterischen Auftretens hatten Kleists hochfliegende Pläne dies zum Ziel: Goethes Anerkennung im Sturm zu gewinnen, wenn möglich seine Freundschaft, und durch dichterische Erfolge Goethe zu übertreffen. So hoffte er, den nach Schillers Tod freigewordenen Platz an Goethes Seite einnehmen zu können. Sein dramatisches Schaffen schien ihm die Gewähr zu geben, der Erste zu werden, auch Goethe den Vorrang abzulaufen, und so in die Rolle des legitimen Thronerben hineinzuwachsen. Keins dieser Ziele hat Kleist je ganz wieder aufgegeben, auch nicht nachdem der erste Versuch einer Annäherung gescheitert war. […]

Was Goethes Einstellung zu Kleist betrifft, so ist sie durch andere Faktoren bestimmt. Für Goethe war Kleist ein hochbegabter Dichter, der aber von seinem Genie falschen Gebrauch machte. Es konnte Goethe nicht unberührt lassen zu sehen, wie Kleist ihm huldigend entgegenkam. Doch bemerkte er bald, dass solche Huldigung nicht die Gewähr gab für ein Zusammenstimmen der Geister. Kleist war keineswegs gesonnen, sich wie Schiller an Goethe anzuschließen in dem Sinne, dass er sich die Kunstauffassung der Weimarer Klassik zu eigen machte. Dies registrierte Goethe zum damaligen Zeitpunkt mit besonderer Empfindlichkeit. Nur wenige Jahre zurück lag die an den Frühromantikern erlebte Enttäuschung. Auch diese hatten Goethe anfangs gehuldigt, dann aber gegen ihn Front gemacht. Die Auseinandersetzung mit der Romantik war im vollen Gange. So argwöhnte Goethe, auch Kleist möchte ähnlich eigene Wege gehen, sich womöglich als Gefolgsmann Friedrich Schlegels entpuppen[1]. Die Persönlichkeit von Kleists Freund Adam Müller[2] war geeignet, solchen Verdacht zu bestärken, dazu auch Kleists eigenes Verhalten. Bestimmte Winke, die Goethe gab – in Briefen an Kleist und Adam Müller, wohl auch in Gesprächen mit anderen Freunden Kleists –, befolgte der junge Dichter nicht. Dann schien in dessen Schaffen eine gewisse Annäherung an die Romantik sich zu vollziehen, was Goethe überschätzt haben mag. Mancherlei gewaltsame Züge in Kleists Dichtungen bewirkten endlich, dass diese Goethe immer fremder erschienen, wodurch seine Absicht sich befestigte: hier handele es sich um Missbrauch großer schöpferischer Gaben. Goethes kritische Äußerungen, seine scharfen Urteile über einige ihm speziell unsympathische Werke Kleists dürfen aber nicht vergessen lassen, dass doch auch auf seiner Seite eine gewisse Hochachtung vorhanden war, ja dass Goethe dem Dichter Kleist sogar – zumindest eine Zeitlang – etwas wie Liebe entgegenbrachte.

[1] F. Schlegel lebte damals wie Schiller in Jena und hatte sich zunächst mit diesem wegen unterschiedlicher Kunstauffassungen überworfen.

[2] Adam Heinrich Müller (1770–1820) gab mit Kleist die Literaturzeitschrift „Phöbus“ heraus und war Anhänger des Schlegel'schen Romantikbegriffs.

Quelle: Katharina Mommsen: Kleists Kampf mit Goethe. Suhrkamp Frankfurt/M 1979. S. 14 f.

1 Heinrich von Kleist gilt als Schriftsteller, der außerhalb der gängigen literarischen Strömungen steht. Stellen Sie dar, inwieweit der Text dies belegt.

2 Diskutieren Sie Goethes Einstellung und Verhalten gegenüber Kleist vor dem Hintergrund der Frage nach der Kohärenz der Epochenbegriffe „Klassik“ und „Romantik“.

ISBN: 978-3-12-316291-6, Mein Deutsch-Abitur 2021, RT 1+2

Name:

Datum/Kurs:

Klausurvorschlag 1

Interpretation literarischer Texte mit Texterörterung

1 Analysieren und interpretieren Sie Auftritt V, 6 aus Johann Wolfgang Goethes Schauspiel „Iphigenie auf Tauris“. (80 %)

2 Erörtern Sie, ob die folgende Äußerung des Philosophen Theodor W. Adorno (1903–1969) den Schluss des Dramas richtig erfasst. (20 %)

Die große Schlussszene mit Thoas trachtet […], durch einen Takt, der dem gesellschaftlichen abgelernt ist, durchs Ritual von Gastfreundschaft, bis zur Unkenntlichkeit abzuschwächen, was geschieht: dass der Skythenkönig, der real weit edler sich verhält als seine edlen Gäste, allein, verlassen, übrig ist. Der Einladung wird er schwerlich folgen. Er darf […] an der höchsten Humanität nicht teilhaben, verurteilt, deren Objekt zu bleiben, während er als ihr Subjekt handelte.

Quelle: Theodor W. Adorno: Zum Klassizismus von Goethes „Iphigenie“. In: Noten zur Literatur IV. Frankfurt am Main: Suhrkamp 1974, S. 25 f.

Johann Wolfgang Goethe: Iphigenie auf Tauris (V. Aufzug, 6. Auftritt)

IPHIGENIE: Befreit von Sorge mich, eh ihr zu sprechen
Beginnet. Ich befürchte bösen Zwist,
Wenn du, o König, nicht der Billigkeit[1]
Gelinde Stimme hörest; du, mein Bruder,
Der raschen Jugend nicht gebieten willst.
THOAS: Ich halte meinen Zorn, wie es dem Ältern
Geziemt, zurück. Antworte mir! Womit
Bezeugst du, dass du Agamemnons Sohn
Und dieser Bruder bist?
OREST: Hier ist das Schwert,
Mit dem er Trojas tapfre Männer schlug.
Dies nahm ich seinem Mörder ab, und bat
Die Himmlischen, den Mut und Arm, das Glück
Des großen Königes mir zu verleihn
Und einen schönern Tod mir zu gewähren.
Wähl einen aus den Edlen deines Heers
Und stelle mir den Besten gegenüber.
So weit die Erde Heldensöhne nährt,
Ist keinem Fremdling dies Gesuch verweigert.
THOAS: Dies Vorrecht hat die alte Sitte nie
Dem Fremden hier gestattet.
OREST: So beginne
Die neue Sitte denn von dir und mir!
Nachahmend heiliget ein ganzes Volk
Die edle Tat der Herrscher zum Gesetz.
Und lass mich nicht allein für unsre Freiheit!
Lass mich, den Fremden für die Fremden, kämpfen!
Fall ich, so ist ihr Urteil mit dem meinen
Gesprochen; aber gönnet mir das Glück
Zu überwinden[2], so betrete nie
Ein Mann dies Ufer, dem der schnelle Blick
Hilfreicher Liebe nicht begegnet, und
Getröstet scheide jeglicher hinweg!
THOAS: Nicht unwert scheinest du, o Jüngling, mir
Der Ahnherrn, deren du dich rühmst, zu sein.
Groß ist die Zahl der edeln, tapfern Männer,
Die mich begleiten; doch ich stehe selbst
In meinen Jahren noch dem Feinde, bin
Bereit mit dir der Waffen Los zu wagen.
IPHIGENIE: Mitnichten! Dieses blutigen Beweises
Bedarf es nicht, o König! Lasst die Hand
Vom Schwerte! Denkt an mich und mein Geschick.
Der rasche Kampf verewigt einen Mann:
Er falle gleich, so preiset ihn das Lied.
Allein die Tränen, die unendlichen
Der überbliebnen, der verlassnen Frau,
Zählt keine Nachwelt, und der Dichter schweigt
Von tausend durchgeweinten Tag’ und Nächten,
Wo eine stille Seele den verlornen,
Rasch abgeschiednen Freund vergebens sich
Zurückzurufen bangt und sich verzehrt.
Mich selbst hat eine Sorge gleich gewarnt,
Dass der Betrug nicht eines Räubers mich
Vom sichern Schutzort reiße, mich der Knechtschaft
Verrate. Fleißig hab ich sie befragt,
Nach jedem Umstand mich erkundigt, Zeichen
Gefordert, und gewiss ist nun mein Herz.
Sieh hier an seiner rechten Hand das Mal
Wie von drei Sternen, das am Tage schon,
Da er geboren ward, sich zeigte, das
Auf schwere Tat, mit dieser Faust zu üben,
Der Priester deutete. Dann überzeugt
Mich doppelt diese Schramme, die ihm hier

ISBN: 978-3-12-316291-6, Mein Deutsch-Abitur 2021, RT 1+2

Name:

Datum/Kurs:

Die Augenbraue spaltet. Als ein Kind
Ließ ihn Elektra, rasch und unvorsichtig
Nach ihrer Art, aus ihren Armen stürzen.
Er schlug auf einen Dreifuß[3] auf – Er ist's –
Soll ich dir noch die Ähnlichkeit des Vaters,
Soll ich das innre Jauchzen meines Herzens
Dir auch als Zeugen der Versichrung nennen?
THOAS: Und hübe[4] deine Rede jeden Zweifel,
Und bändigt' ich den Zorn in meiner Brust,
So würden doch die Waffen zwischen uns
Entscheiden müssen; Frieden seh ich nicht.
Sie sind gekommen, du bekennest selbst,
Das heil'ge Bild der Göttin mir zu rauben.
Glaubt ihr, ich sehe dies gelassen an?
Der Grieche wendet oft sein lüstern Auge
Den fernen Schätzen der Barbaren zu,
Dem goldnen Felle, Pferden, schönen Töchtern;
Doch führte sie Gewalt und List nicht immer
Mit den erlangten Gütern glücklich heim.
OREST: Das Bild, o König, soll uns nicht entzweien!
Jetzt kennen wir den Irrtum, den ein Gott
Wie einen Schleier um das Haupt uns legte,
Da er den Weg hierher uns wandern hieß.
Um Rat und um Befreiung bat ich ihn
Von dem Geleit der Furien; er sprach:
„Bringst du die Schwester, die an Tauris' Ufer
Im Heiligtume wider Willen bleibt,
Nach Griechenland, so löset sich der Fluch."
Wir legten's von Apollens Schwester aus,
Und er gedachte d i c h ! Die strengen Bande
Sind nun gelöst: du bist den Deinen wieder,
Du Heilige, geschenkt. Von dir berührt,
War ich geheilt; in deinen Armen fasste
Das Übel mich mit allen seinen Klauen
Zum letzten Mal, und schüttelte das Mark
Entsetzlich mir zusammen; dann entfloh's
Wie eine Schlange zu der Höhle. Neu
Genieß ich nun durch dich das weite Licht
Des Tages. Schön und herrlich zeigt sich mir
Der Göttin Rat. Gleich einem heil'gen Bilde,
Daran der Stadt unwandelbar Geschick
Durch ein geheimes Götterwort gebannt ist,
Nahm sie dich weg, dich Schützerin des Hauses;
Bewahrte dich in einer heil'gen Stille
Zum Segen deines Bruders und der Deinen.
Da alle Rettung auf der weiten Erde
Verloren schien, gibst du uns alles wieder.
Lass deine Seele sich zum Frieden wenden,
O König! Hindre nicht, dass sie die Weihe
Des väterlichen Hauses nun vollbringe,
Mich der entsühnten Halle wiedergebe,
Mir auf das Haupt die alte Krone drücke!
Vergilt den Segen, den sie dir gebracht,
Und lass des nähern Rechtes mich genießen!
Gewalt und List, der Männer höchster Ruhm,
Wird durch die Wahrheit dieser hohen Seele
Beschämt, und reines kindliches Vertrauen
Zu einem edeln Manne wird belohnt.
IPHIGENIE: Denk an dein Wort, und lass durch diese Rede
Aus einem graden treuen Munde dich
Bewegen! Sieh uns an! Du hast nicht oft
Zu solcher edeln Tat Gelegenheit.
Versagen kannst du's nicht; gewähr es bald.
THOAS: So geht!
IPHIGENIE: Nicht so, mein König! Ohne Segen,
In Widerwillen, scheid ich nicht von dir.
Verbann uns nicht! Ein freundlich Gastrecht walte
Von dir zu uns: so sind wir nicht auf ewig
Getrennt und abgeschieden. Wert und teuer,
Wie mir mein Vater war, so bist du's mir,
Und dieser Eindruck bleibt in meiner Seele.
Bringt der Geringste deines Volkes je
Den Ton der Stimme mir ins Ohr zurück,
Den ich an euch gewohnt zu hören bin,
Und seh ich an dem Ärmsten eure Tracht;
Empfangen will ich ihn wie einen Gott,
Ich will ihm selbst ein Lager zubereiten,
Auf einen Stuhl ihn an das Feuer laden
Und nur nach dir und deinem Schicksal fragen.
O geben dir die Götter deiner Taten
Und deiner Milde wohlverdienten Lohn!
Leb wohl! O wende dich zu uns und gib
Ein holdes Wort des Abschieds mir zurück!
Dann schwellt der Wind die Segel sanfter an,
Und Tränen fließen lindernder vom Auge
Des Scheidenden. Leb wohl! und reiche mir
Zum Pfand der alten Freundschaft deine Rechte.
THOAS: Lebt wohl!

[1] Billigkeit, die: Gerechtigkeit, Angemessenheit
[2] überwinden: siegen
[3] Dreifuß, der: Tisch oder Stuhl mit drei Beinen
[4] hübe: Konjunktiv zu heben, hier im Sinne von: aufheben

Quelle: Johann Wolfgang Goethe: Iphigenie auf Tauris. Text mit Materialien, ausgewählt von Bernhard Nagl. Klett Editionen für den Literaturunterricht. Ernst Klett Verlag Stuttgart 2004, S. 67–71

ISBN: 978-3-12-316291-6, Mein Deutsch-Abitur 2021, RT 1+2

Name:

Datum/Kurs:

Erwartungshorizont Klausur 1*

Name der Schülerin/des Schülers:			
Klausur-Nr.:	Jahrgangsstufe:	Kurs:	[Ort], den

Aufg.	Erwartete Schülerleistungen	Bew.
1	Der Abschlussdialog (V,6) von Johann Wolfgang Goethes im Jahre 1786 in vierter Fassung beendeten Schauspiels *Iphigenie auf Tauris* zeigt, wie es Iphigenie – nach einem letzten geschlichteten Konflikt – am Ende gelingt, Thoas dazu zu bewegen, sie selbst und ihre Gefährten unbeschadet in ihre griechische Heimat zurückkehren zu lassen. Mögliche Aspekte der Analyse: **Inhalt** ☐ Thoas verlangt den Beweis von Orest, dass er tatsächlich Agamemnons Sohns und damit der Bruder Iphigenies ist. Orest zeigt das Schwert seines Vaters und bittet Thoas, über einen Zweikampf den Streit entscheiden zu dürfen. Thoas willigt ein und will den Kampf persönlich führen, doch Iphigenie schlichtet und benennt ihrerseits, woran sie ihren Bruder erkannt hat. Nun wirft Thoas Orest vor, das Bild der Göttin rauben zu wollen. Diesen Einwand entkräftet Orest, indem er erklärt, den Spruch Apolls zunächst falsch gedeutet zu haben. Nicht die Schwester Apolls und damit das Bild der Göttin Diana, sondern seine eigene Schwester, Iphigenie, müsse nach Hause gebracht werden. Darum bitten sowohl Orest und Iphigenie jetzt noch einmal. Die bloße Erlaubnis „So geht!“ weist Iphigenie zurück, sie möchte nicht im Widerwillen, sondern in Freundschaft gehen. Diesem Wunsch scheint Thoas mit den Worten „Lebt wohl!“ zu entsprechen. **Thema** ☐ Beilegung der Konflikte durch Zähmung der Leidenschaften (Thoas, Orest); Sieg der Humanität Iphigenies **Schauplatz/Zeit** ☐ Hain vor dem Tempel Dianas auf Tauris (Krim) / in der griechischen Antike der vorklassischen Zeit **Figuren** ☐ anwesende Figuren: Iphigenie, Thoas und Orest; damit ist die zentrale Figurenkonstellation des ganzen Schauspiels auch im Schlussauftritt abgebildet ☐ Die Szene zeigt Iphigenie in ihrer mäßigenden Wirkung auf Thoas bzw. den „humanisierten“ König der Skythen. ☐ Orest erscheint bereits als „humanisiert“ und wirkt entsprechend auf Thoas ein. ☐ Thoas bändigt zwar am Ende seinen Zorn und erteilt den Griechen die Heimreiseerlaubnis, doch ist er dabei auffallend wortkarg. **Sprache** ☐ Blankvers mit der auch im übrigen Drama vorherrschenden gehobenen Sprache ☐ Dynamisierung des Dialogs durch mehrere Antilaben (V. 2035, V. 2046 und V. 2151), stellenweise kurze und emphatische Sätze (häufige Ausrufezeichen) ☐ auffallende Wortkargheit von Thoas am Ende (V. 2151 u. 2174), die den konjunktivischen Äußerungen und indirekten Drohungen der letzten „großen“ Rede Thoas' (V. 2095–2106) gegenüberstehen **Einordnung** Bezug des abschließenden Auftritts auf mehrere zentrale Textstellen: ☐ das Versprechen Thoas', Iphigenie dürfe heimkehren (vgl. I,3) ☐ den Spruch des Apoll (vgl. II, 1) ☐ Iphigenies Wertschätzung für Thoas (z.B. I, 1) ☐ Iphigenies Handeln als Frau (vgl. vor allem I, 1, I, 3 und V, 3) ☐ das „Edle“, „Humane“ als Treibfeder des Handelns (vgl. IV, 4 und V, 3)	AFB I–III 80 %

ISBN: 978-3-12-316291-6, Mein Deutsch-Abitur 2021, RT 1+2

Name:

Datum/Kurs:

Aufg.	Erwartete Schülerleistungen	Bew.
	Bewertung und Gesamtverständnis ☐ Einerseits sind am Ende alle offenen Konflikte gelöst (insbesondere verbleibt das Bild der Göttin Diana auf Tauris) und die Humanität hat gesiegt, andererseits bleibt offen, mit welchem Grad an innerer Überzeugung Thoas Iphigenie und die Griechen in ihre Heimat zurückkehren lässt. ☐ Es wird deutlich, dass das Stück als Humanitäts- bzw. Autonomiedrama sowie die Konfliktsituationen richtig erfasst und verstanden worden sind.	
2	Mögliche Aspekte der Beurteilung: **Verständnis Äußerung der Adornos** ☐ Thoas erscheint als derjenige, der wahre Humanität zeigt, weil er von seinem Handeln nicht zugleich auch profitiert (bleibt allein zurück). ☐ Iphigenie „argumentiert" mit Ritualen (Einhalten von Versprechen, Gastfreundschaft, edle Taten) und verschleiert dadurch, dass Thoas´ edle Tat die Entsühnung Iphigenies erst ermöglicht. **eigene Positionierung** ☐ Die Humanität Thoas' und seine inneren Konflikte treten im Stück tatsächlich in den Hintergrund. ☐ Auch wenn Iphigenies Schicksal von Thoas abhängt, so hat sie gleichwohl die Entscheidungssituation in V, 6 durch ihre Humanität (d. h. ihren Anspruch auf wahrhaftiges und richtiges Handeln) und ihre Autonomie herbeigeführt. Die Note „gut" verlangt ☐ eine differenzierte Analyse / Interpretation der Dramenszene mit ihren wesentlichen inhaltlichen, strukturellen und sprachlichen Merkmalen ☐ eine überzeugende erörternde Auseinandersetzung mit der Aussage Adornos unter aspektreicher und differenzierter Einbeziehung der bisherigen Ergebnisse / des Auszugs ☐ eine standardsprachlich korrekte, terminologisch präzise und stilistisch gewandte Gestaltung. Die Note „ausreichend" verlangt ☐ eine im Ganzen nachvollziehbare Analyse / Interpretation der Dramenszene und von einzelnen inhaltlichen, strukturellen und sprachlichen Merkmalen ☐ eine im Ganzen nachvollziehbare erörternde Auseinandersetzung mit der Aussage Adornos unter Einbeziehung der bisherigen Ergebnisse / des Dramenauszugs ☐ eine in Aufbau und Stil verständliche, insgesamt standardsprachlichen Normen entsprechende Darstellung.	AFB II/III 20 %

______________________________, den ____________________

Die Klausur wird mit der Note ________________________ bewertet.

Bemerkungen:

* Anmerkung: Der tabellarische Erwartungshorizont ist als Unterstützung bei der Erstellung des Gesamtgutachtens in Textform für die Bewertung der Abiturarbeiten zu verstehen.

ISBN: 978-3-12-316291-6, Mein Deutsch-Abitur 2021, RT 1+2

Name:

Datum/Kurs:

Klausurvorschlag 2

Interpretation literarischer Texte mit Erörterung

1 Analysieren und interpretieren Sie das Gedicht „Das Göttliche“ von Johann Wolfgang Goethe. (80 %)

2 Beziehen Sie das Gedicht auf Johann Wolfgang Goethes Schauspiel „Iphigenie auf Tauris“ und erläutern Sie die zentralen Zusammenhänge. (20 %)

Johann Wolfgang von Goethe: Das Göttliche (1783)

Edel sei der Mensch,
Hülfreich und gut!
Denn das allein
Unterscheidet ihn
Von allen Wesen
Die wir kennen.

Heil den unbekannten
Höhern Wesen
Die wir ahnden!
Ihnen gleiche der Mensch;
Sein Beispiel lehr uns
Jene glauben.

Denn unfühlend
Ist die Natur;
Es leuchtet die Sonne
Über Bös' und Gute,
Und dem Verbrecher
Glänzen wie dem Besten
Der Mond und die Sterne.

Wind und Ströme
Donner und Hagel
Rauschen ihren Weg,
Und ergreifen
Vorübereilend
Einen um den andern.

Auch so das Glück
Tappt unter die Menge,
Fasst bald des Knaben
Lockige Unschuld
Bald auch den kahlen
Schuldigen Scheitel.

Nach ewigen ehrnen
Großen Gesetzen
Müssen wir alle
Unseres Daseins
Kreise vollenden.

Nur allein der Mensch
Vermag das Unmögliche,
Er unterscheidet
Wählet und richtet,
Er kann dem Augenblick
Dauer verleihen.

Er allein darf
Den Guten lohnen,
Den Bösen strafen;
Heilen und retten
Alles Irrende, Schweifende
Nützlich verbinden.

Und wir verehren
Die Unsterblichen,
Als wären sie Menschen,
Täten im Großen
Was der Beste im Kleinen
Tut oder möchte.

Der edle Mensch
Sei hülfreich und gut!
Unermüdet schaff er
Das Nützliche, Rechte
Sei uns ein Vorbild
Jener geahndeten Wesen.

Quelle: Johann Wolfgang Goethe: Sämtliche Werke nach Epochen seines Schaffens. Münchner Ausgabe. Bd. 2.1, Erstes Weimarer Jahrzehnt 1775-1786. Hrsg. v. Hartmut Reinhardt. Hanser München 1987, S. 90 f.

ISBN: 978-3-12-316291-6, Mein Deutsch-Abitur 2021, RT 1+2

Name:

Datum/Kurs:

Erwartungshorizont Klausur 2*

Name der Schülerin/des Schülers:			
Klausur-Nr.:	Jahrgangsstufe:	Kurs:	[Ort], den

Aufg.	Erwartete Schülerleistungen	Bew.
1	Das Gedicht „Das Göttliche" von Johann Wolfgang Goethe stammt aus dem Jahr 1783 (von Goethe erstmals 1789 veröffentlicht) und kann mit der zentralen Aufforderung „Edel sei der Mensch, / Hilfreich und gut!" als programmatisch für die Literaturepoche der Weimarer Klassik gelten. Mögliche Aspekte der Analyse: **Inhalt** ☐ **Strophe 1:** Appell, als Mensch gut zu sein, da dies den Menschen von allen anderen Wesen unterscheidet ☐ **Strophe 2:** Der Mensch solle den Göttern gleichen (nach dem „Göttlichen" streben) und dadurch beweisen, dass es Götter (das „Göttliche") gibt. ☐ **Strophe 3–5:** Differenz des Menschen zur Natur, die nicht zwischen Gut und Böse unterscheidet und willkürlich gleichermaßen alle Menschen „ergreift" ☐ **Strophe 6:** Unterworfensein des Menschen unter die „Großen Gesetze" (der göttlichen Natur) ☐ **Strophe 7-8:** Der Mensch hat allein die Möglichkeit, zwischen Gut und Böse zu wählen, d. h. zugleich, dass er die Fähigkeit zum moralisch-ethischen Urteil besitzt ☐ **Strophe 9:** Verehrung der Götter, als wären diese Menschen und würden im Großen so handeln wie die besten Menschen im Kleinen ☐ **Strophe 10:** erneuter Appell (wie in Strophe 1) **Form / Aufbau** ☐ zehn Strophen mit 5 bis 7 Versen, ohne dass eine Regelmäßigkeit in der Verszahl erkennbar ist ☐ keine Reime, kein Metrum ☐ Enjambements ☐ Sprecher im Gedicht tritt vollständig hinter das Gesagte zurück ☐ Zirkelstruktur (auch durch zahlreiche Wortwiederholungen („Mensch", „edel", „hilfreich", „gut", „Wesen") **Sprache** ☐ stilistisch prägnante Sprache durch diverse Stilmittel, insbesondere zahlreiche häufende Reihung („edel", „hilfreich", „gut", wobei die Adjektive gleichsam synonymisch erscheinen; „unterscheidet, / Wählet und richtet", „strafen, / Heilen und retten"); Personifikationen (Natur als Agens); Gegensätze („Den Guten lohnen, / Den Bösen strafen", „dem Verbrecher … dem Besten", „im Großen […] im Kleinen"); Alliterationen („Schuldigen Scheitel", „Großen Gesetzen"); Inversionen ☐ syntaktisch zum Teil anspruchsvoll, mit Ausnahme der Strophen 1 und 10 umfassen alle anderen Strophen eine syntaktische Großeinheit ☐ appellativer Charakter der Strophen 1 und 10 (Imperative: Der Mensch „sei", Ausrufezeichen), sachlich-explikativer Charakter der übrigen Strophen **Aussagen und Deutungsaspekte** ☐ Erarbeitung des Menschenbildes des Sprechers ☐ Hinterfragen der moralischen Instanz: Woher weiß der Mensch, was das Edle, Gute, Nützliche, Rechte ist? – Man beachte den offenen Widerspruch im Vermögen des Unmöglichen: „Nur allein der Mensch / vermag das Unmögliche" ☐ Reflexion des Verhältnisses von Mensch, Natur und „Hohern Wesen" ☐ Deutung des „Göttlichen" des Titels: Ist der Mensch gemeint mit seiner Fähigkeit, moralisch und autonom zu handeln? Zeigt sich das Göttliche im anthropomorphen Götterbild? Ist das Göttliche synonym mit den „Höhern Wesen" und deren „Großen Gesetzen"? ☐ Bezug zum Kunstprogramm der Weimarer Klassik (s. o.)	AFB I–III 80 %

ISBN: 978-3-12-316291-6, Mein Deutsch-Abitur 2021, RT 1+2

Name:

Datum/Kurs:

Aufg.	Erwartete Schülerleistungen	Bew.
2	Mögliche Aspekte der Beurteilung: **Götterbild Iphigenies** ☐ Parallelität des Gedichts zum modernen und der Klassik entsprechenden Götterbild Iphigenies: diese hält die Götter für gut und keineswegs grausam (vgl. V. 523 f.: „Der missversteht die Himmlischen, der sie / Blutgierig wähnt“, sowie V. 734 ff.: „Diana sehnet sich / Von [...] ihren blut'gen Menschenopfern weg.“); glaubt an die unmittelbare „Herzenseingebung“ durch die Götter (vgl. V. 493: „Sie reden nur durch unser Herz zu uns.“) ☐ dadurch zugleich Kontrast zum „Parzenlied“ und dem Tatalidenfluch: Das „Parzenlied“ zeigt die Götter schon räumlich weit über den Menschen; sie leben „Auf Klippen und Wolken“ und „schreiten vom Berge / Zu Bergen“, während nicht nur die in Ungnade gefallenen Menschen selbst in den „Schlünden der Tiefe“ „vergebens“ harren, sondern der Götter Fluch auch noch „im Enkel“ wirksam bleibt (vgl. den Tatalidenfluch); Erbarmungslosigkeit und Rache kennzeichnen diese Götter ebenso wie willkürlicher Machtgebrauch. **Autonomie des Handels** ☐ Iphigenies errungene Autonomie als Beleg für die grundsätzliche Möglichkeit, moralisch fundierte Urteile zu fällen ☐ dennoch Iphigenies Bitte an die Götter um Hilfe („Rettet mich, / Und rettet Euer Bild in meiner Seele!“, V. 1716 f.) Die Note „gut“ verlangt ☐ eine differenzierte Analyse / Interpretation des Gedichts und seiner wesentlichen inhaltlichen, strukturellen und sprachlichen Merkmale ☐ eine überzeugende Auseinandersetzung mit der Beziehung des Gedichts „Das Göttliche“ zur „Iphigenie“ unter aspektreicher und differenzierter Einbeziehung der bisherigen Analyseergebnisse ☐ eine standardsprachlich korrekte, terminologisch präzise und stilistisch gewandte Gestaltung. Die Note „ausreichend“ verlangt ☐ eine im Ganzen nachvollziehbare Analyse / Interpretation des Gedichts und von einzelnen inhaltlichen, strukturellen und sprachlichen Merkmalen ☐ eine im Ganzen nachvollziehbare Auseinandersetzung mit der Beziehung des Gedichts „Das Göttliche“ zur „Iphigenie“ unter Einbeziehung der bisherigen Analyseergebnisse ☐ eine in Aufbau und Stil verständliche, insgesamt standardsprachlichen Normen entsprechende Darstellung.	AFB II/III 20 %

____________________, den ____________

Die Klausur wird mit der Note ____________________ bewertet.

Bemerkungen:

* Anmerkung: Der tabellarische Erwartungshorizont ist als Unterstützung bei der Erstellung des Gesamtgutachtens in Textform für die Bewertung der Abiturarbeiten zu verstehen.

ISBN: 978-3-12-316291-6, Mein Deutsch-Abitur 2021, RT 1+2

Name:

Datum/Kurs:

Schreibtraining

Interpretation eines literarischen Textes (Drama) Musterlösung

1 Analysieren und interpretieren Sie unter Rückgriff auf Ihre Kenntnisse der Kommunikationsanalyse Auftritt IV, 2 aus dem Schauspiel *Iphigenie auf Tauris* von Johann Wolfgang Goethe.
2 Beurteilen Sie die Rolle der Figur *Arkas* für das Schauspiel.

Einleitung

Johann Wolfgang Goethes im Jahre 1786 fertig gestelltes Schauspiel „Iphigenie auf Tauris“ nimmt bekanntlich ein gutes Ende: Iphigenie gelingt es, Thoas, den König der Skythen, durch ihr aufrichtiges und humanes Verhalten dazu zu bewegen, sie selbst und ihre Gefährten unbeschadet in ihre griechische Heimat zurückkehren zu lassen. Die Humanität Iphigenies ist dabei das Resultat zweier zentraler innerer Konflikte, wobei Arkas derjenige ist, der diese beiden Konflikte im Aufzug IV, 2 noch einmal fokussiert und damit Iphigenies Wandlung mit beeinflusst.

Hauptteil

In Auftritt IV, 2 tritt Arkas zu Iphigenie, um auf die Durchführung der Menschenopfer zu drängen. Wie es der Plan des Pylades vorsieht, gibt Iphigenie vor, das Bild der Göttin müsse, entheiligt durch die Gegenwart des von den Furien verfolgten Orest, zunächst im Meer gereinigt werden. Arkas misstraut der Erklärung Iphigenies und will für dieses „heil`ge Werk“ die Erlaubnis von Thoas einholen. Es kommt zum Streit mit Iphigenie, weil sie sich hier nicht an Thoas` Weisung gebunden fühlt. Nach einem kurzen Disput willigt sie gleichwohl ein. Außerdem drängt Arkas Iphigenie erneut, auf das Werben von Thoas einzugehen (vgl. „O wende nicht von uns, was du vermagst!“, V. 1475). Innerhalb der gesamten Handlung kann der Auftritt durch diesen Verweis auf die Heirat als möglichen Ausweg aus Iphigenies Konflikt als typisches retardierendes Moment verstanden werden. Bedeutsam erscheint, dass der Heiratswunsch Thoas` Iphigenies Grundkonflikt ausgelöst hat und die Frage einer möglichen Heirat von Thoas und Iphigenie seit dem Auftritt I, 2 (in dem sich Iphigenie ebenfalls mit Arkas unterhält) im Raum steht. Dieser Grundkonflikt verschärft sich im Verlauf des Dramas dadurch, dass Iphigenie durch den Vollzug der Opferhandlung ihren eigenen Bruder Orest töten soll. Die Möglichkeit zur Flucht, die sich durch den Plan von Pylades eröffnet, verlagert dagegen den Konflikt: Wenn Iphigenie fliehen will, ist dies nur durch Betrug bzw. Lüge möglich, außerdem wäre nach wie vor ihr Humanisierungswerk auf Tauris zerstört. Genau hier, zwischen der Einsicht in das eigene mögliche Fehlverhalten (vgl. „O weh der Lüge!“, V. 1405) und einer am Ende drohenden Zerstörung ihres Humanisierungswerks (vgl. die Aussage von Arkas: „O wende nicht von uns, was du vermagst!“, V. 1475) ist der Auftritt IV, 2 zu sehen.

Auftritt IV, 2 lässt sich in vier Gesprächsphasen gliedern: Phase 1 (V. 1421–1440) mit dem Drängen Arkas` auf die Durchführung der Menschenopfer und Iphigenies Ausflucht, Phase 2 (V. 1441–1452), in der das Misstrauen Arkas` Iphigenie gegenüber sichtbar wird, Phase 3 (V. 1453–1464) mit dem erneuten Verweis auf die Möglichkeit, Thoas zu heiraten, und schließlich Phase 4 (V. 1465–1502), in der Arkas Iphigenie an die bereits erreichten Humanisierungserfolge erinnert und noch einmal eindringlich mahnt, worauf Iphigenie erklärt, dass die Wohltaten vom Wohlwollen Thoas` abhingen, sie ihn ungeachtet dessen nicht heiraten

ISBN: 978-3-12-316291-6, Mein Deutsch-Abitur 2021, RT 1+2

Name:

Datum/Kurs:

wolle. Auch wenn Iphigenie im Falle der Benachrichtigung des Königs nachgibt (vgl. „Ich gebe nach, wenn du nicht säumen willst“, V. 1450), so ist und bleibt sie doch anderer Meinung als Arkas und weigert sich insbesondere, Thoas zu heiraten. Deshalb muss das Gespräch zwischen Iphigenie und Arkas als Streit bezeichnet werden. Für diese Bewertung sprechen auch die Stichomythien (V. 1444-1450 und 1456-1464) sowie die zweizeiligen Wechselreden in den Versen 1483 bis 1496, die auf ein strukturelles Gleichgewicht der beiden Gesprächspartner hinweisen. Charakteristisch sind zudem die vielen direkten und teilweise emphatisch vorgetragenen Appelle insbesondere von Arkas (vgl.: „O könnt ich …“, V. 1453 f.; „O wende nicht …“, V. 1475; „O wiederholtest du …“, V. 1500 ff.) sowie die direkten lexikalischen Übernahmen, die das Engagement der Sprecher unterstreichen („Erdringe nicht, was ich versagen sollte. / Versage nicht, was gut und nützlich ist.“, V. 1448 f.; „Ich hab es in der Götter Hand gelegt. / [...] / Ich sage dir, es liegt in deiner Hand.“, V. 1462 u. 1465) und zugleich die kontroversen Standpunkte durch direkte Gegensätze bzw. Gegenüberstellungen hervorheben.

Bewertet man das dargestellte Gesprächsverhalten, so kommt man zu dem Schluss, dass Arkas gesprächsstrukturell in dem Dialog Iphigenie überlegen ist, weil er das Gespräch nicht nur beginnt und beendet, sondern auch Teilthemen initiiert. Dies ist für eine ansonsten kaum individuell gezeichnete Figur, die zudem gesellschaftlich unter der titelgebenden Hauptfigur zu sehen ist, durchaus ungewöhnlich und könnte als Hinweis darauf verstanden werden, dass Iphigenies Haltung und Handeln von ihr selbst als fragwürdig gesehen werden. In jedem Falle zeigt sich Arkas in dem Auftritt als guter Menschenkenner: Er macht Iphigenie deutlich, wie sehr er ihr Wirken wertschätzt (vgl. „göttergleich“, V. 1472; „freundlich Menschenangesicht“, V. 1474), und appelliert an ihr Gewissen: „O wiederholtest du in deiner Seele, / Wie edel er sich gegen dich betrug / Von deiner Ankunft an bis diesen Tag!“ (V. 1500 ff.).

Für Iphigenie bleibt dieser Appell Arkas` jedenfalls nicht ohne Wirkung. Im nachfolgenden Monolog (IV, 3) bewertet sie nicht nur Arkas, sondern auch die Bedeutung des Gesprächs: „Nun hat die Stimme / Des treuen Manns mich wieder aufgeweckt, / Dass ich auch Menschen hier verlasse, mich / Erinnert. Doppelt wird mir der Betrug / Verhasst!“ (V. 1522 ff.) Dieser innere Widerwille verstärkt sich in IV,4 dann noch dadurch, dass Iphigenie den Betrug als „tückisch“ erkennt, betrifft er doch den „König, der mein zweiter Vater ward“ (vgl. V. 1642). Es kann so also gesagt werden, dass Auftritt IV, 2 Iphigenies Wandlung am Ende zumindest mit beeinflusst hat und der Auftritt somit auch von Bedeutung für die innere Entwicklung Iphigenies ist.

Schluss

Arkas wird meist als treuer Gefolgsmann von König Thoas beschrieben, der sich dessen Ziele zu eigen mache, aber im Unterschied zu seiner Entsprechungsfigur auf Handlungsebene, Pylades, als Figur kaum eine eigenständige Bedeutung habe. Dies erscheint insofern richtig, als die Figur tatsächlich nicht mit einer komplexen Charakterstruktur ausgestattet ist und auch auf der Handlungsebene kaum eine Rolle spielt. Auftritt IV, 2 zeigt aber, dass Arkas dennoch entscheidend auf Iphigenie einwirkt. Und dies in einem für das Kunstverständnis der Weimarer Klassik sehr zentralen Punkt, nämlich den Menschen humanisieren zu wollen. Und genau in dem Moment, in dem Iphigenie dieses Ziel durch ihr Mitwirken am Betrug gefährdet, erscheint Arkas und bringt sie buchstäblich auf den rechten Weg zurück. Sollte ihm das nicht doch etwas mehr Bedeutung geben? Auffällig ist jedenfalls, dass im Auftritt IV, 2 wichtige Schlüsselwörter des Weimarer Kunstprogramms (insbesondere: „göttergleich“, „schöne Seele“, „edel“) fallen.

ISBN: 978-3-12-316291-6, Mein Deutsch-Abitur 2021, RT 1+2

Name:

Datum/Kurs:

Schreibtraining

Materialgestütztes Verfassen eines informierenden Textes Musterlösung

1 Ausgangssituation

Zum Abschluss der Beschäftigung mit der Epoche der Romantik soll in Ihrem Deutsch-Kurs ein Reader entstehen, in dem unterschiedliche Aspekte der Romantik vorgestellt werden sollen – von Autorenporträts und Werkvorstellungen über die Darstellungen besonderer Ausprägungen wie der Schauerromantik oder der romantischen Hinwendung zur Volksliteratur bis hin zu fachübergreifenden Aspekten wie der romantischen Malerei oder Musik. Sie haben die Aufgabe übernommen, einen Informationstext über die aktuelle Bedeutung der Romantik zu verfassen.

Arbeitsauftrag

Verfassen Sie auf der Grundlage der Materialien 1 bis 4 sowie Ihres eigenen Wissens und Ihrer eigenen Erfahrung einen Informationstext, der den geschichtlichen Bogen der historischen Epoche der Romantik zur Gegenwart spannt und den Begriff „Romantik 2.0" erläutert und bewertet. Wählen Sie eine passende Überschrift. Ihr Informationstext sollte etwa 800 Wörter umfassen.

Romantik 2.0 – Ein Begriff zwischen gesellschaftlichen Erneuerungsbewegungen und inhaltsleerer Worthülse

Der Titel des 2013 erschienenen Buchs „Romantik 2.0. Vom Suchen und Finden der Liebe im Internet" von Christian Schulz bringt den minimalsten Begriffsumfang von „Romantik" am Beginn des 21. Jahrhunderts zum Ausdruck. Demnach reduziere sich „Romantik" auf (flüchtige) Liebesbeziehungen, die es heute, deshalb der Zusatz „2.0", schnell und einfach über das Internet zu organisieren gelte. Wo „Romantik" aber nicht als bloßes Etikett fungiert, zeigt sich die Aktualität des Begriffs schnell.

In ihren Anfängen zu Beginn des 19. Jahrhunderts war die Romantik, wie Walter Krejci in seinem auf der Online-Plattform „treffpunkt-philosophie.de" erschienenen Artikel „Romantik 2.0 – Warum wir uns wieder nach ihr sehnen sollten" mit Verweis auf den Soziologen Max Weber feststellt, eine Bewegung gegen die durch die (Über-)Betonung der Vernunft entstandene „Entzauberung" der Welt (Weber, vgl. Krejci, Z. 1 f.). Diese Bewegung unterlag nach dem Ende der literarischen Epoche immer wieder neuen Wandlungen – von Richard Wagners Bemühungen um ein Gesamtkunstwerk über die Entstellung der „mütterlich[en]", „kosmopolitisch[en]" (vgl. Krejci, Z. 14 f.) Romantik zur „stählern[en]", letztlich in den „Weltenbrand" (vgl. Krejci, Z. 15 f.) führenden (vermeintlichen) Romantik des Nationalsozialismus bis hin zum „sozial-romantischen Sturm der 68er" (vgl. Krejci, Z. 20 f.). Zwar bestünden auch heute mit Fantasy und Gaming noch „romantische Fluchtmöglichkeiten aus einer überrationalisierten Welt" (Krejci, Z. 27). Dennoch stellt Krejci eine vernichtende Zeitdiagnose, nach der der Mensch völlig vereinzelt und fremdbestimmt in einer materialistischen Welt lebt (vgl. „Turbokapitalismus, Materialismus, Technik, Kommerz, Konsum haben den Menschen bis zum Ersticken vereinnahmt", Z. 39 f.), in der kein Platz mehr für Romantik sei, die der Mensch aber gerade dringend bräuchte (vgl. „Der Mensch kann nur heil werden, wenn er Verstand und Gefühl, Intuitives und Rationales harmonisch verbindet.", Z. 31 f.). Einen Ausweg könnte hier die Kunst im Schiller'schen Sinne bieten, indem sie den Menschen veredelt und, so kann sinngemäß ergänzt werden, wieder in seine ursprüngliche Freiheit und Autonomie führt.

ISBN: 978-3-12-316291-6, Mein Deutsch-Abitur 2021, RT 1+2

Name:

Datum/Kurs:

Anders als Walter Krejci sehen Wieland Freund und Richard Kämmerlings in ihrem 2016 in der Zeitung „Die Welt“ erschienenen Artikel „Die Rückkehr der Romantik“ den gegenwärtigen Ausdruck von Romantik in einer „neuen Natursehnsucht“ (vgl. Freund, Kämmerlings, Z. 4). Diese zeige sich darin, dass Natur der neue „Megatrend“ sei: „Baumbücher werden Bestseller, Schäfer sind die neuen Stars auf Twitter und am Kiosk gibt's die `Landlust´“ (Leadtext). In dieser neuen Sehnsucht nach Natur, so die beiden Autoren, manifestiere sich womöglich ein „neues Bewusstsein. Vielleicht findet das Unbehagen am Leben im unentrinnbaren Netz von Technik und Kommunikation hier seinen Ausdruck: als Kritik an Wachstums- und Fortschrittsideologie.“ (Freund, Kämmerlings, Z. 10 ff.) „Romantik 2.0“ wäre dann mit einer (analog zum englischen Wort für Aufklärung, „enlightenment“, gebildeten) Wortneuschöpfung des Naturphilosophen Andreas Weber als „Enlivenment“ zu beschreiben. Die Antwort auf Naturzerstörung und eine materialistische Lebensweise sei demnach in einer Verlebendigung der Natur, in „einer neuen Gemeinschaft des Lebendigen, die alle und alles – Tiere, Pflanzen und Menschen – einbegreift“ (Freund, Kämmerlings, Z. 56 f.), zu sehen. Im Unterschied zur eigentlichen Epoche der Romantik suche man in der Gegenwart in der „Überwindung des Gegensatzes von Natur und Kultur (Freund, Kämmerlings, Z. 55 f.) allerdings nicht mehr sich selbst, sondern das andere. Freund und Kämmerlings betonen, dass „Enlivenment“ im Sinne von Andreas Weber weder mit „grüner Nachhaltigkeitspolitik“ (Freund, Kämmerlings, Z. 58) zu verwechseln sei, die die Natur letztlich auch auf einen „Ressourcenlieferanten“ (Freund, Kämmerlings, Z. 59 f.) reduziere, noch mit einem Abgesang auf die Natur, die der Mensch „mittlerweile als einen alten Weggefährten begreift, dem viel Zeit nicht bleibt. Als todkranken Verwandten, den man noch einmal besuchen muss, bevor es zu spät ist.“ (Freund, Kämmerlings, Z. 76 ff.). Natur solle vielmehr neu entdeckt und geschützt werden, wobei aus der „gefühlvollen Haltung zur Natur [...] eine rationale Einsicht folgen [kann]“ (Z. 80).

Es kann also festgehalten werden, dass sowohl Walter Krejci als auch Wieland Freund und Richard Kämmerlings „Romantik 2.0“ im Sinne einer möglichen Gegenbewegung auf einen verheerenden Befund zum gegenwärtigen Zustand der Gesellschaft verstehen, in dem einmal die Vereinnahmung des Menschen durch den Kapitalismus bzw. den Materialismus im Vordergrund steht (Krejci) und einmal die fortschreitende Umweltzerstörung (Freund, Kämmerlings). Während Freund und Kämmerlings in der von Andreas Weber angestoßenen „Enlivenment“-Bewegung einen wichtigen Impulsgeber für dringend nötige Veränderungen sehen, vereinnahmt Krejci Schiller und seine ästhetische Theorie für die Romantik, was hier aber kein Widerspruch ist: Kunst sei lediglich das Mittel, um den Menschen eine neue Romantik (nicht im Sinne einer Kunstauffassung, sondern des Gefühlhaften) näherzubringen.

Auch wenn so der Begriff „Romantik 2.0“ durchaus mit philosophischen bzw. soziologischen Aspekten der gegenwärtigen Diskussion gefüllt werden kann, so bleibt unabhängig davon auch die alltagssprachliche, oft ironisch kommentierte Lesart des Begriffs bestehen, wie sie sich zum Beispiel in einer Karikatur Freimut Wössners zeigt. Auf den Hinweis einer Frau, man dürfe sich bei einer Sternschnuppe etwas wünschen, antwortet der mit ihr auf der Parkbank sitzende Mann: „Ich wünsche mir, dass sich das von uns Menschen gemachte Ozonloch wieder schließt, damit da nicht mehr so viele Meteoriten durchfallen.“ Hier wird mit romantischen Motiven (Nacht, Zweisamkeit, Sternschnuppe bzw. Sternenhimmel) gespielt, wobei die Stimmung durch den Bezug zur bedrohlichen Realität (Umweltzerstörung) und der damit verbundenen ironischen Kommentierung durch den Mann zugleich wieder gebrochen wird. Das ist zwar kein „Enlivenment“, aber auch keine bloße Trivialisierung wie beim „Suchen und Finden der Liebe im Internet“. (880 Wörter)

ISBN: 978-3-12-316291-6, Mein Deutsch-Abitur 2021, RT 1+2

Name:

Datum/Kurs: